Kulturtourismus zu Beginn des 21. Jahrhunderts

Festschrift für Albrecht Steinecke

herausgegeben
von

Prof. Dr. Heinz-Dieter Quack

Dr. Kristiane Klemm

Oldenbourg Verlag München

Bibliografische Information der Deutschen Nationalbibliothek

Die Deutsche Nationalbibliothek verzeichnet diese Publikation in der Deutschen Nationalbibliografie; detaillierte bibliografische Daten sind im Internet über http://dnb.d-nb.de abrufbar.

Rosenheimer Straße 143, D-81671 München
Telefon: (089) 45051-0
www.oldenbourg-verlag.de

Lektorat: Anne Lennartz
Herstellung: Tina Bonertz
Einbandgestaltung: hauser lacour
Gesamtherstellung: Beltz Bad Langensalza GmbH, Bad Langensalza

Dieses Papier ist alterungsbeständig nach DIN/ISO 9706.

ISBN 978-3-486-71501-9
eISBN 978-3-486-74713-3

Foto: Alexander Tarasenok

Vorwort

Wie wird die Zukunft von Erlebnis- und Konsumwelten, von Freizeit-Infrastrukturen, von Technologien zu Beginn des 21. Jahrhunderts aussehen? Gibt es Forschungsmethoden und -ansätze, die zu neuen Erkenntnissen für die Entwicklung der nahen Zukunft führen? Welche gesellschaftlichen Veränderungen wirken sich in welcher Form auf das breite Spektrum von Freizeitangeboten aus? Welche neuen Technologien kommen zum Einsatz, und wie verändern diese das Freizeit- und Reiseverhalten der (deutschen) Bevölkerung?

Kulturtourismus zu Beginn des 21. Jahrhunderts – so heißt der Titel des vorliegenden Buches und ist Albrecht Steinecke, einem der bedeutendsten deutschsprachigen Freizeitforscher, von seinen Kollegen, Mitarbeitern, Schülern und Freunden zum 65. Geburtstag gewidmet.

Den Forschungsschwerpunkten von Albrecht Steinecke folgend, befassen sich die Beiträge zum einen mit neuen Ergebnissen der **Trendforschung**, so zum Beispiel mit folgenden neuen Konzepten und Manifestationen:

- Wege zum Erlebnis 2.0 zu Beginn des 21. Jahrhunderts,
- von Individualisierungszwängen der Gesellschaft, die Touristen zu Flaneuren und Selbstdarstellern machen,
- von Anforderungen (Settings, Ambiente und Atmosphäre) der Architektur in der Experience Economy,
- von der Unterscheidung zwischen Zukunftsforschung und Prognosen;

aber auch

- von Muße und Selbstfindung im Urlaub,
- von den Konsequenzen, die sich aus dem Wandel von der Erlebnis- zur Sinngesellschaft für das touristische Marketing ergeben,
- vom „Schokoladigen" des Tourismus (Genuss, Kultur und Reisen).

Zum anderen gehört zu Albrecht Steineckes Arbeitsschwerpunkten aber auch die Beschäftigung mit dem **Destinationsmanagement, mit Methoden der Tourismus- und Konsumforschung**; hierzu gehören die Beiträge

- Einzigartige Erlebnisse als Differenzierungsmerkmale im Markt von Pauschalreisen,
- Strategische Planung, Loyalitätsmanagement und Produktinnovationen in Destinationen,
- Neue Impulse für qualitative Gästebefragungen.

Dazu passt die hochaktuelle – bislang allerdings von Steinecke nur wenig bearbeitete – Thematik im Hinblick auf die Auswirkungen neuer **Medien** im Tourismus, die im 21. Jahrhundert maßgeblich das Reiseverhalten und damit auch das Tourismus-Management und -Marketing beeinflussen werden, durch

- M-Commerce und Social Media als Steuerfaktoren des touristischen Vertriebs,
- Innovative Interaktionsformen durch Reise-Apps und Smartphones,
- Einsatz neuer Technologien im Gastgewerbe.

Zu einem seiner Lieblingsthemen verbunden mit zahlreichen und sehr aufwendigen ‚Vor Ort-Recherchen' im In- und Ausland gehören die **Fallbeispiele aus dem Bereich der Themenwelten**, die Analyse ihrer Erfolgsfaktoren, aber auch die kritische Betrachtung derselben. Daher ergänzen einige der Autoren diesen Forschungsschwerpunkt mit neu auf den Markt gekommenen Entwicklungen, so zum Beispiel über

- Themenparks als multimediale Zufluchtsorte einer erlebnishungrigen Gesellschaft,
- die Übertragbarkeit des Mindscapes-Modell am Beispiel der BallinStadt,
- Marken-Erlebniswelten am Beispiel von Hydroenergie-Erzeugern,
- die Nutzung und Architektur von Gärten im Spiegel der Zeit,
- die Auswirkungen der Förderung des Kulturtourismus am Beispiel RUHR 2010,
- das Allgäu als Schauplatz imaginärer Verbrechen,
- die Marktsituation von Musicals im Jahr 2012,
- ausgewählte Forschungsergebnisse des Weltkulturerbes und Tourismus.

In den letzten zehn Jahren erwarb Albrecht Steinecke außerdem besondere Verdienste durch die Leitung von drei durchgeführten **EU-Tempus-Projekten**, Aus- und Weiterbildungsprojekte im Tourismus in Weißrussland, in der Ukraine und in Georgien. Für diese Tätigkeit erhielt er 2011 von der Yalta University of Management (Ukraine) den Titel eines Ehrenprofessors und von der Belarussischen Staatlichen Wirtschaftsuniversität Minsk die Ehrendoktorwürde, auf die er sehr stolz sein darf. Wir wollten Näheres über diese Projekte erfahren. Zwei Projekt-Mitarbeiter berichten daher über zehn Jahre Kooperation

- zur Modernisierung der touristischen Aus- und Weiterbildung in Belarus; Ziele, Evaluierungsergebnisse und Perspektiven.

Obwohl Festschriften in der heutigen Zeit kein einfaches Unterfangen mehr sind, unzeitgemäß und eher als Sammelsurium von schon einmal Geschriebenem bezeichnet, musste zunächst das Einverständnis des Jubilars auf geheimnisvollen Wegen eruiert werden. Durch die langjährige Zusammenarbeit und freundschaftliche Verbundenheit mit Albrecht Steinecke, durch vorsichtiges Abtasten seiner Einstellung hinsichtlich solcher Ehrungen sind wir zu dem Entschluss gekommen, ein solches Vorhaben zu wagen.

Die positive Resonanz, die spontane Zustimmung und hohe Beteiligung an der Festschrift von so vielen Fachkollegen, von ehemaligen Mitarbeitern und Schülern zeigen nicht nur die hohe Akzeptanz seiner Forschungs- und Lehrtätigkeit, sondern sind auch als Zeichen von persönlicher Sympathie und seiner starken Ausstrahlungskraft zu verstehen.

Wir danken allen Autorinnen und Autoren, die dazu beigetragen haben, aus der Festschrift keine Ansammlung von schon mal Geschriebenem zu machen, sondern dass es gelungen ist, in die Zukunft des Kulturtourismus zu Beginn des 21. Jahrhunderts zu blicken.

Danken möchten wir Prof. Dr. Günther Haedrich für seine hilfreiche Unterstützung bei speziellen Marketingfragen.

Unser besonderer Dank gilt Frau Karin Grünewald, die die gesamte redaktionelle Überarbeitung und die zahlreichen und mühevollen Kleinarbeiten bei den Abbildungen und Literaturangleichungen übernommen hat.

Berlin/Salzgitter im Januar 2013

Kristiane Klemm Heinz-Dieter Quack

Inhaltsverzeichnis

Erlebnisse und Inszenierungen

Auf dem Weg zum Erlebnis 2.0. Das Weiterwirken der Erlebniswelten zu Beginn des 21. Jahrhunderts

Andreas Kagermeier

1 Einleitung

Die zweite Hälfte der 1980er und die 1990er Jahre des 20. Jahrhunderts gelten als die Boomphase von inszenierten Erlebnis- und Konsumwelten. Diese speziell für Freizeitbedürfnisse geschaffenen Einrichtungen unterschieden sich von klassischen Freizeiteinrichtungen wie Theatern und Museen im Wesentlichen durch drei Aspekte: die Multifunktionalität des Angebotes, das nicht nur auf eine Art von Freizeitbeschäftigung abzielt, eine Orientierung am Besuchererlebnis und oftmals auch eine Thematisierung.

Ausgehend von den klassischen Freizeitparks wurde das Spektrum von multifunktionalen, erlebnisorientierten und oftmals thematisierten Einrichtungen in den 1990er Jahren deutlich vergrößert. Zu den Erlebniswelten des ausgehenden 20. Jahrhunderts zählen neben Themenparks, Urban Entertainment Center und Multiplexkinos auch Spaß- und Erlebnisbäder oder Markenerlebniswelten (Brand Lands) genauso wie Snow Domes, Science Center bzw. Ferienresorts oder Themenhotels (vgl. z. B. STEINECKE 2009).

Allerdings haben sich die auf kurzfristige Nervenkitzel abzielenden erlebnisorientierten Angebote der 1980er und 1990er Jahre schnell abgenutzt. In den letzten Jahren ist ein merklicher Trend hin zu neuen Formen von erlebnisorientierten Angeboten zu beobachten, die sehr viel mehr auf eine aktive Einbeziehung der Nachfrager abzielen und gleichzeitig auf längerfristig wirkende und weniger spektakuläre Settings setzen. Hintergrund für die Neuorientierung der Freizeit- und Tourismusangebote sind dabei sicherlich auch Wandlungen im gesamtgesellschaftlichen Kontext, die darauf hindeuten, dass wir uns möglicherweise in einem Paradigmenwechsel befinden, der sich auch in neuen Formen von „Erlebnis 2.0" niederschlägt.

Im Kontext dieser aktuellen Entwicklungen erfahren integrierte ganzheitliche Angebote verstärkten Zuspruch. Dabei ist eine Reihe von Anzeichen erkennbar, dass bei solchen holistischen Erlebnissen die in der Phase von „Erlebnis 1.0" entwickelten Qualitätsansprüche der Konsumenten beibehalten werden, sprich die Ansprüche an eine perfekte und verlässliche Inszenierung als Basisfaktor bzw. Markteintrittsschwelle angesprochen werden können. Gleichzeitig kann der sich abzeichnende Paradigmenwandel hin zum „Erlebnis 2.0" auch als weiterer Entwicklungsschritt in der Phase der Postmoderne angesprochen werden.

2 Flexible und hybride Muster im Tourismus als Charakteristikum der Postmoderne

Reisen als kulturelle Praxis verstehen, bedeutet gleichzeitig auch, dass die gesellschaftlichen und kulturellen Rahmenbedingungen in Wechselbeziehungen mit dem konkreten touristischen Handeln stehen. Dies bedeutet, dass der Ende des 20. Jahrhunderts identifizierte Wechsel von der fordistisch geprägten Moderne hin zur Postmoderne sich auch im Bereich der Freizeit und des Tourismus manifestiert. Die Postmoderne zeichnet sich durch eine verstärkte Betonung des Diskurses kultureller Praktiken aus (vgl. LANZ 1999, S. 74), wobei Pluralisierung, Fragmentierung und Relationalität zentrale Motive darstellen. Während die Moderne von Metaerzählungen geprägt war, die gesellschaftliche Institutionen, politische Praktiken, Denkweisen und Ideologien legitimierten, geht in der Postmoderne dieser Konsens verloren. Es gibt damit keinen einheitlichen, in sich geschlossenen postmodernen Ansatz, sondern gerade die von Eklektizismus und Individualismus gekennzeichnete Postmoderne (genauer bei HARVEY 1989, S. 340 f und HELBRECHT 1994, S. 32) zeichnet sich durch eine Montage unterschiedlichster parallel existierender Ansätze aus. Die von HABERMAS (1985) vor dem Hintergrund der Krise des Sozialstaates und der Erschütterung der Sozialutopien des 19. und 20. Jahrhunderts formulierte „Neue Unübersichtlichkeit" kann als Leitmotiv der Postmoderne angesehen werden. Frühere Ansätze und Leitideen werden teilweise ironisierend als Hommage in Form einer Pastiche aufgenommen und als sich kontinuierlich verändernde Heterotopien (FOUCAULT 2005) verstanden.

Diese gesellschaftliche Fragmentierung und Aufsplitterung als Folge eines Verlustes an gesamtgesellschaftlichem Konsens und dem Bedeutungsverlust von weltanschaulichen Ideologien (bzw. Sozialutopien) gegen Ende des 20. Jahrhunderts spiegelt sich auch in der Heterogenität und Vielfalt von unterschiedlichen Lebensentwürfen. Mit dem Verlust an klaren Orientierungsrastern und Normen verbunden ist die Herausforderung an das Individuum, seine eigene Identität „Jenseits von Stand und Klasse" (BECK 1994) zu definieren und den gewagten, risikobehafteten Versuch zu unternehmen, im eigenen Erleben glücklich zu werden.

2.1 Erlebnisorientierung in Freizeit und Tourismus als Ausdruck des gesellschaftlichen Wandels

Dass genau an dieser Umbruchsphase von der Moderne zur Postmoderne der Erlebnisbegriff – nicht nur in den sog. Erlebnis- und Konsumwelten – eine zentrale Stelle in der gesellschaftlichen Diskussion einnahm, kann als symptomatisch für die sich damit manifestierenden Wandlungen angesehen werden.

Die zunehmende Bedeutung des individuellen Erlebnisses wurde von SCHULZE (1992) in seinem Buch über die Erlebnisgesellschaft zurückgeführt auf einen Wandel der Lebensauffassungen. Lange Zeit galt für den Großteil der Gesellschaft eine sog. außenorientierte Lebensauffassung, die in einer klar sozial strukturierten und geschichteten Gesellschaft externe Vorgabe von Zielen und Normen für das Individuum (z. B. Reproduktion der Arbeitskraft, Beschaffung von lebensnotwendigen Ressourcen, Aneignung von Qualifikationen, Altersvorsorge) bedeutete. Diese ist abgelöst worden von einer stärker innenorientierten Lebensauffassung, bei der die Gestaltungsidee eines „schönen, interessanten, subjektiv als lohnend empfundenen Lebens“ (SCHULZE 2005, S. 37) in den Vordergrund trat. Die damit verbundene Betonung des subjektiven Erlebnisses in weiten Teilen der Gesellschaft führt zu einer Ästhetisierung des Alltagslebens und einer Höherbewertung der Selbstverwirklichung.

Mit der Ausdifferenzierung von Konsummustern verbunden ist die Tatsache, dass klassische Ansätze des Massenmarketings, die lange Zeit auf den sog. „Otto Normalverbraucher“ setzten, sich mit individualisierten und multioptionalen Konsumenten konfrontiert sehen, dem sog. „Markus Möglich“. Damit kommt der Identifizierung von zumindest partiell die Konsummuster auf einer Aggregatsebene deutenden und für ein differenziertes zielgruppenspezifisches Marketing zugänglich machenden Clustern ein hoher Stellenwert zu. Die Heterogenität der Lebensentwürfe wird dabei in den Wirtschafts- und Sozialwissenschaften in den letzten Jahren oftmals mit dem Konzept der Lebensstile zu fassen versucht.

Während der fordistischen Moderne galt die Zugehörigkeit zu sozialen Klassen oder Schichten als prägendes Moment für die Orientierung von Verhaltensweisen. Mit der zunehmenden Inhomogenität und Auflösung traditioneller Klassen im Übergang zur Postmoderne verlieren diese Konstrukte ihre prägende Funktion für das (Freizeit- und Tourismus-) Verhalten. Die Heterogenisierung und Individualisierung der Lebens- und Konsummuster wird in sog. Lebensstilgruppen abzubilden versucht.

Der Soziologe Hradil definiert: „Ein Lebensstil ist [...] der regelmäßig wiederkehrende Gesamtzusammenhang der Verhaltensweisen, Interaktionen, Meinungen, Wissensbestände und bewertenden Einstellungen eines Menschen“ (HRADIL 2005, S. 46). Nach BOURDIEU sind Lebensstile Ausdruck einer strukturellen Vielfalt (BOURDIEU 1987), wobei sozioökonomische und soziokulturelle Aspekte teilweise entkoppelt sind. Dabei wird zwischen ökonomischem, kulturellem (z. B. Bildung, Wissenskompetenz) und sozialem (z. B. Kommunikationsfähigkeit, Zugehörigkeit) Kapital (BOURDIEU 1983) unterschieden. Allerdings sind Lebensstile nicht ganz unabhängig von der materiellen Basis, sondern mit dieser in der Weise rückgekoppelt, dass sie bestimmte Verhaltensdispositionen begünstigt.

Lebensstile können als Grundhaltungen aufgefasst werden, die sich in bestimmten Präferenzen (z. B. konsum- oder freizeitbezogen) niederschlagen. Lebensstile können von anderen abgrenzen oder mit diesen verbinden. Dabei kann ein Lebensstil Ausdruck einer politisch-weltanschaulichen Einstellung sein oder starke Bezüge zu bestimmten Konsummustern aufweisen.

Der starke symbolische Gehalt von Lebensstilen hat Rückwirkungen auf die Art der Konsumentenansprache im Rahmen des Marketings, das zielgruppenspezifisch Elemente der Lebensstile aufgreift.

Die Freizeit- und Erlebniswelten des ausgehenden 20. Jahrhunderts haben genau diese subjektive Erlebnisorientierung angesprochen, indem sie dem Individuum ein positives Erlebnis versprachen. Damit war dieses Versprechen von unverwechselbaren, einmaligen Erlebnissen als der zentrale Erfolgsfaktor für den im letzten Kapitel thematisierten Boom der Freizeit- und Erlebniswelten in den 1990er Jahren anzusehen.

KAGELMANN hat die Erfolgsfaktoren der Freizeit- und Erlebniswelten der 1990er Jahre wie folgt zusammengefasst:

1. die Tatsache, dass die Besucher in eine Kontrastwelt zur Alltagswelt eintauchen können,
2. eine größere Zahl von Erlebnissen auf hohem und verlässlichem Niveau vermittelt werden,
3. immer wieder neue Angebote mit wechselnden Attraktionen und Events geboten werden,

4. die professionelle Organisation auf einen perfekten ungestörten (Konsum-) Genuss ausgerichtet ist,
5. multifunktionale Angebote den multioptionalen Ansprüchen der Nachfrager entsprechen,
6. ein thematisches Leitmotiv, das idealerweise dem Grundprinzip des Storytelling folgt und ein unverwechselbares Erlebnis verspricht (nach KAGELMANN 1998, S. 79 ff).

Dabei zeigte sich aber, dass der Erfolg von auf oberflächliches Erlebnis ausgerichteten Angeboten oftmals nur kurzfristig war. Ein einmal gemachtes Erlebnis kann bei der Wiederholung als nur noch begrenzt attraktiv empfunden werden. Diesem Abnutzungseffekt wurde lange Zeit über eine Intensivierung bzw. Erneuerung der gebotenen Effekte entgegengewirkt. OPASCHOWSKI (2000) prägte dabei den Begriff der „Erlebnisspirale", bei der immer ausgefeiltere Angebote nachgefragt werden. Das kontinuierliche „Nachrüsten" in den Freizeitparks und Konsumwelten der 1990er Jahre kann als Anzeichen dafür angesehen werden, dass in Teilen des Marktes auch heute noch dem Leitbild des „schneller, höher, weiter" gefolgt wird.

2.2 Neue Anforderungen an Erlebnisse

Kaum einer der im Kontext von Freizeit- und Tourismusforschung oftmals relativ unreflektiert verwendeten Begriffe ist so schillernd und gleichzeitig vielschichtig wie der Erlebnisbegriff. Im „Lexikon zur Tourismussoziologie" (KIEFL/BACHLEITNER 2005, S. 52) wird der Begriff wie folgt gefasst: „*Von einem Ereignis, einer Begegnung oder einem Erfolg ausgelöstes gefühlsbetontes Ergriffensein*". Ein Erlebnis entsteht damit durch die subjektive Interpretation eines externen Stimulus, d. h. im Wechselspiel zwischen Außenwelt und Innenwelt. SCHOBER (1993, S. 138) unterscheidet drei Erlebnisbereiche, die direkt in der Freizeit und im Urlaub relevant werden:

1. *Biotisches Erleben*: ungewöhnliche Körperreize
2. *Exploratives Erleben*: suchendes Informieren oder Erkunden, spielerisches Probieren, Neugierde auf etwas Besonderes
3. *Soziales Erleben*: Suche nach (nicht zu verbindlichem) Kontakt mit anderen, um soziale Defizite im normalen Alltag zu kompensieren, aber ohne soziale Verpflichtungen (z. B. Cluburlaub).

Damit wird einerseits unterschieden zwischen externen Stimuli, die sowohl passiv rezipiert als auch aktiv (explorativ) erfahren werden können. SCHMITT (1999, S. 53) differenziert die explorativen und biotischen Erlebnisse noch weiter mit seinen fünf Erlebnisdimensionen:

1. Sensory experiences (SENSE)
2. Affective experiences (FEEL)
3. Creative cognitive experiences (THINK)
4. Physical experiences, behaviours, and lifestyles (ACT)
5. Social identity experiences that result from relating to a reference group or culture (RELATE).

Damit wird bei den externen Stimuli zwischen der rein sensorischen und der affektiven Wirkung unterschieden und bei der Exploration die kognitive Dimension von der Handlungsdimension unterschieden.

Auch PINE/GILMORE (1998) versuchen bei der von ihnen ausgerufenen Erlebnisökonomie, neue Wege zur Ansprache der Kunden zu finden. Sie unterscheiden dabei zwei Dimensionen des Erlebnisses, die durch die beiden Achsen Passive-Aktive Teilnahme (Passive-Active

Participation) und Aufnahme-Eintauchen (Absorption-Immersion) gekennzeichnet sind (vgl. Abb. 1). Bei diesem in sich recht stimmigen Definitionsversuch, der in der Folgezeit auch intensiv rezipiert worden ist, wird die soziale Dimension der Interaktion nicht direkt aufgeführt.

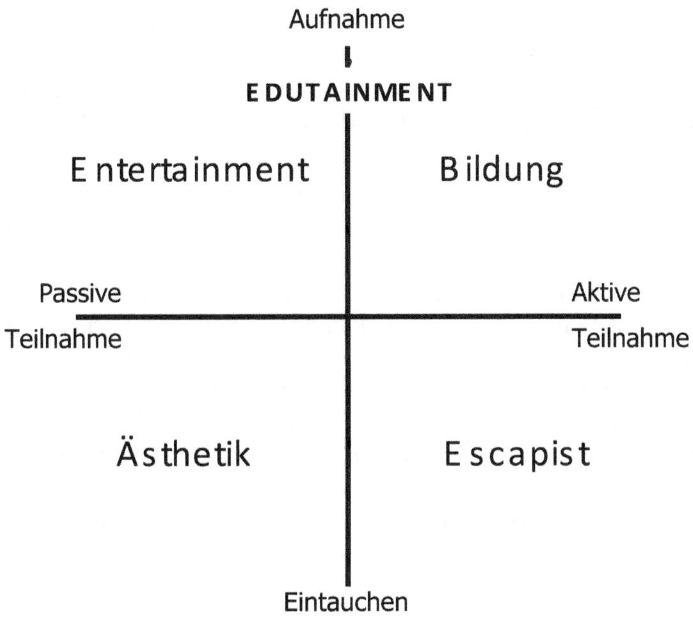

Abb. 1: Dimensionen der erlebnisorientierten Besucheransprache
(Quelle: eigener Entwurf nach PINE/GILMORE 1998, S. 102)

Der anfängliche Erfolg der Freizeit- und Erlebniswelten ist im Wesentlichen dadurch begründet, dass klar definierte, in sich stimmig dargebotene Stimuli geboten werden, die in einer kontrollierten Umgebung einen „Genuss ohne Reue" versprechen. Auch wenn es das Ziel des strategischen Erlebnismarketings ist, ein integriertes holistisches Erlebnis zu vermitteln, zielen die Stimuli vor allem auf die sensorischen und affektiven Dimensionen des Erlebnisses ab (Roller-Coaster-Effekt).

Dieses wird oftmals durch die Passive Aufnahme (Entertainment), durch körperliche (idealtypisch in den Achterbahnen und auf Beschleunigung ausgerichteten Einrichtungen) und affektive Stimuli (durch spezifische Settings, die angenehme oder schaudernde Gefühle aktivieren) vermittelt. Idealtypisch in den sog. Science Center wird auch auf die aktive, explorierende Teilnahme (Edutainment) abgezielt. Mit Design und Gestaltung werden durch passives Eintauchen ästhetische Erlebnisse generiert (idealtypisch in den sog. Design-Hotels, aber auch durch die Thematisierungs- und Gestaltungselemente in vielen anderen Erlebnisangeboten). Der sozialen Dimension wird dabei nur partiell ein Augenmerk geschenkt, wobei bezeichnenderweise im Verständnis von SCHOBER explizit auf die Unverbindlichkeit der Kontakte hingewiesen wird und SCHMITT mit der sozialen Dimension auf die identitätsstiftende Funktion des Bezugs zu einer Referenzgruppe abzielt, nicht aber auf den direkten sozialen Kontakt.

Mit den sich abzeichnenden Abnutzungs- und Ermüdungserscheinungen bei den klassischen Angeboten rückte auch der vierte von PINE/GILMORE „Escapist" genannte Quadrant zur Generierung von Erlebnissen in den Fokus, der auf die aktive Einbeziehung und das Eintauchen in das Erlebnis-Setting abzielt. Neben den sportlichen Angeboten (bei denen dieser Aspekt schon immer eine wichtige Rolle spielt) wurde auch versucht, die Aufbereitung von kulturellen Angeboten durch eine aktive Einbeziehung der Besucher attraktiver zu gestalten.

Auch GÜNTHER (2005) betont die aktive Rolle des Besuchers/Touristen bei der Aneignung von angebotenen Erlebnis-Settings und nimmt dabei einen Blickwechsel ein, wenn er den Rollenwechsel vom Erlebnis-Konsumenten zum Erlebnis-Produzenten (S. 57) propagiert. Dabei bleibt er aber in der inhärenten Argumentations-Logik der Generierung von Erlebnissen verhaftet.

Ziel aller Aktivierungsansätze ist das auf den Psychologen CSÍKSZENTMIHÁLYI (1990) zurückgehende FLOW-Erlebnis. Als Flow wird ein mentaler Zustand verstanden, in dem die Person vollständig in die Aktivität eintaucht und in einer ausgeübten Tätigkeit aufgeht, die klare Ziele aufweist und dem Individuum eine unmittelbare Rückmeldung vermittelt. Das positiv empfundene FLOW-Erlebnis stellt sich dann ein, wenn die gestellten Anforderungen in Einklang mit den Möglichkeiten des Individuums stehen, d. h. weder Über- noch Unterforderung besteht (vgl. Abb. 2). Das ursprünglich für Extremsportarten entwickelte Konzept wird inzwischen auch für geistige Tätigkeiten und andere Formen des Schaffensprozesses verwendet. Auch im Freizeit- und Tourismusbereich wird die Generierung von Flow-Erlebnissen (implizit oder explizit) als Zielsetzung verwendet, die mehr vermittelt als nur einen kurzzeitigen „Fun" oder „Kick" (Nervenkitzel), sondern eine länger nachwirkende euphorische Stimmung generiert.

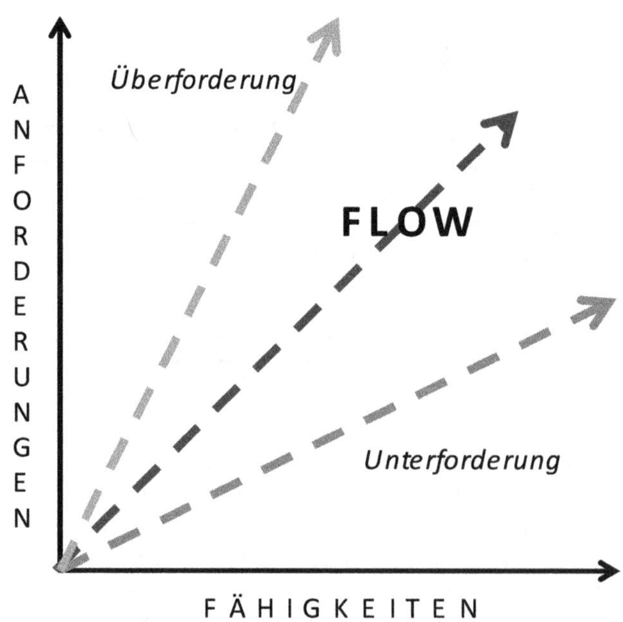

Abb. 2: Grundprinzip des FLOW-Erlebnisses
(Quelle: eigener Entwurf nach CSÍKSZENTMIHÁLYI 1990)

Parallel zur Ausdifferenzierung der klassischen Erlebnisangebote zeichnet sich in den letzten Jahren eine gewisse „Erlebnismüdigkeit“ ab. „Nicht zuletzt vor dem Hintergrund anhaltender wirtschaftlicher Schwierigkeiten und politischer Krisen sehen viele die ökonomische, soziale und psychologische Basis postmoderner Erlebnisorientierung schwinden“ (GÜNTHER 2005, S. 48). Gleichwohl bedienen sich aber auch die über den Erlebnis-Ansatz der Postmoderne hinausweisenden Ansätze nach wie vor der „Erlebnisrhetorik“.

Im ersten Jahrzehnt des 21. Jahrhunderts zielen besonders hohe Nachfragezuwächse erfahrende Angebotsformen wie Wellnesstourismus, Wander- und Fahrradtourismus sowie Trendsportarten alle auf holistische Erfahrungen ab, die eine aktive Beteiligung der Urlauber in den Mittelpunkt stellen. Gleichwohl werden die auf Entschleunigung und eine neue Langsamkeit, als Gegenentwürfe zu den teilweise schrillen Kicks der 1990er Jahre entwickelten Angebote weiterhin mit den traditionellen Erlebnisversprechen vermarktet. Dennoch ist zu unterstellen, dass sie subkutan bereits neue, bislang in ihrer vollen Konsequenz noch nicht vollständig absehbare Angebots- und Nachfragemuster ankündigen.

Bei dem Versuch, diese künftigen Entwicklungslinien zu fassen, hat ROMEIß-STRACKE (2003) postuliert, dass wir uns auf dem Weg von der Erlebnis- zur Sinngesellschaft befinden. Damit könnte sich ein neues Paradigma abzeichnen, bei dem die Neuorientierung an sinnstiftenden Verhaltensweisen einen erneuten Wertewandel ankündigt. Gleichzeitig ist in der aktuellen Umbruchsituation festzuhalten, dass in einer Art Gleichzeitigkeit des Ungleichzeitigen die unterschiedlichen Angebotsformen parallel nebeneinander bestehen, d. h. nicht die Nachfrage von kurzfristigen Erlebnissen eines Nervenkitzels abgelöst wird von der nach entschleunigten Freizeit- und Urlaubsangeboten. Kennzeichen der Postmoderne ist gerade die Vielfalt des Angebotes und die Multioptionalität der einzelnen hybriden Nachfrager.

Dabei spiegelt dies wohl weniger ein „gespaltenes Konsumverhalten“, sondern die Gleichzeitigkeit des Ungleichzeitigen bzw. die Multioptionalität kann als Spiegelbild der fragmentierten Gesellschaft aufgefasst werden, die für die Phase der Postmoderne kennzeichnend ist.

Während die 1990er Jahre von dem vielleicht besser als Vergnügen zu bezeichnenden Entertainment-„Erlebnis“ geprägt waren, haben zu Beginn des 21. Jahrhunderts Tourismusformen an Bedeutung zugenommen, die fast als eine Art Gegenentwurf zu diesem Erlebnis-Verständnis anzusehen sind. Genuss- und Wohlfühl-Erlebnisse oftmals kombiniert mit Gemeinschafts-Erlebnissen bei aktivem – oftmals körperlichem – Einbringen der Erholungssuchenden und Touristen erfahren eine große Resonanz.

Der Heterogenität der Arbeits- und Lebensverhältnisse, bei denen „Patchwork“ zum Leitmotiv für viele private und berufliche Biographien wird, wird damit die Suche nach einem FLOW-Erlebnis gegenübergestellt. Nach wie vor gilt damit das Grundprinzip von Freizeit und Tourismus als Gegenentwurf zum Alltagsleben. Gleichzeitig sind die heterogenen „hybriden Konsumenten“ von heute eben nicht mehr eindeutig auf ein Nachfragemuster festzulegen.

3 Herausforderungen an die Angebotsgestaltung für „Erlebnis 2.0“

Als zukünftige Markttrends für das „Sensual Age“ bzw. die sog. „Sinngesellschaft“ ist zu erwarten, dass „mentale Werte“ wie Spiritualität oder Visionarität dominieren werden und die Sinnsuche-Prozesse zu einem „Downshifting“ von Freizeit- und Tourismusangeboten führen könnten. Der schnelle Kick dürfte nicht mehr so gefragt sein wie vielmehr Märkte für Nostalgie, Vergangenheit und Kindheits-Sehnsucht, aber auch für Angst-Kompensation und Sicherheits-Sehnsucht. Stille, Kontemplation und Lessness könnten die Zugpferde künftiger Angebotsgestaltung werden. Die Freizeit- und Tourismuswirtschaft steht damit vor der Herausforderung, diese Tendenzen anzusprechen und entsprechend zu bedienen.

Dabei gilt allerdings, dass die oben angesprochenen – von KAGELMANN (1998) identifizierten – Erfolgsfaktoren der Erlebniswelten der 1980er und 1990er Jahre nach wie vor als Benchmark für die neuen Angebote gelten. Den Besucher in eine Kontrastwelt zur Alltagswelt eintauchen zu lassen, Erlebnisse auf hohem und verlässlichem Niveau vermitteln und professionell einen perfekten ungestörten Genuss zu ermöglichen, die ein unverwechselbares Erlebnis versprechen, sind nach wie vor zentrale Erwartungshaltungen der Nachfrager.

Der Tourismus muss also vor dem Hintergrund der sich abzeichnenden neuen Ansprüche und Anforderungen der Nachfrager ein weiteres Mal als Traumfabrik neu gedacht und erschaffen werden. Dabei ist klar, dass Servicequalität als Wettbewerbsfaktor bei weitem nicht ausreicht, sondern nur noch als Grundvoraussetzung (Basisfaktor) und Markteintrittbarriere fungiert, um sich auch künftig erfolgreich auf dem Markt zu positionieren. Angesichts der Erfahrungen mit den Erlebnisangeboten der 1990er Jahre ist auch evident, dass sich monodimensionale Erlebnisse schnell abnutzen und daher Destinationen als integrierte holistische Erlebnisversprechen positioniert werden müssen. Dabei spricht vieles dafür, dass die Tourismuswirtschaft – und insbesondere die regional ausgerichteten Vermarktungsorganisationen – noch einen weiten Weg vor sich haben, um diese Mega-Trends und die neuen Erlebnisdimensionen entsprechend zu bedienen.

Die multioptionalen Ansprüche der auch als „hybrid“ bezeichneten Nachfrager wurden bislang so interpretiert, dass diese im zeitlichen Verlauf unterschiedliche Produktlinien nachfragen. Vor dem Hintergrund einer stärkeren Ausrichtung auf holistische Angebote zeichnet sich nun ab, dass gerade diese traditionelle Produktpolitik, die auf isolierte einzelne Linien (Kultur, Wandern, Radfahren, Sport, Wellness) ausgerichtet war, die Erwartungen der Nachfrager möglicherweise zu sehr reduziert. Dass sich primär Kulturreisende auch sportlich betätigen und abends dann auch Wellness-Optionen nachfragen bzw. Wander- und Fahrradtouristen eben auch Kulturangebote nachfragen oder sich abends verwöhnen lassen möchten, erscheint evident. Gleichwohl wurde dies bislang noch nicht systematisch in entsprechende integrierte Produktbündel umgesetzt bzw. in letzter Konsequenz zu Ende gedacht, dass die klassischen isolierten mono-strukturierten Angebote im Übergang zur Postmoderne nicht mehr adäquat für die Nachfrageorientierungen sein könnten.

Die in den Konsum- und Erlebniswelten der 1990er Jahre inhärente Multifunktionalität wird auch bei den Angeboten, die einer Umorientierung in Richtung Sinngesellschaft entsprechen, gesucht. Damit spricht vieles dafür, dass künftig hybride Produktkombinationen einen deutlich höheren Stellenwert einnehmen werden, als dies bislang der Fall war (vgl. Abb. 3).

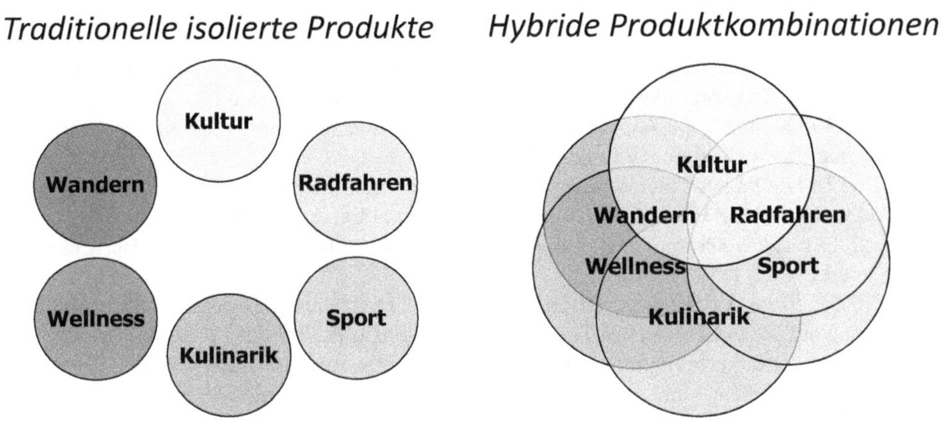

Abb. 3: Von traditionellen isolierten zu hybriden Produktkombinationen (Quelle: eigener Entwurf)

Dabei ist abzusehen, dass den Aspekten von (teilweise auch wiederum nur inszenierter und suggerierter) Authentizität eine zunehmende Rolle zukommen wird. Dabei gilt wohl einerseits nach wie vor die Beschreibung von URRY (2002) des postmodernen Touristen, der sich zwar implizit bewusst ist, dass es kein authentisches touristisches Erleben gibt. Gleichzeitig sind die Erwartungshaltungen an eine – wenn auch teilweise als „konstruiert" wahrgenommene – simulierte Authentizität beim „Erlebnis 2.0" wohl noch höher als bei den sog. Erlebniswelten des ausgehenden 20. Jahrhunderts. Dies betrifft einerseits die klassischen Produktanforderungen an die Servicequalität und die Abgestimmtheit bei hybriden Produkten, die eben oftmals nicht mehr „aus einer Hand" in einer klar abgegrenzten Erlebniswelt angeboten werden können, sondern für die mehrere Leistungsträger – auch unter Einbeziehung der Destinationskulisse – interagieren müssen.

Gleichzeitig dürfte die soziale Komponente der Erlebnisse in den nächsten Jahren an Bedeutung gewinnen. Angesichts des verstärkten Sehnens nach Sicherheit, einem Rückzug ins Vertraute und der Besinnung auf das eigene Ich bzw. dessen holistisch verstandenes Wohlbefinden kommt bei den externen Stimuli auch der sozialen Interaktion eine wichtige Rolle zu. Noch mehr als bisher sind die touristischen Anbieter als Dienstleister auf die Integration des externen Faktors „Kunde" bei der Leistungserstellung angewiesen und damit auf einen für die Kundenzufriedenheit relevanten Aspekt, der eben nur begrenzt gesteuert werden kann. Trotz – oder vielleicht gerade angesichts – der Tatsache, dass letztendlich nur der äußere Rahmen vorgehalten werden kann, der dann vom Kunden im Augenblick der Konsumption mit „Leben gefüllt" wird, d. h. die eigentlichen Erlebnisse nur begrenzt beeinflusst und gesteuert werden können, werden die äußeren Rahmenbedingungen der Angebotsseite als relevante Voraussetzung für eine von der Erlebnisökonomie des 20. Jahrhunderts geprägten Erwartungshaltung angesehen. Der beruflich und privat oftmals unter Druck stehende und das eigene Leben als anstrengend und fordernd ansehende Kunde erwartet – mehr als jemals zuvor – für die „kostbarsten Tage des Jahres" ein perfekt inszeniertes und abgestimmtes Ambiente, innerhalb dessen er dann in eine andere Welt eintauchen und das Leben genießen kann. Die Grundmotive des „Weg von" bzw. „Hin zu" als zentrale Driving Forces des Tourismus werden sich damit nicht prinzipiell verändern. Angesichts sich weiter ausdifferenzierender und komplexerer Erwartungshaltungen werden allerdings die Anforderungen an die inhaltliche Erfüllung der Kundenwünsche auch weiterhin steigen.

Literatur

BECK, U. (1994): Jenseits von Stand und Klasse? In: BECK, U./Beck-Gernsheim, E. (Hrsg.): Riskante Freiheiten. Individualisierung in modernen Gesellschaften, Frankfurt, S. 43–60

BOURDIEU, P. (1983): Ökonomische Kapital, kulturelles Kapital, soziales Kapital. In: KRECKEL, R. (Hrsg.): Soziale Ungleichheiten, Göttingen, S. 183–198

BOURDIEU, P. (1987): Die feinen Unterschiede. Kritik der gesellschaftlichen Urteilskraft, Frankfurt

CSÍKSZENTMIHÁLYI, M. (1990): Flow: The Psychology of Optimal Experience, New York

FOUCAULT, M. (2005): Die Heterotopien/Der utopische Körper. Zwei Radiovorträge. Zweisprachige Ausgabe, Frankfurt

GÜNTHER, A. (2005): 20 Jahre Erlebnisgesellschaft – und mehr Fragen als Antworten. Zwischenbilanz oder Abgesang auf die Erlebniswelten-Diskussion. In: REUBER, P./SCHNELL, P. (Hrsg.): Postmoderne Freizeitstile und Freizeiträume. Neue Angebote im Tourismus, Berlin, S. 47–62

HABERMAS, J. (1985): Die Neue Unübersichtlichkeit: Kleine Politische Schriften V, Frankfurt

HARVEY, D. (1989): The Condition of Postmodernity, Oxford 1989

HELBRECHT, I. (1994): „Stadtmarketing" – Konturen einer kommunikativen Stadtentwicklungspolitik, Basel/Boston/Berlin (= Stadtforschung aktuell, 44)

HRADIL, St. (2005): Soziale Ungleichheit in Deutschland, Wiesbaden

KAGELMANN, H. J. (1998): Erlebniswelten. Grundlegende Bemerkungen zum organisierten Vergnügen. In: RIEDER, M. et al. (Hrsg.): ErlebnisWelten. Zur Kommerzialisierung der Emotionen in touristischen Räumen und Landschaften, München/Wien, S. 58–94 (= Tourismuswissenschaftliche Manuskripte, 4)

KIEFL, W./BACHLEITNER, R. (2005): Lexikon zur Tourismussoziologie, München/Wien

LANZ, St. (1996): Demokratische Stadtplanung in der Postmoderne, Oldenburg (= Wahrnehmungsgeographische Studien zur Regionalentwicklung, 15)

PINE, B. J./GILMORE, J. H. (1998): Welcome to the Experience Economy. In: Harvard Business Review 76 (July/August), S. 97–105

OPASCHOWSKI, H. W. (2000): Kathedralen des 21. Jahrhunderts. Erlebniswelten im Zeitalter der Eventkultur, Hamburg

ROMEIß-STRACKE, F. (2003): Abschied von der Spaßgesellschaft. Freizeit und Tourismus im 21. Jahrhundert, München/ Amberg

SCHMITT, B. (1999): Experimental Marketing. In: Journal of Marketing Management 15, S. 53-67

SCHOBER, R. (1993): (Urlaubs-)Erleben, (Urlaubs-)Erlebnis. In: HAHN, H./KAGELMANN, H. J. (Hrsg.): Tourismuspsychologie und Tourismussoziologie, München/Wien, S. 137–140

SCHULZE, G. (1992): Die Erlebnisgesellschaft. Kultursoziologie der Gegenwart, 1. Auflage, Frankfurt/M.

SCHULZE, G. (2005): Die Erlebnisgesellschaft. Kultursoziologie der Gegenwart, 2. Auflage, Frankfurt/M.

STEINECKE, A. (2009): Themenwelten im Tourismus, München.

URRY, J. (2002): The Tourist Gaze, London

Flaneure und Selbstdarsteller – Touristen in der Inszenierungsgesellschaft

Hans-Werner Prahl

Moderne Gesellschaften, zu denen Europa und Nordamerika ebenso zählen wie Australien, Neuseeland und weite Teile Asiens, entwickeln sich immer stärker hin zu Tempo- und Inszenierungsgesellschaften. Sich selbst in Szene setzen wird immer mehr zum Lebensgefühl in Erlebnisgesellschaften. Mit der Freisetzung aus gesellschaftlichen Großaggregaten wie Ständen, Klassen oder Schichten verstärkt sich der gesellschaftliche Zwang zur Inszenierung und Individualisierung. Einstmals äußerliche Abzeichen von Zugehörigkeiten wie etwa Wohnviertel, Kleidung, Bildungsabschlüsse, Automarken oder Möbel haben sich stark differenziert und taugen kaum noch als gesellschaftliche Zuordnungskriterien. Die „feinen Unterschiede" (BOURDIEU 1982) lassen sich durch weitgehend beliebige Kombinationen von Stilen und Attributen ausdrücken. Diese vermeintliche Beliebigkeit wird allerdings durch standardisierte Angebote von z. B. Kleidung, Accessoires, Wohnungseinrichtungen, Musik oder Fahrzeugen wieder ein Stück weit in Konformität zurück überführt. Solche genormten Angebote erzeugen zwar wieder Gleichförmigkeit, sind aber durch ihre Verbilligung in größerer Zahl immer mehr Konsumenten zugänglich und können so durch immer neue Kombinationen wieder Vielfalt erzeugen.

1 Zeit und Tempo

Unsere Gesellschaften sind durch Beschleunigung charakterisiert. Tempo wird zum Lebensprinzip, wenn immer mehr Aktivitäten in immer kürzeren Zeitabschnitten Platz finden sollen. Zeitsparen wird nicht nur knallhart in der Wirtschaft umgesetzt, sondern dringt ebenso in die privaten Haushalte vor, wenn z. B. nicht mehr zu festen Mahlzeiten gegessen wird, sondern wenn gerade ein Zeitfenster die Nahrungsaufnahme erlaubt, „convenience food" und Mikrowelle beschleunigen die Zubereitung erheblich und die Familienmitglieder begegnen sich am „Meetingpoint Kühlschrank". In den Sozialwissenschaften ist von einem neuen Kulturkampf zwischen Beschleunigern und Entschleunigern die Rede (GLOTZ 1999). Der Prototyp des Beschleunigers ist morgens auf Flughäfen anzutreffen, um mit Handy oder Notebook bis zum Abflug weitere Geschäfte zu machen. Der Prototyp des Entschleunigers ist der Flaneur, der die Wege zum Einkaufen oder Arbeiten zu Fuß zurücklegt, um dabei Passanten oder Natur zu studieren und zu genießen. Zeit und Raum unterliegen der Flexibilisierung und „Entbettung". Dieser auf den britischen Soziologen Anthony GIDDENS (1996) zurückgehende Begriff meint die Loslösung von Orten und Terminen aus starren Ordnungen, weil immer mehr virtuelle Formen der Erfahrung und Inszenierung möglich werden. So unterliegt die Freizeit vieler Menschen auch Tendenzen zur Virtualisierung und Inszenierung, was an Computerspielen besonders deutlich wird. Im Geflecht von Virtualisierung, Inszenierung, Beschleunigung und Entschleunigung haben sich Menschen zu behaupten und zu orientieren, was für Sozialisation und Bildung neue Aufgaben mit sich bringt. Handys, Internet, Kameras, Autos und Moden bzw. Stile sind sichtbarer Ausdruck dieser Entwicklung und können oft nur mit erheblichem finanziellen Aufwand bewältigt werden, der vielfach mit Nebenerwerbsarbeit und Verschuldung verbunden ist. Auch die Freizeit findet in der Erlebnisgesellschaft und in der Multi-Optionen-Gesellschaft statt und setzt sich von der Kindheit an vermehrt auch in der Erwachsenenwelt fort (ROSA 2005; VINZ 2005).

Starre Zeitregime, die noch vor einigen Jahrzehnten galten, werden immer flüssiger. Feste Öffnungszeiten von Geschäften und Büros fransen aus, weil z. B. Computer zeitliche Unabhängigkeit ermöglichen. Viele Dienstleistungen und Beschaffungsmöglichkeiten sind tags und nachts verfügbar. Die „Rund-um-die-Uhr-Gesellschaft" verheißt Hilfe und Konsum zu jeder Tages- und Nachtzeit, und Medien- und Unterhaltungsangebote kennen kein Zeitlimit mehr, das Internet ist jederzeit zugänglich und die räumliche Mobilität per Bahn, PKW oder Flugzeug kennt kaum noch Grenzen. Stellte vormals die Nacht eine mehr oder minder starre Grenze dar („night as frontier"), so ist diese durch die „Kolonialisierung der Nacht" (MELBIN 1987) aufgeweicht worden. Im 19. und 20. Jahrhundert wurde die letzte Ressource in der Zeitdimension, nämlich die Nacht, erobert, indem der Staat künstliche Beleuchtung, Infrastruktur und Schutz zur Verfügung stellte und damit die privatwirtschaftliche Nutzung dieser Ressource durch Nachtarbeit und nächtlichen Konsum ermöglichte. Dies betrifft heute auch Kinder und Jugendliche, Erwachsene und Alte, die z. B. über Medien, Pizza-Service, Mikrowelle oder Tankstelle am nächtlichen Konsum teilhaben können und damit ihre temporalen Muster verändern, was wiederum u. a. Auswirkungen auf Schule und Familienalltag, Freundschaften oder Notsituationen haben kann.

Zeit ist zu einer fluiden und disponiblen Größe geworden, in der Zeitblöcke für Arbeit, Freizeit, Mobilität oder Versorgung nach gesellschaftlichen Idealen bzw. Ideologien, finanziellen Möglichkeiten, persönlichen Präferenzen und psychophysischen Potenzialen platziert werden können. Allerdings begrenzen harte Realitäten diese Beliebigkeit, wenn z. B. der Schulbeginn auf 7:50 Uhr festgelegt ist, allein erziehende Mütter um die Kinder herum ihre verdichteten Zeitmuster arrangieren müssen oder wenn zahlreiche Arbeitnehmer in der „Rush hour" lange Zeit im Stau zubringen müssen. Die Nutzung von Zeit hängt von der Lage, Stückelung und Verdichtung ab. Für Nacht- und Schichtarbeiter, und das sind fast ein Viertel aller Beschäftigten, ist Zeit anders gelagert als bei Bürokräften mit festen Arbeitszeiten, was sich insbesondere auf die Nutzung von Freizeit und auf die Interaktionen in der Familie, z. B. zwischen Eltern und Kindern, auswirkt. Die Stückelung der Zeitmengen einer erwerbstätigen Frau mit Kindern kann per Saldo ähnlich große Zeitmengen wie bei einem Beamten mit einem 8-Stunden-Arbeitstag erbringen, die aber als Freizeit sehr viel schlechter zu nutzen sind. Die Verdichtung der Zeit dieser Frau zwischen Arbeit, Haushalt, Kindererziehung und Freizeit erzeugt eher Zeitnot als Zeitwohlstand. Wenn die Zeitbudget-Forschung quantitative Daten erhebt, müssen solche qualitativen Differenzen berücksichtigt werden (PRAHL 2002).

Mit den Individualisierungszwängen der Gesellschaft wird auch für Kinder und Jugendliche das Thema Lebensstile in Form von Moden, Unterhaltungselektronik, Körperinszenierung und Design zum zentralen Lebensinhalt, der vor allem in der Freizeit und beim Reisen realisiert werden soll. Hier entstehen schon in jungen Jahren neue Ungleichheiten, wenn Kinder und Jugendliche aus ärmeren Gesellschaftsschichten solchen Zwängen nicht genügen können. Über Lebensstile werden Erfahrungen von Ausgrenzung bzw. Benachteiligung auf der einen Seite und Erfahrungen von Privilegien auf der anderen Seite vermittelt. Solche Erfahrungen werden zwar auch in Schulen, aber vor allem in der Freizeit gemacht. Die allgegenwärtige Erlebnisgesellschaft, in der fast jegliches Handeln mit Erlebniswert verbunden wird, verstärkt diese Tendenz noch (FREERICKS et al. 2010; POPP et al. 2003).

In der Erwachsenenwelt verstärken sich die Ungleichheiten noch in spezifischer Weise. Die herkömmlichen Schichten, Sozialmilieus, Lebenslagen und Lebensstile drücken sich nicht einfach proportional in Quantität und Qualität der Freizeit aus. Vielmehr entstehen neue Disparitäten. In der Freizeit gibt es andere Gewinner und Verlierer als in den sozialen Verteilungskämpfen. Viele der materiell Begüterten könnten sich zwar eine qualitativ hochwertige Freizeit leisten, leiden aber oft an verfügbarer Zeit, viele Arbeitslose und Arme verfügen zwar über umfangreiche Freizeit, können diese aber mangels materieller Ressourcen nur eingeschränkt nutzen, was auch im Reiseverhalten sichtbar wird. Die „Neureichen der Freizeit", nämlich die bis 2050 beständig anwachsende Gruppe der älteren Generation 60plus, haben zumindest noch hinreichend finanzielle Mittel, um Freizeit und Reisen intensiv auszuleben. Diese Gruppierung konnte teilweise schon an der Bildungsexpansion seit den sechziger Jahren teilhaben und kann durch Sprach- und Länderkenntnisse die Freizeit für Reisen und Events nutzen. Zudem hat sich der gesundheitliche Zustand der meisten Älteren im Vergleich zu früheren Generationen – die Soziologie des Alterns spricht von einer „Verjüngung des Alters" (vgl. PRAHL/SCHROETER 1996) – nachhaltig verbessert, was Raum für eine aktive Freizeitgestaltung bietet. Und wer versucht, mit älteren Menschen einen Termin zu vereinbaren, macht oft die Erfahrung, dass deren Timer bereits für längere Zeit ausgebucht sind.

Nach einschlägigen Prognosen werden in Zukunft immer weniger Menschen einer bezahlten Erwerbsarbeit nachgehen können (vgl. SENNETT 1998). Dann werden die Sozialisationsagenturen nicht mehr primär auf Arbeit vorbereiten, sondern müssen übergreifender auf Zeitverwendung und Zeitgestaltung sozialisieren. Dies wird auch mit der Fähigkeit verbunden sein, Zeit ohne die strukturierende Wirkung von Erwerbsarbeit gestalten und aushalten zu können und dabei die wachsende Eigenzeit zu nutzen. Die Verflüssigung der Zeitregime erfordert neue Kompetenzen, um Zeit zu haben, Zeit zu gestalten und Zeit zu geben, was die vielfältigen Angebote zum Zeitmanagement ohnehin nicht leisten können. In veränderten Familien- und Gesellschaftsstrukturen sind neue Modi des gegenseitigen Aushandelns von Zeit erforderlich, die sich nicht autoritativ lösen lassen und noch teilweise unbekannte Anforderungen an zukünftige Sozialisationsprozesse stellen. Zu erforschen ist weiterhin, ob und wie die materiellen bzw. kulturellen Muster gesellschaftlicher Ungleichheiten durch neue Muster von Zeitwohlstand bzw. Zeitarmut überlagert werden und wie sich diese neuen Ungleichheiten auf Sozialisationsprozesse auswirken (vgl. PRAHL 2010).

Bereits in früher Kindheit und Jugend werden Kinder und Jugendliche auf die Tempo- bzw. Rund-um-die-Uhr-Gesellschaft festgelegt, was die Uhren, Timer oder Handys noch verstärken. Ob dies langfristig bei jüngeren Menschen zu ähnlichen Erscheinungsformen wie bei Erwachsenen (Burnout, nervöse Erschöpfungszustände etc.) führt, ist noch weitgehend ungeklärt, auch ADHS und andere Symptome sind unter diesem Aspekt zu klären. Inzwischen wird sogar seitens der Politik eine Entschleunigung gefordert. Daher wird verstärkt eine Befassung mit Beschleunigung und Entschleunigung auch in den Sozialisationsagenturen zu leisten sein (GLOTZ 1999; ROSA 2005). Unter diesem Aspekt ist Freizeit in Zukunft sehr viel fundamentaler – nämlich als individuelle und gesellschaftliche Wahrnehmung und Gestaltung von Zeit – zu betrachten als die bisherige Entgegensetzung von Arbeit und Freizeit.

2 Flaneure und Touristen

Der aus Polen stammende und in England bzw. Israel wirkende Soziologe Zygmunt Bauman sieht einen Prototyp moderner Lebensweisen in dem Flaneur. In Gesellschaften, in denen einerseits die festen Zuordnungen zu Klassen oder Schichten kaum noch möglich sind, in denen andererseits viele Traditionen verschwunden sind und neue Unübersichtlichkeiten überwiegen, kann der Flaneur ebenso neugierig wie gelassen durch die Welt gehen. Er kann flanierend Neues entdecken und Vertrautes in neuem Lichte sehen. Trotz aller Hast, die ihn umgibt, kann er sein eigenes Tempo gehen und gelegentlich auch verweilen. In einer Tempo-Gesellschaft, in der sich immer mehr Menschen immer schneller bewegen müssen oder dies zumindest glauben, erhält sich der Flaneur seine eigene Zeitsouveränität, was auch dem hier zu ehrenden Pensionär Albrecht Steinecke gelingen sollte.

Den Flaneur sieht Bauman in der Nachfolge des Pilgers. Jedoch musste der Pilger lange Strecken zurücklegen, um an den Ort seiner religiösen Verrichtungen zu gelangen. Der Flaneur im klassischen Sinne war der Spaziergänger, wie er z. B. in der Malerei des 19. Jahrhunderts oder in der damaligen Literatur verewigt wurde:

> „Alle Fäden des modernen Lebens schienen im Zeitvertreib und in der Erfahrung des Spaziergängers zusammenzulaufen und verbunden zu sein; zu spazieren, wie man ins Theater geht; sich unter Fremden zu befinden und ihnen ein Fremder zu sein (in der Menge, doch nicht Teil der Menge zu sein); die Fremden als ‚Oberfläche' zu erfassen ... Psychisch bedeutet Spazierengehen, die menschliche Realität als eine Reihe von Episoden zu proben – als Ereignisse ohne Vergangenheit und ohne Konsequenzen. Es bedeutet außerdem, Begegnungen als Vergegnungen einzuüben, als Begegnung ohne Auswirkung; die flüchtigen Bruchstücke des Lebens anderer Leute, die der Spaziergänger nach Belieben zu Geschichten ausspinnt – es ist seine Wahrnehmung, die sie zu Akteuren in den Dramen nach seinem Drehbuch macht, ohne ihr Wissen, Akteure zu sein" (BAUMAN 1997, S. 150).

In diesem Sinne kann auch der Tourist ein Flaneur sein und seine Wahrnehmung in sein Drehbuch einbauen.

3 Inszenierter Tourismus

Vor allem das Reisen ist in die Erlebnisgesellschaft eingebunden. Diente noch vor einigen Jahrzehnten der Urlaub insbesondere der körperlichen und seelischen Entspannung und Erholung, so verbindet sich Reisen heute immer mehr mit der Erlebnisqualität der jeweiligen Destinationen. Sonne, Strand, Baden, Wandern, Sport oder Abwechslung haben nicht ihren Wert verloren, jedoch müssen sie durch Erlebnisqualitäten aufgewertet werden. Event und Spannung, Abenteuer oder Grenzerfahrungen sollen das Erlebnis der Reise verstärken und bereichern (vgl. PRAHL/STEINECKE 1979).

Doch wenn das Reisen immer wieder stattfindet und zur Routine wird, verschiebt sich nach Baumann (1997) das Verhältnis zwischen dem Zuhausesein und dem Reiseerleben:

> „Die Beschaulichkeit des eigenen Zuhauses veranlaßt den Touristen, auf Abenteuersuche zu gehen, aber es ist eben dieselbe Beschaulichkeit, die jene Abenteuersuche zu einem ungetrübt angenehmen Zeitvertreib macht. Was immer meinem Gesicht hier, in Touristenland, geschehen sein mag, welche Maske ich auch aufsetze, mein ‚wirkliches Gesicht' ist in sicherer Verwahrung, makellos sauber, fleckenresistent und unbeschmutzt. Das Problem ist freilich, dass in demselben Maße, wie die touristischen Eskapaden einen immer größeren Anteil an Lebenszeit ausmachen, wie sich das Leben selbst zu einer ausgedehnten Eskapade und das touristische Verhalten zur Lebensform wandelt und die Touristenhaltung Charakterzüge annimmt – es auch immer unklarer wird, welcher Besuchsort nun das Zuhause und welcher nur einen Touristenaufenthalt bedeutet" (BAUMAN 1997, S. 158).

Damit verbunden ist typischerweise eine Verschiebung im Raumgefühl. Der Tourist sucht in seinem Reiseverhalten nach mehr Raum, was er in seinem Zuhause nur selten anstrebt, weil mehr Raum auch mit mehr Arbeit bzw. Kosten verbunden ist.

Unter den Touristen scheinen sich die Weisen der Beschleunigung und Entschleunigung zu verändern. Nachdem in früheren Jahrhunderten die Reisewege eminent mühsam und zeitaufwändig waren und meistens auch nur von Gesellschaftsgruppen bewerkstelligt werden konnten, die über hinreichend Zeit und Geld verfügten, so sind mit Eisenbahn, Automobil und Flugzeug die Geschwindigkeiten geradezu explodiert. Wurde 1953 eine Pauschal-Flugreise von Hamburg nach Teneriffa wegen der zahlreichen Zwischenstopps – oft musste getankt werden, noch öfter mussten an den verschiedenen Orten Passagiere zusteigen, damit der Flug sich überhaupt rechnete – mit insgesamt 42 Stunden angekündigt, so beträgt die Flugdauer heute etwa dreieinhalb Stunden. Ähnlich verhält es sich mit der Geschwindigkeitsentwicklung der Eisenbahn, die es ermöglicht, in weniger als zehn Stunden die Bundesrepublik von Nord nach Süd zu durchqueren. Das Tempo von Automobilen ist hingegen abhängig von Tages- und Jahreszeiten wie von Verkehrslage und Witterung, wobei Staus erzwungene Entschleunigung bedeuten können (vgl. PRAHL/STEINECKE 1979).

Zunehmender Beliebtheit erfreuen sich aber auch Verkehrsmittel und Reisewege, die das Vorankommen entschleunigen. Neben dem Wandern erfreut sich das Fahrrad zunehmender Attraktivität. Im ersten Drittel des zwanzigsten Jahrhunderts erfreute sich das Luftschiff bei betuchten Gästen einer gewissen Popularität, weil es geräuscharm und langsam vorankam. Heute boomt das Angebot an Schiffsreisen, weil Unterkunft, Fortbewegung und Sightseeing geschickt miteinander verknüpft werden können. Wasserwandern oder Segeln gelten als beliebte, aber relativ langsame Fortbewegungsmöglichkeiten. Und das Spazierengehen wurde akademisch geadelt, indem an der Gesamthochschule Kassel eine Professur für Spaziergehwissenschaft eingerichtet wurde, die inzwischen aber nicht mehr besteht.

Touristen streifen im Urlaub einen Teil ihrer Rollenvorgaben aus der Arbeits- oder Ausbildungswelt ab, um Distanz zur alltäglichen Welt zu erlangen. Der Urlaub soll gewissermaßen als Gegenwelt zum durch Erwerbsarbeit, Familienstress, Verkehr, Kommunikationserfordernisse und Bildungsaufgaben geprägten Alltag dienen. Um aber in eine solche Gegenwelt zu gelangen, muss nicht bloß Rollendistanz geübt, sondern es muss ein Rollenwechsel gelingen. Dies ist nicht immer leicht, wenn der „flexible Mensch" (SENNETT 1998) auf veränderten Arbeitsmärkten sich immer mehr zum Anbieter seiner Arbeitsfähigkeit wandeln und dann gewissermaßen wie ein Unternehmer mit seiner Arbeitskraft umgehen muss. Dieser neue Typus von Arbeitskraftunternehmern muss dann seinen Urlaub nehmen, wenn Lücken im jeweiligen Zeitfenster auftreten, und kann nur selten den Urlaub vorher planen. Ein zunehmender Anteil nimmt auch Arbeit mit in den Urlaub. Unter dem Diktat der allseitigen und allzeitigen Erreichbarkeit verreisen nicht wenige Menschen mit Handy und Laptop, um keinen Auftrag oder Job zu verpassen oder um unerledigte Arbeiten zu verrichten. Im schlimmsten Falle muss der Urlaub abgebrochen oder unterbrochen werden. Und wenn Aufträge in großer Fülle vorliegen, kann schon mal der ganze Urlaub ausfallen oder muss in weniger attraktive Jahreszeiten gelegt werden. Als Gegenmittel könnte dienen, dass eine zukünftige UN-Charta jedem Menschen ein Recht auf Unerreichbarkeit zugesteht.

Bei vielen Erwerbstätigen ist im Urlaub eine Fortsetzung der Arbeit in anderer Umgebung zu beobachten. In manchen ausländischen Strandhotels erschallt bald nach dem Frühstück der Ausruf „Beachtime“, und viele Urlauber nehmen alsbald ihre „Bräunungsarbeit“ auf. Am Strand wechseln sie auf den Liegen gewissermaßen auf Kommando ihre Lage, um möglichst gleichmäßig braun zu werden und später in der Bar oder beim Essen mit anderen Touristen den Bräunungsgrad zu vergleichen. Und wenn solche Leistungen der „Bräunungsarbeit“ abgearbeitet sind, lohnt vielleicht ein Gespräch über die Preise in den Dutyfree-Läden verschiedener Flughäfen oder über die jeweilige Flugdauer. Auch so lässt sich mit dem jeweiligen Erfolg der Urlaubsleistungen punkten. Und solche Erfolge lassen sich später nach der Rückkehr an den Arbeitsplatz noch ein wenig in den Reaktionen der Kollegen bzw. Kolleginnen auskosten.

4 Individualisierung und Inszenierung

Inszenierungen waren im Laufe der Geschichte immer üblich. So setzten sich beispielsweise die weltlichen und kirchlichen Obrigkeiten in Szene, militärische Überlegenheit wurde gern mit Aufmärschen inszeniert, und viele Rituale wie Hochzeiten, Initiationen oder Beerdigungen waren ebenfalls Inszenierungen. Theateraufführungen, Musikdarbietungen, Festumzüge oder Sportveranstaltungen sind als Inszenierungen seit der Antike bekannt. Doch waren diese von den Obrigkeiten erwünscht und veranstaltet oder dienten wie beispielsweise Initiationen oder Trauerfeiern dem Übergang zwischen verschiedenen Zuständen. Das einzelne Individuum war Adressat und nur selten Akteur solcher Inszenierungen.

Im Reisen entstehen Notwendigkeiten zur Inszenierung. Die Reise selbst ist bereits eine Form der Inszenierung, indem sich der Reisende von seiner ihm vertrauten Umgebung fortbewegt und mit der Art des Fortbewegens nach außen signalisiert, wie reiseerfahren, routiniert, mutig oder ängstlich er ist. Jemand, der auch sonst auf sein Auto fixiert ist, wird vermutlich auch lange Anfahrtswege zum Urlaubsort auf sich nehmen und womöglich sogar beim Kauf des Fahrzeugs diesen Weg mit einkalkulieren. Ein anderer, der beständig nach außen signalisiert, wie knapp seine Zeit ist, wird vermutlich das Flugzeug als Reisemittel wählen. Koffer, Taschen, Trollys und anderes Gepäck sind ebenfalls Mittel zur Inszenierung. Koffer mit zahlreichen Aufklebern von Reisezielen waren bereits vor langer Zeit Hinweis auf den Umfang der Reiseerfahrungen. Heute sollen Marken der jeweiligen Gepäckstücke auf Geschmack und Lebensstile verweisen. Die feinen Unterschiede ergeben sich durch Markennamen, Material, Lebensdauer und Komfort. Seitdem dieser Markt durch Massenprodukte vom Discounter überschwemmt wird, müssen immer subtilere Mittel der Distinktion eingesetzt werden. Design und Zubehör stoßen in diese Lücke. Accessoires und Kameras gehören ebenfalls zu den äußeren Abzeichen des Reisestils. Auch spezielle Kleidung charakterisiert den Reisenden. Vielfach gehören auch Sport- bzw. Freizeitausrüstungen zu den sichtbaren Attributen des Touristen.

In früheren Jahrhunderten wurde der Körper durch harte Arbeit und Krankheiten geformt. Dies hat sich in der Gegenwart gewandelt, indem der Körper immer mehr zum Zeichen wird und gezeigt werden soll. In dem Maße, in dem der menschliche Körper zum Träger von Bedeutungen wird, greift die Notwendigkeit der Selbstinszenierung um sich. Kleidung, Frisur, Teint, Tattoos, Schmuck, Brillen und vielerlei Accessoires sollen Zugehörigkeiten und Lebensstile signalisieren. Im Urlaub verstärkt sich das Zeigen noch, weil sich die Reisenden als Fremde unter Beobachtung fühlen. Dann müssen vermeintlich überflüssige Pfunde vorher verschwinden, neue Kleidungsstücke angeschafft oder kleine Sportkurse besucht werden. Die Bikinifigur für den Strand oder die strammen Waden fürs Wandern oder Radfahren gehören zur Körperinszenierung, die vor allem im Urlaub gegenüber anderen Touristen oder bei Fremden Eindruck erwecken soll. Immer stärker wird der Tourismus mit Fitness und Gesundheit verknüpft: Sauna, Swimmingpool, Fitnessraum, Tennisplatz oder Leihfahrräder gehören zur Grundausstattung fast eines jeden Hotels. Und nahezu jede Destination wirbt mit Gesundheit und Wellness, Aktivurlaub ist zum Markenzeichen geworden. Der ertüchtigte Körper wird gewissermaßen zum Erzeugnis und Erfolgskriterium erfolgreichen Urlaubs.

Neben solchen Äußerlichkeiten führt der Reisende oft in seinem Inneren eine ganze Philosophie seines Reiseverhaltens bzw. Sporttreibens mit sich. So ist beispielsweise im Sporttourismus der Leistungsgedanke mit Internationalität verknüpft, auch das Wissen um Material und Technik fließt in diese Urlaubsphilosophie ein. In vielen Fällen haben Medien bereits Vorstellungen und Bilder von den Reisezielen vermittelt, die dann auch den speziellen Blick auf die Urlaubsregion präformieren. Eine gezielte Vorbereitung auf die Reise wird durch stark expandierende Informationsquellen erleichtert, in Cyberwelten kann der Tourist qua Simulation seine Reiseziele bereits durchqueren. Auch Gruppenkulturen wie z. B. bei Campern, Sporttouristen, Wanderern oder Polittouristen können quasi-ideologischen Halt bieten. Die mentale Absicherung erlangt im Massentourismus hohe Bedeutung.

5 Die Gesellschaft der Individuen auf Reisen

In der Gegenwart wird das Individuum immer deutlicher aus gesellschaftlichen Strukturen und Rollenerwartungen heraus „entbettet“. Die Individualisierung ist dabei weniger der Wunsch, sich ganz individuell verhalten zu können – wie sich dies in der klassischen Entgegensetzung von Individuum und Kollektiv oder Persönlichkeit und Masse darstellte –, sondern durch gesellschaftlichen Strukturwandel erzwungen. In der Erwerbsarbeit oder in Bildungsinstitutionen erfolgt die Darstellung des Individuums weitgehend entlang vorgeschriebener Leitlinien, in denen gewisse Freiräume zur Rolleninterpretation und Rollendistanz möglich sind. Die jeweilige Inszenierung ist durch Scripts festgelegt, die nicht ausschließlich als Zwang empfunden werden müssen, sondern subtil in das eigene Repertoire übernommen werden können. Außerhalb von Erwerbs- und Bildungssphäre wächst allerdings die Möglichkeit und Notwendigkeit zur Selbstinszenierung. Das Selbst muss gewissermaßen Drehbücher entwickeln, die nicht durch Rollenvorgaben festgelegt sind. So wird der moderne Mensch notwendigerweise zum Selbstdarsteller. Und dies nicht so sehr weil das

Individuum sich selbst gern in den Vordergrund spielen möchte, sondern weil die gesellschaftlichen Erwartungen an den Einzelnen undeutlich und teilweise auch diffus geworden sind. Ein Prüfling, der vor einem halben Jahrhundert ohne Krawatte zur Prüfung erschienen wäre, hätte mit negativen Sanktionen rechnen müssen, heute würde ein Prüfling mit Krawatte als überangepasst gelten. Ein Professor ohne Anzug und Krawatte wäre seinerzeit als verschrobener Sonderling angesehen worden, heute genügen Jeans und Blouson. Und all dies gilt nicht nur für dress codes, sondern für fast alle Bereiche der Lebensführung.

Im Alltag findet das auf sich selbst gestellte Individuum zahlreiche Rollenvorgaben durch Beruf, Arbeitsplatz, Familie, Bildungseinrichtungen, Mitgliedschaften, Wohnverhältnisse oder Konsummöglichkeiten. In der außeralltäglichen Situation des Urlaubs sind Rollen neu zu erproben und auszutesten. Vertrautheit und Fremdsein müssen neu ausbalanciert werden. Dies geht vielleicht am einfachsten durch Reisegebietstreue, wenn immer wieder derselbe Ort und dort auch noch dieselbe Unterkunft aufgesucht werden oder wenn z. B. auf Mallorca die Fußball-Bundesliga live übertragen und Schweinshaxe mit Sauerkraut serviert wird. Auch ein Besuch bei Verwandten oder Freunden kann Vertrautheit garantieren. Mit der massenhaften Ausweitung des Tourismus in den letzten Jahrzehnten hat sich jedoch das Reisen pluralisiert und erstreckt sich auf nahezu alle Gesellschaftsgruppen. Typische Reisemuster von Beamten, Angestellten, Arbeitern, Bildungsbürgern, Akademikern, Senioren oder Jugendlichen lassen sich kaum noch eindeutig identifizieren. Traditionelles Reiseverhalten weicht immer mehr persönlichen Vorlieben, diversifizierten Angeboten, medial vermittelten Vorstellungen von Destinationen oder politisch ambitionierten Absichten. Im Reiseverhalten bietet sich vermeintlich die Möglichkeit zur Individualisierung. Je nach individuellen Präferenzen können Reiseformen und Reiseziele ausgewählt und kombiniert werden. Andererseits kann diese große Freiheit Ängste auslösen, weil die Diversität postmoderner Lebensformen neue Unübersichtlichkeiten erzeugt, die nicht auch noch im Urlaub verstärkt werden sollen. Wer welche Reisen unternimmt, ist jedenfalls nicht eindeutig und ambivalent. Daher besteht das Geschäft der Soziologie in der Interpretation von Ambivalenzen.

Literatur

BAUMAN, Z. (1997): Flaneure, Spieler und Touristen, Hamburg

BOURDIEU, P. (1982): Die feinen Unterschiede, Frankfurt a. M.

FREERICKS, R./HARTMANN, R./STECKER, B. (2010): Freizeitwissenschaft, München

GIDDENS, A. (1996): Konsequenzen der Moderne, Frankfurt a. M.

GLOTZ, P. (1999): Die beschleunigte Gesellschaft. Kulturkämpfe im digitalen Kapitalismus, München

IMMERFALL, St./WASNER, B. (2011): Freizeit, Stuttgart

MELBIN, M. (1987): Night as Frontier. Colonizing the World after Dark, New York/London

POPP, R./SCHWAB, M. (Hrsg.; 2003): Pädagogik der Freizeit, Baltmannsweiler

PRAHL, H.-W. (2002): Soziologie der Freizeit, Paderborn

PRAHL, H.-W. (2010): Soziologie der Freizeit. In: KNEER/SCHROER (Hrsg.): Handbuch Spezielle Soziologien, Wiesbaden, S. 405–420

PRAHL, H.-W./SCHROETER, K. R. (1996): Soziologie des Alterns, Paderborn

PRAHL, H.-W./STEINECKE, A. (1979): Der Millionen-Urlaub, Neuwied

ROSA, H. (2005): Beschleunigung. Die Veränderung der Zeitstrukturen in der Moderne, Frankfurt a. M.

SENNETT, R. (1998): Der flexible Mensch, Berlin

VINZ, D. (2005): Zeiten der Nachhaltigkeit. Perspektiven für eine ökologische und geschlechtergerechte Zeitpolitik, Münster

Muße und Selbstfindung im Urlaub

Susanne Leder

1 Mehr Zeit fürs Ich: neue Trends im Tourismusmarkt

Folgendes Reiseangebot des Veranstalters SKR Reisen wurde mit der Goldenen Palme von Geo Saison ausgezeichnet[1]:

> **„Sinai – Eremit auf Zeit im Beduinengarten:**
> Ihre Eremitage ist ein kleines Steinhaus in einem Garten der Beduinen, ca. zwei Stunden Fußweg von St. Kathrin entfernt. Das Häuschen bietet genügend Raum, um dort das Gepäck und Vorräte aufzubewahren und um darin oder auf der schattigen Veranda zu schlafen. […] Ihre ummauerte Waschgelegenheit wird entweder durch eine Zisterne oder einen Brunnen gespeist, mit dessen Schlauch Sie auch duschen können. […] Solarlampen oder Kerzen weisen Ihnen abends den Weg. Die Beduinen Ihres Gartens […] bringen Ihnen mindestens einmal pro Tag Verpflegung. […]
> Bei keiner anderen Reise sind Sie so weit weg von Ihrem Alltag und der modernen Welt. In der Stille des Sinai kommen Sie langsam zur Ruhe. Je nach Ihrer Neigung oder wie Sie sich gerade fühlen, gehen Sie wandern, unterhalten sich mit den Beduinen, beobachten die große und kleine Natur oder finden einfach nur zu sich."
> (vgl. SKR Katalog 2012, S. 55).

Der Angebotstext vermittelt die Aspekte Askese und Einsamkeit. Die neun veranschlagten Reisetermine für 2012 waren bereits Monate vor Reisebeginn ausgebucht. Es gibt also eine reale Nachfrage für Angebote wie dieses, die wenig bis keinen Komfort bieten, dafür aber einen Luxus der besonderen Art: Stille, Abgeschiedenheit, unberührte Natur und Begegnung mit sich selbst. Als Pauschalreise gebucht, ist diese Auszeit jedoch gleich mit einer Rückholgarantie ausgestattet – wie der Angebotstext es verspricht: „Ihr Leben als Eremit auf Zeit". Angebote wie das hier beschriebene, deren eigentliches Erlebnisversprechen sich weniger auf die geographisch-kulturelle Wahrnehmung der Landschaft, sondern mehr auf deren atmosphärische Aspekte wie Ruhe, Entspannung, Seele baumeln lassen, ganz man selbst sein, sich frei fühlen etc. bezieht, bereichern zunehmend die touristische Angebotslandschaft. Neben Reisen in periphere geographische Räume (z. B. Wüstenreisen) bieten auch Klosteraufenthalte, Almhüttenurlaube, Meditations- und Kreativreisen etc. die Möglichkeit, vor allem sich selbst während der Urlaubszeit zu entdecken und Muße zu finden. Daraus abgeleitet resul-

---

1 Die Auszeichnung wurde bereits 2008 an SKR Reisen vergeben, das Angebot ist aber auch aktuell noch im Katalog des Veranstalters enthalten.

tiert der Begriff „Destination Ich“, den das ZUKUNFTSINSTITUT bereits 2003 in diesem Zusammenhang verwendet hat (vgl. ZUKUNFTSINSTITUT 2003, S. 47).

Das Bedürfnis nach Eigenerfahrung und Sinnfindung wird von immer mehr Menschen formuliert und findet seinen Ausdruck auch im Tourismus. Vor dem Hintergrund, dass Urlaubsreisen durch ihre zeitliche Begrenzung und die Auskoppelung aus der gewohnten Umgebung als eine Testphase für neue Verhaltensweisen zu sehen sind, können Besinnungs- und Mußereisen wichtige Impulse für das Lebensmanagement im Alltag geben. So kann z. B. ein Yoga-Urlaub dazu führen, sich langfristig dem Thema in seiner privaten Freizeit zu widmen. Oft sind es auch Einzelaspekte des Muße-Urlaubs, die die Reisenden in ihren Lebensalltag zu Hause einbringen wollen. Klosterurlauber z. B. nehmen sich nach dem Aufenthalt vor, mehr Ruhe und Stille auf den Alltag zu übertragen oder sich insgesamt mehr Zeit zu nehmen (vgl. LEDER 2006, S. 119)

Als touristisches Phänomen haben die beschriebenen neuen Reiseformen mit ihren dahinterliegenden Fragestellungen nach gesellschaftlichen Ursachen und daraus entstehenden Motiven für das Freizeitverhalten spätestens Mitte der 2000er Jahre Einzug in die wissenschaftliche Diskussion gehalten. Unter Begriffen wie Mußetourismus, Slow Tourism, Sinnsuche, Selbstfindung oder Wohlfühlgesellschaft werden die gesellschaftlichen Trends in der tourismuswissenschaftlichen Literatur aus verschiedenen Blickwinkeln betrachtet. Aktuell haben ANTZ/EISENSTEIN/EILZER (vgl. 2011) unter dem Titel „Slow Tourism“ zahlreiche Artikel zum „Reisen zwischen Langsamkeit und Sinnlichkeit“ zusammengetragen. Das Thema Slow Tourism wurde dabei auch mit empirischen Daten untermauert, die Aufschluss über Motivstrukturen und Marktvolumen in dem Bereich geben (siehe hierzu Kap. 5).

Im Folgenden werden die allgemeinen gesellschaftlichen Entwicklungen skizziert, vor deren Hintergrund die Motive für die Suche nach Muße und Besinnung im Tourismus verdeutlicht werden können.

2 Neue Zukunftsthemen im Tourismus

Die Kritik an der Leistungsgesellschaft und ihren negativen Auswirkungen wächst. Das Credo „schneller, höher, weiter“ wird abgelöst durch ein zunehmendes Bedürfnis der Gesellschaft nach dem gesunden Ausgleich zwischen Arbeitszeit und freier Zeit (work-life-balance). Zahlreiche Medienberichte über Aussteiger und bewusste Müßiggänger, denen mehr Zeit zu haben inzwischen wichtiger zu sein scheint als immer mehr Geld zu verdienen, signalisieren zumindest punktuell und innerhalb bestimmter Gesellschaftsschichten eine Veränderung in den Wertvorstellungen.

Über viele Jahrzehnte hat sich die Überzeugung gehalten, dass vor allem Fleiß und Ehrgeiz zu gesellschaftlicher Anerkennung und materiellem Wohlstand führen. In Deutschland haben die Menschen nach dem Zweiten Weltkrieg mit eiserner Disziplin und hohem körperlichem Einsatz den Wiederaufbau geschafft und die Bundesrepublik zu einer anerkannten Wirtschaftsmacht gemacht. Diese Phase hat die Einstellungen der Menschen geprägt. Im Laufe der weiteren Entwicklung wurden materielle Güter immer mehr zum Ausdruck des individuellen Status und der gesellschaftlichen Wertschätzung. Ein hohes berufliches Engagement ist auch heute noch für viele Menschen die tugendhafte Routine der Besserverdienenden. Lange Arbeitszeiten und Überstunden werden in vielen Berufen noch immer als Selbstverständlichkeit angesehen, und sich daraus ergebende negative Folgen für die Gesundheit werden dabei verdrängt. Doch dieses Leistungsbild verliert zunehmend an Strahlkraft.

Inzwischen scheint die Grenze der permanenten Leistungssteigerungen bei immer mehr Menschen erreicht zu sein. Durch das Arbeiten am Limit der Leistungsfähigkeit (und ggf. noch darüber hinaus) wird die Gesundheit nachhaltig gefährdet und letztlich die Produktivität der Menschen insgesamt eher eingeschränkt. Neben der körperlichen Gesundheit leidet zunehmend auch die psychische Gesundheit der Menschen. Die Zahl der Fälle von Arbeitsunfähigkeit aufgrund körperlicher, aber vor allem auch psychischer Leiden, nimmt jährlich zu[2] (vgl. DAK 2012, S. 25).

Durch die Vorgaben der Leistungsgesellschaft ist ein Ungleichgewicht entstanden zwischen Arbeits- und Ruhezeit. Da Arbeitszeit und Freizeit im Zuge moderner Arbeitsbedingungen immer mehr verschmelzen und durch die technischen Gegebenheiten eine permanente Erreichbarkeit möglich ist, geht häufig die notwendige Regenerations- und Eigenzeit verloren, die auch der Selbstfindung und Muße im Alltag dienen sollte. Dieser Mangel wirkt sich negativ auf die Lebenszufriedenheit aus. Zeitnot, wachsende Komplexität sowie zunehmende Technisierung und Mediatisierung haben merkliche Auswirkungen auf die Gesellschaft und ihre Individuen (vgl. LEDER 2006, Kap. 2). Als Resultat der steigenden Unzufriedenheit wird das Verlangen nach mehr Ruhe und Ausgeglichenheit immer deutlicher artikuliert und findet inzwischen gesellschaftliche Anerkennung. Mehr Zeit für sich selbst und für die Familie zu haben ist ein Wunsch, der z. B. in verschiedenen Meinungsumfragen bestätigt wird. 46 % der deutschen Männer und 55 % der deutschen Frauen wünschen sich mehr Zeit für sich (vgl. FORSA INSTITUT 2011, S. 2).

2.1 Das DESIRE-Modell: Profilierung durch Inszenierung

Aus den veränderten gesellschaftlichen Rahmenbedingungen ergeben sich auch für den Tourismus neue Spielregeln, da die Alltagsbedingungen immer auch Auswirkungen auf die Reise- und Urlaubsmotive der Menschen haben. In diesem Zusammenhang konnte der wissenschaftlichen Diskussion ein neues Erklärungsmodell für aktuelle Nachfrageaspekte im Tourismus hinzugefügt werden: das RETURN-Modell, das hier kurz im Zusammenwirken mit dem bereits etablierten DESIRE-Modell erläutert werden soll.

Mit dem DESIRE-Modell hat STEINECKE (1997, S. 16; vgl. Abb. 1) zum Jahrtausendwechsel Zukunftsthemen des Tourismus beschrieben und diese in den Handlungszusammenhang zwischen Angebot und Nachfrage gestellt. Als Auslöser für eine Notwendigkeit neuer Maßnahmen auf der touristischen Angebotsseite gelten dabei Aspekte wie übernutzte Märkte, internationaler Verdrängungswettbewerb und Ausweitung der Reiseperipherie. Diesen Marktbedingungen empfiehlt STEINECKE mit „Profilierung durch Inszenierung“ zu begegnen, wobei die Profilierung verschiedene Themen (zusammengefasst zum Begriff DESIRE) umfasst. Das Themenspektrum DESIRE steht für die folgenden Bereiche:

- **D**esign/Ästhetik: Marktwahrnehmung durch attraktive und spektakuläre Gestaltung,
- **E**motionen/Erlebnisse: Kundenbegeisterung durch Vermittlung starker Gefühle,

[2] „Psychische Erkrankungen machen im Jahr 2011 13,4 Prozent des Gesamtkrankenstands aus und stehen damit an vierter Stelle der wichtigsten Krankheitsarten. Ihr Anteil am Gesamtkrankenstand ist im Vergleich zum Vorjahr um rund 1,3 Prozentpunkte bzw. 11 Prozent gestiegen (2010: 12,1 Prozent)“ (vgl. DAK 2012, S. 25).

- Sicherheit/Convenience: Schaffung von Produktsicherheit/persönlicher Bequemlichkeit,
- Individualität/Spontaneität: exakte Bedienung vielfältiger Kundenbedürfnisse,
- Resorts/Anlagen: Bereitstellung eines attraktiven Angebotsmix (‚Welten'),
- Exklusivität/Privilegien: hierarchisierte Formen des Zugangs (Besonderheit/Status).

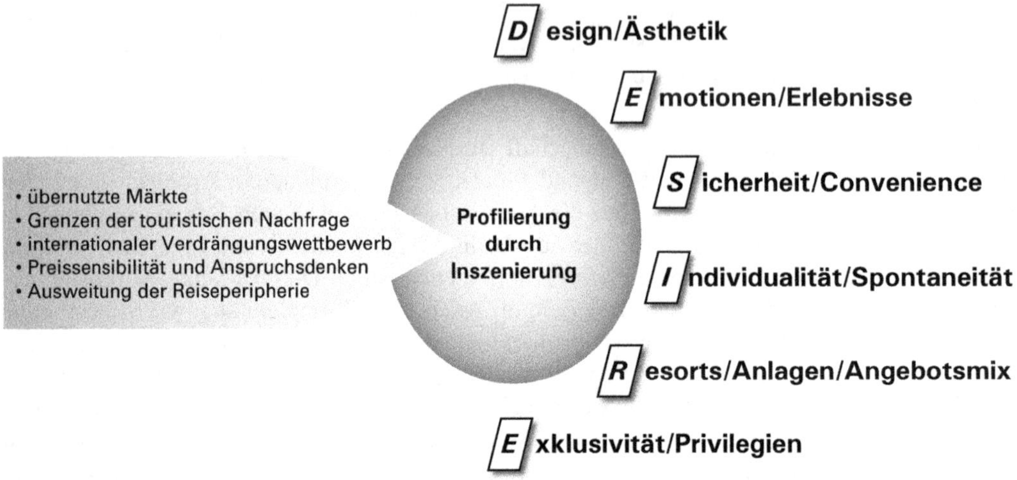

Abb. 1: DESIRE-Modell (Quelle: STEINECKE 1997)

2.2 Das RETURN-Modell: zurück zu alten Werten

In Ergänzung zu den Erkenntnissen aus dem DESIRE-Modell konnten aus den Betrachtungen zum Thema Muße und Selbstfindung neue Marktdeterminanten abgeleitet werden, die vormals noch keine explizite Berücksichtigung fanden. Die Ergebnisse dieser Untersuchungen wurden zu einem ergänzenden Modell neuer Zukunftsthemen zusammengefasst. Das RETURN-Modell (LEDER 2006, vgl. Abb. 2) stellt dabei Aspekte wie wachsende Komplexität, mediale und technische Übersättigung und Verlust vertrauter Strukturen in den Mittelpunkt der Erklärung neuer touristischer Motivstrukturen. Diese aus der Leistungsgesellschaft entspringenden Bedingungen erwecken ihrerseits neue Bedürfnisse in der Freizeit.

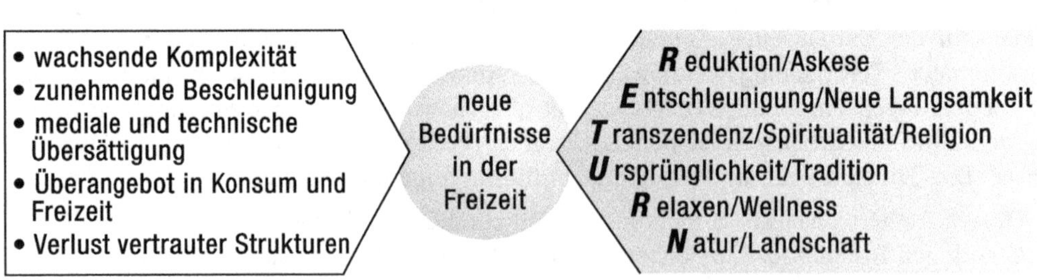

Abb. 2: RETURN-Modell (Quelle: LEDER 2006, S. 125)

Im Zeitalter der Globalisierung und einer umfassenden Technisierung bis in den Alltagsbereich hinein fühlen sich viele Menschen durch die damit zusammenhängende Komplexität der Dinge negativ beeinträchtigt. Das Mehr an Möglichkeiten, das z. B. allein durch technische Errungenschaften wie Handy und Internet gegeben ist, bedeutet gleichzeitig auch ein Mehr an Informationsflut und Entscheidungszwängen. Zudem beeinträchtigt die ständige Erreichbarkeit durch Mobiltelefone und Smartphones den Schutz der Privatsphäre und erzeugt bei den Betroffenen vielfach den inneren Druck, auch nach Dienstschluss den eingehenden Anfragen noch nachgehen zu müssen. Ein Abschalten am Wochenende ist dann im wahrsten Sinne des Wortes kaum noch möglich.

Ein weiteres Phänomen der modernen Gesellschaft ist das Überangebot an Waren und Dienstleistungen. Damit sind die negativen Auswirkungen der Konsumgesellschaft angesprochen. Auch hier erzeugt das Mehr an Auswahl einen gestiegenen Informationsbedarf und damit eine komplexere und aufwendigere Art der Entscheidungsfindung. Das beginnt schon bei normalen Alltagsprodukten und mündet in den Bereich High-Tech-Produkte. Da die technische Entwicklung in rasantem Tempo geschieht, ist der Nachfrager zudem permanenten Veränderungen bei der Bedienung und Nutzung neuer Geräte und Medien ausgesetzt – zwangsläufig muss er in diesem Bereichen immer weiter dazulernen.

Aber auch im sozialen Kontext hat sich vieles verändert. Der im RETURN-Modell genannte Aspekt „Verlust vertrauter Strukturen“ verweist auf die Tatsache, dass traditionelle Werte und gesellschaftliche Richtlinien immer weiter aufweichen und somit als Orientierungshilfen im Alltag wegbrechen. Das betrifft neben dem voranschreitenden Rückzug aus den konventionellen kirchlichen Glaubensgemeinschaften vor allem die zunehmende Auflösung der traditionellen Familienformen. Die Menschen verlieren wichtige Orientierungspunkte für ihr Lebensmanagement.

Als die aus den aktuellen Marktbedingungen erwachsenden neuen Bedürfnisse in der Freizeit können die folgenden benannt werden:

- *Reduktion und Askese* dienen als Ausgleich zur Übersättigung in nahezu allen Konsumbereichen. Das Prinzip „weniger ist mehr“ setzt sich aus Überzeugung und aufgrund wirtschaftlicher Bedingungen immer mehr durch.
- *Entschleunigung und Langsamkeit* wirken als Gegenpol zur wachsenden Betriebsamkeit und Zeitnot im Alltag. Zeit wird nicht mehr nur monetär bewertet, sondern zunehmend als Luxus im Sinne von Lebensqualität wahrgenommen.
- *Transzendenz, Spiritualität und Religion* werden als Hoffnungsträger und Leitbilder wiederentdeckt, weil die Lebensumstände zunehmend zu einer Frustration führen und traditionelle Orientierungswerte sowie ein soziales Zugehörigkeitsgefühl an Bedeutung gewinnen.
- *Ursprünglichkeit und Tradition* sind wieder mehr gefragt, weil die Moderne ihren Höhepunkt bereits überschritten und ihren Reiz weitestgehend verloren hat. Eine Sehnsucht nach der „guten alten Zeit“ keimt auf.
- *Relaxen und Wellness* nehmen einen immer wichtigeren Stellenwert bei den Menschen ein, weil neben der physischen Gesundheit vor allem das psychische Wohlbefinden in den Mittelpunkt rückt. Depressionen und psychische Erschöpfung zählen inzwischen zu den weit verbreiteten Zivilisationskrankheiten.

- *Natur und Landschaft* werden immer mehr zum Zufluchts- und Freizeitraum, um einen Ausgleich zum Leben in der stark bebauten und technisierten Umwelt (der Städte) zu schaffen. Wichtig sind hier vor allem die Ruhe und Stille der Natur.

Die im RETURN-Modell aufgezeigten Freizeitbedürfnisse haben wenig mit oberflächlicher Zerstreuung oder Ablenkung vom Alltag zu tun. Vielmehr zielen Sie auf grundlegende Bedürfnisse der Menschen ab, die auch kennzeichnend für den Wunsch nach einer anderen Lebensphilosophie sein können. Insofern reicht ihr Bezugspunkt grundsätzlich über den Zeitraum eines Urlaubs hinaus bis hinein ins Alltagsleben.

2.3 Von der Erlebnis- zur Sinngesellschaft?

Derzeit ist es noch schwierig, die genannten Zukunftsthemen klar einer übergeordneten Themenkategorie zuzuordnen, da die Diskussion um diese neuen Lebenswerte noch relativ jung ist und verbindliche definitorische Richtlinien noch weitgehend fehlen. Definitionsansätze und -versuche gibt es hingegen schon: Während OPASCHOWSKI (fvw 2006, S. 35) vom Wohlfühltourismus spricht und ROMEIß-STRACKE (ITB 2006) den Durchbruch der Sinngesellschaft erkennt, scheint sich aktuell eine Zusammenfassung der diesbezüglichen touristischen Aktivitäten unter dem Begriff Slow Tourism (ANTZ/EISENSTEIN/EILZER 2011) zu etablieren. ANTZ (2011, S. 5–6) verweist dabei auf den Ursprung des Begriffes im Zusammenhang mit der Slow Food-Bewegung, deren Forderungen den Tourismus in den Bereichen „Erhalt der Biodiversität, Traditionellen Landschaften, Regionalen Produkten und Traditionellen Methoden“ tangieren. Somit sollen sich unter diesem Begriff „vielfältige Themen und Trends des Tourismus zwischen Langsamkeit und Nachhaltigkeit, Sinnhaftigkeit und Sinnlichkeit zusammenfassen (lassen), die ein authentisches Reiseerlebnis vorhersagen“ (ANTZ 2011, S. 6).

Bei intensiver inhaltlicher Auseinandersetzung mit dem Begriff Muße – und dem daraus abgeleiteten Begriff des Mußetourismus – bleibt die Diskussion offen, ob diese Begrifflichkeit dem Slow Tourism unterzuordnen ist oder sich als eigenständiger Oberbegriff erweisen kann. Zum besseren Verständnis wird im Folgenden der Begriff Muße kurz erläutert und anschließend im touristischen Kontext positioniert.

3 Muße als Weg zur Selbstfindung – eine Begriffsannäherung

Muße wirkt als Begriff im deutschen Sprachgebrauch veraltet. Daher ist auch der Aussagegehalt des Wortes in seiner Gänze wenig bekannt. Gerade deshalb lohnt sich die intensive Auseinandersetzung mit der inhaltlichen Aussage und ursprünglichen Verwendungsweise des Begriffes, denn letztlich drückt er eben das aus, was den Menschen in der modernen Leistungsgesellschaft weithin zu fehlen scheint: innere Ruhe und Freiheit für selbstbestimmtes, kreatives Tun und eine gesunde Balance zwischen den Ansprüchen des Arbeits- und Privatlebens.

3.1 Definition „Muße"

Eine umfassende Begriffsdefinition von Muße findet sich in Meyers Enzyklopädischem Lexikon 1976, Bd. 16, 660 *(Anm: Hervorhebungen durch die Verfasserin)*:

> „Muße = das **tätige Nichtstun**; spezifische Form **schöpferischer Verwendung von Freizeit**, unabhängig, d. h. in **Freiheit von Zwängen durch fremdbestimmte, selbstentfremdete Arbeit** durch die Forderungen und Bedürfnisse der Gesellschaft, aber auch von den ebenso **selbstentfremdenden Konsumzwängen der Freizeitindustrie**, als Möglichkeit und zugleich **Grundbedingung der Selbstfindung**, der (kreativen) Selbstverwirklichung, des Selbstseins wie auch der Partizipation und Verwirklichung von Kultur, auch Kunst, ja der Freiheit selbst. War M. z. B. im Gesellschafts- und Wirtschaftssystem der griechischen Polis durch die körperliche Arbeit der Sklaven ermöglichtes Privileg der ‚freien' Bürger mit einer entsprechend hohen Bewertung in der Wertehierarchie (so hielt z. B. Aristoteles M. für eine der Voraussetzungen staatspolitischen Handels) und galt M. bis in die Neuzeit hinein auch als humanistisches Ideal und Statusmerkmal bestimmter Klassen (der ‚leisure'-Klassen, wie Th. Veblen sie nannte), so ist M. durch die ‚zweite industrielle Revolution' mit ihrer Entlastung von körperlicher Arbeit, v. a. aber mit den durch sie möglichen und notwendigen Arbeitszeitverkürzungen grundsätzlich auch für breitere Bevölkerungsschichten möglich. Das sich auf diesem Hintergrund stellende Problem ist die Neubestimmung des (Wertungs)verhältnisses von Arbeit zu einer wertorientierten, nicht nur formal bestimmten M. und entsprechende Veränderung des Bewusstseins. **Eine solche Neubestimmung einer ‚demokratisierten' M. im Rahmen einer humanen Freizeitgestaltung könnte beitragen zur Verhinderung neuer Abhängigkeiten in Gesellschafts- und Konsumzwängen, aber auch psychohygienisch zur Verhinderung von Stress, darüber hinaus zur Ausweitung menschlicher Freiheit.**"

Diese komplexe Definition soll hier nur anhand der wichtigsten Aspekte erläutert und im touristischen Kontext betrachtet werden. Das „tätige Nichtstun" lässt sich z. B. besser verstehen unter Hinzuziehung des von CSIKSZENTMIHALYI (1999) vielfach beschriebenen Flow-Erlebnisses: das Ausführen einer Tätigkeit, die einen inhaltlich so (positiv) erfüllt, dass eine Person ganz darin aufgeht und sich umfassend wohl dabei fühlt. Es herrscht kein Zeitdruck – im Gegenteil scheint die Zeit bei dieser Tätigkeit keine Rolle zu spielen. Muße hat den gleichen Effekt – das losgelöste Tun ohne eine (verpflichtende) Zweckgebundenheit.

Bei den in der Definition gegebenen Hinweisen auf die geschichtliche Entwicklung des Muße-Begriffs wird der Werteverlust deutlich, den der Begriff erfahren hat. In der Antike galt Muße noch als höchstes Gut und war ein Privileg der oberen Schichten. Muße galt als Freiheit zu denken, sich der Kunst hinzugeben und Ideen zu entwickeln (vgl. ROCK/ROSENTHAL 1986, S. 20–45). Diesen Status hat die Muße im Zeitverlauf verloren. Mit der Industrialisierung und der damit einhergehenden Arbeitsteilung und späteren Akkordarbeit wurde der Grundstein zum Leistungsdenken gelegt. Prestige wurde seither durch (viel) Arbeit und den daraus erwirtschafteten Ertrag erzielt – müßiges Nichtstun hingegen erlangte negatives Ansehen. Diese Einstellung trifft bis heute noch weitgehend zu, wobei sich deutlich die negativen Auswirkungen der nichtmüßigen Leistungsgesellschaft zeigen. Als Gegenreaktion wird aber inzwischen der Ruf nach mehr Zeit und innerer Ruhe lauter.

3.2 Mußeorientierung in der Gesellschaft

Prestige wird nicht mehr nur durch materielle Güter zum Ausdruck gebracht, sondern teilweise auch schon durch eine beabsichtigte Reduktion im Bereich Konsum sowie einen bewussten Umgang mit der eigenen (Frei)zeit. Eine bewusste Reduktion und Einfachheit kann ein weiterer Alternativbereich zur Demonstration von persönlichem Prestige sein. So prophezeite z. B. WIPPERMANN bereits 2003 (S. 12), dass die Alltagskomplexität weiter steigen wird, während der „Luxus des Einfachen" Konjunktur hat. Nachfolgend einige Beispiele für gesellschaftliche Tendenzen, die diesen Aussagen entsprechen und auch im Tourismus ihren Ausdruck finden (vgl. LEDER 2006, S. 59):

- **Rückbesinnung auf die Natur (als Gegenpol zur Technisierung):**
  Wandern und Radfahren sind wichtige Angebotsbereiche im Tourismus, die in den vergangenen Jahren an Bedeutung zugenommen haben.
- **Wiederentdeckung der Heimat (als Gegenpol zur Globalisierung):**
  Noch immer ist das wichtigste Reiseziel der Deutschen das eigene Land. Rund 30 % der Urlaubsreisen der Deutschen sind Inlandsreisen, obwohl die Preise für Auslandsreisen häufig sogar günstiger sind.
- **Besinnung auf Rustikalität und Ursprünglichkeit (als Gegenpol zum Massenkonsum):**
  Ausgefallene Angebote wie das österreichische Almdorf Seinerzeit (vgl. www.seinerzeit.com; ein Luxusresort, bei dem die Unterbringung in rustikalen Almhütten erfolgt) haben eine Marktnische erfolgreich besetzt und bereits Nachahmer gefunden (z. B. das Bergdorf LiebesGrün im nordrheinwestfälischen Sauerland; vgl. www.liebesgruen.de).

In der lexikalischen Definition wird schließlich noch eine Zukunftsvision der Muße angedeutet. Der Muße wird das Potenzial unterstellt, den Menschen zu einem besseren und damit gesünderen Umgang mit sich selbst und ihrer zur Verfügung stehenden Zeit zu verhelfen. So betrachtet kann Muße als ausgleichende Kraft im Alltag für mehr innere Balance und damit auch mehr Vitalität und seelische Gesundheit sorgen.

4 Muße im Tourismus

Zugang zu innerer Ruhe und Muße zu ermöglichen, beabsichtigen auch diverse Anbieter touristischer Leistungen. Im Rahmen einer umfassenden Angebotsanalyse konnten aus den Angebotstexten verschiedener Reiseveranstalter folgende Attribute herausgefiltert werden, die eine Mußeorientierung erkennen lassen (hier nur eine Auswahl; für eine ausführliche Darstellung vgl. LEDER 2006, S. 84):

- Besinnung auf das Wesentliche,
- Ruhe und Stille,
- Naturgenuss/Schönheit der Natur,
- Gefühl von Freiheit/Weite genießen,
- Frei sein von Fremdbestimmung,
- Abstand vom Alltag/Reduktion der Alltagskomplexität,
- Fokussierung auf das innere Ich,
- Selbstwahrnehmung und Selbstbesinnung,

- Kreativität und künstlerisches Gestalten,
- Langsamkeit und Entschleunigung/eigener Rhythmus,
- Besinnung auf Ursprünglichkeit und Natürlichkeit,
- Abkehr vom Massentourismus/abseits der Touristenströme,
- Religiöse bzw. spirituelle Einkehr.

Die große Bandbreite der im touristischen Markt offerierten Mußeangebote, die die oben genannten Merkmale aufweisen, wird im Folgenden kurz dargestellt, bevor die Zusammenhänge von Mußeorientierung und Kulturtourismus exemplarisch herausgearbeitet werden.

4.1 Bandbreite touristischer Mußeangebote

Auf der Basis der genannten Mußemerkmale konnte eine Übersicht des touristischen Angebotes in diesem Bereich für Deutschland erstellt werden. Dabei wurden die stark differenzierten Produkte der unterschiedlichen Veranstalter zu übergeordneten Gruppen zusammengefasst. Diese Angebotsgruppen weisen trotz gleicher Zielsetzung mitunter sehr unterschiedliche Charaktereigenschaften auf. Um sie trotz ihrer Verschiedenheit besser bestimmen und schematisieren zu können, wurden sie einer Matrix zugeordnet, deren Achsen sich zwischen den Polen ‚Außenwelt/Innenwelt' sowie ‚Luxus/Askese' bewegen (vgl. Abb. 3). Die dahinter liegende Ordnungsstruktur wird im Folgenden kurz erläutert.

Mußeangebote können inhaltlich sowohl in den Bereichen ‚Innenwelt/Außenwelt' als auch in den Bereichen ‚Luxus/Askese' angesiedelt sein. ‚Innenwelt' bedeutet hier, dass eine Fokussierung der Angebote auf den Körper und die Seele besteht (z. B. bei Meditationsangeboten, die unabhängig vom Ort der Durchführung sind). Unter dem Begriff ‚Außenwelt' werden die Produkte gefasst, deren Muße-Wirkung abhängig ist von der Umwelt bzw. von der Natur oder Landschaft. Das ist z. B. bei Wüstenreisen oder Kreuzfahrten der Fall. Hier wirkt sich die Szenerie der Landschaft positiv (im Sinne von Muße) auf den Reisenden aus. Ferner kann Muße im Bereich ‚Luxus' angesiedelt sein, wobei es darum geht, sich verwöhnen zu lassen und es sich (auch materiell) gut gehen zu lassen. Das trifft z. B. auf Wellnessurlaube zu. Im Bereich ‚Askese' geht es hingegen um die größtmögliche Reduktion und Konzentration auf das Wesentliche. Ursprünglichkeit spielt hier ebenfalls eine Rolle – als Beispiel sind Klosteraufenthalte oder Urlaube in abgelegenen, einfachen Almhütten zu nennen.

Mußeorientierte Angebote sind in den unterschiedlichsten touristischen Segmenten zu finden. Unter der Begriffszuordnung des Slow Tourism werden z. B. die Anknüpfungspunkte zum Naturtourismus (STRASDAS/ZEPPENFELD 2011), zum Reisen zum Zwecke der Tierbeobachtung (LINNE 2011) oder zum Kanuwandern (REIN/SCHMIDT 2011) aufgezeigt. Auch das Thema Spiritualität wird im Zusammenhang mit den Prämissen des Slow Tourism diskutiert (ANTZ 2011).

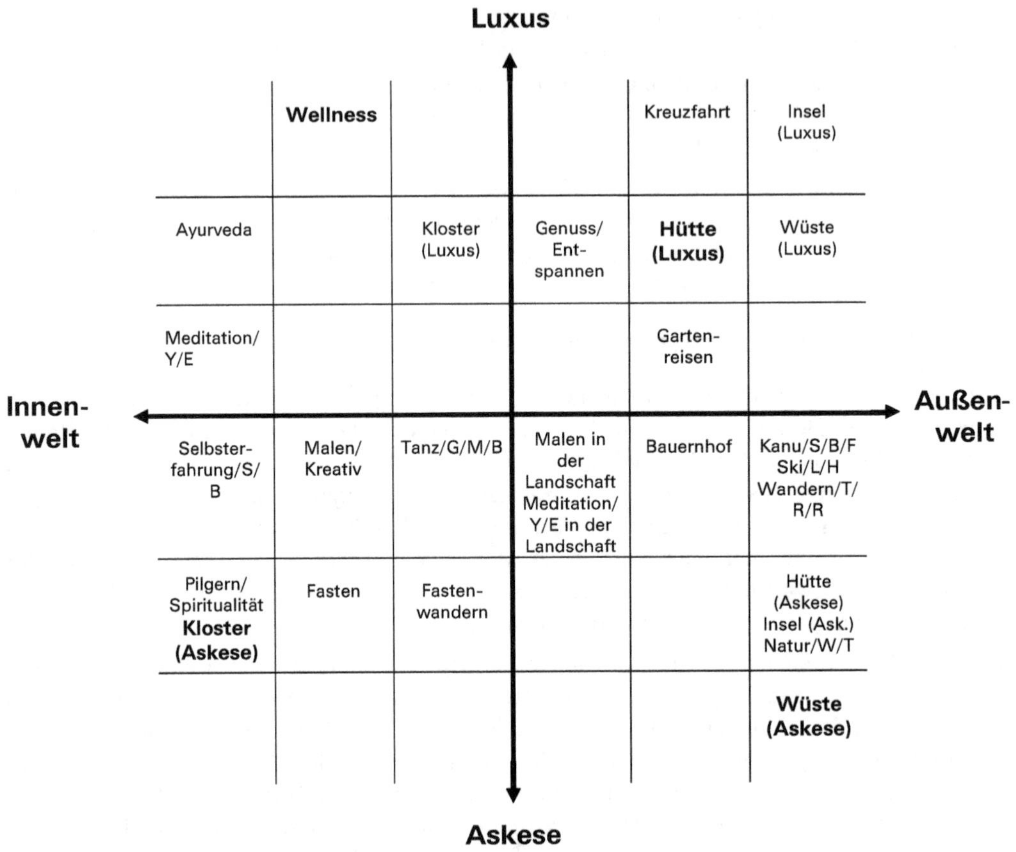

Abb. 3: Zuordnung mußeorientierter Angebote (Mußematrix)[3]
(Quelle: eigene Darstellung 2006 (Anmerkung der Verfasserin: die Fettmarkierungen kennzeichnen vier Beispiele, die im Rahmen einer Angebotsanalyse als Fallbeispiele empirisch untersucht wurden; vgl. LEDER 2006, Kap. 4))

4.2 Bedeutung von Muße und Besinnung im Kulturtourismus

Neben den zuvor genannten Segmenten soll an dieser Stelle die Frage fokussiert werden, inwieweit Zusammenhänge zwischen der Mußeorientierung bzw. Slow Tourism und Kulturtourismus erkennbar sind. STEINECKE hat schon früh diese inhaltliche Verbindung angesprochen: „Bei einer Ausrichtung auf den Trend der Sinnsuche und neuen Muße müssen sich Kultureinrichtungen als Orte der Ruhe und Kontemplation verstehen, in denen Kultur und

3 Einige Angebotsgruppen wurden für die Darstellung innerhalb der Matrix mit Abkürzungen versehen. Hier die vollständigen Titel der betroffenen Gruppen:
- Meditation/Yoga/Entspannungstechniken,
- Tanz/Gesang/Musik/Bewegung,
- Kanu/Segeln/Boot/Floß,
- Ski/Langlauf/Husky,
- Wandern/Trekking/Rad/Reiten,
- Naturerlebnis/Wildnis/Tiere.

Kreativität als Mythen lebendig werden [...]", und dabei in Aussicht gestellt, dass Kulturinstitutionen „mit der Inszenierung des naiven bzw. reflektierten Staunens [...] also zu ihren historischen Wurzeln zurückkehren und gleichzeitig eine neue Attraktivität gewinnen (können)" (STEINECKE 2007, S. 341).

Im Zusammenhang mit der Slow Food-Bewegung und dem daraus entstandenen Slow-City-Konzept (Cittaslow) haben BRITTNER-WIDMANN und HUHN (2010, S. 239–253) die Auswirkungen auf den Städte- und Kulturtourismus untersucht. Bezogen auf die Cittaslow Stadt Enns wird eine positive Entwicklung bescheinigt. Der städtische Kulturtourismus profitiere von dem Image und der Wiedererkennung als Cittaslow. Als Stärken werden u. a. folgende mit der entsprechenden Klassifizierung verbundenen Maßnahmen gesehen:

- Kontinuierliche Investition in Kultur und Tradition durch strenge Auflagen,
- Schutz und Pflege des kulturellen Erbes durch Einnahmen aus dem Tourismus,
- Identifizierung der Bewohner mit der „lebenswerten Stadt" (BRITTNER-WIEDMANN/HUHN 2010, S. 250).

WOLLESEN (2011, S. 137–162) stellt ebenfalls die Frage nach den Chancen, die Slow Tourism für den Kulturtourismus bietet. Dabei wird auf die positive Korrelation von Kulturinteresse und Interesse an ruhigen und sinnstiftenden Urlaubsaktivitäten hingewiesen, aus der eine entsprechende Affinität der Zielgruppe für mußeorientierte Kulturangebote abgeleitet wird. Aber auch WOLLESEN kommt zu dem Schluss, dass bis dato keine kulturtouristischen Projekte im deutschsprachigen Raum zu finden sind, die in der Kommunikation explizit auf Slow Tourism fokussieren. Begründet wird dieser Umstand mit mangelnder Fachkenntnis in diesem Bereich bzw. der mangelnden Kommunikationskompetenz. Es ist davon auszugehen, dass sich Kulturanbieter ihres Potenzials im Bereich der Mußeorientierung noch nicht bewusst sind, obwohl gerade Kulturangebote wie Museen, Lesungen oder bestimmte Musikinszenierungen geradezu dafür prädestiniert scheinen, Menschen zum Innehalten und zur Besinnlichkeit zu bewegen. Angebote in den Bereichen Arbeits- und Alltagskultur oder Brauchtum entsprechen zudem den Aspekten Ursprünglichkeit und Tradition (siehe RETURN-Modell). Das Gefühl von Kindheitserinnerungen oder Heimatverbundenheit, das z. B. bei einem Besuch eines Freilicht- oder Heimatmuseums aufkommt, kann heute ein wichtiger Bezugspunkt zur Vergangenheit (Ursprünglichkeit) sein, der dem Besucher ein Gefühl von Vertrautheit, innerer Bindung und Sicherheit gibt. Das sind Bedürfnisse, die in der Industrie- oder Leistungsgesellschaft zunehmen. WOLLESEN (2011, S. 137–162) ist in dem Punkt zuzustimmen, dass bisher wohl die Kommunikationsmittel fehlen, um die intrinsischen Bedürfnisse der Menschen mit den Möglichkeiten der Bedürfnisbefriedigung im Bereich Kultur in Verbindung zu bringen.

Gemäß dem hier verstandenen Kulturbegriff, bei dem es nicht nur um bauliche und schöpferische Kultur geht, sondern auch um das Erleben von Alltagskultur, ist davon auszugehen, dass Muße und Entschleunigung zu einer besseren Wahrnehmung von Kultur und einer intensiveren Auseinandersetzung mit kulturellen Besonderheiten und Details führen können. Anbieter von kulturtouristischen Produkten sollten somit die neuen Prämissen der Freizeitbedürfnisse (siehe RETURN-Modell) berücksichtigen.

5 Entschleunigung mit Nachhaltigkeitseffekt? – Ein Ausblick

Der in diesem Beitrag beschriebene Mußetourismus fasst touristische Angebote zusammen, deren Ziel es ist, innere Ruhe und Entspannung zu bieten. Dabei spielt das seelische Wohlbefinden eine wichtige Rolle sowie das Bedürfnis, Abstand zum Alltag zu gewinnen. Der Alltag ist für weite Teile der Bevölkerung charakterisiert durch Stress, Zeitnot und Überforderung, die aus den aufgeführten gesellschaftlichen Entwicklungen resultieren. Das, was sich inhaltlich hinter dem Begriff Muße verbirgt, hat das Gegenteil zum Ziel: innerlich frei zu sein von Fremdbestimmung, um gemäß dem eigenen Rhythmus kreativ arbeiten und agieren zu können. Muße ist in dieser Betrachtungsweise ein erstrebenswertes Privileg, das nachhaltig zur Verbesserung der Lebensqualität der Individuen und somit langfristig auch zur Verbesserung der Gesundheit der Bevölkerung insgesamt beitragen kann. Wer sich im Urlaub bewusst Muße gönnt, kann diese Erfahrung unter Umständen auch auf den Alltag übertragen und damit eine Veränderung des eigenen Lebensstils erreichen. Dabei sind es schon kleine Elemente des Urlaubsaufenthaltes, die – übertragen auf das Leben zuhause – dabei helfen können, mehr Ausgeglichenheit im Leben zu erreichen.

Die Ausführungen haben gezeigt, dass die geänderten Bedürfnisse und Motive der Menschen zunehmend ihren Niederschlag im Tourismus finden. Bei der Angebotsgestaltung werden Aspekte wie Entschleunigung und Besinnung immer mehr aufgegriffen. Dass auf der Nachfrageseite Interesse an solchen Angeboten vorhanden ist, zeigt die empirische Untersuchung des INSTITUTS FÜR MANAGEMENT UND TOURISMUS (IMT) von 2011 zu diesem Thema. Im Rahmen einer repräsentativen Online-Umfrage wurde ermittelt, dass für 32 % der Befragten der Trend der „Entschleunigung bzw. Langsamkeit“ eine sehr wichtige oder wichtige Rolle im Urlaub einnimmt. Dieser Prozentsatz entspricht einem Marktvolumen in Deutschland von 17 Mio. Personen im Alter von 16–64 Jahren. Dieses Segment zeigt jedoch signifikante Unterschiede in einigen Merkmalen auf. So sind es vor allem die Personen mit höherem Einkommen sowie Personen aus Haushalten mit Kindern unter 16 Jahren, die dem Entschleunigungsaspekt eine hohe Bedeutung beimessen. Zudem fühlt sich die Zielgruppe der unter 24-Jährigen von diesem Thema weniger angesprochen als Personen, die über dieser Altersgrenze liegen (vgl. KOCH/EISENSTEIN/EILZER 2011, S. 41–53).

Bezogen auf den Kulturtourismus, der hier exemplarisch in die nähere Betrachtung gezogen wurde, ist das Potenzial der Mußeorientierung noch nicht hinreichend bekannt. Viele kulturtouristische Bereiche entsprechen aber in hohem Maße den neuen Bedürfnissen in der Freizeit. Es ist davon auszugehen, dass sich die gesellschaftliche Entwicklung langfristig weiterhin in Richtung Entschleunigung und Muße bewegen wird. Für den Tourismus bedeutet das entsprechend, dass die innerhalb des RETURN-Modells skizzierten Zukunftsthemen an Bedeutung gewinnen werden. Auf der Anbieterseite ist gemäß dieser Annahme noch eine weitere Vertiefung des Angebotssegments zu erwarten.

Literatur

ANTZ, Chr. (2011): Spirituelles Reisen: Kirche und Tourismus auf dem Weg zu einer gemeinsamen Emotionalität. In: ANTZ, Chr./EISENSTEIN, B./EILZER, Chr. (Hrsg.): Slow Tourism. Reisen zwischen Langsamkeit und Sinnlichkeit, München

BRITTNER-WIDMANN, A./HUHN, V. (2010): Das „Cittaslow-Konzept“ – Entschleunigung zur Förderung des Städte- und Kulturtourismus. In: KAGERMEIER, A./RAAB, F. (Hrsg.): Wettbewerbsvorteil Kulturtourismus. Innovative Strategien und Produkte, Berlin, S. 239–253

BRÜHWEILER, H. (1971): Wider der Leistungsschule. Eine Untersuchung zum ursprünglichen Begriff der Muße (scholé), Zürich

CSIKSZENTMIHALYI, M (1999): Das Leben ist kurz. Mach was draus! In: Psychologie heute, Februar

DAK (2012): DAK-Gesundheitsreport 2012. Analye der Arbeitunfähigkeitsdaten. Schwerpunkt: Job, Gene, Lebensstil – Risiko fürs Herz? Hamburg

FORSA INSTITUT (2011): Gute Vorsätze für 2012, www.presse.dak.de, Hamburg

INSTITUT FÜR MANAGEMENT UND TOURISMUS (IMT) (Hrsg.) (2011): Erhebung zum Reisetrend „Slow Tourism". Heide, Holstein

KOCH, A./EISENSTEIN, B./EILZER, C.(2011): Reisetrend „Slow Tourism": Ausgewählte empirische Befunde. In: ANTZ, Chr./EISENSTEIN, B./EILZER, Chr. (Hrsg.): Slow Tourism. Reisen zwischen Langsamkeit und Sinnlichkeit, München, S. 41–54

LEDER, S. (2011): Neue Muße im Tourismus: Entschleunigen im asketischen Kloster oder im luxuriösen Almdorf. In: ANTZ, Chr./EISENSTEIN, B./EILZER, Chr. (Hrsg.): Slow Tourism. Reisen zwischen Langsamkeit und Sinnlichkeit, München, S. 123–136

LEDER, S. (2006): Neue Muße im Tourismus – eine Untersuchung von Angeboten mit den Schwerpunkten Selbstfindung und Entschleunigung, Paderborn (= Paderborner geographische Studien zu Tourismusforschung und Destinationsmanagement, Bd. 21)

LINNE, M. (2011): Watch and slow down – Tierbeobachtungsreisen als Art des entschleunigten Reisens. In: ANTZ, Chr./EISENSTEIN, B./EILZER, Chr. (Hrsg.): Slow Tourism. Reisen zwischen Langsamkeit und Sinnlichkeit, München, S. 79–90

MEYERS ENZYKLOPÄDISCHES LEXIKON (1976), Band 16, Mannheim

OPASCHOWSKI, H. W. (2006): Die Reiselust steigt. Die Stimmung ist besser als die Lage: Mehr Deutsche als vor einem Jahr wollen verreisen sagt das BAT Institut. In: fvw, 22.02.2006, S. 35

REIN, H./SCHMIDT, M. (2011): Kanuwandern – Entschleunigung auf dem Wasser am Beispiel des Kanutourismus auf der Peene. In: ANTZ, Chr./EISENSTEIN, B./EILZER, Chr. (Hrsg.): Slow Tourism. Reisen zwischen Langsamkeit und Sinnlichkeit, München, S. 91–104

ROCK, R./ROSENTHAL, K. (1986): Marketing = Philospohie, Frankfurt am Main

ROMEIß-STRACKE, F. (2006): Podiumsdiskussion zum Thema „Die Zukunft des Reisens" im Rahmen des ITB Future and Innovation Forum, Berlin 10.03.2006

STEINECKE, A. (2007): Kulturtourismus. Marktstrukturen – Fallstudien – Perspektiven, München

STEINECKE, A. (1997, 7–17): Inszenierung im Tourismus: Motor der künftigen touristischen Entwicklung. In: STEINECKE, A./TREINEN, M. (1997): Inszenierung im Tourismus. Trends – Modelle – Prognosen, Trier (= ETI-Studien, Bd. 3)

STRASDAS, W./ZEPPENFELD, R. (2011): Naturtourismus und Ökotourismus. In: ANTZ, Chr./EISENSTEIN, B./EILZER, Chr. (Hrsg.): Slow Tourism. Reisen zwischen Langsamkeit und Sinnlichkeit, München, S. 55–77

WIPPERMANN, P. (2003): Die Exotik der Nähe. In: Welt am Sonntag Nr. 32 vom 10.08.2003, S. 12

WOLLESEN, A. (2011): Slow Tourism – Eine Chance für den Kulturtourismus? In: ANTZ, Chr./EISENSTEIN, B./EILZER, Chr. (Hrsg.): Slow Tourism. Reisen zwischen Langsamkeit und Sinnlichkeit, München, S. 137–167

ZUKUNFTSINSTITUT GMBH (2003): Zukunftsmärkte 2004. Der Branchenmonitor des Zukunftsinstituts, Frankfurt

Internet-Adressen

www.seinerzeit.com
www.liebesgruen.de

Von der Erlebnis- zur Sinngesellschaft – Konsequenzen für die touristische Angebotsgestaltung

Edgar Kreilkamp

Marketing ist definitionsgemäß immer zielgruppenorientiert, denn Marketing heißt, sich an den Bedürfnissen und Wünschen der Zielgruppen auszurichten. Entsprechend gehört es zu den Kernthemen im Tourismus, die Veränderungen der Lebensstile der Zielgruppen zu beobachten und die Angebote an den veränderten Anforderungen der Zielgruppen auszurichten. Felizitas ROMEIß-STRACKE veröffentlichte bereits 2003 ihr Buch „Abschied von der Spaßgesellschaft" (ROMEIß-STRACKE 2003). Dieser wichtige und vielbeachtete Beitrag eröffnete die Diskussion im Tourismus zu der Frage: Kommt nach der Spaß- oder Erlebnisgesellschaft die Sinngesellschaft? Vieles deutet darauf hin, dass dieses Thema aktueller ist denn je. Entsprechend ist eine Bestandsaufnahme Kern dieses Artikels, ergänzt um neuere empirische Untersuchungsergebnisse.

1 Wertewandel und Wandel der Lebensstile

Der Begriff Wertewandel kennzeichnet einen Wandel gesellschaftlicher und individueller Normen und Wertvorstellungen. Der Ausdruck Lebensstil bezeichnet umgangssprachlich die Art und Weise der individuellen Lebensführung. In der modernen Soziologie umschreiben Lebensstile empirisch feststellbare Merkmale, die einer Gruppe von Menschen gemeinsam sind. Weil die Freizeitorientierung des Lebens in den letzten 30 Jahren auf breiter Ebene und bei fast allen Bevölkerungsschichten kontinuierlich zugenommen hat, werden sich Lebensstil und Freizeitstil immer ähnlicher, ja fast deckungsgleich (vgl. OPASCHOWSKI/PRIES/REINHARDT 2006, S. 65–66).

1.1 Wertewandel

Für 90 % der Bevölkerung stellt die Freizeit einen unverzichtbaren Teil der Lebensqualität dar. Das persönliche Wohlbefinden und das Wohlfühlen in der Freizeit gehören im Prinzip zusammen. Ein spezifisches Wesensmerkmal der Lebensqualität in der Freizeit ist der Spaß, also die Möglichkeit, das zu tun, was Freude macht. Spaß ist für viele Menschen geradezu zum Synonym für Freizeit geworden, was zur Folge hat, dass Freude am Arbeitsplatz oft vermisst und umso stärker gesucht oder gar verlangt wird. Zwei von fünf Bundesbürgern verstehen unter Lebensqualität „jede Freizeittätigkeit, die einen persönlich bereichert und erfüllt" (OPASCHOWSKI/PRIES/REINHARDT 2006, S. 88). Der Wertewandel der letzten Jahre sowie die starke Individualisierung deuten darauf hin, dass die Spaßgesellschaft langsam abgelöst wird von einer eher innenorientierten, auf individuelle Erlebnisse ausgerichteten Sinngesellschaft. Die Menschen sehnen sich vermehrt nach Sicherheit, einem Rückzug ins Vertraute und der Besinnung auf das, was ihnen gut tut. Das eigene Leben wird oft als ein anstrengendes Projekt gesehen, in dem der Wunsch, in eine andere Welt einzutauchen und das Leben zumindest für wenige Tage in einer „gesunden und heilen" Welt genießen zu können, immer intensiver wird. Gerade in Großstädten geht der Trend mehr und mehr in Richtung totaler Anonymität, immer mehr Menschen leben alleine. In ihrer Freizeit und im Urlaub spielen daher soziale Kontakte eine immer größere Rolle (vgl. ZELGER 2005).

Angestrebt wird eine individuelle Lebens-Kultur, die alle Aspekte einer Biografie, also Beruf, Arbeit, Kreativität, Emotionalität, Entspannung u. s. w. persönlich sinnvoll verbindet. Im Kern ist es die lebenslang andauernde Suche nach der eigenen Identität, der Abgleich des eigenen „Selbst" mit der Außenwelt.

1.2 Lebensstile

Wer heute und in Zukunft einen eigenen Stil entwickeln und seine ganz persönliche Note finden will, orientiert sich immer mehr an den Leitbildern im Umfeld von Freizeit und Konsum. Lebensqualität zählt zu den höchsten Werten einer modernen Gesellschaft. Doch anders als in früheren Jahrzehnten, in denen es in erster Linie um die Schaffung materieller Werte und die Erhöhung von Güterproduktionen ging, steht heute mehr die Suche nach individuellem Wohlbefinden im Mittelpunkt: neue Bedürfnisse und neue Werthaltungen, neue Ansprüche und neue Dienstleistungen, vor allem höhere Lebenszufriedenheit (vgl. OPASCHOWSKI/PRIES/REINHARDT 2006, S. 77).

Albrecht STEINECKE schrieb in seinem Buch „Populäre Irrtümer über Reisen und Tourismus" (STEINECKE 2010):

> „Alle Touristen wollen nur das Eine: Spaß und Unterhaltung. Mit ihrem Image steht es wirklich nicht zum Besten: In den Medien werden Touristen gern als oberflächliche Dumpfbacken oder selbstsüchtige Hedonisten dargestellt. Allzu vertraut sind uns die TV-Bilder von gröhlenden Ballermann-Urlaubern, die ihre tägliche Sangria-Ration aus Eimern saufen oder von tollkühnen Bungy-Springern, die sich aus beeindruckender Höhe in die Tiefe stürzen. Doch die Mehrzahl der Touristen ist in Wirklichkeit ganz anders – bieder und langweilig, aber auch wissbegierig und interessiert an neuen Erfahrungen" (STEINECKE 2010, S. 25).

Damit es gelingt, diese Unterschiede zu erfassen und bei den Marketingaktivitäten zu berücksichtigen, konzentrierte sich die Zielgruppenabgrenzung immer mehr auf die Lifestylesegmentierung, eine Form der Marktsegmentierung, bei der die von den individuellen Lebenszielen abhängigen Lebensgewohnheiten das Segmentierungskriterium darstellen. Zugrunde liegt der Gedanke, dass Menschen gemäß etablierten Verhaltensgewohnheiten und Einstellungsmustern leben, die ihre Handlungen und Interessengebiete bestimmen. Zu den wichtigsten im Tourismus verwendeten Modellen gehören die Sinus-Milieus (vgl. SINUS-INSTITUT HEIDELBERG) und die GfK Roper Consumer Styles (vgl. GFK ROPER CONSUMER STYLES).

- Die Definition der Sinus-Milieus geht von der Lebenswelt und dem Lebensstil der Menschen aus und nicht von formalen demografischen Kriterien wie Schulbildung, Beruf oder Einkommen. Die Dimensionen beschreiben die „Soziale Lage" und die „Grundorientierung" der Menschen. Grundlegende Wertorientierungen gehen dabei ebenso in die Analyse ein wie Alltagseinstellungen (zur Arbeit, zur Familie, zum Konsum). Die Sinus-Milieus fassen also Menschen zusammen, die sich in Lebensauffassung und Lebensweise ähneln.
- Ähnlich ist die Vorgehensweise bei den GfK Roper Consumer Styles. Sie identifizieren grundlegende Werte- und Konsummuster der Verbraucher, die sich zu spezifischen Lebensstilen verdichten. Die Dimensionen differenzieren zwischen den Bedürfnissen „Leidenschaften leben" und „Frieden und Sicherheit" in der einen Dimension und „Haben" und „Sein" in der anderen Dimension.

Beide Modelle nehmen Bezug auf die wichtigsten Werthaltungen und Ansprüche der Konsumenten. Es zeichnen sich die beiden Gegenpole „Haben & Genießen" und „Sein & Verändern" ab. Wenn auch beide Modelle weitaus differenzierter in ihren Aussagen sind, so steht doch immer die persönliche Orientierung im Mittelpunkt. Die Lebensstilforschung löst sich damit von den früher verwendeten soziodemographischen Kriterien wie Alter, Einkommen oder Beruf, denn anhand dieser Kriterien lässt sich Verhalten von Konsumenten heute nicht mehr erklären. Vielmehr finden sich Menschen mit unterschiedlichen Werthaltungen in allen Altersgruppen, wenn auch mit unterschiedlichen Anteilen. Beispielweise finden sich „Weltoffene" lt. GfK Roper Consumer Styles nicht nur in allen Altersgruppen, sondern sogar länderübergreifend: So beträgt beispielsweise der Anteil der „Weltoffenen" in Russland lediglich 10 %, in Japan 15 %, in Spanien sogar 16 % (vgl. PEICHL 2007, S. 31). Teilweise versuchen deutsche Destinationen, diese Lebensstiltypen wieder in Altersgruppen zu pressen, verfallen damit jedoch in die alten Fehler des Marketings der 1960er und 1970er Jahre. Eine klare Zielgruppenorientierung ist so nicht möglich und verhindert die Weiterentwicklung der touristischen Angebotsentwicklung.

1.3 Sinneserfahrung und Sinngebung

Fasst man psychologische Forschungsergebnisse zum Thema Sinneserfahrung zusammen, ergibt sich, dass Sinneserfahrung kognitive, emotionale, konative Elemente birgt. Zudem bezieht sich Sinneserfahrung auf andere Menschen, die Umwelt und das Selbstkonstrukt. Sinn ist mehr als Selbst- und Lebensinterpretation, da Sinn sich stets auf Elemente auch außerhalb der eigenen aktuellen Situation bezieht, wenngleich erstere sehr wohl Sinnverlust kompensieren können (vgl. STAUDINGER/DITTMANN-KOHLI 1994). Sinngebung, also die Suche nach dem Lebenssinn, ist eine umfassende individuelle Aufgabe und beinhaltet mehr als die Anpassung an in der Gesellschaft mehr oder weniger den Einzelnen bindende Werte. Sinngebung muss als aktiver von der einzelnen Person ausgehender Prozess verstanden werden im Gegensatz zur Sinneserfahrung, die plötzlich, bewusst und nicht gewollt eintreten kann. Sinngebung kann als mehr oder minder bewusste Suche nach dem (Lebens-)Sinn verstanden werden. Sinngebung hat mit Werten zu tun. Werden keine Werte anerkannt, wird Sinnsuche rasch unmöglich (vgl. SCHMITZ-SCHERZER 1977, S. 25–26).

2 Erlebnisorientierung im Tourismus

Der Terminus „Erlebnisgesellschaft“ steht für eine Diagnose der deutschen Gesellschaft der 1980er und 1990er, die der Soziologie Gerhard SCHULZE vertrat. Demnach war es für einen erheblichen Teil der deutschen Bevölkerung in jenen Jahren Ziel, sich ein möglichst schönes, erlebnisreiches Leben zu machen. SCHULZE definiert Erlebnisse wie folgt: „Erlebnisse werden nicht vom Subjekt empfangen, sondern von ihm gemacht. Was von außen kommt, wird erst durch Verarbeitung zum Erlebnis“ (SCHULZE 1996, S. 44). Diesem Ansatz schließt sich die Definition von SCHEURER an, der Erlebnisse als „für bewusst oder unbewusst wahrgenommene, subjektiv bestimmte, unwillkürliche innere Gefühle, welche erst durch Reflektion und Verarbeitung zu Erfahrungen werden“ (SCHEURER 2003, S. 14), bezeichnet. KILIAN definiert Erlebnisse folgendermaßen: „Bei Erlebnissen handelt es sich um individuell wahrgenommene Ereignisse, die in der Gefühls- und Erfahrungswelt der Konsumenten entstehen und in der Innenperspektive ihre subjektiv empfundene nutzenstiftende Wirkung im Moment der situationsbezogenen Inanspruchnahme entfalten“ (KILIAN 2007, S. 357). Ereignisse können jedoch aktiv inszeniert werden mit dem Ziel, Erlebnisse beim Konsumenten zu generieren.

Eine „Freizeitindustrie“ wuchs heran, die in immer professionellerer Weise Erlebnisse inszenierte und verkaufte. „Erlebniswelten“ entstanden an der Schnittstelle von Konsum, Kultur und Sport und traten in Konkurrenz zu etablierten, öffentlich subventionierten Kulturinstitutionen. Hansruedi MÜLLER und Roland SCHEURER (vgl. MÜLLER/SCHEURER 2004) führen in Anlehnung an HARTMANN (vgl. HARTMANN 1996, S. 12) an, dass viele Untersuchungen belegen, dass der Erlebniswert eines Produktes, eines Angebotes oder einer Dienstleistung immer stärker in den Mittelpunkt gestellt wird. Doch was sind eigentlich Erlebnisse, welche Zwecke erfüllen sie, und welche Bedeutung kommt ihnen in unserer Zeit zu? Erlebnisse sind

- abhängig von der einzigartigen Lebensgeschichte dessen, der sie erlebt,
- selbstbezügliche, innere Ereignisse, die bildhaft wahrgenommen werden und vorerst nur subjektiv eine Bedeutung haben,
- gesteigertes Erleben, begründet in lust- und unlustvollen Affekten und deshalb einprägsam,
- selbstwertsteigernd, denn wer viele Erlebnisse hat, lebt kein banales Leben,
- unwillkürlich, sie werden eher passiv erduldet als aktiv hergestellt,
- unbezweifelbar wahr und richtig, denn über Erlebnisse lässt sich nicht streiten,
- noch keine Erfahrungen, denn Erfahrung gewinnt man durch wiederholte, reflektierte und damit verarbeitete Erlebnisse.

Hansruedi MÜLLER spricht in diesem Zusammenhang von den „vier E“ der Erlebnisgesellschaft: Ereignis ⇨ Erlebnis ⇨ Erkenntnis ⇨ Erfahrung (vgl. MÜLLER 2002, S. 13).

Das Erlebnis stellt ein zentrales Grundbedürfnis und Reisemotiv dar. Demnach ist der Erfolg eines touristischen Produktes in hohem Maße von dessen Erlebnisqualität abhängig. Der Wunsch, in der Freizeit etwas zu erleben, wird immer größer. Gleichzeitig wird das Freizeitangebot immer differenzierter, um den Wünschen der Nachfrager gerecht zu werden. Das Individuum wird von den Angeboten nahezu überflutet. Dennoch hat es ständig Angst, etwas zu verpassen (vgl. OPASCHOWSKI 2006, S. 59–60). Entsprechend steht die Freizeitindustrie ständig vor der Herausforderung, den Menschen etwas Neues zu bieten. Die Erlebnisinszenierung bietet dem Tourismus eine sehr gute Möglichkeit, die Attraktivität und das Potenzial einer Destination zu steigern. Die Produkteigenschaft Erlebnis, die von den heutigen Konsumenten gefordert wird, muss dabei authentisch, einzigartig und qualitativ hochwertig inszeniert werden, da die Austauschbarkeit touristischer Erlebnisprodukte steigt.

Die entscheidende Frage ist, ob diese reine Erlebnisorientierung heute im Tourismus noch ausreicht. RUDOLPHI (vgl. RUDOLPHI 2007) fragte in seiner Dissertation, ob Freizeit- und Erlebnisorientierung weiter als kennzeichnende Züge der Gesellschaft, die gravierende Veränderungen erfährt, angesehen werden können oder ob nicht materielle Werte und traditionelle Verhaltensmuster eine Renaissance erleben. Er beschreibt, dass offenbar auch wieder mehr Ernsthaftigkeit als Oberflächlichkeit sowie mehr Ruhe als Betriebsamkeit gesucht werden. Privat- und Familienleben rücken zunehmend in den Mittelpunkt der persönlichen Lebensqualität. Plausibel erscheint RUDOLPHI unter Bezug auf verschiedene Studien, dass sich Gegenpole zur Erlebnissuche herausbilden. Dies zeigt sich nicht nur in der Rückbesinnung auf traditionelle Werte, sondern auch in folgenden Trends: Kultur der Langsamkeit, Konsummoralisierung, neue Bescheidenheit, mehr Selbstreflektion und Muße sowie Cocooning und in einem zunehmenden Bedürfnis nach gemeinschaftlichen Erlebnissen.

3 Die Sinngesellschaft

Zahlreiche Soziologen sehen heute einen Übergang von der zuvor beschriebenen Freizeit- und Erlebnisgesellschaft zur Sinngesellschaft, wobei eine klare (zeitliche und inhaltliche) Abgrenzung der Begriffe schwierig ist und es, je nach Definition, auch zu Überschneidungen kommt. Wie bereits erwähnt, ist die heutige Zeit gekennzeichnet durch eine zunehmende Komplexität. Gleichzeitig eröffnen sich in allen Lebensbereichen immer mehr Wahlmöglichkeiten und Optionen. Die Welt wird von zahlreichen Autoren als entzaubert betrachtet. Sie wird dabei dominiert von technischem Fortschritt und der Wissenschaft (vgl. BOLZ 1997, S. 18). Die Entzauberung steht in enger Verbindung mit der Individualisierung. Es geht um den Verlust traditioneller Sicherheiten des Glaubens und verbindlicher Normen (vgl. OPASCHOWSKI 2002, S. 187). Die Austauschbarkeit von Konsumgütern, Jobs und anderem führt häufig zu einer Sinnkrise. Die Welt wird bedeutungsleer (vgl. BOLZ 1997, S. 18). Menschen, die in eine derartige Sinnkrise geraten, stellen dabei das eigene Sein und Tun in Frage und wollen wissen, was dahinter steht. Sie sind dabei auf der Suche nach neuen Werten und neuer Orientierung (vgl. DÖHRING/KAUFMANN 1981, S. 10–12).

3.1 Felizitas Romeiß-Stracke: Was kommt nach der Erlebnisgesellschaft?

Namhafteste Vertreterin zum Thema „Sinngesellschaft im Tourismus“ ist Felizitas ROMEIẞ-STRACKE. In der Einleitung zu ihrem Buch „Abschied von der Spaßgesellschaft“ (ROMEIẞ-STRACKE 2003) schreibt sie: „Wir erleben einen Epochenbruch, der auch die Unternehmen der bisherigen ‚Spaß-Industrie‘ nachhaltig verändern wird. Wir stecken allerdings mittendrin, wir leben ein Leben im Übergang – mit vielem Hin und Her, mit Widerspruch und Konflikt – im Privatleben und in der Wirtschaft, von der Politik nicht zu reden.“ (ROMEIẞ-STRACKE 2003, S. 8). Erste Anzeichen für einen Übergang der Erlebnisgesellschaft in die Sinngesellschaft sind nach ROMEIẞ-STRACKE bereits seit Mitte/Ende der 1990er Jahre zu erkennen. Ein deutlicher Umbruch ist allerdings erst nach den Terroranschlägen des 11. September zu spüren. Der Weg hin zu einer Sinngesellschaft wird von soziologischen, ökonomischen und ökologischen Veränderungen begleitet. Im Bereich des soziologischen Wandels ist die demografische Entwicklung der Bevölkerung zu berücksichtigen. Die Erlebnisgesellschaft war stark geprägt durch das Extreme und Extrovertierte beziehungsweise eine starke Jugendlichkeit. Im Hinblick auf den demografischen Wandel ist ein Weiterleben nach diesen Trends nicht zu erwarten. Es ist daher davon auszugehen, dass diese rückläufig sein werden. Der Jugendwahn der Erlebnisgesellschaft tritt zunehmend in den Hintergrund. Eine weitere Bedeutung ist im Wandel des Kulturbegriffes zu sehen. Kultur ist nicht mehr nur eine elitäre Enklave für Besserverdienende, die Entwicklung geht hin zu einer Kultur für alle. Durch diese Entwicklung wird der Wandel von der Erlebnisgesellschaft hin zu einer Gesellschaft, in der Erfahrung, Wissen und Kultur eine stärkere Rolle einnehmen, gefördert (vgl. ROMEIß-STRACKE 2003a, S. 125). Das Verhältnis zur Natur und zur Umwelt hat sich ebenfalls verändert. Die Flucht in die Natur wird als Erholung und Entspannung vom stressigen Alltagsleben in der Stadt gesehen. Auch das Bewusstsein für die Umwelt und deren Schutz ist verstärkt in den Vordergrund gerückt. ROMEIß-STRACKE ist der Ansicht, dass die Sinngesellschaft in ihren Ansätzen bereits deutlich erkennbar ist, trotz allem bleibt die Erlebnisgesellschaft weiterhin bestehen. Beide Gesellschaftsformen werden nach ROMEIß-STRACKE etwa zehn Jahre weiterhin nebeneinander bestehen (vgl. ROMEIß-STRACKE 2003a, S. 131).

Die Verhaltensweise der Erlebnisgesellschaft charakterisiert ROMEIß-STRACKE anhand von vier Elementen (vgl. ROMEIß-STRACKE 2003a, S. 127):

- Die Erlebnisgesellschaft ist extrovertiert im Sinne von immer „gut drauf sein“ und wissen, was gerade angesagt ist.
- Die Menschen in der Erlebnisgesellschaft lieben Extreme: höher, weiter, schneller ist hier die Devise. Fun-Sportarten erleben in dieser Zeit einen regelrechten Boom.
- Die Exotik ist ein weiteres Merkmal, das sich in verrückter Mode, exotischem Essen und Reisezielen ausdrückt.
- Weiterhin ist die Erlebnisgesellschaft eklektisch im Sinne von „anything goes“, das heißt, es herrschen keine Vorschriften und Zwänge, die das individuelle Verhalten einschränken.

Genauso wie die Erlebnisgesellschaft kann auch die Sinngesellschaft in vier Schlagwörtern charakterisiert werden: Introversion, Intimität, Intensität und Integration (vgl. ROMEIß-STRACKE 2003, S. 120 ff):

- Mit Introversion ist gemeint, dass darauf geachtet wird, was einem selbst gut tut, und zwar auf geistiger, seelischer und körperlicher Ebene.
- Intim bedeutet den Rückzug ins Vertraute; damit ist nicht nur die Familie gemeint, sondern auch Wahlverwandtschaften und Szenen.
- Intensiv heißt, dass nach dem Prinzip des „weniger ist mehr“ eine gezielte Auswahl erfolgt, dies dann aber richtig genossen wird. Die Bereitschaft, dafür etwas mehr Geld auszugeben, ist vorhanden.
- Unter Integration wird verstanden, dass für die Dinge, die für einen selbst „auf die Reihe gebracht werden“ müssen, eine klare Linie und Führung der Lebenskultur gesucht werden muss.

Die folgende Abbildung zeigt die Unterschiede, wie ROMEIß-STRACKE sie sieht.

Spaßgesellschaft	**Sinngesellschaft**
Ich will alles jetzt und gleich!	Brauche ich das jetzt?
Massen-Events	Szene, Club, Familie
Völlerei, Multi-Option	Connaisseurship, Konzentration
Hyperaktivität, volle Agenda	Zeit haben, Zeit widmen
Sightseeing, Sport, Shopping	Natur pur und Kultur
Always on the road	Slow Down, Ankommen
Wellness-Tempel	Gesundheits-Coaching

Abb. 1: Unterschiedliche Ansprüche an die Destination (Quelle: in Anlehnung an ROMEIß-STRACKE 2010)

Der Wunsch nach persönlicher Weiterentwicklung löst die reine Erlebnisorientierung im Verhalten ab. Die Lebenskultur beinhaltet eine individuelle Biografie, in der die Ebenen Beruf, Arbeit und Emotionalität sinnvoll miteinander verbunden werden.

3.2 Sinneserfahrungen im Tourismus

In den letzten Jahren ist eine deutliche Zunahme der „Sinnangebote" im Tourismus zu beobachten. Einige Beispiele sollen dies verdeutlichen:

- Spiritueller Tourismus: Besichtigung von religiösen Stätten und Gebäuden, Besichtigung von magischen und mystischen Orten, Pilgerreisen, Aufenthalte und Retreats in Klöstern, kirchlichen Einrichtungen und Ashrams, Reisen zu Schamanen, Reise ins Ich,
- Gesundheitstourismus: Mentale Gesundheitsprogramme gewinnen an Bedeutung, Wellness wird ergänzt um Medical-Wellness. Beispiele: Ich Zeit Rheinland Pfalz; Gesundland Vulkaneifel; VitalWanderWelt Teutoburger Wald, Lebensfeuer Kleinwalsertal (weitere Beispiele siehe LEITFADEN INNOVATIVER GESUNDHEITSTOURISMUS IN DEUTSCHLAND 2011),
- Trend zur Natur: Lech-Weg-Wandern am Fluss des Lebens; Natur-Kraft-Weg Nationalpark Hohe Tauern, Meditativ wandern in den Ammergauer Alpen, Renaissance des Landurlaubs,
- erfolgreiche kulturelle Angebote: Frida Kahlo Retrospektive, Berlin, Martin-Gropius-Bau; Ruhr 2010, Lebensfreude Messen: Mehr Gesundheit – mehr Sinn – mehr vom Leben,

- Science Center: erfolgreiche Konzepte zur Auseinandersetzung mit aktuellen Themen, z. B. Klimahaus Bremerhaven, Science Center Medizintechnik Berlin, Universum Bremen, phæno – die Welt der Phänomene in Wolfsburg, Deutsches Technikmuseum Berlin, usw.,
- Hotelkonzepte: Almdorf Seinerzeit; Bergbauernhof GLINZHOF Agriturismo; Hotel Gutshaus Stellshagen, Vitalhöfe in Oberbayern,
- Spezialveranstalter: SKR Reisen – Urlaub mit Sinn; Volunteering, Workcamps; Hilfsprogramme für Menschen, für gefährdete Tier- und Pflanzenarten,
- Ökologische Verantwortung auf Reisen: Klimainsel Juist, Waldaktie Mecklenburg Vorpommern, atmosfair.

Die Beispiele ließen sich endlos fortsetzen. Sie zeigen, dass es im Tourismus vielen gelungen ist, sich auf die veränderten Wünsche und Zielgruppen einzustellen. In Zukunft werden auf Reisen Tiefendimensionen des persönlichen Erlebens gesucht. Man will so außergewöhnliche Erfahrungen machen, dass man sich selber verändert und weiterentwickelt. Reiseziele und -inhalte werden nach ihrem Beitrag zum persönlichen Wachstum beurteilt, also danach, wo man etwas ganz Bestimmtes für sich selbst bekommt, das man gerade im persönlichen Entwicklungsprozess braucht (vgl. ROMEIß-STRACKE 2003, S. 146). Die Menschen sehnen sich vermehrt danach, etwas Sinnvolles zu tun, nicht nur in der Arbeit, sondern auch im Urlaub. Denn Sinn entsteht zumeist aus der Kooperation, der Zusammenarbeit und dem Kontakt mit Menschen. Gutes zu tun, erfüllt den Menschen.

Viele werden sich fragen: Bedient der Tourismus mit Sinnangeboten nicht eine Nische im Tourismus, und kann man überhaupt von einem gesellschaftlichen Trend sprechen? Wahrscheinlich ist beides richtig, es kommt darauf an, wie die Angebote gestaltet werden. Im letzten Kapitel dieses Artikels wird auf der Basis aktueller empirischer Untersuchungen hierauf eine Antwort gesucht. Grundsätzlich ist jedoch zu beachten, dass die Entwicklung von der Erlebnis- zur Sinngesellschaft nicht dazu führen wird, dass Erlebnisse im Urlaub und in der Freizeit unwichtiger werden, sie erfahren nur andere Inhalte.

3.3 Sinne und Erlebnisse vereinen

Sinn und Erlebnis haben ihre feste Größe im Tourismus und schließen sich nicht gegenseitig aus. Erlebnisse müssen zukünftig vor allem neue, individuelle und sinnvolle Erfahrungen vermitteln, die Körper, Geist und Seele ansprechen. Daher ist es wichtig für die Tourismusindustrie, ihre Angebote um sinnhafte Attribute zu erweitern. ROMEIß-STRACKE spricht von einer Dreiteilung der Gesellschaft: Auf der einen Seite haben wir die reinen Spaßtouristen, deren Bedeutung zwar abnimmt, die aber weiter zu finden sind. Ihnen geht es eher um „Konsum, Spektakel, Völlerei und Wellness“. Auf der anderen Seite gewinnen die „Lohas“ an Bedeutung, die nach „Ästhetik, Authentizität, Nachhaltigkeit, Gesundheit, Entschleunigung“ streben. Es geht ihnen um eine ausgeglichene Work-Life-Balance, um natürliche und gesunde Ernährung etc. Dazwischen stehen die „Aktiven Lifestyler, mit einem Faible für „Kultur, Kommunikation, Gastronomie, Ästhetik, Outdoor und Selfness“ (ROMEIß-STRACKE o. J.). Mit dieser Dreiteilung überzeichnet ROMEIß-STRACKE sicherlich; die Wünsche und Bedürfnisse der Menschen in Freizeit und Urlaub sind zu komplex, als dass sie sich in drei Gruppen einteilen ließen. Letztlich geht es darum, die Entwicklung der Gesellschaft zu beobachten und neue Akzente bei der Gestaltung von Angeboten und Kundenansprache zu setzen. Sinne und Erlebnisse sind zu vereinen, die Erfahrung eines sinnvollen Handelns wird zu einem Erlebnis.

4 Empirische Untersuchung zum Wandel der Lebensstile und Reiseverhalten

Die teilweise theoretischen Überlegungen zum Themenbereich „Von der Erlebnis- zur Sinngesellschaft" an der Realität zu messen, ist Ziel dieses Kapitels. Im Rahmen einer repräsentativen Studie wurden 1.000 Personen u. a. zu ihren Freizeit- und Urlaubsaktivitäten und zur Veränderung ihrer Einstellungen befragt.[1] An dieser Stelle können nur ausgewählte Ergebnisse wiedergegeben werden.

4.1 Lebensbalance und Freizeitgestaltung

Die theoretische Diskussion geht davon aus, dass den Menschen immer mehr Freizeit zur Verfügung steht, die sie individuell gestalten. Dies entspricht aber nicht immer der Realität. Immer mehr Menschen sehen sich dem Konflikt ihrer Zeitnutzung zwischen Freizeit, Job und Familie/Partnerschaft ausgesetzt. 54 % der Befragten haben diesen Konflikt nicht, 16 % können keine Aussage treffen, da sie nicht arbeiten, aber immerhin 30 % der Befragten geben an, dass sie Freizeit, Job und Familie/Partnerschaft nicht miteinander vereinbaren können. Ca. 60 % von diesen Personen sagen, dass die Freizeit zu kurz kommt, bei ca. einem Drittel ist es die Familie/Partnerschaft. Am liebsten verbringen die Befragten ihre Freizeit mit der Familie oder dem Partner bzw. der Partnerin. Unter 10 % verbringen ihre Freizeit alleine. Zu einem längeren Gespräch mit Freunden/Bekannten haben ca. 50 % der Befragten ein- bis dreimal im Monat Zeit.

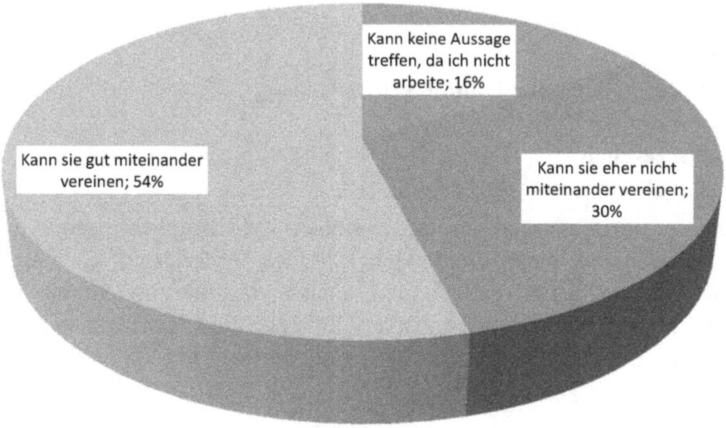

Abb. 2: Work-Life-Balance, N = 1.000

[1] 1.000 computergestützte Interviews in Deutschland auf der Basis eines der größten Onlinepanels (Panelgröße über 280.000 in Deutschland), Quoten repräsentativ nach Alter, Geschlecht und Region, Befragungszeitraum: 28.12.2010 bis 5.1.2011

4.2 Freizeitverhalten

Befragt zu ihrem Freizeitverhalten geben 77 % der Befragten an, innerhalb eines Jahres ein Restaurant besucht zu haben, 58 % waren im Kino. Der Theaterbesuch liegt mit 25 % der Nennungen immer noch vor der Nutzung von Wellnessangeboten. Museen und Galerien haben 34 % besucht, Erlebnis- und Freizeitparks 27 %. Trotz teilweise knapper Freizeit zeigt sich insgesamt eine hohe Nutzung erlebnis- oder auch sinnorientierter Angebote. Dabei ist es bei weitem nicht so, dass der Schwerpunkt auf reinen Erlebnisangeboten liegt, vielmehr zeigt das Spektrum der Aktivitäten auch eine hohe Nachfrage nach Sinneserfahrungen.

4.3 Bewegende Ereignisse und Aktivitäten im Urlaub

Mit Hilfe der Critical Incident Technique wurden Ereignisse/Erlebnisse erfasst, die die Befragten besonders während ihres Urlaubs bewegt haben. Die folgende Auswahl der Antworten (Originalantworten) gibt einen Einblick in die Gegebenheiten, die Urlauber nachhaltig als außergewöhnlich positive oder negative Erlebnisse wahrnehmen:

- Ausstellung im Kunstmuseum Basel,
- Besichtigung der Baustelle des world trade center,
- den Besuch des Grand Canyons, das Gefühl, diese Landschaft zu sehen, war überwältigend,
- den großen Unterschied zwischen dem Tourismus und dem wahren Leben der Einheimischen in dem Land,
- den ungewöhnlichen Anstieg des Straßenverkehrs durch gestiegenen Lebensstandard in Schwellenländern,
- die Armut der Menschen fern ab vom Tourismus,
- die Menschen sind freundlich, keine Feindseligkeiten,
- die Türken quatschen einen immer an,
- ein streunender, humpelnder Hund, der entlang einer vielbefahrenen Straße davonrannte,
- eine türkische Hochzeit,
- Fahrradtour durch die Berge,
- falsches Zimmer bekommen, in dem eine Familie war, war lustig,
- Freundlichkeit der Menschen im karibischen Raum,
- habe meinen ersten Manta gesehen,
- mein Partner hat mir einen Heiratsantrag gemacht.

Es wird deutlich, dass es eher die Ereignisse abseits der normalen Urlaubsangebote sind, die die Menschen emotional berühren und einen bleibenden Eindruck hinterlassen. So geben auch 34 % der Befragten an, dass nicht nur Spaß, sondern auch Sinneserfahrungen eine zunehmende Bedeutung haben, ebenso wie die ökologische Verträglichkeit der Reisen. 52 % geben an, dass es wichtiger wird, im Urlaub etwas für die Gesundheit zu tun.

4.4 Persönlicher Lebensstil

Auf die Frage: „Nun einige Fragen zu Ihrem persönlichen Lebensstil. Inwieweit stimmen Sie den folgenden Aussagen zu?“ geben die meisten Befragten an, dass ihnen ein harmonisches Familienleben sehr wichtig oder wichtig ist (80 %), aber auch Freunde sind den Menschen sehr wichtig (79 %). Dann folgen jedoch schon Aussagen, die den Trend zur Sinngesellschaft bestätigen. Hierzu gehören:

- Ich bin bereit, Verantwortung zu übernehmen (76 %).
- Meine Freiheit ist mir wichtig (76 %).
- Sinnvolles zu tun ist mir wichtig (75 %).
- Ich halte mich an Gesetze und Normen (71 %).
- Ich achte darauf, dass es mir gut geht – geistig, seelisch, körperlich (68 %).
- Ich bestimme gern selbst (68 %).

„Spaß steht bei mir an erster Stelle“, bestätigten lediglich 35 %. Vor allem die Items, die bei der anschließend durchgeführten Faktorenanalyse den Gruppen „Selbstverwirklichung/Träume realisieren“ und „Selbstbestimmung/Ich-orientiert“ zuzuordnen waren, bekamen hohe positive Zustimmungswerte. Es zeigt sich also deutlich, dass die Selbsteinschätzung des persönlichen Lebensstils stärker den Aspekten der Sinngesellschaft zuzuordnen ist als den Aspekten der Spaßgesellschaft. Es wäre daher verwegen, davon zu sprechen, dass es sich lediglich um ein kleines Segment in der Bevölkerung handelt. Wenn also im Tourismus entsprechende Angebote eher in Nischenmärkten bedient werden, dann ist es scheinbar noch nicht gelungen, sich auf diese Zielgruppe einzustellen.

4.5 Zielgruppentypologie und Reiseanforderungen

Zusätzlich zu den Aussagen zum persönlichen Lebensstil wurden Aspekte des Reiseverhaltens bei einer Betrachtung verschiedener Urlaubstypen herangezogen[2]. Nachfolgend sollen nur zwei eher gegensätzliche Typologien angeführt werden.

---

2 Clusteranalyse mit Vorgabe der Clusteranzahl (10 Cluster) auf Basis der Ergebnisse der Faktorenanalyse

Der verantwortliche und selbstbewusste Urlauber
(16 % der Bevölkerung)

Wünsche und Werte

- Selbstbestimmung
- Träume verwirklichen
- Ideale leben, persönliche Ideale sind wichtig
- Hobbies haben einen festen Platz
- Persönliche Freiheit
- Neues entdecken
- Harmonisches Familienleben
- Gute Freunde
- Etwas Sinnvolles tun
- Verantwortung übernehmen

➢ Generell achtet diese Gruppe darauf, dass es ihr gut geht, geistig, seelisch und körperlich.

Beschreibung der Zielgruppe

- Diese Gruppe findet sich in allen Familiensituationen, aber eher bei den älteren Menschen.
- Hochschulabgänger sind etwas überrepräsentiert.
- Überwiegend in der mittleren Einkommensgruppe.
- Ein hoher Lebensstandard im Sinne hoher materieller Bedürfnisse ist jedoch eher unwichtig.

Urlaub

- Im Urlaub möchten sie viele verschiedene Dinge erleben.
- Sie möchten lieber etwas Neues kennenlernen, als nur ausruhen.
- Sie achten auf Qualität und vor allem auf qualitativ hochwertiges Essen.
- Sie suchen nicht nur Spaß, sondern auch Sinneserfahrungen.
- Sie sind eher klima- und umweltbewusst.

Abb. 3: Der verantwortliche und selbstbewusste Urlauber

Diese erste Gruppe spiegelt exakt den Urlauber wider, der im Urlaub nicht nur „oberflächliche“ Erlebnisse, sondern auch Sinneserfahrungen sucht. Im Zentrum steht das geistige, seelische und körperliche Wohlbefinden. Die folgende Gruppe hebt sich deutlich von dieser Gruppe ab, hier stehen eher die materiellen Bedürfnisse und der Status im Fokus. Generell hat auch diese Gruppe hohe Anforderungen an die Qualität des Urlaubs, aber die Spaßfaktoren überwiegen, wenn auch Sinneserfahrungen nicht ganz unbedeutend sind.

Der Status- und genussorientierte Urlauber
(14 % der Bevölkerung)

Wünsche und Werte

- Statussymbole
- Erscheinungsbild
- Wunsch nach hohem Einkommen
- Träume verwirklichen
- Auto als Statussymbol
- Modisch
- Selbstverwirklichung über Statussymbole
- Wenig Eigenverantwortung
- Genussorientiert
- Traditionen sind wichtig
- Verantwortung übernehmen

➢ Generell zeigen sie, was sie besitzen und was sie erreicht haben.

Beschreibung der Zielgruppe

- Diese Gruppe findet sich in allen Familiensituationen, aber eher bei den jüngeren Menschen (bis 40, eher weiblich).
- Hochschulabgänger sind etwas überrepräsentiert.
- Überwiegend in der gehobenen Einkommensgruppe.
- Ein hoher Lebensstandard im Sinne hoher materieller Bedürfnisse ist sehr wichtig,

Urlaub

- Generell hohe Anforderungen an Freizeit- und Urlaubsangebote
- Neuen Angeboten gegenüber aufgeschlossen
- Qualität ist wichtig
- Spaß ist sehr wichtig, aber auch Sinneserfahrungen
- Ökologisches Bewusstsein, aber wenig Zahlungsbereitschaft

Abb. 4: Der Status- und genussorientierte Urlauber

5 Konsequenzen für das Marketing im Tourismus

Der von Felizitas ROMEIß-STRACKE bereits 2003 postulierte „Abschied von der Spaßgesellschaft" hat zwar nicht in dem beschriebenen Umfang stattgefunden, aber die Sinnorientierung hat deutlich an Bedeutung gewonnen. Die Orientierung an den eigenen Wünschen, Bedürfnissen und Sehnsüchten kann durchaus Spaß machen. Erlebnisse sind auch für die Sinngesellschaft wichtig, nur dass sie eine andere Bedeutung erhalten. Der Mensch von heute möchte Angebote, die nicht sinnentleert, sondern sinnerfüllt sind und ihm Antworten auf die Fragen des Lebens geben. Die Suche nach Lebenssinn und Glück beschäftigt breite Bevölkerungskreise.

Zu den Kernthemen im Tourismus gehört es, die Veränderungen der Lebensstile der Zielgruppen zu beobachten und die Angebote an den veränderten Anforderungen der Zielgruppen auszurichten. Auf den Punkt bringt es die Chefin der Österreich Werbung Petra STOLBA: „Traditionelle Marketing-Ansätze greifen heute nicht mehr: Wir müssen mit dem Reisen eine Sinnstiftung verbinden", sagt sie. Und: „Es geht ums Reisen, nicht ums Urlaubmachen". Um die ‚Postmateriellen' zu überzeugen und gegen die Konkurrenz von I-Phone und Flatscreen-TV zu gewinnen, müsse der Reisende eine Bereicherung empfinden, das Gefühl erhalten, persönlich weiterzukommen. Social Media wie Facebook und Blogs, wo die Österreich Werbung sehr aktiv ist, spielten dabei eine wichtige Rolle: „Wir müssen diverse Kanäle bedienen, um die Leute zu erwischen" (vgl. STOLBA 2010).

Voraussetzung eines solchen zielgruppenorientierten Marketings ist nicht nur die exakte Abgrenzung zukunftsfähiger Zielgruppen, sondern auch die ständige Beobachtung und Analyse der veränderten Werte in der Gesellschaft und deren Einfluss auf das Reiseverhalten. Nur wer die tiefsten Sehnsüchte der Urlauber kennt und entsprechend handelt, wird im Wettbewerb eine führende Position einnehmen.

Literatur

BOLZ, N. (1997): Die Sinngesellschaft, Düsseldorf

DÖHRING, H./KAUFMANN, F.X. (1981): Kontingenzerfahrung als Sinnfrage. In: BÖCKLE, F. et al. (Hrsg.): Christlicher Glaube in moderner Gesellschaft, Freiburg, S. 5–87

FRIESL, Ch./POLAK, R. (2001): Konflikte im Wertesystem. In: DENZ, H. et al. (Hrsg.): Die Konfliktgesellschaft. Wertewandel in Österreich 1990–2000, Wien, S. 11–42

FRIESL, Ch./POLAK, R. (2002): Theoretische Weichenstellungen, Teil I. In: POLAK, R. (Hrsg.): Megatrend Religion? Neue Religiosität in Europa, Ostfildern, S. 25–106

GFK ROPER CONSUMER STYLES: www.gfk.com/group/services/instruments_and_services/contact_dates/00150/index.de.html, Stand: 27.8.2012

HARTMANN, H. A. (1996): Erlebe dein Leben. In: Freizeit in der Erlebnisgesellschaft, Opladen

KILIAN, K. (2007): Erlebnismarketing und Markenerlebnisse. In FLORACK, A./SCARABIS, M./PRIMOSCH, E. (Hrsg.): Psychologie der Markenführung, München, S. 357–391

Leitfaden Innovativer Gesundheitstourismus in Deutschland. Berlin 2011. www.innovativer-gesundheitstourismus.de

MÜLLER, H. R. (2002): Vor-Sicht Tourismus – Reflexionen und Denkanstöße zum Phänomen Tourismus. Berner Studien zu Freizeit und Tourismus Nr. 40, Bern

MÜLLER, H. R./SCHEURER, R. (2004): Angebotsinszenierung in Tourismus-Destinationen. In: BIEGER, T./LAESSER, C./BERITELLI, P. (Hrsg.): Jahrbuch 2003/2004 Schweizerische Tourismuswirtschaft. S. 71–92

OPASCHOWSKI, H.W. (2002): Wir werden es erleben. Zehn Zukunftstrends für unser Leben von morgen. Darmstadt.

OPASCHOWSKI, H. W. (2006): Deutschland 2020 – Wie wir morgen leben. Prognosen der Wissenschaft, 2. erweiterte Auflage, Wiesbaden

OPASCHOWSKI, H. W./PRIES, M./REINHARDT, U. (2006): Freizeitwirtschaft – Die Leitökonomie der Zukunft, Hamburg

PEICHL, Th. (2007): Zwischen Abenteurern und Realisten, gfk insite, 4–2007

ROMEIß-STRACKE, F. (o. J.): Interview in Lilo's Reisen (http://Lilos-Reisen.de), „Neue Reiseformen: Alles ändert sich – auch der Tourismus"

ROMEIß-STRACKE, F. (2003): Abschied von der Spaßgesellschaft. Freizeit und Tourismus im 21. Jahrhundert, Amberg

ROMEIß-STRACKE, F. (2003a): Was kommt nach der Spaßgesellschaft? Dokumentation Dritter Kulturpolitischer Bundeskongress, http://www.kupoge.de/kongress/2005/dokumentation/romeiss-stracke.pdf

ROMEIß-STRACKE, F. (2010): Quo Vadis Alpentourismus? Moden und echte Trends, Vortrag, Engelberg

RUDOLPHI, P. (2007): Studienreisen in der Erlebnisgesellschaft. Eine Untersuchung zu den Implikationen der Erlebnisorientierung in der Touristik, Dissertation bei Albrecht Steinecke, Universität Paderborn

SCHEURER, R. (2003): Erlebnis- Setting. Touristische Angebotsgestaltung in der Erlebnisökonomie. Dissertation, Universität Bern

SCHMITZ-SCHERZER, R. (1977): Urlaub – Wer reist warum wohin: Tourismus-Forschung. In: Psychologie heute (Juni), S. 25–26

SCHOLZ, K. (2002): Religiosität in der Freizeit- und Erlebnisgesellschaft. In: POLAK, R. (Hrsg.): Megatrend Religion? Neue Religiositäten in Europa, Ostfildern, S. 298–317

SCHULZE, G. (1996): Die Erlebnisgesellschaft. Kultursoziologie der Gesellschaft, 6. Aufl., Frankfurt/Main

SINUS-INSTITUT-HEIDELBERG: www.sinus-institut.de/loesungen/sinus-milieus.html, Stand: 27.8.2012

STAUDINGER, U. M./DITTMANN-KOHLI, F. (1994): Lebenserfahrung und Lebenssinn. In: BALTES, P./ MITTELSTRAß, J./STAUDINGER, U. M. (Hrsg.): Altern und Alter: Ein interdisziplinärer Studientext zur Gerontologie, Wiesbaden, S. 408–436

STEINECKE, A. (2010): Populäre Irrtümer über Reisen und Tourismus, München

STOLBA, P. (2010): Reisen mit Sinn statt Urlaub machen. In: FVW online vom 2.8.2010

ZELGER, D. (2005): Von der Spaßgesellschaft zur Sinngesellschaft. Bericht zu einem Fachvortrag von Felizitas Romeiß-Stracke. In: Roter Hahn. Neue Nachrichten vom Urlaub auf dem Bauernhof, Nr. 1/05

Architektur in der Experience-Economy

Felizitas Romeiß-Stracke

Die gebaute Welt der touristischen Destinationen spielt für die Touristen eine lange unterschätzte Rolle. Sie träumen von „schönen" Bildern, und neben Natur-Kulissen sind das vor allem architektonische und städtebauliche Highlights. Die Tourismus-Branche hingegen ist weitgehend „raumblind". Sie produziert für das Marketing zwar genau die erwarteten „schönen" Bilder (sicher zu 80 % Architektur in irgendeiner Form), aber um diese zentrale Komponente des „Produktes", das sie verkaufen will, hat sie sich bislang wenig gekümmert (vgl. ROMEIß-STRACKE 2008).

Das ist erstaunlich. Denn Städtetourismus ist seit Jahren ein Wachstumssegment, und Städte sind gebaute Welt par excellence. In diesem Segment kann man die „Raumblindheit" vielleicht noch mit dem Gewohnheits-Effekt erklären. Aber spätestens Mitte der 1990er begann ein neuer Phänotypus von Freizeitinfrastruktur, die Bedeutung guter räumlicher Inszenierung für touristische Attraktivität zu demonstrieren: Erlebnis- und Konsumwelten, der Oberbegriff für Urban Entertainment Center, Musical-Theater, Multiplex-Kinos, Shopping-Malls, Center Parcs, Erlebnis-Bäder, Thermen usw.

Diese in der Regel von privaten Investoren auf riesigen Grundstücken realisierten „Freizeit-Maschinen" passten damals aber so gar nicht in das vorherrschende Verständnis von Stadt, Kultur und Freizeit. Im Kulturestablishment weckten sie Aggressionen (Kulturverfall! Konsumterror!). Die „Fremdenverkehrsämter" standen ihnen abwartend bis ablehnend gegenüber (Konkurrenz?). In der Architektur-Szene stießen sie geradezu auf Ekel (Disney!) (vgl. ROOST 2000). In den damals schon verarmten Kommunen weckten sie allerdings enorme Hoffnungen (Gewerbesteuer, Arbeitsplätze, Nachnutzung von Brachen). Diese Hoffnungen bildeten den Hintergrund von großzügigen öffentlichen Vorleistungen an Investoren, damit sie nur in die Region kämen.

Albrecht Steinecke hat sich intensiv mit den Erlebnis- und Konsumwelten auseinandergesetzt, sie konstruktiv diskutiert und ihnen damit viel von ihrem Hautgout genommen (vgl. STEINECKE 2000).

Die verschiedenen Typen von „Erlebniswelten" hatten und haben eines gemeinsam: Für das Erlebnis, das die Besucher hier haben sollen, wird ein besonderes **Setting**, ein **Ambiente**, eine **Atmosphäre** geschaffen – durch **Architektur**. Die allerdings wurde meist als „Kulissen-Architektur" (vgl. SCHULZE 1999) abgetan, „unecht", nicht authentisch und – latent, aber nie ausgesprochen – in ihrer oberflächlich-dekorativen Machart eben auch für oberflächliche Konsum-Idioten. Denn die Besucher zahlten Eintritt bzw. gaben ordentlich Geld aus.

Sowohl die Verbindung von architektonischer Inszenierung und ökonomischem Kalkül als auch die Professionalität im laufenden Betrieb war für Deutschland neu. Professionell ist neben der Kundenansprache vor allem auch der Umgang mit Design und Architektur: Ein Thema wird gestalterisch durchdekliniert, Wahrnehmungspsychologie wird bewusst eingesetzt, psychophysisches Wohlfühlen des Besuchers und Kunden ist die Maxime, ganz offen mit dem Ziel, dass er oder sie dann eher bereit ist, den Geldbeutel zu öffnen. Disney war Vorreiter in dieser Professionalität. Nutzungsverläufe, Besucherlenkung und Architektur gehen genau auf Verhalten und Bedürfnisse der Besucher ein: „Wow-Effekte" (Toll! Aufregend!) und „Seufz-Effekte" („Schöön!") werden ebenso kalkuliert positioniert wie die Standortdichte von Papierkörben (alle 27 Meter, länger trägt niemand ein Stück Abfall, ohne es einfach auf den Boden zu werfen). Professionelle Inszenierung.

Das Destinationsmanagement hätte längst von den Erlebnis- und Konsumwelten lernen können. In den hierzu erschienenen touristischen Fachpublikationen spielt die Architektur jedoch immer nur eine äußerst untergeordnete Rolle (vgl. SCHEURER 2003; WEIERMAIR 2006).

Neuerdings ist es um die Erlebnis- und Konsumwelten ruhig geworden. (Das letzte mediale Rauschen verursachte wohl die zum Tropenparadies umgewidmete Cargolifter-Halle in Brandenburg.) Aber das Interesse an interessanten, auch kontroversen architektonischen Inszenierungen ist enorm gewachsen. Während die „Freizeitgroßeinrichtungen" (vgl. INSTITUT FÜR LANDES- UND STADTENTWICKLUNG DES LANDES NORDRHEIN-WESTFALEN 1994) der 1990er noch mit dem Verdikt des „Kommerz" leben mussten und ihr Erfolg fast verschämt konstatiert wurde, punkten die neuen Museumsbauten, die weltweit entstehen, bei Architekten und Stadtentwicklern mit dem sakrosankten Label „Kultur" und bei Touristikern mit dem „Bilbao-Effekt"[1]. Viele dieser neuen Museen sind grandiose Architekturen, als Ausstellungsräume jedoch nicht selten völlig ungeeignet, sondern von ihren Erbauern eigentlich als begehbare Mega-Skulpturen verstanden (so z.B. das MAXXI von Zaha Hadid in Rom). Die Museumsbauten, neuerdings die Konzertsäle, bieten **auch** den Genuss von Kunst (Skulpturen, Malerei, Musik), aber vor allem bieten sie spannende Raum-Erfahrung, indem der Besucher sich in ihnen langsam und aufmerksam bewegt.

> „Unser Existenzgefühl und Daseinserleben, auch unsere Emotionen und unser Berührtwerden von der Welt, scheinen sich wesentlich aus dem Körpersinn zu speisen. Eine erlebbare Architektur, die das körperliche Spüren auf vielschichtige Weise zulässt, verstärkt die emotionale Ebene der Wahrnehmung." (BRICHETTI 2012, S. 52)

Diese emotionale Ebene der Wahrnehmung ist der Kern von konkreter **Erfahrung**, die (nicht nur) Touristen suchen.

1999 brachte das von PINE/GILMORE vorgelegte Buch „The Experience-Economy" (vgl. PINE/GILMORE 1999) die Entwicklung der westlichen Gesellschaft auf den Punkt: Die effiziente Produktion von (Konsum-) Gütern, wesentlicher Zweck der Industriegesellschaft, und ihr raffiniert durch Marketing gesteuerter Verkauf stößt an Grenzen im Markt bzw. bei den Käufern. Sie wollen weniger **haben**, sondern mehr **sein**: da sein, spüren, leben mit allen Sinnen.

Leider wurde Experience-Economy fälschlicherweise als „Erlebnisgesellschaft" eingedeutscht und nach dem 11. September 2001 rückwirkend auch noch als „Spaßgesellschaft"

---

[1] Mit dem Guggenheim Museum in Bilbao von Frank O.Gehry, das das bis dahin recht unbekannte Bilbao auf die touristische Landkarte katapultierte, wurde Architektur als Markenzeichen einer Destination entdeckt.

abgewertet (vgl. HAHNE 2004; ROMEIß-STRACKE 2003). Experience heißt aber genau übersetzt „Erfahrung", und das ist mehr, geht tiefer als nur das schöne Erlebnis (vgl. SCHULZE 1992). Zur „Erfahrungswirtschaft" gehören die Tourismuswirtschaft (Hotellerie und Gastronomie), die Gesundheitswirtschaft (Medical Wellness), die Kulturwirtschaft und einige Bereiche der Getränke- und Nahrungsmittelherstellung.

Erfahrungen sollen persönlichen Sinn ergeben, und so entsteht seit Anfang des 21. Jahrhunderts die „Sinngesellschaft" (vgl. ROMEIß-STRACKE 2003). Mit jeder neuen Krise des etablierten Systems stellt sich die Sinnfrage deutlicher (Attentat auf das World Trade Center 9.11.2001/Bankenkrise 2008, aktuelle Euro-Krise).

Damit verändert sich auch der Tourismus: weg vom Massentourismus hin zu reiferen, differenzierten Urlaubsformen; weniger „Ballermann", mehr Slow, Gesundheit, soziale Intimität und Reise nach innen.

Die „Spaßgesellschaft" der 1980er und 1990er, die der spätindustriellen Verfassung der westlichen Gesellschaften entsprach, gibt es schon noch. Sie liebt es extrovertiert (immer in der richtigen Szene im coolen Outfit), extrem (schneller, höher, mehr, weiter), eklektisch (anything goes) und exotisch (möglichst „abgefahren"). Sie tobt sich an Mittelmeerküsten, in Skigebieten, in Städten, bei Groß-Events jeder Art aus und braucht „angesagte Locations" mit massentauglicher, eher schriller Architektur. Es geht um temporären „Escape", Kontrast zum Alltag.

Dieser Alltag ist in den westlichen Industrieländern[2], trotz allen Geredes von der Wissensgesellschaft und der „kreativen Klasse", für mehr als die Hälfte der Bevölkerung weitgehend industriell geprägt, durchrationalisiert und voller Zwänge: Mobilität, Beschleunigung, Multi-Tasking, Termindruck, ständige Verfügbarkeit, abstrakte Abläufe usw. Burn Out quasi omnipräsent.

Das Bewusstsein, dass wir in jeder Hinsicht an unsere Grenzen stoßen, wächst gleichermaßen. Kräftige Gegenbewegungen formieren sich:

- Die „Slow"-Bewegung (-Food, -Città, -Media etc.),
- der Exodus in die („unverfälschte") Natur, die Einsicht in nachhaltiges Wirtschaften,
- das Bedürfnis nach mehr Authentizität und (regionaler) Identität (Mode, Ernährung, Musik, Architektur),
- wachsende Spiritualität und Faszination durch Mythen und Magie.

Gemäß dem Grundsatz, dass jede Gesellschaft die Architektur hervorbringt, die ihr entspricht, sind diese Veränderungen auch im Bauen für den Tourismus beobachtbar. Vielleicht hat die Tourismusarchitektur sogar Pionierfunktion.

Denn eine besondere Architektur für Freizeit und Urlaub ist nicht nur Bestandteil der „Experience-Economy", sie ist sozusagen ihr Herz. In allen Gebäuden, die die Experience-Economy braucht, geht es um die professionelle Herstellung von Erfahrung – **in Räumen**. Wo kann sich ein Mensch besser und intensiver selbst erfahren als in einem Gebäude, das er betritt, in dem er sich bewegt, das er betrachtet, dessen Klima und Atmosphäre er mit allen Sinnen spüren kann? Gute, angemessene Architektur vertieft und bereichert diese „Experience", schlechte bewirkt das Gegenteil.

---

2 Die Bürger der Länder, die ehemals hinter dem „eisernen Vorhang" lebten, haben heute Nachholbedarf und werden die typischen Angebote der Spaßgesellschaft noch eine ganze Weile nachfragen.

Die digitalen Medien bieten uns laufend neue Bilder. Aber sie sind – vorläufig – weitgehend zweidimensional, d. h. wir brauchen nur unsere Augen (und auf Youtube auch die Ohren). Aber der Mensch hat darüber hinaus auch einen Körpersinn (Propriozeption): Er will nicht nur Bilder sehen, sondern sich selbst spüren, indem er die eigene Lage und Bewegung im Raum spürt (vgl. BRICHETTI 2012, S. 50). Je mehr digitale Bilder auf ihn einströmen, um so gesuchter und aufregender ist diese unmittelbare Erfahrung. Das ist eine entscheidende Motivation hinter Extremsportarten und Massen-Events bis hin zum Besuch von Kathedralen und spektakulären Museen: **Ich will mich im Raum spüren!**

Der Kern der Tourismuswirtschaft sind Hotels und Ferienwohnungen. Im Urlaub oder am Wochenende kann Mann oder Frau aus der Alltags-Tretmühle aussteigen und einmal zu sich selbst kommen, neue Erfahrungen mit sich und anderen machen, ein wenig nachdenken. Stimmt das Ambiente, können sich neue körperlich-seelische Erfahrungen einstellen, die möglicherweise, wenn auch nicht zwangsläufig, Anstöße zu Erkenntnissen sind, die in den Alltag tragen.

Hier ist in Deutschland noch viel Nachholbedarf, aber es tut sich etwas. Ein Beispiel sind die architektonisch herausragenden oder besonders originellen Ferien-Domizile, die über www.urlaubsarchitektur.de zu buchen sind. Noch eine Nische, aber wirtschaftlich sehr erfolgreich. Die Philosophie dahinter drückt sich in folgenden beiden Zitaten aus:

> „Das Ferienhaus lädt ein, Gewohntes zu hinterfragen und neue Seiten und Bedürfnisse zu entdecken … Und warum soll diese wunderbare Form der neuen Entdeckungen eines Ortes und seines Selbst nicht in faszinierender und außergewöhnlicher Architektur stattfinden?“ (PÖDL 2011, S. 132)

> „Es gibt Zeiten, in denen wir uns mit neuen Einrichtungen und Aussichten umgeben müssen, um innere Übergänge zum Ausdruck zu bringen. Ferienhäuser bedeuten dasselbe für Architektur, wie Affären für Ehen: sie können sich den Luxus erlauben, unpraktisch, romantisch und irrsinnig nachgiebig zu sein. Wir können für zwei Wochen etwas genießen, was auf Dauer unerträglich wäre.“ (BOTTON 2011, S. 18)

Das Wohnen im Urlaub, ob im Resort, im Hotel oder im Ferienhaus bzw. -wohnung ist also Zentrum von wichtigen emotionalen Erfahrungen. Das heißt, man muss ihnen „**Raum geben**“ – im dreifachen Wortsinn: temporär („Zeit verbringen“), sozial („mit wem ich will, auch nur mit mir allein“) und vor allem physisch („ mein Platz, genügend Abstand, Oase zum Wohlfühlen, ästhetische Gestaltung“).

Einer der zurzeit stark strapazierten Marketing-Begriffe ist „Wohlfühlen“, aus dem Erfolg der Wellness-Bewegung abgeleitet. Abenteuerliche Wordings finden sich: vom „Wohlfühl-Frühstück“ bis zu „Wohlfühl-Schlappen“. Und alles soll „kuschelig“ sein. Die Urlaubsbedürfnisse der Sinngesellschaft sind darin sicher richtig erkannt. Aber wird auch das dazu passende räumliche Ambiente geboten? Im „Kuschel-Bademantel“ durch hässliche Flure wandeln?

PINE und GILMORE betonen heute die Bedeutung der realen gebauten Umgebung als „Place-Making“:

> “… the aim of placemaking is to make advertising superfluous. Get rid of all those manipulative messages that work decreasingly well and all too often say what you aren't. Instead, provide a place for customers to understand, use, play with, and fundamentally experience your offerings in a place and time that demonstrates you are what you say you are.” (PINE/GILMORE 2007, S. 150)

Die zentrale Rolle des „Platzes“, des Raumes, also der Architektur in der Experience-Economy ist damit charakterisiert. Wer sie verstanden hat, hat heute schon nachweisbare ökonomische Vorteile (HROMAS 2008, S. 45).

Literatur

BOTTON, A. (2011): Das perfekte Ferienhaus: In: HAMER, J./WEILAND, N.: Urlaubsarchitektur 2, archimap publishers, S. 18

BRICHETTI, K. (2012): Die Rolle des Körpersinns. Stadt und Architektur leiblich erleben und verstehen. In: PLANERIN 2/12, S. 52

GILMORE, J. H./PINE, B. J. (2007): Authenticity, Boston/Massachusetts

HAHNE, P.(2004): Schluss mit lustig. Das Ende der Spaßgesellschaft, St. Johannis/Lahr

HROMAS, B. (2008): Architektur bringt Gäste. In: ROMEIß-STRACKE, F.: Tourismusarchitektur, Berlin, S. 45

INSTITUT FÜR LANDES- UND STADTENTWICKLUNG DES LANDES NORDRHEIN-WESTFALEN (Hrsg.) (1994): Kommerzielle Freizeitgroßeinrichtungen, Ministerium für Stadtentwicklung und Verkehr des Landes Nordrhein-Westfalen

PINE, B. J./GILMORE, J. H. (1999): The Experience Economy, Boston

PÖDL, E. (2011): Die Wiederentdeckung des Bekannten. In: HAMER, J./WEILAND, N.: Urlaubsarchitektur 2, archimappublishers, S. 132

ROMEIß-STRACKE, F. (2003): Abschied von der Spaßgesellschaft. Freizeit und Tourismus im 21. Jahrhundert, München/Amberg, download von www.tourismusarchitektur.de

ROMEIß-STRACKE, F. (Hrsg.) (2008): Tourismusarchitektur, Berlin

ROOST, F. (2000): Die Disneyfizierung der Städte. Großprojekte der Entertainmentindustrie, Opladen

SCHEURER, R. (2003): Erlebnis-Setting.Touristische Angebotsgestaltung in der Erlebnisökonomie. Berner Studien zu Freizeit und Tourismus, Heft 43

SCHULZE, G. (1992): Die Erlebnisgesellschaft, Frankfurt/New York

SCHULZE, G. (1999): Kulissen des Glücks. Streifzüge durch die Eventkultur, Frankfurt/New York

STEINECKE, A. (Hrsg.) (2000): Erlebnis- und Konsumwelten, München/Wien

WEIERMAIR, K./BRUNNER-SPERDIN, A. (Hrsg.) (2006): Erlebnisinszenierng im Tourismus, Berlin

Zukunftsforschung und Prognosen

Horst W. Opaschowski

> Prognose zur Konsumkultur der Zukunft
>
> *„Der gesellschaftliche Wandel, der mit der Standardisierung des Main-Stream-Trend verbunden ist, erzeugt zugleich Gegentrends ...“*
>
> STEINECKE (2000, S. 25)

1 Vom Rückblick zur Prognose

Über der Haustür von Niels Bohr, dem großen dänischen Atomphysiker, war einst ein Hufeisen befestigt. Ein Freund sprach ihn prompt darauf an: „Aber Du glaubst doch nicht an so etwas!“ „Nein“, antwortete Bohr, „natürlich nicht. Aber ich habe mir sagen lassen, dass es trotzdem wirkt.“ Und als Niels Bohr seine Atomtheorie entwickelt hatte, wurden Stimmen laut wie: „Mein Gott, muss der gerechnet haben.“ Seinen Freunden und Schülern wie z. B. Carl Friedrich von Weizsäcker vertraute der Gelehrte jedoch an: „Ich habe nicht gerechnet – das war ein Einfall“ (JUNGK 1990, S. 71).

So muss wissenschaftliches Zukunftsdenken verstanden werden: eine Antenne für das Kommende haben, eine Art inneres Radarsystem, das ständig die Gegenwart beobachtet und systematisch der Frage nachgeht: Wo gehen die Dinge hin? Eine Mischung aus Datenbankbasis, Ideenfindung und Problemlösungshilfe für Entscheidungsträger. Verantwortliche Zukunftsforschung muss sozialkritische Analysen liefern, aber genauso offen für Prognosen sein.

Die Ergebnisse von *Repräsentativumfragen im Zeitvergleich*, also sogenannte *Zeitreihen* bilden die sozialwissenschaftliche Basis für Prognosen. Müssen aber nicht angesichts der gegenwärtigen weltpolitischen Lage konkrete Aussagen, die sich auf Entwicklung, Veränderung und Zukunftsperspektiven beziehen, auf den ersten Blick unrealistisch erscheinen? Lassen globale Krisen präzise Prognosedaten nicht schnell zur Makulatur werden? Prognosen erzielen immer dann eine große Treffsicherheit, wenn sie von der zentralen Frage ausgehen: Wo bleibt und was will der Mensch? Erst danach ergeben sich Antworten darauf, was wirtschaftlich und technologisch alles möglich wäre.

Daraus folgt: Große gesellschaftliche Veränderungen von der Perestroika bis zur deutschen Vereinigung lassen sich nicht präzise prognostizieren, auch Kriege und Krisen von der Energiekrise über den Golfkrieg bis zu den Terroranschlägen in den USA nicht – *voraussagbar aber sind die Lebensgewohnheiten der Menschen in den nächsten Jahren.*

Lebensgewohnheiten sind wie eine *zweite Natur* und haben fast die Wirkung einer Kleidung aus Eisen, die nur schwer zu sprengen ist. Viele Tätigkeiten im Alltag werden so lange praktiziert, dass sie wie Aufstehen, Essen und Schlafengehen fast zur lieben Gewohnheit bis ins hohe Alter werden. Dies erklärt auch, warum beispielsweise Urlauber auf Reisen am meisten das eigene Bett, die Zeitung aus der Heimat und das gemütliche Zuhause vermissen. Gewohnter Lebensrhythmus und alltäglicher Regelkreis sind den Menschen geradezu in Fleisch und Blut übergegangen. Viele können einfach nicht aus ihrer Haut heraus.

Die Sozialforschung geht davon aus, dass die Persönlichkeits- und Interessenstruktur eines Menschen im Wesentlichen ausgebildet ist, wenn er das Erwachsenenalter erreicht. Die *Kindheits- und Jugenderfahrungen* haben ein größeres Gewicht als die spätere Sozialisation. Im Einzelfall kann es zwar auch im Erwachsenenalter noch zu dramatischen Veränderungen kommen, aber die statistische Wahrscheinlichkeit einer grundlegenden Persönlichkeitsveränderung nimmt abrupt ab, wenn das Erwachsenenalter erreicht ist.

Der Wertewandel einer Gesellschaft besteht nicht darin, dass sich die Menschen sozusagen über Nacht verändern. Er vollzieht sich vielmehr allmählich in dem Maße, in dem die jüngere Generation einer Gesellschaft die ältere Generation Zug um Zug ablöst. Und eine Generation, die unter veränderten gesellschaftlichen Lebensbedingungen aufwächst, gelangt zwangsläufig zu anderen Erfahrungen und Gewohnheiten. Damit verändern sich auch die Einstellungen zu Arbeit und Leben, zu Partnerschaft, Familie und Freundeskreis.

2 Zukunftsforschung zwischen Psychologie und Ökonomie

Aus den Sehern früherer Zeiten sind heute Analysten, Chefökonomen und Konjunkturforscher geworden, die alle paar Wochen neue „Prognosen" aufstellen. Pointiert: Würden die Analysten nach der Treffsicherheit ihrer Prognosen bezahlt, wären sie allesamt Sozialfälle. Ihre Prognosen erwecken nur den Anschein punktgenauer Vorhersagen. In Wirklichkeit agiert das moderne Orakelgeschäft mit zweistelligen Fehlerquoten. Die Folgen sind fatal: *Kaum ein Forschungsinstitut sieht (und sah) globale Finanz- und Wirtschaftskrisen voraus.*

Auf einem internationalen Kongress im November 2008 in Venedig machten sich daher Wirtschaftsforscher Gedanken über die Ursachen und Auswirkungen ihrer Fehlprognosen. Selbstkritisch gestand der amerikanische Ökonom und Nobelpreisträger Robert Solow ein: „Ökonomen sind schlecht darin, Dinge vorauszusagen. Ökonomen sind auch nur Klempner: Ich erwarte von meinem Klempner keine Vorhersage, sondern eine Reparatur. Wir Ökonomen sind da, um nach der Krise zu reparieren" (SOLOW 2008, S. 27).

Wenn Banker und Investoren den Verbrauchern mitunter märchenhafte Renditen versprechen, dann hat dies oft mehr mit Geschichtenerzählen zu tun. Nur so ist es zu erklären, dass sich die wirtschaftspolitischen Einschätzungen der Experten vielfach widersprechen. Jeder erzählt nach dem Erfolgsprinzip „Erzählen ist mehr als Zählen" eine andere Geschichte, die auch zu anderen Vorhersagen führt. Die Abteilung Konjunktur des Deutschen Instituts für Wirtschaftsforschung (DIW) gibt auch unumwunden zu: „Für die wirtschaftspolitische Beratung ist im Zweifel die Story wichtiger als die Genauigkeit" (DREGER 2009, S. 42). So leichtfertig wird Vertrauen verspielt und muss Politik als Vorsorge – auf der Basis solcher Stories – gemacht werden.

Die Hauptursache für Fehlerquoten bei Wirtschaftsprognosen: mangelnde Berücksichtigung von Kenntnissen der Verbraucherpsychologie. Es ist kein Zufall, dass der SACHVERSTÄNDIGENRAT erstmals während der Golfkrise in seinem Gutachten 1990/91 einräumen musste, seine Prognosen seien „kaum in der Lage, Verhaltensänderungen zu erfassen, die sich aus einer möglichen Verunsicherung ergeben könnten".

In Krisenzeiten, die Verbraucher verunsichern, sind Wirtschaftsforscher selbst verunsichert: Vor der Psychologie der Verbraucher kapitulieren Wirtschaftsforscher. Sie unterstellen in ihren Berechnungen bei den Verbrauchern ein grundsätzlich rationales Verhalten und können infolgedessen Stimmungen, Hoffnungen oder Ängste kaum einschätzen.

Der Erkenntnisstand, den z. B. die Wirtschaftswissenschaft von der Motivation der Konsumenten hat, ist durchaus vergleichbar mit demjenigen, den die Finanzwissenschaft vom Börsengeschehen hat. Beide wissen viel zu wenig von den individuellen Verhaltens- und Reaktionsweisen. Antworten auf die Frage, wer wann wie in welchen Situationen oder Krisen reagiert, sind aber fundamental für die Abgabe von verlässlichen Prognosen. Das Deutsche Institut für Wirtschaftsforschung (DREGER/DIW 2009, S. 12) stellt lediglich resignierend fest: „Wir prognostizieren das Verhalten von Menschen – und das kann man nun mal nicht genau vorhersagen." Doch!

Wissenschaftliche Zukunftsforschung ist wesentlich Verhaltensforschung. Im Unterschied zur bloßen Konjunktur- und Wirtschaftsforschung sind ihre Analysen und Prognosen mehr mikrofundiert, liefern Daten zur Verhaltenspsychologie und Verhaltensökonomie. Zukunftsforschung kann Erdbeben oder Vulkanausbrüche nicht vorhersagen, aber Erkenntnisse liefern, wie Menschen auf kritische Ereignisse reagieren (z. B. als Folge von Naturkatastrophen oder terroristischen Anschlägen).

Die Schlüsselfragen einer auch psychologisch orientierten *Verhaltensforschung als Prognoseforschung* müssen daher lauten:

- Wie haben die Verbraucher bisher in ähnlichen Situationen reagiert?
- Sind Regelmäßigkeiten oder Widersprüche in ihren Reaktions- und Verhaltensweisen feststellbar?
- Lassen sich daraus psychologisch begründbare Grundsätze über das menschliche Verhalten ableiten?

Solange diese Fragen nicht beantwortet werden, sollte man – statt von Konjunkturprognosen – eher von Analysen und Einschätzungen reden. Wirtschaftsanalysten sind Wirtschaftswatcher, die nur ein Stück weit in die Zukunft der nächsten Wochen schauen können. Sie leisten *Vorab-Schätzungen* als grobe Anhaltspunkte. Da es bei Vorab-Schätzungen ganz unterschiedliche Grade von Genauigkeit gibt, kann es sich auch nur um *Annäherungswerte* handeln. Ganz im Unterschied zu solchen Vorab-Schätzungen und Voraus-Sagen sind wissenschaftsbasierte Prognosen der Zukunftsforschung präziser – wie bei Wahlprognosen, die in der Regel nur um ein bis zwei Prozentpunkte vom amtlichen Endergebnis abweichen.

3 Prognosen als wissenschaftsbasierte Voraussagen

Zukunftswissenschaft hat es wesentlich mit Prognosen zu tun. Dieser Begriff Prognose stammt aus der allgemeinen Medizin und bezeichnet hierbei die vorausschauende Beurteilung des Verlaufs und Ausgangs einer Krankheit. *Die Prognose wird aus der Diagnose abgeleitet*. Ist die Diagnose richtig (vgl. FLECHTHEIM 1972, S. 80), ist auch die Treffsicherheit der Prognose groß.

Prognosen lassen sich definieren als wissenschaftsbasierte Voraussagen – im Unterschied zu allgemeinen Voraussagen, die jeder jederzeit treffen kann, ohne dass ihre Zuverlässigkeit überprüfbar ist. Nicht jede Voraussage ist eine Prognose, jede Prognose aber eine Voraussage.

Und so kann man in der *prognostischen Forschung* unterscheiden (vgl. BAUER/KOSIN 1967, S. 83) zwischen

- Prognoseobjekt,
- Prognoseumfang,
- Prognosezweck,
- Prognosemethode,
- Prognosezuverlässigkeit,
- Prognoseaussagekraft.

Genaugenommen verkünden beispielsweise Wirtschaftsweise und Wirtschaftsforschungsinstitute keine Prognosen, sondern *Einschätzungen* bzw. *Wenn-dann-Aussagen*: *Wenn* z. B. die Weltwirtschaft weiter wächst *und* der Rohölpreis stabil bleibt *und* der Aktienkurs steigt *und* ..., „dann“ wirkt sich das konjunkturell auf die weitere Wirtschaftsentwicklung aus. Solche Aussagen stellen nur eine Einschätzung des Wirtschaftsklimas dar, sind eine Art *Wirtschaftsklimaindex* bzw. *Konjunkturbarometer*. Sie spiegeln Stimmen und Stimmungen von Unternehmen (und nicht von Verbrauchern) wider. Sie haben mehr analytischen als prognostischen Wert – den täglichen Wasserstandsmeldungen und Wettervorhersagen für den nächsten Tag durchaus vergleichbar. Auch hier gilt: *Wenn* sich z. B. das Azoren-Hoch in der üblichen Weise nach Europa fortbewegt *und* das Island-Tief weiterhin so schwach bleibt *und* ..., „dann“ scheint morgen die Sonne. Wenn sich aber die Windrichtung ändert, dann kann es auch Regen geben ...

Wirtschaftsforschungsinstitute korrigieren ihre so genannten Konjunkturprognosen alle paar Monate – mit Abweichungen und Fehlerquoten von teilweise dreißig bis vierzig Prozent. Wie sollen Politik und Wirtschaft verlässlich agieren oder reagieren, wenn Wirtschaftsforscher wie bei den Wettervoraussagen sowohl Sonne als auch Regen bzw. gleichermaßen Konjunkturoptimismus und Konjunkturpessimismus verkünden? Die Folge: Regierung und Opposition, Arbeitgeber und Gewerkschaften fühlen sich durch solche vagen Meldungen gleichermaßen bestätigt.

Das Bild, das die Medien beispielsweise von der wirtschaftlichen Entwicklung zeichnen, hat unmittelbaren Einfluss auf das Verhalten der Verbraucher. Wie beim *Kurseinbruch an der Börse* können negative Konjunkturmeldungen zu einem Vertrauensverlust bei den Verbrauchern führen und entsprechende Verhaltensänderungen zur Folge haben. So entsteht ein *negativer Kreislauf* bzw. psychologisch bedingter Mechanismus oder gar Automatismus:

- Von dem negativen Konjunkturbild zum Vertrauensverlust der Verbraucher
- über die nachlassende Konjunktur zur Kaufzurückhaltung
- bis zur sich verstärkenden Rezession.

Verbraucherforschung in diesem Sinne stellt eine Art „Konsumklimaforschung“ (WEINBERG 1990, S. 83) dar.

Informationen und Meldungen wirken besonders verhaltensprägend, wenn sie die emotionale Betroffenheit bzw. das Erleben von Bedrohung (z. B. Ehec-Krise) ansprechen – allerdings nur bis zu einem gewissen (Zeit-) Punkt. Dann stellen sich *Problemgewöhnungen* ein, d. h. die persönliche Betroffenheit unterliegt trotz ständiger Krisenmeldungen immer stärkeren *Abstumpfungserscheinungen* (vgl. LEHMANN/LANGEHEINE 1989). Die psychische Abwehr von längerfristigen Problemen (z. B. Terrorismus) sorgt für die gewünschte Entlastung. Die *Problemverdrängung* setzt sich durch (vgl. ADELT u. a. 1990, S. 173). Der Zeitfaktor wirkt und heilt.

In der Prognoseforschung muss die Ökonomie stärker mit der Psychologie verbunden werden und Konjunkturstimmung und Konsumentenvertrauen mehr als Einheit sehen. Dann sind die Prognosen auch nicht mit so großen Unsicherheiten verbunden, und die Wirtschaft steht nicht mehr hilflos vor der Frage, wie schnell das verlorene Vertrauen der Konsumenten und Investoren wieder zurückgewonnen werden kann.

Eine wirklich zukunftsorientierte Forschung müsste sich auch als *Hemmnisforschung* verstehen und sich zentral der Frage zuwenden: Warum reagiert der Verbraucher nicht so, wie es ihn sein ökonomischer Verstand eigentlich lehrt? Die Antwort: Die Entscheidungsprozesse sind zu komplex, als dass sie von einem streng rational und wirtschaftlich agierenden „homo oeconomicus“ allein bewältigbar sind. Psychologische Faktoren sorgen wesentlich dafür, dass Entscheidungen nicht primär und schon gar nicht „ausschließlich nach ökonomischen Kriterien“ (BOESER u. a. 2000, S. 42) gefällt werden. Solange sich in dieser Hinsicht nichts ändert, sollte man – statt von Prognosen – eher von *Einschätzungen und Analysen* reden, die von *Analysten* erstellt werden. Analysten sind Watcher, die nur ein Stück weit in die Zukunft der nächsten Monate schauen können. Sie leisten Vorab-Schätzungen als grobe Anhaltspunkte. Da es bei solchen Einschätzungen ganz unterschiedliche Grade von Genauigkeit gibt, kann es sich auch nur um Annäherungswerte handeln.

Ganz im Unterschied dazu sind wissenschaftliche Prognosen der Zukunftsforschung präziser – wie z. B. bei Wahlprognosen, die in der Regel nur um ein bis zwei Prozentpunkte vom amtlichen Endergebnis abweichen. Anders sieht es mit Zukunftsforschungen aus, die längere Zeiträume im Blick haben. Für sie gilt eher der Grundsatz: „Je turbulenter die Zeiten sind, desto unklarer wird das Bild“ (SINN 2001, S. 102). Prognosen sind also Aussagen über Vorgänge und Ereignisse, die in der näheren oder ferneren Zukunft liegen.

4 Von der Vorausschau zur Vorsorge

Die Sozialwissenschaft traditioneller Prägung tut sich bisher schwer mit Voraussagen – aus Angst vor Fehlschlägen. Die *Schwäche der Sozialwissenschaft im Prognostizieren* ist bekannt. Dabei gibt es nach Meinung des Amerikaners Alasdair MACINTYRE (1937, S. 141) in der Sozialwissenschaft durchaus voraussagbare Elemente, die verlässliche Aussagen und Prognosen zulassen:

- Dazu gehören beispielsweise die *Alltagsrituale*, wonach die meisten Menschen zu bestimmten Zeiten das immer wieder Gleiche tun, was Voraussagen mit großer Wahrscheinlichkeit ermöglicht.
- Auch die Kenntnis *statistischer Regelmäßigkeiten* spielt bei Prognosen eine wichtige Rolle. So lassen sich in den Sozialwissenschaften durchaus rational begründete Voraussagen machen.

Dennoch bleibt die Skepsis gegenüber sozialwissenschaftlichen Voraussagen weit verbreitet. Der Philosoph Karl Raimund POPPER hält es sogar für ein großes Unglück, wenn z. B. von Geschichtsphilosophen erwartet wird (unter Hinweis auf HEGEL und SPENGLER), dass sie die Zukunft voraussagen können. Die Nachfrage nach Propheten und Zukunftsideen wächst: „Denn Ideen können Berge versetzen" (POPPER 2002, S. 156). Wer also auf die Suche nach der Welt von morgen gehen will, der sollte seine Ideen und Visionen in erster Linie auf das beziehen, was man *von der Vergangenheit und der Gegenwart lernen* kann. Nur so lässt sich auch die Hoffnung auf eine bessere Welt begründen.

Schlüsselfragen einer wissenschaftsbasierten Zukunftsforschung sind beispielsweise: Welche Gesellschaft wollen wir in Zukunft haben? Was hält die Gesellschaft dann zusammen? Wie wollen wir wirklich leben? Und dies unter Berücksichtigung globaler Probleme wie z. B. Bevölkerungsexplosion, Nord-Süd-Gefälle und Ausbeutung der natürlichen Ressourcen.

Zukunftswissenschaft

- ermittelt erstens auf der wissenschaftlichen Basis von Zeitvergleichen (= sog. „Zeitreihen") statistisch nachweisbare Entwicklungstendenzen der Gesellschaft und geht den Ursachen und möglichen Folgewirkungen (Chancen, Risiken) für die Zukunft nach;
- versteht sich zweitens als wissenschaftliche Orientierungs- und Entscheidungshilfe für Gesellschaft, Wirtschaft und Politik, was das Vorausdenken („Antizipation") von Zukunftsalternativen (sog. „Futuriblen", „Futures", „Zukünfte") notwendig mit einschließt.

„Futures" sind bisher eigentlich nur aus der Finanzbranche bekannt: „Futures" sind *Zukunftskontrakte* oder konkret: *Wetten auf die Zukunft*. Anders als beim klassischen Aktienkauf liegt das Geschäft erst in der Zukunft und muss daher auch nicht direkt bezahlt werden. Bei der Bank wird lediglich eine Art Kaution („Margin") hinterlegt. Und an einem ganz bestimmten Tag in der Zukunft wird dann der Aktienkauf getätigt und bezahlt. Es gleicht mehr einem *Chancen-Risiko-Spiel*. Vorher wird ein Zukunftsziel vereinbart: Jede Abweichung vom Dax-Stand nach oben bringt zusätzlich Geld, jede Abweichung nach unten kostet Geld bzw. Punkte (jeder Punkt ist 25 Euro wert). Auf die Zukunftsforschung übertragen wäre das eine große Herausforderung für Wirtschaft, Politik und Gesellschaft im Hinblick auf die Genauigkeit und Treffsicherheit von Prognosen. Denn mit der Präzision von Prognosen würde auch die Akzeptanz und Anerkennung wachsen.

Aus möglichen und wünschbaren Zukünften muss die Zukunftswissenschaft Handlungsoptionen für die Zukunft ableiten, Handlungsstrategien aufzeigen und fragen: Wenn wir in Zukunft „so" leben wollen, welche Wege müssen wir dann heute gehen? Eine nachhaltige wissenschaftliche Zukunftsforschung ist Wegweiser und Weichensteller zugleich.

Für die Zukunftswissenschaft gilt: Sie prophezeit gar nichts. Sie beobachtet nur, was geschieht, und wägt mögliche Folgen für die Zukunft ab. Zukunftswissenschaft nimmt Einfluss auf die künftige gesellschaftliche Entwicklung, indem sie Folgerungen aus dem zieht, was wir heute tun oder nicht tun. Wirtschaft und Politik werden sich an solchen Wegweisungen orientieren müssen.

Literatur

ADELT, P. (u.a.) (1990): Umweltbewusstsein und Konsumverhalten. In: SZALLIES, R./WISWEDE, G. (Hrsg.): Wertewandel und Konsum, Landsberg/Lech, S. 155–184

BAUER, A./KOSIN, H. (1967): Probleme der Gesellschaftsprognose und der Politik in Deutschland. In: Deutsche Zeitschrift für Philosophie 15

BOESER, Chr. (Hrsg.) (2000): Kinder des Wohlstands. Auf der Suche nach Lebensqualität, Frankfurt/M.

DREGER, Chr./DIW (2009): Nur Pi mal Daumen. In: GREIVE, M.: Die Welt vom 19. Dezember, S. 12

FLECHTHEIM, O. K. (1972): Futurologie. Der Kampf um die Zukunft, Frankfurt/M.

JUNGK, R. (1990): Die Zukunft hat schon begonnen (1951), München

LEHMANN, J./LANGEHEINE, R. (1989): Erziehung und Umweltbewusstsein. In: Report-Psychologie 14 (Mai), S. 16–19

MACINTYRE, A. (1997): Der Verlust der Tugend. Zur moralischen Krise der Gegenwart („After Virtue", Paris 1981), 2. Aufl., Frankfurt/M.

OPASCHOWSKI, H. W. (2009): Deutschland 2030. Wie wir in Zukunft leben, 2. Aufl., Gütersloh

POPPER, K. R. (2002): Selbstbefreiung durch das Wissen (1961). In: Ders.: Auf der Suche nach einer besseren Welt, München/Zürich, S. 149–156

SACHVERSTÄNDIGENRAT ZUR BEGUTACHTUNG DER GESAMTWIRTSCHAFTLICHEN ENTWICKLUNG (Hrsg.) (1990): Jahresgutachten 190/91: „Auf dem Weg zur wirtschaftlichen Einheit Deutschlands", Berlin

SINN, H.-W. (2001): „Wir sind auf der falschen Schiene" (Interview). In: Der Spiegel Nr. 49, S. 102–105

SOLOW, R. (2008): Ökonomen sind auch nur Klempner. In: Süddeutsche Zeitung Nr. 276 vom 27. November, S. 27

STEINECKE, A. (Hrsg.) (2000): Erlebnis- und Konsumwelten, München/Wien

WEINBERG, H. (1990): Wertewandel im Spiegel der Konsumklima-Forschung. In: SZALLIES, R./WISWEDE, G. (Hrsg.): Wertewandel und Konsum, Landsberg/Lech, S. 61–85

Die Schokoladenseite des Tourismus

Martin Lohmann/Jörn W. Mundt

„Feine Zungen und ein feiner Kopf gehen oft gut zusammen"
Ernst Bloch

„Schokolade ist immer eine Freude, es sei denn, sie schmilzt in der Hosentasche"
belgisches Sprichwort

1 Zur Einleitung: Grundlagen, Phänomenologie und Geschichte

Ganz zweifellos suchen Touristen bei ihren Ferienreisen die schönen Seiten des Lebens, eben die Schokoladenseiten. In den schönsten Wochen des Jahres möchte man solche Seiten entdecken und genießen. Dieser Sehnsucht und ihrer möglichen oder unmöglichen Erfüllung widmet die Literatur bereits ausreichend Raum. Unser Beitrag beschäftigt sich deswegen mit dem Schokoladigen am Tourismus selbst, der Schokoladenseite des Tourismus und damit dem Schokoladentourismus. Unter phänomenologischer Perspektive werden Angebot und Nachfrage beleuchtet und in eine fundierte Systematik eingeordnet. Historische wie psychophysiologische Hintergründe tragen zum Verständnis der Zusammenhänge bei. Auf dieser Basis wird schließlich ein begründeter Ausblick möglich.

Im theoretischen Kontext legt schon der Titel dieses Beitrages die Frage nahe, was sich denn – wenn es die Schokoladenseite des Tourismus gibt – auf der anderen, der gegenüberliegenden Seite befände. Rein empirisch mag die Antwort hierauf lauten: „häufig ein Keks". Tatsächlich aber sind solche zweidimensionalen Vorstellungen über das Wesen von Dingen schon länger überwunden. Bahnbrechend war hier die von Theo HERMANN 1974 herausgegebene Festschrift „Dichotomie und Duplizität" zum Gedenken an Ernst August Dölle. Auch in der Betrachtung des Tourismus sind solche reduktionistischen und realitätsverkürzenden Vorstellungen schon lange nicht mehr zeitgemäß und haben multidimensionalen Modellen Platz gemacht, in denen von einer Kehr- oder Rückseite keine Rede mehr ist (vgl. STEINECKE 2011, S. 22 ff). Andererseits müssen wir jedoch kritisch anmerken, dass im – ansonsten tadellosen und international anerkannten – aktuellen Grundlagentext von Albrecht STEINECKE (2011) ein Stichwort *Schokolade* oder *Schokoladentourismus* gar nicht vorkommt (wohl aber *Schokoladenmuseum*, welches auf den Seiten 244 bis 246 in einem Kapitel unter der eher nüchternen und an austauschbare Massenproduktion in Fabriken gemahnende Überschrift „Tourismus in Industrieregionen" behandelt wird). Enttäuschend ist diesbezüglich auch das allumfassende Information insinuierende ‚Lexikon Tourismus' (FUCHS/MUNDT/ZOLLONDZ 2008), in dem *Schokolade* nur unter dem Stichwort „Café" in der eingeschränkten Bedeutung von Trinkschokolade erwähnt wird. Auch in seiner neuesten Ausgabe (LEBE et al. 2012) wurde dieser erhebliche Mangel offensichtlich nicht beseitigt: *Čokolada* wird auch hier nur unter dem Stichwort „Kavarna" aufgeführt[1].

Schokolade und Urlaubs-Tourismus haben im Wesentlichen zwei Schnittstellen. Die erste bezieht sich auf die Schokolade als Natur- und Kulturprodukt und dessen Entstehungs- bzw. Herstellungsprozess, der geographische Bezüge hat und dem man eine Art Neugier entgegenbringen kann, gelegentlich wohl eine verzehrende Neugier. Die zweite Schnittstelle ist damit schon angedeutet: Es geht um den Verzehr des Produktes. Im Konsumverhalten ist dieser Bereich dem „Food-Away-from-Home" (FAFH) Markt zuzuordnen (BHUYAN et al. 2003, S. 7).

Abb. 1: Spuren (zu ihrer sozialen und philosophischen Signifikanz siehe BLOCH 1969) einer Schokoladenreise im weiteren Sinne: Rest einer vom Touristen bereits weitgehend getrunkenen Schokolade (Kakao) (Quelle: LOHMANN, in Nizza (F), Febr. 2012)

1 Kritik, selbst in der Form von Selbstkritik, gehört zu den konstitutiven Merkmalen einer Wissenschaft, die den eigenen Ansprüchen an sich selbst genügt, „denn es ist äußerst charakteristisch für die wissenschaftliche Methode, daß die Wissenschaftler keine Mühe scheuen …, zu kritisieren und zu testen" (POPPER 1968, S. 263). Da auch „Wissenschaft als Handlung" (HOLZKAMP 1968) zu verstehen ist, ist die Auslassung, die im Rahmen einer Revision (im wörtlichen Sinne von ‚Wiederbetrachtung') eines wissenschaftlichen Gegenstandes als solche identifiziert und gekennzeichnet wird, nur denkbar als Ergebnis einer Handlung. Die Auslassung selbst wird erst erkennbar durch die vertiefte explorative Ausgestaltung eines umgebenden Komplexes (in diesem Fall des Tourismus). Die Auslassung wird im weiter elaborierten Komplex erkennbar als Lücke (SELZ 1922), die durch Denken (das selbst immer nur aus Tätigkeiten entsteht, siehe PIAGET 1967) geschlossen und damit zur Grundlage und zum Auslöser von Handeln wird. In diesem Fall zum Schreiben eines das ursprüngliche Konzept revidierenden Artikels, der nunmehr auch die Bedeutung von Kakao (Rohform) und Schokolade (als Endprodukt eines vielschichtigen, enkulturierenden sozio-technischen Prozesses) für die Entstehung und Entwicklung des Tourismus würdigt.

Sicher ist, dass Tourismus und Lebensmittel, besonders deren Verzehr, in einem engen Zusammenhang stehen (vgl. z. B. MARTÍN 2012). Dies ergibt sich zum einen durch die hohe Bedeutung der Nahrungsaufnahme beim Menschen (also auch Touristen), andererseits durch die Rolle von regionalen Lebensmittelprodukten als prägendes Element des Charakters einer touristischen Destination. Bei der Nahrungsaufnahme geht es freilich nicht nur um die bloße Existenzsicherung. Schon lange wird auf die Bedeutung von *Genussmotiven* im Urlaub hingewiesen (z. B. LOHMANN 1997). Gerade die außergewöhnlichen Dinge, die man auf Reisen zu sich nehmen kann, sind es, die auch wiederum als Angebotskomponente des Kunden Aufmerksamkeit erregen und seine Naschsucht ansprechen (Abb. 1).

Abb. 2: Genuss ganz ohne Schokolade. Kopenhagen (DK) (Quelle: LOHMANN, Febr. 2008)

Welches Thema dabei im Vordergrund steht, ist von Destination zu Destination unterschiedlich. Es kann Schokolade sein, muss es aber nicht notwendigerweise, wie etwa in Dänemark (LOHMANN/MUNDT 1990), für das andere Lebensmittel prägend sind (Abb. 2).

Themenreisen haben sich in den vergangenen Jahren als eigene Reiseform auf dem Marktplatz touristischer Angebote etabliert. Sie knüpfen damit an die Tradition der Studienreise an. Moderne Themenreisen bieten jedoch nicht nur Einblicke in Geschichte, Kunst und Kultur von Destinationen, sondern vermitteln, indem sie sich den in den letzten Jahrzehnten immer mehr erweiterten Kulturbegriff zu eigen machen, auch andere sinnliche Genüsse: regionale Weine unterschiedlicher Reben, Arten des Kelterns und des Ausbaus in Verbindung mit gastronomischen Erlebnissen (vgl. u. a. ALEBAKI/IAKOVIDOU 2011; BATRA 2008; COHEN/BEN-

NUN 2009; GEIßLER 2008; GETZ/CARLSEN 2008; MÜLLER/DREYER 2010; REYES 2012; SECCO 2008; STRECKER 2011)[2], differenzierte Blicke auf die Wirkung und die Produktvielfalt bei Kaffee (JOLLIFFE 2010; KLEIDAS/JOLLIFFE 2010), Tee und Gewürzen[3] in Verbindung mit Degustationen und dem Nachzeichnen historischer Handelswege und Veränderungen von Lebens- und Konsumstilen in verschiedenen Gesellschaften, und nicht zuletzt auch spezielle Schokoladenreisen, über die allerdings bislang ebenso wenig geforscht wurde wie über Tee- oder Gewürztourismus.

Eine dieser Reisen, veranstaltet von der Schell Schokoladenmanufaktur, geht als ‚Schokoladentour' nach Ecuador, in die ‚Heimat des Edelkakao Nacional'. Dabei werden Kakaoplantagen, Kooperativen von Kleinbauern, Produzenten von kakaobasierten Produkten und Exporteure von Kakao besucht. Bei einer anderen Reise geht es weniger um den Anbau der den Rohstoff liefernden Kakaobohnen in Süd- und Mittelamerika, sondern um ihre Verarbeitung und Veredelung in den Empfängerländern zu Kakaogetränken und insbesondere zu Schokoladen in den verschiedensten Formen, Zusammensetzungen und Geschmacksrichtungen. So kann man mit dem Flusskreuzfahrtenschiff ‚River Cloud' die Themenreise ‚Hinter den Kulissen einer hohen Kunst – Auf den Spuren der Schokolade' buchen und geruhsam von Köln nach Gent, Antwerpen und Amsterdam schippern. An Bord werden während der Fahrten über Rhein und Maas Vorträge über die Geschichte von Anbaugebieten, Handelswegen und Produkten sowie Seminare mit praktischen Übungen zur Geschmackssensorik gehalten. An Land können dann mit frisch geschulten Sinnen Schokoladen-Menüs, die Produkte von Patissiers und die selbst hergestellten Kreationen genossen und überprüft werden (Übersicht 1).

---

2 Dass gerade der Weintourismus im Vergleich zu den anderen, eher unerforschten Tourismusformen so häufig Gegenstand von Untersuchungen ist, ist auf mehrere Gründe zurückzuführen. Erstens handelt es sich beim Wein um ein durch seinen Alkoholgehalt bestimmtes Produkt für Erwachsene, während Schokolade allzuoft mit Kindern und Kindheitserlebnissen assoziiert wird. Zweitens ist Wein traditionellerweise ein sehr individuelles Produkt, das durch Rebsorte, Lage und Jahrgang heterogenisiert auftritt. Dies eröffnet Menschen mit entsprechenden Neigungen die Chance, sich als kultivierte Kenner zu stilisieren (Distinktion; BOURDIEU 1984) und in passenden sozialen Settings demonstrativ edle (und vor allem teure) Weine zu trinken (*conspicuous consumption*; VEBLEN 1899). Was das über die in diesem Bereich forschenden Akademiker aussagt, muss in diesem Zusammenhang dahingestellt bleiben (siehe auch DAHL 2001). Schokolade wird auf der anderen Seite dagegen irrtümlich von vielen immer noch als homogenes Produkt wahrgenommen – woran die industrielle Fertigung von oft übersüßten Schokoladentafeln nicht ganz unschuldig ist. Drittens gibt es daher, im Gegensatz zur kleinbetrieblichen Struktur der Winzer und Weinkellereien, die in der Regel bis auf den Handel alle Wertschöpfungsstufen in sich vereinigen oder doch zumindest regional fokussiert sind, in der Schokoladenherstellung nur relativ wenige bekannte Marken und industrielle Standorte. Ausnahmen sind hier lediglich Patisserien und Chocolaterien, die mit dem Kakao ihren wesentlichen Rohstoff allerdings aus dem Ausland beziehen müssen. Ebenfalls keine selbst oder in der Region angebauten Produkte verarbeiten können Kaffeeröster, Teemischer und Gewürzhändler. Wie bei der Schokolade auch, handelt es sich, anders als beim größten Teil des Weintourismus, bei Reisen in die Ursprungländer von Kaffee, Tee und Gewürzen in der Regel um Fernreisen. Das Manko liegt hier aber auch darin, dass die Veredelungskompetenz nicht in den Ursprungs-, sondern in den Konsumländern liegt – beim Kaffee zum Beispiel in erster Linie in Italien, wenngleich es mittlerweile auch entsprechende Themenreisen in die Herkunftsländer gibt (JOLLIFFE/KWAN/YEN 2010; SHAW 2010) und die italienische Kaffee- (und Restaurant-)kultur an anderen Standorten fast noch besser kultiviert wird als in Italien selbst (FROST et al. 2010).

3 Eine der größten Fluggesellschaften Indiens heißt ‚SpiceJet' (www.spicejet.com), und obwohl ihr Bordmagazin ‚Spiceroute' betitelt ist, bietet sie selbst explizit keine Reisen an, die als Themenreisen diesem Namen gerecht würden.

Übersicht 1: Ordnung schokoladenbezogener Tourismusattraktionen

natürliche	von Menschen gemacht, aber ursprünglich nicht in erster Linie um Besucher anzuziehen	von Menschen gemacht und extra gebaut, um Touristen anzuziehen	Veranstaltungen (*special events*)
wilder Kakao, der zum Beispiel im Süden des Amazonas wächst	Kakaoplantagen und Kooperativen in den Tropen; Anlagen für die Herstellung von Schokolade und schokoladebasierten Produkten (Kuvertüre, Schokoriegel, Pralinen, Schokoladendragees, Trinkschokolade, Brotaufstrich usw.), die Besucher anziehen und mit Informationszentren und Schokoausstellungen darauf reagieren (zum Beispiel das ‚Cadbury Visitor Centre' in Claremont bei Hobart in Tasmanien oder die ‚Schokoausstellung' von Ritter Sport Schokoladen in Waldenbuch bei Stuttgart)	Erlebnis- und Konsumwelten in Verbindung mit Produktionslagen für Schokolade und schokoladenbasierte Produkte (zum Beispiel ‚Hershey Park' in Pennsylvania und ‚Cadbury World' in Birmingham in England); Schokoladenmuseen (zum Beispiel ‚Schokoladenmuseum' in Köln)	spezielle Veranstaltungen zum Thema Schokolade (zum Beispiel das ‚Chocolate Festival' in Rock Island, Illinois, die ‚Annual for the Love of Chocolate Gala' in Chicago oder der jährlich stattfindende ‚Petit Salon du Chocolat' in Neustadt an der Weinstraße)

Quelle: in Anlehnung an SWARBROOKE 1995, S. 5

Man kann aber auch in Köln bleiben, das dortige Schokoladenmuseum besuchen und damit einem weiteren Trend auf dem Reisemarkt folgen: der wachsenden Bedeutung von thematischen Erlebnis- und Konsumwelten (STEINECKE 1995; 2000; 2009; 2011, S. 258–278). In den extra geschaffenen Themenwelten werden Reiseziele und Phantasiekosmen auf engem Raum nachgebildet und damit zu Kristallisationspunkten von früheren Reiseerfahrungen und Imaginationen. Ein prominentes Beispiel dafür ist der Europa-Park in Rust, der von Deutschland über Portugal und Skandinavien bis Island dreizehn Länder und Regionen mit ihren stereotypischen Charakteristika und Wahrzeichen in räumlich getrennten Arealen inszeniert und darüber hinaus auch noch einen ‚Märchenwald', ein ‚Abenteuerland' und eine ‚Welt der Kinder' bietet. Die ausschließliche Materialisation von Phantasiewelten wird im Disneyland Paris mit dem ‚Fantasy-', dem ‚Adventure-' und dem ‚Discoveryland' geboten, die durch verklärende Reminiszenzen an die US-amerikanische Geschichte (‚Main Street, USA'– die Rekonstruktion einer Kleinstadt um 1900 – und ‚Frontierland'– die Geschichte von Viehhütern und indigener Bevölkerung) ergänzt werden. Bevölkert werden diese Welten neben den Besuchern auch durch die inkarnierten Comic- und Märchenfiguren, wie man sie aus den Heften, Büchern und Trickfilmen des Disney-Konzerns kennt. Auch wenn der Europa-Park ursprünglich vor allem als Referenz für die von der Firma Mack hergestellten Fahrgeschäfte für Jahrmärkte gedacht war und Disney seine bekannten Comicfiguren und Versionen von Märchenhelden aus seinen Trickfilmen in reale Umwelten versetzte, handelt es sich bei ihnen in erster Linie um genuine Vergnügungsparks. In den Konsum- und Markenwelten dagegen geht es um die Einbettung von Verkaufsprozessen in mehr oder weniger produktbezogene Erlebniswelten, durch die der Absatz von Konsumgütern (z. B. in durch Unterhaltungsangebote erweiterten Einkaufszentren oder Malls) beziehungsweise der von eigenen Produkten in besonders ausgestatteten und häufig mit gastronomischen Angeboten ergänzten *flagship stores* (zum Beispiel die ‚Bunte Schokowelt' von Ritter Sport in Berlin) oder in *brand lands* (zum Beispiel den ‚Great American Chocolate Tour Ride' des US-amerikanischen Schokoladenherstellers Hershey in Derry in Pennsylvania – auch ‚Chocolatetown, USA' genannt – in dem eine aufwendige multimediale, mit der Realität verschränkte Simulation des Herstellungsprozesses von Schokolade und den Produkten des Unternehmens gezeigt wird, ergänzt durch den bereits 1907 von Unternehmensgründer Milton S. Hershey etablierten ‚Hershey Park', der mit 65 Fahrgeschäften, darunter 11 Achterbahnen, die Attraktivität für Touristen noch steigert). Auch das Schokoladenmuseum in Köln war von Hans Imhoff zunächst als Einrichtung zur Dokumentation der Firmengeschichte des Schokoladenproduzenten Stollwerck gegründet worden. Im Lauf der Zeit wurde das Konzept jedoch um Exponate erweitert, die sich generell mit der Kultur- und Industriegeschichte der Schokolade befassen. Dazu gehört neben einer Abteilung über die Werbung für Schokolade im Wandel der Zeiten auch ein tropisches Gewächshaus, in dem man den Kakaobäumen (*theobroma cacao*) mit ihren Blüten und Früchten, die sie das ganze Jahr hindurch hervorbringen, beim Wachsen zuschauen kann.

Nur wenige hundert Meter vom Schokoladenmuseum entfernt weist die Schokoladenboutique ‚Hernando Cortez' darauf hin, dass auch ganz andere als Erholungs-, Themen- und Städtereisen mit dem Genuss von Kakaoerzeugnissen verknüpft sind. So brachte der spanische Konquistador Hernando Cortez (1485–1547), der 1521 mit Hilfe lokaler Verbündeter das Aztekenreich unterworfen hatte, bei seiner Rückkehr nach Spanien auch Kakao und das daraus hergestellte und bei den Azteken beliebte Getränk *‚xocoatl'* mit nach Europa. Das allerdings hatte noch wenig mit der heute so beliebten Schokolade zu tun, denn, wie der aztekische Name schon sagt – *‚xoco'* heißt bitter und *‚atl'* Wasser –, es handelte sich dabei um ein herbes und zudem durch die Zugabe von Chili und Pfeffer auch scharfes Getränk, das den europäischen Geschmack nicht traf. Erst mit der Zugabe von Zucker oder Honig wurde daraus auch in der Kombination mit Milch zunächst ein beliebtes Getränk (im Deutschen mit dem gleichen Namen wie der Rohstoff bezeichnet) und dann die Schokolade mit all ihren Produktvariationen, wie wir sie heute kennen (vgl. auch INFO-ZENTRUM SCHOKOLADE o.J.).

2 Nachfrage und Segmentierung

Waren es zunächst also die wenig friedvollen Reisen der spanischen Eroberer, die schließlich auch die Aufnahme des Kakaos in die Handelskategorie ‚Kolonialwaren' (ein Begriff, den auch viele Geschäfte bis weit in die 1950er Jahre als Zusatz in ihrem Namen führten) begründeten[4], sind es heute Geschäftsreisen. Denn wie bei jedem anderen Produkt auch sind mit dem Einkauf von Rohstoffen, mit der Herstellung und dem Vertrieb von Kakaoerzeugnissen notwendigerweise auch Reisen zu den Produzenten von Rohstoffen, Fertigungsanlagen und Handelsorganisationen sowohl vor- als auch nachgelagerter Wertschöpfungsstufen (PORTER 1992) verbunden. Mit der Etablierung zunächst auf den europäischen Märkten und dann weltweit haben Kakaoprodukte, vor allem Schokolade, wesentlich zur Herstellung jener transnationalen Handelsbeziehungen beigetragen, die schließlich zu einem flexiblen System weltumfassender Handelswege geführt haben. Darüber werden nicht mehr nur landwirtschaftliche Erzeugnisse gehandelt, die aus klimatischen Gründen nur in bestimmten Weltregionen angebaut werden können, sondern in Nutzung komparativer Vorteile (RICARDO 1821) im Rahmen einer weltweiten Arbeitsteilung praktisch alle Erzeugnisse und Produkte. So

---

4 An dieser Stelle müsste man auf den seit einigen Jahren in der englischsprachigen akademischen Literatur gebräuchlichen Begriff des *dark tourism* verweisen (zusammenfassend SEATON 1996; SHARPLEY/STONE 2009), bei dem es um den Besuch von Stätten schrecklichen Geschehens geht, sei es verursacht durch natürliche Katastrophen (z. B. den Orkan Katrina 2005 in New Orleans) oder durch menschliches Handeln (wie Versklavung, die auch im Zusammenhang mit Kolonialwaren eine Rolle spielt; siehe speziell dazu RICE 2009).

gesehen trägt auch der Verzehr von Schokolade wie der Genuss von Kaffee, Tee oder der Kauf eines Smartphones oder eines Automobils zur, je nach Standpunkt, hochgelobten (STIGLITZ 2006) oder vielgeschmähten Globalisierung (BAUMANN 1998; MARTIN/SCHUMANN 1996) bei.

Analog zum Kulturtourismus (LOHMANN/MUNDT 2002) und zum Gesundheitstourismus (LOHMANN/ADERHOLD 2009, S. 167) unterscheiden wir auch beim schokoladenbezogenen Reiseverhalten *„Schokoladentourismus im engeren Sinn"* (Schokolade als das zentrale Thema der Reise) vom *„Schokoladentourismus im weiteren Sinne"*, bei dem während einer durch andere Themen oder Aspekte bestimmten Reise (z. B. FKK-Urlaub, Angelreise[5], Weintour) die Schokolade nur ab und zu und insgesamt eine untergeordnete Rolle spielt. In der Summe dieser beiden Tourismusarten dürfte es aber in westlich geprägten Gesellschaften – von einigen extremen Ausnahmen abgesehen – praktisch keinen schokoladenfreien Tourismus geben (Übersicht 2).

Die bisherigen Betrachtungen legen eine Systematik der schokoladenen Tourismusformen bzw. der schokoladenbezogenen Tourismusnachfrage nahe (Übersicht 3). Wir unterscheiden dort die oben angesprochenen Geschäftsreisen und private Reisen, beide in Anhängigkeit von ihrer Dauer, mit resp. ohne Übernachtung entweder als Ausflüge oder als (Übernachtungs-)Tourismus. Die Grundstruktur folgt damit den Linien der UNWTO (2008). Die Systematik lässt sich aber noch weiter differenzieren. Die Geschäftsreisen lassen sich ihrerseits wieder aufteilen in Reisen mit Schokogeschäften (Produktion, Handel) und Reisen zu anderen, schokoladefreien Geschäften, bei denen aber irgendwann irgendwem (meist dem Geschäftsreisenden) irgendwie Schokolade zugeführt wird.

Egal, um welche Urlaubsform es im Detail geht: Die Schokoladenorientierung ist bei älteren Personen ausgeprägter als bei jüngeren. Bei Frauen ist die Altersstruktur ausgeglichener, aber mit zwei erkennbaren Gipfeln im Bereich um 30 und ab 55 Jahre. Bei Männern hingegen dominieren eindeutig die 3- bis 9-jährigen und die aktiven Ruheständler im Alter ab 65 Jahre. Wie HARRIS/BLISARD (2002) für US-Amerikaner zeigen konnten, unterscheiden sich Personen zwischen 65 und 74 Jahren in ihren Ausgaben für den Konsum von Süßigkeiten deutlich von den Senioren im Alter von 75 Jahren oder mehr. Hierbei wenden die älteren Senioren geringere Ausgaben für Süßigkeiten auf. Überhaupt haben – den Ergebnissen von HARRIS/BLISARD nach – die jüngeren Senioren (65–74 Jahre) auch verglichen mit Altersgruppen unter 65 die höchsten Ausgaben für diese Produktgruppe. So bildet das Dezenium nach Vollendung des 65. Lebensjahres quasi den Schokogipfel des Lebens.

---

5 Ein wichtiges Reiseziel für diese Urlaubsreiseart ist nicht nur Sachsen (siehe sehr ausführlich dazu www.landesanglerverband-sachsen.de), sondern auch Irland (STEINECKE 1990).

Übersicht 2: Das Kontinuum zwischen Schokoladentourismus im engeren und im weiteren Sinne

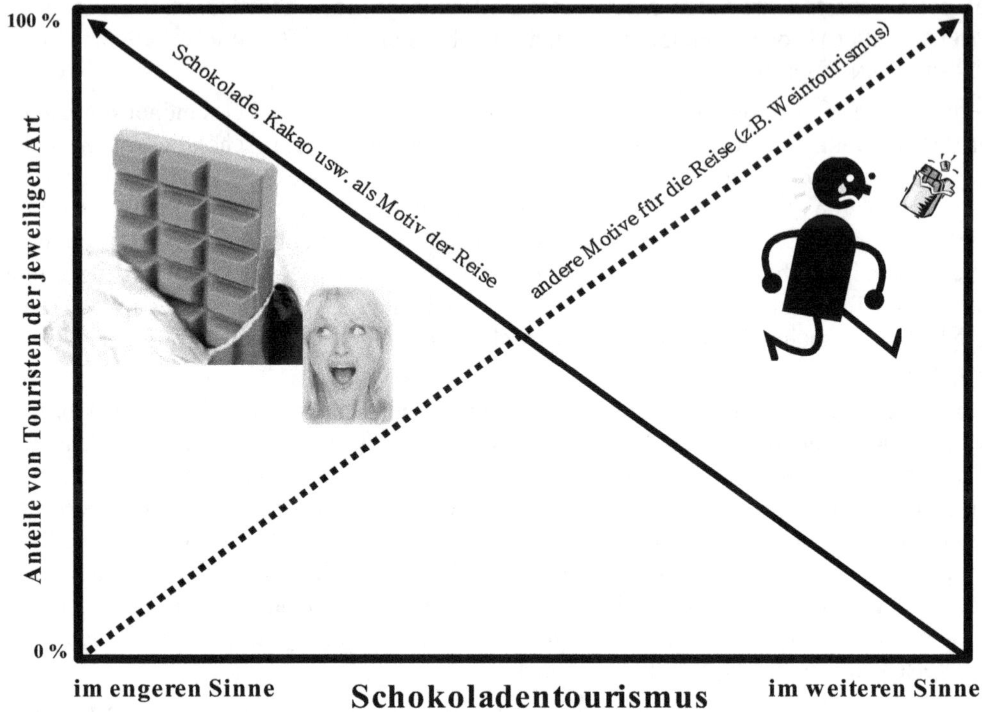

Quelle: in Anlehnung an MUNDT 2013, S. 335

Allerdings konnten die gleichen Autoren in einer früheren Untersuchung (HARRIS/BLISARD 2001) bereits zeigen, dass der Genuss von Fleisch einem Kohorteneffekt unterliegt, d. h., ob und wieviel Schweine- oder Rindfleisch, aber auch Fisch, Verbraucher zu sich nehmen, ist in erster Linie eine Frage der Kohortenzugehörigkeit. Was man im Alter isst, ist also auch eine Frage der bisher im Leben gemachten Erfahrungen, also, wenn man so will, der intentional und nicht-intentional (GÖTZ 1978) gelernten Essenz von repetitiven, nahrungsbezogenen, erfahrungsgesättigten und kontinuierlichen Handlungen bzw. Handlungsketten (Übung). Bei Fleisch vom Hühnchen und Hähnchen überwiegt jedoch ein negativer Alterseffekt. Diese Tiere sind aber auch nur selten aus Schokolade. Hasenfleisch wurde von Harris/Blisard nicht untersucht.

Übersicht 3: Systematik schokoladenbezogener Tourismusformen – Schokoladentourismus im engeren Sinn

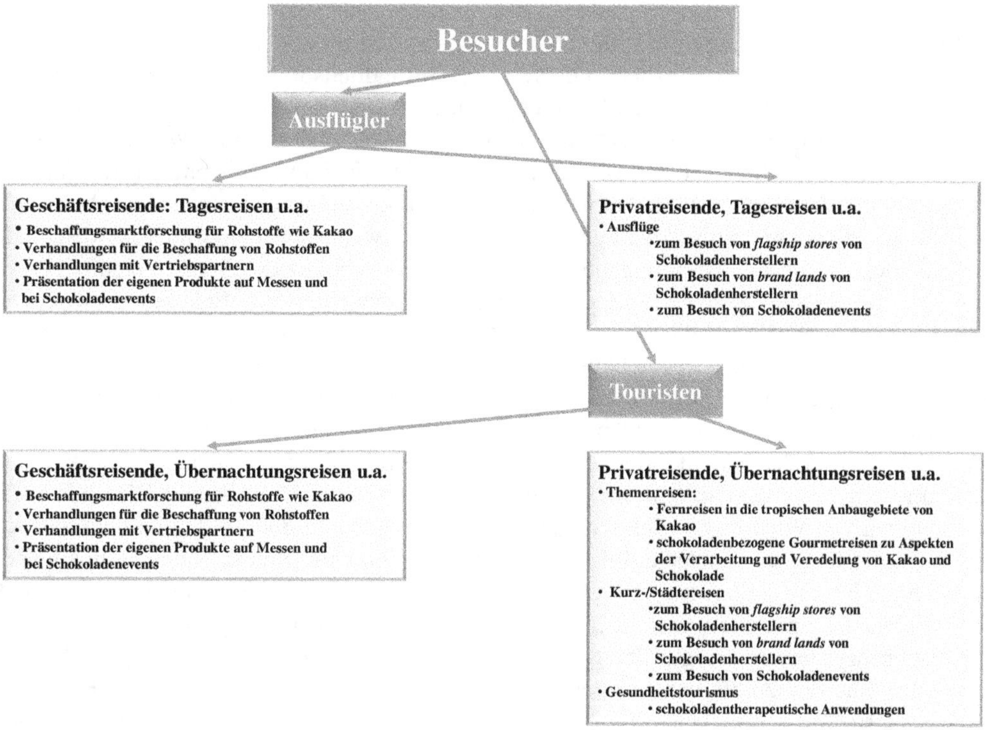

Ferner wird allgemein unterstellt (SARKOZY 2012), dass die Neigung zu Schokolade ausgeprägter ist bei Personen

- mit höherem Schulabschluss,
- mit höherem Einkommen,
- ohne derzeitweiligen Lebenspartner (Singles),
- die an einer Umbruchsituation in ihrer Biographie zu knabbern haben (HOLLAND 2012).

Nicht für alle Konsumenten ist die Kombination von Schokolade und Ferien das reine Vergnügen. Fast 60 Prozent der Konsumenten in der Studie von BHUYAN et al. (2003, S. 10), machen sich große oder gar sehr große Sorgen, dass sie durch Einnahme von Lebensmitteln außerhalb der eigenen Wohnung (FAFH, s.o.) unerwünschte Folgen erleiden müssten oder gar krank werden könnten. Dieses Risiko besteht zweifellos auch beim Konsum von Schokolade. Der für manche ja schon im Alltag bestehende Konflikt zwischen dem lockenden Genussversprechen des Schokokonsums und dem Wunsch, die eigene Leibesfülle in akzeptablen Grenzen zu halten (*a minute on the lips, a life-time on the hips* oder Appetenz-Aversions-Konflikt, siehe u. a. BAMBECK/WOLTERS 1990), führt gerade im Urlaub zu einer Zerrissenheit, die nur selten zu einer neuen, sinnstiftenden Perspektive führen mag. Schokoladenurlaubsreisen haben deswegen zwei klare Zielgruppen, denen man dieses Produkt aus wissenschaftlicher Perspektive und in sozialer Verantwortung empfehlen kann: dünne Touristen und solche, die mit ihrer Leibesfülle in der aktuellen Form zufrieden sind und gleichzeitig einer zusätzlichen Ausdehnung der körperlichen Hülle furchtlos gegenüberstehen.

3 Schokolade wirkt: Effekte, Affekte, Konstipation

„Im Lichte der neuen Zentralität von Gesundheit – sprich die wachsende Medikalisierung westlicher Gewohnheiten – wuchert die Welt der Gesundheitsdienstleistungen, eine Wirklichkeit, die sich in der wachsenden Widmung von Frei- und Reisezeit (*leisure and tourism time*) für die Körperpflege offenbart" (GUSTAVO 2010, S. 127; Übers. JWM). Dies führt einerseits, wie Nuno Silva GUSTAVO weiter ausführt, zu einer immer weiteren Spezialisierung gesundheitstouristischer Angebote, andererseits aber auch zu der mit dem Ausdruck ‚Wellness' belegten integrativen und ganzheitlichen Sichtweise der temporären Abwesenheit von Krankheit. In diesem Zusammenhang spielt auch die Schokoladentherapie eine wichtige Rolle (op. cit., S. 128). Mit der äußeren und inneren Anwendung von Schokolade wird vor allem der Effekt des Wirkstoffes Theobromin ($C_7H_8N_4O_2$; der Begriff findet sich auch in der oben zitierten biologischen Bezeichnung des Kakaobaums und bedeutet wörtlich übersetzt ‚Götterspeise') genutzt, eines dem Koffein ähnlichen, aber weniger direkt wirkenden Alkaloids, das seine Wirkung nicht nur längerfristiger entfaltet, sondern vor allem auch als Stimmungsaufheller geschätzt wird. Hier wird ‚Schokologie', der Zusammenhang zwischen „Lebensfreude, Positiver Psychologie und Schokolade" (BÜRGEL o.J.) wirksam. Dies gilt auch für einen weiteren Wirkstoff in Schokolade, das β-Phenylethylamin (PEA), eine vom Körper auch selbst produzierte, Glücksgefühle auslösende Substanz, die auch in vielen Halluzinogenen enthalten ist (FROBÖSE/FROBÖSE 2004, S. 76). Sie entsteht zum einen durch den Zustand des Verliebtseins, aber auch nach körperlicher Betätigung. Zudem zeigen „Untersuchungen bei Fallschirmspringern ... signifikant erhöhte PEA-Werte nach einem Absprung. Auch nach einer Fahrt mit der Achterbahn ließen sich erhöhte PEA-Werte nachweisen" (FROBÖSE 2006). So also löst Schokolade Glück (oder griechisch ευδαιμονία [*eudaimonia*]) aus oder kann es zumindest. Im Lexikon der Psychologie (WENNINGER 2001, S. 157) wird Glück als günstiger Zufall im Zusammenhang mit Ereignissen des Lebens sowie als Emotion mit eindeutigem Handlungsbezug im Sinne subjektiver Glückseligkeit beschrieben. Weiter heißt es, Glück könne durch Emotionen und Mimik glücklicher Menschen unmittelbar verstanden werden, wohingegen sich die Beschreibung des Glücks als schwierig erweise. Charakteristische Faktoren des Glücks seien Nähe und Verbundenheit mit anderen Menschen, Vertrauen, Liebe, tiefe innere Ruhe, Lust unmittelbarer Empfindung, Stille, übermütige Heiterkeit, Innigkeit religiöser Einsicht sowie die Bejahung des Lebens. Es wird darauf verwiesen, dass die Begriffe Glück und Freude nicht eindeutig getrennt werden können. Bei ORLOVIUS (1990) heißt es, Glück sei eine Verfassung, die sich eindeutig von anderen abhebt, vielleicht nur Momente dauert, sich aber ein Leben lang erhält (vgl. oben: *a minute on the lips and a life-time on the hips*).

Die direkte, momentweise Verknüpfung von Schokolade mit Achterbahnfahrten, wie sie im ‚Hershey Park' möglich sind, führt damit bei ihrer kombinierten Nutzung zu endogenen wie exogenen PEA-Inputs und damit zu einer gegenseitigen Verstärkung von Glücksgefühlen. Es ist davon auszugehen, dass auch Reisen wie längere Autofahrten, Zugreisen und vor allem Flüge zu ähnlichen Effekten führen, die exogen wiederum durch den Konsum von Schokoladen und von Schokoladenprodukten gesteigert werden können. Dies erklärt zumindest teilweise das Interesse von Schokoladenherstellern am Catering von Fluggesellschaften, weil so nicht nur eine soziodemographisch interessante Zielgruppe erreicht werden kann (LUNDSTROM 2010), sondern auch der Erstkontakt mit neu entwickelten Schokoladenprodukten hier ebenfalls kombiniert ist mit der endogenen PEA-Produktion. Durch diese interne und externe

Stimulus-Verschränkung wird der entscheidende positive erste Eindruck dieser Produkte noch gesteigert. Damit steigt die Wahrscheinlichkeit, dass man sich wohlwollend an sie erinnert, sie also nicht nur im *awareness set*, sondern auch im *consideration set* (VAN RAIJ/FRANCKEN 1984; MOUTINHO 1987) verankert werden und bei folgenden Einkäufen Berücksichtigung finden.

Sowohl im Falle des Schokoladentourismus im engeren Sinn als auch im Schokoladentourismus im weiteren Sinne kann folglich der Genuss der Kakaoprodukte eine glücksstiftende Funktion haben und so erheblich zu Urlaubserfolg bzw. -zufriedenheit beitragen. Man darf aber auch neuere Veröffentlichungen nicht ignorieren, denen zufolge andere, alternative Komponenten (z. B. Kneipp-Güsse) in ihrem Effekt der Schokolade weit überlegen wären (KEYBACH 2012). Bianca KEYBACH postuliert: „Denn das Wohlgefühl nach einer 14-tägigen Kur (egal ob Schroth- oder Kneipp- etc.) erreicht man mit zehn Schoko-Traum Wochenenden nicht – die in der Summe übrigens auch ein Vielfaches mehr kosten.“ Allerdings stehen dazu konkrete kontrollierte Untersuchungen noch aus. Wir empfehlen in diesem Zusammenhang varianzanalytisch angelegte, kontrollierte Doppel-Blind-Studien, um auch mögliche primäre und sekundäre Placebo-Effekte in den Griff zu bekommen.

Abb. 3: Auslage der Chocolaterie Auer, Nizza (F), hier mit kandierten Früchten (Quelle: LOHMANN, Febr. 2012)

Wie bereits die Verknüpfung von Einkauf und Konsum von Schokoladenprodukten durch Besucher und Touristen in den Besuchszentren und Erlebnisparks von Schokoladenherstellern gezeigt hat, spielen Kakaoerzeugnisse nicht nur während und nach der Nutzung von Reiseverkehrsmitteln eine wichtige Rolle. Auch bei Touristen, die keine schokoladespezifischen Themenreisen machen oder entsprechende Themenparks während ihres Aufenthaltes in einer Destination besuchen, spielt der Kauf von Schokoladenerzeugnissen eine herausragende Rolle. Das gilt nicht nur für die für ihre Qualitätsprodukte bekannte Schweiz, sondern auch für das Einkaufverhalten von Touristen im diesbezüglich eher unverdächtigen US-amerikanischen Bundesstaat Tennessee. Wie eine empirische Untersuchung von Touristen dort zeigt, wurden Schokoladen und Schokoladeprodukte am häufigsten erworben, und nur ein Drittel der Besucher kaufte sie nicht (COSTELLO/FAIRHURST 2002, S. 13). Zusammen mit Bonbons und Konfekt (nicht ganz überschneidungsfrei mit Schokoladen) wurde hierfür auch das meiste Geld ausgegeben (op. cit., S. 14).

Während der Reise unterscheiden sich die Konsumorte je nach Wetterlage (DENSTADLI et al. 2011). Dies stützt die Vermutung, dass bei schlechtem Wetter (LOHMANN/KAIM (1999) zeigen, was das ist) wahrscheinlich weniger Schokolade im Freien konsumiert wird. Das gilt auch für Reisen in die Ursprungsregion des Kakaos, etwa in die Karibik (LOHMANN/HÜBNER, in Vorb.). Gerade in solchen Gegenden, in denen sich etwa für Gäste aus nördlichen und europäischen Quellmärkten gelegentlich die ungewohnte Küche und das ungewohnte Klima zu einer multiplikativen Wirkung auf das Verdauungssystem zusammenfinden, ist auch die konstipative Wirkung der Schokolade willkommen, wenn auch hier die Gewichtszunahme größer ist als bei $C_{29}H_{33}ClN_2O_2$ (Loperamid), das in Deutschland unter dem Handelsnamen Immodium® verkauft wird.

4 Schokolade und Zukunft

Die überblickshafte Analyse hat gezeigt, dass die Struktur des Schokoladentourismus überraschend vielfältig ist. Man kann ohne Übertreibung feststellen: ohne Kakao kein Tourismus. Das beflügelt auch die Zukunftshoffnungen für dieses Segment. Die Nachfragepotenziale erscheinen nahezu unerschöpflich, jedenfalls unter Berücksichtigung des Schokoladentourismus im weiteren Sinne. Das garantiert aber nicht das Wachstum bei jedem Anbieter. Nicht nur bei den touristischen Produkten wird die Konkurrenz immer schärfer (LOHMANN/ADERHOLD 2009), auch im Kampf um die Aufmerksamkeit der potenziellen Kunden ist der Wettbewerb gnadenlos geworden. „Nicht unbedingt das beste Produkt gewinnt. Nur wer sich unterscheidet wird wahrgenommen" analysierte kürzlich Dr. Petra STOLBA, die Direktorin der Österreich-Werbung bei einer Tagung in Schladming, Österreich (FETTNER 2012). In diesem Umfeld gedeihen dann nicht nur Werbekampagnen, sondern durchaus auch innovative Produkte; aber doch hauptsächlich Werbekampagnen.

Auf der Kundenseite wirkt die Verknüpfung der Schokolade mit Glückserlebnissen sehr stabilisierend auf die Nachfrage. Angesichts wachsender Lebenserwartung ist das eine willkommene Chance besonders für ältere und gebildete Zielgruppen, deren Konsumverhalten sich auf eine Pension stützen kann, weswegen sie in einer solchen nicht übernachten müssen. Es ist wohl nur noch eine Frage der Zeit, bis Cailler oder Ritter Sport speziell verpackte Schokolade als barrierefreien Senioren-Crack anbieten.

Für den Urlaubs-Tourismus insgesamt eröffnet der Schokoladentourismus im engeren Sinne, also als Thema einer Reise, eine starke Perspektive zur weiteren Differenzierung. Für die Produktgestaltung kann man vor allem auf die Erfahrungen des Wein-, aber auch des Kaffee-

und Schinkentourismus zurückgreifen. Im Segment des Schokoladentourismus im weiteren Sinne (und das ist ja eigentlich der gesamte Tourismus mit Ausnahme des Schokotourismus im engeren Sinn) ergibt sich nicht nur die Perspektive der Ergänzung und Erweiterung des Urlaubserlebnisses. Hinzu kommt die Möglichkeit der en-route-Korrektur misslungener Komponenten einer Reise. Durch die ausreichende Gabe von Schokolade kann nahezu alles wieder in das rechte Licht gerückt werden und auch unter widrigen Bedingungen Glückseligkeit erzeugt werden. Und eigentlich geht es ja im Tourismus um nichts anderes.

Literatur

ALEBAKI, M./IAKOVIDOU, O. (2011): Market Segmentation in Wine Tourism: A Comparison of Approaches. In: Tourismos: An International Multidisciplinary Journal of Tourism, Vol. 6 (1), S. 123–140

BAMBECK, J. J./WOLTERS, A. (1990): Jeder kann gewinnen. Kreatives Konflikt- und Problemmanagement, München

BATRA, A. (2008): An Exploratory Study on Specific Preferences and Characteristics of Wine Tourists. In: Anatolia: An International Journal of Tourism and Hospitality Research, Vol. 19 (2), S. 271–286

BAUMANN, Z. (1998): Globalization. The Human Consequences, New York

BLOCH, E. (1969): Spuren, Frankfurt am Main

BHUYAN, S./STEWART, H./GOVINDASAMY, R. (2003): Satisfaction Evaluation of Food-Away-from-Home Choices by Consumers. In: Journal of Food Distribution Research, Vol. 34 (1), S. 7–12

BOURDIEU, P. (1984): Die feinen Unterschiede. Kritik der gesellschaftlichen Urteilskraft. Frankfurt am Main (3., durchgesehene Auflage; orig.: La distinction. Critique social du jugement. Paris 1979)

BÜRGEL, I. (o.J.): Schokologie (www.ilonabuergel.de/thema/schokologie/; eingesehen am 15. März 2012)

COHEN, E./BEN-NUN, L. (2009): The important Dimensions of Wine Tourism Experience from Potential Visitors' Perception. In: Tourism & Hospitality Research, Vol. 9 (1), S. 20–31

COSTELLO, C. A./FAIRHURST, A. (2002): Purchasing Behaviour of Tourists Towards Tennessee-Made Products. In: International Journal of Hospitality & Tourism Administration, Vol. 3 (3), S. 7–17

DAHL, R. (2001): Taste. In: DAHL, R.: Complete Tales of the Unexpected and Other Stories. London, S. 447–458 (urspr. erschienen in The New Yorker, December 1951)

DENSTADLI, J. M./JACOBSEN, J. K./LOHMANN, M. (2011): Tourist perceptions of summer weather in Scandinavia. In: Annals of Tourism Research, 38 (3), 920–940

FETTNER, F. (2012): Abschied von Peru. In: Salzburger Nachrichten v. 27. April, S. 14

FROBÖSE, G./FROBÖSE, R. (2004): Lust und Liebe – alles nur Chemie? Weinheim

FROBÖSE, R. (2006): Phenylethylamin löst romantische Liebesgefühle aus (www.lifegen.de/newsip/shownews.php4?getnews=2006-05-02-2609&pc=s02; eingesehen am 25. Januar 2012)

FROST, W./LAING, J./WHEELER, F./REEVES, K. (2010): Coffee Culture, Heritage and Destination Image: Melbourne and the Italian Model. In: Jolliffe, L. (Ed.), S. 99–110

FUCHS, W./MUNDT, J. W./ZOLLONDZ, H.-D. (Hrsg.) (2008): Lexikon Tourismus. Destinationen, Gastronomie, Hotellerie, Reisemittler, Reiseveranstalter, Verkehrsträger, München

GEIẞLER, R. (2008): Weininteressierte und ihr Reiseverhalten. Chancen für den Weintourismus am Beispiel Österreichs, Saarbrücken

GETZ, D./CARLSEN, J. (2008): Wine Tourism among Generations X and Y. In: Tourism, Vol. 56 (3), S. 257–269

GÖTZ, B. (1978): Sozialisation oder Erziehung? Eine Einführung in die Aufgaben interdisziplinärer Sozialisationsforschung, Freiburg

GUSTAVO, N. S. (2010): A 21st Century Approach to Health Tourism Spas: The Case of Portugal. In: Journal of Hospitality and Tourism Management, Vol. 17, S. 127–135

HARRIS, J. M./BLISARD, N. (2001): Analyzing the Impact of Generational Effects on Consumer Expenditures for Meats: A Cohort Approach. In: Journal of Food Distribution Research; Vol. 32 (1), S. 64–73

HARRIS, J. M./BLISARD, N. (2002): Food-Consumption Patterns Among Elderly Age Groups. In: Journal of Food Distribution Research, Vol. 33 (1), S. 85–91

HERRMANN, Th. (Hrsg.) (1974): Dichotomie und Duplizität. Grundfragen psychologischer Erkenntnis. Ernst August Dölle zum Gedächtnis, Bern/Stuttgart/Wien

HOLLAND, F. (2012): Pilze, Glückspilze, Giftpilze und Schokoladenpilze – Biographische Umbruchsituationen in der Renaissance und ihre finanziellen Folgen im oberitalienischen Banken- und Kreditsystem. Oberhaching: Crédit Agricole Eurofactor (= Financial Analyst Paper 35 b)

HOLZKAMP, K. (1968): Wissenschaft als Handlung. Versuch einer neuen Grundlegung der Wissenschaftslehre, Berlin

INFO-ZENTRUM SCHOKOLADE (o.J.): Schokoladenseiten, Leverkusen (eingesehen am 2. März 2012)

JOLLIFFE, L. (Ed.) (2010): Coffee Culture, Destinations and Tourism, Bristol/Buffalo/Toronto

JOLLIFFE, L./KWAN, K./YEN, G. K. (2010): Coffee in Vietnam: International Tourist Experiences. In: JOLLIFFE, L. (Ed.), S. 89–98

KEYBACH, B. (2012): Kann denn alles Wellness sein – Schrothkur vs. Schoko-Traum (www.spacamp.net/2012/04, eingesehen am 11. April 2012)

KLEIDAS, M./JOLLIFFE, L. (2010): Coffee Attraction Experiences: A Narrative Study. In: Tourism, Vol. 58 (1), S. 61–73

LEBE, S. S./FUCHS, W./MUNDT, J. W./ZOLLONDZ, H.-D. (Uredniki) (2012): Leksikon turizma. Destinacije, gastronomija, hotelirstvo, agencije, organizatorji, prevezniki, Maribor

LOHMANN, M. (1997): Urlaubsmotive: Genuß und Geselligkeit statt Alltagsroutine. In: Fremdenverkehrswirtschaft International (FVW), Heft 21/97, S. 28–29

LOHMANN, M./ADERHOLD, P. (2009): Urlaubsreisetrends 2020 – Die RA Trendstudie. Kiel: FUR (Forschungsgemeinschaft Urlaub und Reisen)

LOHMANN, M./HÜBNER, A. (in Vorb. 2013): Tourists' weather perceptions and weather related behavior – A qualitative pilot study with holiday tourists to Martinique. Mondes du tourisme

LOHMANN, M./KAIM, E. (1999): Weather and Holiday Destination Preferences: Image, Attitude and Experience. In: Tourism Review, Vol. 54 (2), S. 54–64

LOHMANN, M./MUNDT, J. W. (1990): Danmark har et image-problem i Tyskland. In: Analyse af det tyske marked 1990, Kopenhagen (Danmarks Turistråd), S. 14–15

LOHMANN, M./MUNDT, J. W. (2002): Maturing Markets for Cultural Tourism: Germany and the Demand for the ‚Cultural Destination'. In: VOASE, R. (Ed.): Tourism in Western Europe: A Collection of Case Histories, Wallingford/Oxon, S. 213–225

LUNDSTROM, R. (2010): Melts in Your Mouth. A tasty confection, chocolate pleases passengers and sends the companies that make it on a constant search for trends that satisfy. In: PAX International – News and Analysis for the Passenger Services Executive, Vol. 14 (6), November/December 2010, S. 30–31

MARTIN, H.-P./SCHUMANN, H. (1996): Die Globalisierungsfalle. Der Angriff auf Demokratie und Wohlstand, Reinbek bei Hamburg

MARTÍN, J. (2012): Jamonturismo (www.boletin-turistico.com; eingesehen am 27. März 2012)

MOUTINHO, L. (1987): Consumer Behaviour in Tourism. In: European Journal of Marketing, Vol. 21, S. 3–44

MÜLLER, J./DREYER, A. (Hrsg.) (2010): Weintourismus. Märkte, Marketing, Destinationsmanagement – mit zahlreichen internationalen Analysen, Hamburg

MUNDT, J. W. (2013): Tourismus. München (4., völlig überarbeitete und ergänzte Auflage)

ORLOVIUS, A. (1990): Reisen – die Suche nach Glück in der Fremde? In: Evangelischer Arbeitskreis Freizeit – Erholung – Tourismus in der EKD (Hrsg.): Glück durch Reisen? Eine erweiterte Dokumentation der Beiträge vom 13. Kirchenforum, einer gemeinsamen Diskussionsveranstaltung des Evangelischen Arbeitskreises für Freizeit, Erholung und Tourismus und der Katholischen Arbeitsgemeinschaft für Freizeit und Tourismus bei der Internationalen Tourismusbörse in Berlin im März 1990, Stuttgart, S. 29–41

PIAGET, J. (1967): Psychologie der Intelligenz, Zürich (3. Auflage)

POPPER, K. R. (1968): Was ist Dialektik? In: TOPITSCH, E. (Hrsg.): Logik der Sozialwissenschaften, Köln/Berlin (= Neue Wissenschaftliche Bibliothek, Bd. 6, Soziologie), S. 262–290

PORTER, M. E. (1992): Wettbewerbsstrategie. Methoden zur Analyse von Branchen und Konkurrenten, Frankfurt am Main (7. Aufl., orig. Competetive Strategy, New York 1980)

RAAIJ, F. van/ FRANCKEN, D. A. (1984): Vacation Decisions, Activities, and Satisfactions. In: Annals of Tourism Research, Vol. 11, S. 101–112

REYES, C. de la Orden (2012): The Satisfaction of Wine Tourists: Causes and Effects. In: European Journal of Tourism Research, Vol. 5 (1), S. 80–83

RICARDO, D. (1821): On the Principles of Political Economy, and Taxation, London (3rd Edition)

RICE, A. (2009): Museums, Memorials and Plantation Houses in the Black Atlantic: Slavery and the Development of Dark Tourism. In: Sharpley/Stone (Eds.), S. 224–246

SARKOZY, N. (2012): Communication personnelle dans la gare de Mulhouse, France, par TV (Avril 27, 2012, vers sept heures le soir)

SEATON, A.V. (1996): Guided by the Dark: From Thanatopsis to Thanatourism. In: International Journal of Heritage Studies, Vol. 2 (4), S. 234–244

SECCO, M. (2008): Erlebnispotential im Weintourismus. Eine empirische Untersuchung des Weinangebots, Saarbrücken

SELZ, O. (1922): Zur Psychologie des produktiven Denkens und des Irrtums. Eine experimentelle Untersuchung, Bonn

SHARPLEY, R./STONE, P. (Eds.) (2009): The Darker Side of Travel. The Theory and Practice of Dark Tourism, Bristol/Buffalo/Toronto

SHAW, W. S. (2010): Serendipitous Coffee Experience in Papua New Guinea. In: Jolliffe, L. (Ed.), S. 134–156

STEINECKE, A. (Hrsg.) (1990): Express Reisehandbuch Irland, Leer

STEINECKE, A. (1995): Industrieerlebniswelten zwischen Heritage und Markt: Konzepte – Modelle – Trends. In: NAHRSTEDT, W. (Hrsg.): Tourismuswissenschaft: Praxis und Theorie im Dialog. Düsseldorf/Bielefeld: Ministerium für Wirtschaft, Mittelstand und Technologie und IFKA, S. 143–159

STEINECKE, A. (Hrsg.) (2000): Erlebnis- und Konsumwelten, München/Wien

STEINECKE, A. (2009): Themenwelten im Tourismus. Marktstrukturen, Marketing-Management, Trends, München

STEINECKE, A. (2011): Tourismus, Braunschweig (= Das Geographische Seminar, 2. Aufl.)

STIGLITZ, J. (2006): Making Globalization Work, New York

STRECKER, V. (2011): Weintourismus: Grundlagen, Konzepte & Potentiale im Untersuchungsgebiet Südlicher Oberrhein, Saarbrücken

SWARBROOKE, J. (1995): The Development and Management of Visitor Attractions, Oxford

UNWTO (2008): International Recommendations for Tourism Statistics 2008. Madrid/New York (United Nations, Department of Economic and Social Affairs, Statistics Division and World Tourism Organization) (http://unstats.un.org/unsd/tradeserv/IRTS 2008 edited whitecover.pdf, eingesehen am 32. März 2009)

VEBLEN, Th. B. (1899): The Theory of the Leisure Class, New York

WENNINGER, G. (Red.) (2001): Lexikon der Psychologie in fünf Bänden. Zweiter Band F bis L, Heidelberg (Stichwort „Glück“)

Einschlägige Internetseiten

www.chocoholicsanonymous.com.au
www.chocolateatlas.com
www.chocolatetourism.com
www.infozentrum-schoko.de

Einzigartige Erlebnisse als Differenzierungsmerkmal im Markt für Pauschalreisen

Paul Rudolphi

1 Abstract

Die Intensität des touristischen Wettbewerbs nimmt weiter zu und befördert den Umbruch im Urlaubsreisemarkt. Während die Direktvermarktung touristischer Leistungsträger wächst und Internet Booking Engines (IBE) die eigenständige Zusammenstellung einer Pauschalreise durch den Kunden forcieren, steht das Geschäftsmodell der klassischen Reiseveranstalter unter Druck. Neben der Optimierung effektiver und kostenoptimaler Produktionsstrukturen und -prozesse reagieren einige Reiseveranstalter auf diesen Wandel mit einer fortschreitenden Differenzierung ihrer Angebote. Der Megatrend Erlebnisorientierung birgt für die Reiseveranstalter die Chance, ihre Produkte emotional anzureichern und sich damit positiv von denen anderer Marktteilnehmer abzugrenzen. Dafür müssen sie sich auf ihre zentrale Position in der touristischen Leistungskette und auf ihre Zielgruppenkenntnisse konzentrieren. Gleichzeitig müssen die Erlebnisbedürfnisse der Reisenden intensiver analysiert und neue Kenntnisse zum Experience Management eingesetzt werden.

2 Einleitung

Dass Erlebnissuche und Erlebnisorientierung zu den markantesten Trends in der Vielfalt postmodernen Verbraucherverhaltens gehören, wurde vielfach untersucht und beschrieben (z. B. bei SCHULZE 2000; STEINECKE 2000; QUACK 2001; REUBER/SCHNELL 2006; KILIAN/BOKSBERGER 2007). Ihre Dynamik und ihre Präsenz können in vielen alltagskulturellen Bereichen beobachtet werden und haben seit Mitte der 1980er Jahre in der Freizeit- und Tourismusbranche deutliche Spuren hinterlassen, so etwa in einer erlebnisbetonenden Aufbereitung und Vermarktung traditioneller kulturtouristischer Angebote (z. B. Museen, vgl. SCHÄFER 2002) oder im Auftreten spezialisierter Erlebnisanbieter wie Jochen Schweizer oder mydays.

Was für Freizeit und Tourismus im Allgemeinen gilt, trifft im Besonderen auf den Urlaubsreisemarkt und auf sein immer noch wichtigstes Produkt, die Pauschalreise, zu (Pauschalreisen hatten lt. FUR (FORSCHUNGSGEMEINSCHAFT URLAUB UND REISEN E.V.) 2012 einen Anteil von 43% an allen Urlaubsreisen). Auch wenn das Kundenverhalten natürlich nicht allein auf positive Gefühle ausgerichtet ist und auch physische, soziale oder kognitive Bedürfnisse befriedigt werden wollen (vgl. SCHMITT/MANGOLD 2004, S. 28), sollen Urlaubsreisen in ihrer heutigen Form möglichst viele und möglichst positive Emotionen auslösen. Zumindest würde wohl der Großteil der Reisenden behaupten, ihr Urlaub solle Spaß machen, Aufregung bieten, vergnüglich oder in irgendeiner Form erlebnisreich sein. Die funktionalen Einzelleistungen einer Pauschalreise – etwa die kompetente Beratung im Reisebüro, die rasche und komplikationslose Beförderung ins Zielgebiet, eine komfortable Unterkunft oder eine serviceorientierte Betreuung im Zielgebiet – werden von den Reisenden zwar weiterhin als wichtige Produktbestandteile wahrgenommen, sind jedoch mehr denn je Hilfe bei der Klassifizierung des Angebots und Grundlage einer objektiven Qualitätsbewertung. Eine größere, wenn auch meist unbewusste Bedeutung für die Kundenzufriedenheit kommt den durch die Reise ausgelösten Emotionen zu. Ist die gefühlsmäßige „Gesamtbilanz" (BRUNNER-SPERDIN 2006, S. 32) am Ende der Reise positiv, wird der Kunde eher geneigt sein, die jeweiligen Leistungen wohlwollend zu bewerten, und eventuell sogar über kleinere Leistungsmängel hinwegsehen.

Auch wenn bisher nur wenige Erkenntnisse darüber vorliegen, in welcher Intensität der Megatrend Erlebnisorientierung einzelne pauschaltouristische Marktsegmente und Kundengruppen beeinflusst, kann man die Pauschaltouristik insgesamt als Erlebnismarkt betrachten. Nach PINE/GILMORE (1999) orientieren sich die Kundenerwartungen in einem solchen Markt nicht mehr länger an den materiellen Produkteigenschaften und dem effektiven Nutzen (z. B. Erholung, Entspannung, Neues kennenlernen etc.), sondern vielmehr am Erlebniswert. Für den Reisemarkt ist demnach das Reiseerlebnis, d. h. die vor, während oder nach der Reise ausgelösten emotionalen Prozesse oder die Einzigartigkeit der damit verbundenen Erfahrungen, wichtiger als die funktionalen Produktleistungen. Über eine konsequent erlebnisbezogene Produktgestaltung wäre folglich eine höhere Kundenzufriedenheit zu erreichen. Da einmalige Erlebnisse überdies dazu beitragen können, unverwechselbare Reiseprodukte zu kreieren, die durch andere Anbieter nur schwer zu kopieren sind, eignet sich der Einsatz von Erlebnissen als produktstrategisches Instrument auch dazu, Alleinstellungsmerkmale von touristischen Anbietern zu stärken und Wettbewerbsvorteile zu schaffen.

Der vorliegende Beitrag befasst sich mit der angebotsseitigen Bedeutung des Trends Erlebnisorientierung im Massenmarkt Pauschaltouristik. Am Beispiel des Marktführers TUI Deutschland soll aufgezeigt werden, welche strategischen Möglichkeiten sich mit der Erlebnisorientierung in einem dynamisch-transparenten Wettbewerbsumfeld eröffnen. Darüber hinaus soll für ausgewählte Angebotssegmente exemplarisch verdeutlicht werden, wie Erlebnisse in der operativen Produktgestaltung eingesetzt werden können.

3 Leitlinien für das Erlebnismanagement der Pauschalreise

Wenn man davon ausgeht, dass Erlebnisse im Zentrum der Urlauberwünsche stehen, die subjektiv gefühlte Qualität eines Urlaubs mitbestimmen und ohnehin bei jeder Urlaubsreise in mehr oder weniger intensiver Ausprägung vorhanden sind, müssen touristische Leistungsanbieter und vor allem auch Reiseveranstalter – neben der Leistungs- und Servicequalität – die Erlebnisqualität als wichtigste Maßeinheit für die marktgerechte Beschaffenheit pauschaltouristischer Angebote berücksichtigen. Heutige Urlauber setzen aufgrund ihrer wachsenden Reiseerfahrung in den traditionellen Dimensionen Produkt und Service eine nahezu perfekte Qualität voraus. Eine darüber hinausgehende Kundenzufriedenheit und evtl. sogar echte Kundenbegeisterung kann nur noch über eine emotionale Ansprache und über eine emotionale Produktqualität erreicht werden. Wichtige Voraussetzungen zur Herstellung von Erlebnisqualität sind (vgl. Abb. 1):

1. die Ermittlung der produkt- und zielgruppenspezifischen Erlebnisbedürfnisse (= Erlebnisprofile) und
2. die optimale Gestaltung des erlebnisorientierten Angebots.

Da Erlebnisse generell als vielschichtige und komplexe psychophysische Prozesse anzusehen sind (SCHULZE 2000, S. 43 ff), kann man keineswegs davon ausgehen, dass sie im Urlaub standardisiert herzustellen sind und sich beim Reisekunden garantiert einstellen (vgl. GÜNTHER 2006, S. 57). Erlebnisse werden subjektiv wahrgenommen und sind abhängig von einer Vielzahl unterschiedlicher Faktoren, die sowohl in der Person des Erlebniskonsumenten liegen (z. B. allgemeine Werte, Reisemotive, Reiseerfahrungen, soziodemographischer Hintergrund) als auch mit der jeweiligen Umweltsituation (bei Urlaubsreisen z. B. Zusammensetzung der Reisegruppe, Wetter) zusammenspielen. Deshalb variieren Erlebniswünsche nicht nur von Person zu Person, sondern auch je nach Reisesituation (vgl. BRUNNER-SPERDIN 2008, S. 27). Auf der Erkenntnisebene gilt es daher neben den Urlaubsbedürfnissen die „Erlebniswelt der Kunden" (SCHMITT/MANGOLD 2004, S. 38) produktbezogen zu analysieren. Aus der Bestimmung von Erlebnisbereichen, -dimensionen und -modi lassen sich anschließend „Strategien für die Erlebnisgestaltung" (SCHMITT/MANGOLD 2004, S. 38) und konkrete Methoden ableiten (vgl. Abb. 1).

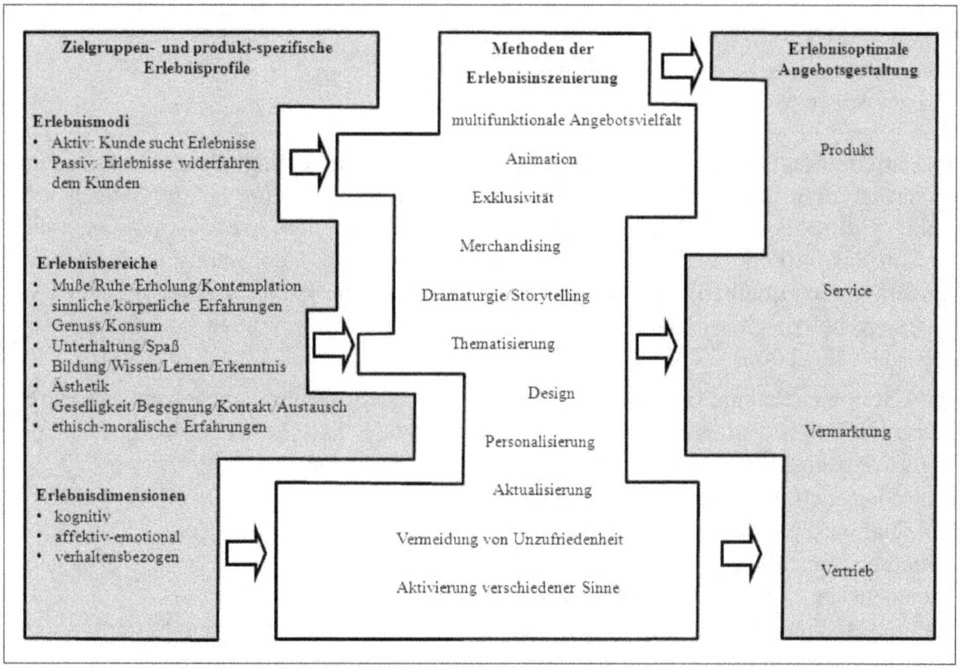

Abb. 1: Entwicklung erlebnisorientierter Produkte (Quelle: in Anlehnung an RUDOLPHI 2007, S. 37)

Obwohl es also keine Gewähr dafür gibt, dass sich das Urlaubserlebnis tatsächlich einstellt, hat sich in den letzten 20 Jahren die Erkenntnis durchgesetzt, die Rahmenbedingungen des Erlebens könnten förderlich gestaltet und inszeniert werden. Methoden und Instrumente einer solchen Gestaltung sind für verschiedene Freizeit- und Tourismusprodukte untersucht und beschrieben worden. Analysiert wurden bspw. freizeittouristische Angebote wie Themenparks und Erlebniswelten (STEINECKE 2000; PIKKEMAT et al. 2006; THOMAS-MORUS-AKADEMIE 1998), Hotels (BRUNNER-SPERDIN 2008), Destinationen (MÜLLER/SCHEURER 2004; PECHLANER et al. 2006; HARTMANN 2006; KRONENBERG 2006) oder einzelne Tourismussegmente (HEINZE 1999; RUDOLPHI 2007; KAGELMANN et al. 2004; SCHUCKERT/MÜLLER 2006). Die wichtigsten Instrumente lassen sich z. T. auch für die Gestaltung erlebnisgerechter Pauschalreisen nutzen (vgl. Tab. 1).

Tab. 1: Ausgewählte Instrumente der Erlebnisinszenierung und Anwendungsbeispiele

Instrumente der Erlebnisinszenierung	Anwendungsbeispiele für Pauschalreisen
Thematisierung	thematische Rundreisen, Themenhotels, Themenwochen, Themenkataloge
Personalisierung	prominente Testimonials, prominente Reiseleiter, personalisierter Service
Design	Architektur als Sehenswürdigkeit, Designhotels
Dramaturgie	Rundreise oder Ausflug folgt detailliertem Spannungsbogen
Animation	Angebot an unterschiedlichen Aktivitäten, vielfältige Informationen
Aktualisierung	neue Zielgebiete, neue Hotels, aktuelle Events als Reiseziel
Merchandising	Reiseutensilien mit Markenaufdruck
Exklusivität	kleine, privat geführte Hotels; hoher Reisepreis; limitierter Zugang zu Zielgebiet/Attraktionen; geringe Teilnehmerzahl bei Rundreisen
Vermeidung von Unzufriedenheit	Qualitätsversprechen einhalten, keine Wartezeiten, Orientierung geben, Sprachhindernisse überwinden helfen, Überfüllung vermeiden

Quelle: eigene Darstellung

Alle Inszenierungsaktivitäten zur Gestaltung von Urlaubsumgebung, Produktinhalten und Produktvermarktung tragen dazu bei, ein Urlaubs- oder Reise-Setting (= „touristischer Aktionsraum“, BRUNNER-SPERDIN 2008, S. 114) zu schaffen, das dem Erlebnis möglichst dienlich ist. Um das individuelle Erlebnisempfinden in dem jeweiligen Setting zu befördern – etwa um Emotionen qualitativ zu verbessern, zu vertiefen oder zu verlängern –, können verschiedene psychologisch wirksame Mechanismen eingesetzt werden. Dazu gehören bspw. (vgl. KRONENBERG 2006, S. 213 f):

- Brain Scripts: bekannte Geschichten, Mythen oder erlernte Handlungsmuster aktivieren.
- Inferential Beliefs: allgemein verständliche Images oder Klischees einsetzen.
- Cognitive Maps: kognitive und räumliche Strukturierung anbieten.
- Time Line: Zeit in kleine Intervalle einteilen.
- Antizipation: Spannung erzeugen durch teasern, verzögern, unterbrechen.
- Verbotene Orte: Zugang limitieren oder verbieten.
- Placement: Produkte durch richtige Verpackung veredeln.
- Spannungsbogen: Auftakt-Exposition-Vernetzung-Höhepunkt-Reflexion-Schluss-Ausklang.
- Blickwinkel: eine Veränderung der Perspektive ermöglichen.

Die erfolgreiche Umsetzung der hier beschriebenen Instrumente und Mechanismen wird zu wesentlichen Teilen von der emotionalen Kompetenz und der Empathiefähigkeit derjenigen Mitarbeiter bestimmt, die im direkten Kontakt mit den Reisenden stehen. Man denke etwa an den Concierge, der die ersehnten Theaterkarten besorgen kann, an den Reiseleiter, der spontan eine private Führung durch ein Museum organisiert, ohne dass es im Programm steht, oder an den Hotelmanager, der behutsam mit Beschwerden umgeht. Dieser Kontakt mit den Mitarbeitern oder Vertretern des Reiseveranstalters kann „erlebnisverstärkend" oder im negativen Fall „erlebnisvernichtend" wirken (GRÖTSCH 2006, S. 54). Gerade wenn es darum geht, situativ Spannung zu erzeugen, Überraschendes oder Spontanes zu erleben, kommt es entscheidend auf das Vor-Ort-Personal an.

Unter erlebnisökonomischen Rahmenbedingungen darf das Erlebnis nicht als Zusatznutzen unterschätzt werden. Als eigentliches Ziel der Reise muss es in den Produktionsprozessen die notwendige Aufmerksamkeit erfahren (vgl. BRUNNER-SPERDIN 2008, S. 120 f). Im Management ist es daher von entscheidender Bedeutung, alle Wertschöpfungsstufen und alle beteiligten Abteilungen bei der Implementation erlebnisorientierter Methoden zu berücksichtigen. Dazu gehört nicht nur das Produktmanagement inkl. Katalogerstellung und Einkauf, welches z. B. für das Drehbuch verantwortlich sein könnte, sondern auch Marketing inkl. Marktforschung, interne und externe Vertriebseinheiten (verkaufsunterstützende Abteilungen, eigene/fremde Reisebüros, Online-Vertrieb), Kundenservice, Qualitätsmanagement, Kommunikation und Human Resources. Nur so können zielgruppenorientierte Erlebnisangebote und „Erlebnisketten" (GRÖTSCH 2006, S. 63) geschaffen werden.

Möglicherweise ist der Wandel der Kundenbedürfnisse so gravierend, dass ein streng funktionales Management den Anforderungen der Erlebnisökonomie nicht mehr genügen kann und somit neue Produktions- und Managementprozesse erforderlich sind (vgl. BRUNNER-SPERDIN 2008, S. 2). Das Costumer Experience Management stellt einen solchen alternativen Management-Ansatz dar. Es geht davon aus, dass in wettbewerbsintensiven Märkten mit hoher Produktstandardisierung und hoher Substituierbarkeit alle Prozesse konsequent über das Kundenerlebnis definiert werden müssen. Zu den wichtigsten Anforderungen gehören dabei die detaillierte Kundenanalyse und die erlebnisgerechte Gestaltung aller Kundenkontaktpunkte (vgl. SCHMITT/MANGOLD 2004). Das „Denken in Erlebnissen" (WEIERMAIR 2006, S. 226) könnte darüber hinaus auch strukturell in der Unternehmensstrategie und in der Unternehmensführung verankert sein, z. B. in Form eines Chief Experience Officers (CXO).

Insgesamt ist zu beachten, dass die Inszenierung der Pauschalreise im Sinne einer möglichst lückenlosen Erlebniskette und unter Berücksichtigung möglichst aller Kundenkontaktpunkte kaum zu bewerkstelligen ist. Im Gegensatz zu Freizeitparks, Zoos, Science Centern oder anderen räumlich geschlossenen Erlebnisangeboten realisieren sich Reisen in größeren, häufig nicht klar definierten oder abgegrenzten geographischen Räumen, die nicht beliebig gestaltbar sind. Zudem besteht die klassische Pauschalreise aus einem Leistungsbündel, welches durch Reiseveranstalter zusammengestellt und erst zum Zeitpunkt der Reise nach und nach konstruiert und konsumiert wird. Die eigentliche Leistungserstellung erfolgt durch Unternehmen, Organisationen und/oder Personen, auf die der Reiseveranstalter meist nur begrenzten Einfluss hat. Man kann nicht davon ausgehen, dass alle Partner die Erlebnisphilosophie bedingungslos unterstützen bzw. dazu in der Lage sind, das Erlebniskonzept qualitativ auszufüllen. Die Herausforderung für den Reiseveranstalter besteht darin, die richtigen Partner auszuwählen, erlebnisbezogene Kundenerwartungen zu erklären und gemeinsam realisierbare Inszenierungsmethoden zu entwickeln. Für integrierte Reisekonzerne ergibt sich daraus ggf. ein Wettbewerbsvorteil, da sie in den verschiedenen Ebenen der Leistungserstellung direkte Steuerungsmöglichkeiten besitzen. Zudem ist auch aufgrund ihrer Größe und Marktmacht eine größere Einflussnahme auf Agenturen und Hotelpartner möglich. In dem Geschäftsmodell der oft totgesagten klassischen Pauschalreise liegt damit zugleich der Vorteil, alle Leistungen nach einer speziellen Erlebnisdramaturgie auswählen oder steuern zu können. Während der Reisende bei einer selbst oder per Dynamic Packaging zusammengestellten Reise nicht davon ausgehen kann, dass alle Reiseelemente im Sinne eines ineinandergreifenden Konzepts zusammenpassen, kann die Pauschalreise ein Rundum-Erlebnis in allen Leistungsstufen bieten. Wie im folgenden Kapitel zu sehen sein wird, kann ein solches Erlebnis aber nur mit einem sehr hohen Aufwand hergestellt werden.

4 Differenzierungsstrategie und Produktgestaltung bei der TUI Deutschland GmbH

4.1 Strukturelle Rahmenbedingungen und Strategie

Die TUI Deutschland gehört als größter deutscher Reiseveranstalter und umsatzstärkste Veranstaltertochter der TUI Travel PLC zu den wichtigsten Anbietern im europäischen Touristikmarkt. Angesichts der Vielzahl neuer Rahmenbedingungen, die den Touristikmarkt in den letzten Jahren strukturell verändert haben, ist für die TUI Deutschland die „Zeit des gleichförmigen Massentourismus … endgültig vorbei“ (Unternehmenspräsentation TUI Deutschland Mai 2012). Maßgebliche Gründe für diesen Umbruch und wichtigste Trends für die aktuelle strategische Ausrichtung des Unternehmens sind:

- wachsende Relevanz des Online-Vertriebs,
- Preistransparenz und technologischer Fortschritt,
- sinkende Eintrittsbarrieren im Reiseveranstalter-Markt und Auftreten neuer Wettbewerber,
- wachsende Überkapazitäten im Markt für Flüge und Hotels,
- vielfältigere und individuellere Kundenwünsche.

Das Dilemma der klassischen Reiseveranstalter besteht vor allem darin, dass ihr traditionelles Geschäftsmodell, nämlich die Vorauswahl, Bündelung und Organisation der Reiseleistungen entlang der Wertschöpfungskette sowie der Vertrieb über Katalog und Reisebüro, durch technologische Veränderungen aufgebrochen wird. Der Kunde hat heute viele Möglichkeiten, seine Reise ohne Hilfe eines Reisebüros oder Veranstalters nach individuellen Vorlieben selbst zusammenzustellen. Der über das Internet mögliche Direktvertrieb der Leistungsträger aus den Zielgebieten wächst genauso wie die dynamische Produktion von Pauschalreisen. Der Buchungsweg Reisebüro/Reiseveranstalter wird zwar noch immer bei 42% aller in Deutschland verkauften Reisen genutzt (vgl. FUR (FORSCHUNGSGEMEINSCHAFT URLAUB UND REISEN E.V.) 2012), nimmt aber kontinuierlich ab. Künftig wird diese Art der Urlaubsorganisation wohl nur noch für wenig internetaffine Kunden bzw. für hochpreisige und beratungsintensive Produkte eine Alternative zum Online-Kauf darstellen. Da auch hochspezialisierte kleine Veranstalter ihr Angebot über das Internet im gesamten Quellmarkt anbieten können, verliert auch die flächendeckende stationäre Vertriebsabdeckung der großen Reiseveranstalter an Wert.

Vor diesem Hintergrund hat sich die TUI Deutschland strategisch und strukturell auf eine Polarisierung des Marktes eingestellt (vgl. Tab. 2).

Tab. 2: Polarisierung im Urlaubsreisemarkt

Massenmarkt (traditional mass market)	Differenzierter Markt (modern mainstream)
• vorwiegende Preisorientierung	• vorwiegende Kundenorientierung
• starke Kostenorientierung der Anbieter	• starke Qualitätsorientierung
• große Bedeutung von Skaleneffekten	• große Bedeutung individueller Spezialprodukte
• hohe Substituierbarkeit der Produkte	

Quelle: eigene Darstellung nach Angaben der TUI Deutschland GmbH

Auf dem differenzierten Markt will sich die TUI produktseitig vom Wettbewerb abheben und sich damit der Vergleichbarkeit mit anderen, möglicherweise günstigeren Anbietern entziehen. Produktgestaltung und Vermarktung sollen sich stärker an den individuellen Kundenwünschen ausrichten, um maßgeschneiderte Reiseangebote für unterschiedliche Zielgruppen anbieten zu können, die in den relevanten Märkten exklusiv sind. Mit diesen Produkten – so das ökonomische Kalkül – können dann höhere Margen erwirtschaftet werden. Eine ähnliche Strategie wird auch von anderen Reiseunternehmen wie Thomas Cook oder Kuoni verfolgt.

Die Ermittlung der spezifischen Kundenwünsche basiert auf einer mit der Gesellschaft für Konsumforschung (GfK) entwickelten repräsentativen Studie, bei der Urlaubsbedürfnisse (Produkte, Leistungsmerkmale) sowie individuelle Werte und Einstellungen miteinander verknüpft wurden. Im Ergebnis wird eine Zielgruppensegmentierung (Travel Lifestyle Cluster) anhand von Reisemotiven, Werten und Einstellungen vorgenommen, wobei den einzelnen Zielgruppen auch emotionale Werte zugeordnet werden. (Die Ergebnisse der GfK-Studie werden exklusiv der TUI Deutschland zur Verfügung gestellt. Die Zielgruppensegmentierung liegt dem Verfasser teilweise vor.)

Der Ansatz der Differenzierungsstrategie wird über die gesamte Angebotskette ausgerollt:

- Produktgestaltung (Anforderungen für Produktentwicklung und Einkauf),
- Produktausschreibung (Festlegung von Ausschreibungskriterien wie Bildwelten, Tonalitäten, Signets),
- Marketing (Markenstrategie, Markenkampagnen),
- Vertrieb (systemgestützte Bedürfnisanalyse und Objektempfehlung).

Der Anteil der TUI-Gäste, die ein differenziertes Angebot nachfragen, soll in den nächsten Jahren auf 80 % steigen.

Während für eine erlebnisorientierte Produktinszenierung im traditionellen Massenmarkt mit seinen preisattraktiven und standardisierten Produkten nur ein kleiner preislicher und gestalterischer Spielraum besteht, kann sie die Entstehung eines differenzierten Marktes nach Ansicht des Verfassers progressiv unterstützen. Differenzierung basiert auf der Umgestaltung oder Aufwertung von Reisemerkmalen. Diese Merkmale können der Hardware, der Software oder der Humanware zugeordnet werden. Während unter der Hardware der Leistungsumfang der Reise, die funktionale Qualität der Leistungen oder etwa die Infrastruktur und die natürlichen Attraktionen im Zielgebiet zu verstehen sind, gehören organisatorische Strukturen und Prozesse bei den Unternehmen oder die technologische Ausstattung zur Software. Die Humanware umfasst hauptsächlich das Potenzial der Mitarbeiter (vgl. BRUNNER-SPERDIN 2008, S. 137, 172). Um den Urlaubern möglichst optimale Rahmenbedingungen bieten zu können, müssen alle drei Dimensionen auf das angestrebte Erlebnis ausgerichtet werden. In der Praxis werden Software und Humanware aber die entscheidenden Ansatzpunkte sein, da sie vom Wettbewerb schwieriger nachzuahmen sind und da insbesondere die Mitarbeiterqualität aus Kundensicht den entscheidenden Einflussfaktor auf das Erlebnisempfinden darstellt (vgl. BRUNNER-SPERDIN 2008, S. 173).

4.2 Konzepthotels als Schlüsselprodukte der Differenzierung

Im Leistungspaket der Pauschalreise nimmt die Urlaubsunterkunft sowohl aus Kunden- wie auch aus Veranstaltersicht eine zentrale Rolle ein. Hotels und andere Unterkunftsformen (Clubs, Resorts, Ferienhäuser etc.) haben nicht nur einen hohen Einfluss auf die Kundenzufriedenheit, sondern versprechen neben dem Flug auch den höchsten Wertschöpfungsanteil. Neue Hotelkonzepte gelten daher als Schlüsselelemente in der Differenzierungsstrategie der TUI Deutschland. Die aktuelle Markenkampagne verdeutlicht dies: Über das zentrale Element des Markenfächers werden die verschiedenen Hotel- und Clubmarken vorgestellt (Abb. 2).

Abb. 2: Markenkampagne TUI Deutschland 2012 (Quelle: TUI Deutschland GmbH)

Die Hotelmarken weisen innerhalb des abgestuften Differenzierungskonzepts der TUI einen besonders hohen Differenzierungsgrad auf und werden äußerst konsequent auf das Produkt- und Markenerlebnis ausgerichtet. Das jeweilige Konzept ist in einem „brand manual" (Software) zusammengefasst, welches als Drehbuch verstanden werden kann und detaillierte Standards zur Hotelausstattung (Hardware) bzw. zu Service und Entertainment (Hardware) festlegt. Die Mitarbeiter (Humanware) werden mit Hilfe eines Trainings- und Schulungsprogramms über Kundenerwartungen und Produktanforderungen informiert. Über ein spezielles Qualitätsmanagement soll die nachhaltige Orientierung an den Zielgruppenbedürfnissen gewährleistet werden. Die Originalität der Konzeptidee, der hohe planerische Aufwand und das hohe Investment für die Suche passender Hotelpartner, bauliche Maßnahmen und Marketing werden dadurch abgesichert, dass diese Hotels im deutschen Quellmarkt exklusiv über TUI zu buchen sind und als Franchise-Häuser oder als eigene Hotelmarke geführt werden.

Am Beispiel der Marke Viverde wird deutlich, dass die Konzepthotels den Ergebnissen einer gründlichen Kundenanalyse folgen und auf einer ausführlichen Zielgruppenbeschreibung basieren (vgl. Tab. 3, Abb. 3). Auf der Mittel- bzw. Zielebene (Philosophie, Marke, Produktanforderungen) sind sie durch eine ausgefeilte Markendramaturgie und eine aufwendige Inszenierung gekennzeichnet. Das Produktkonzept geht sogar noch über die in Tab. 3 genannten Merkmale hinaus: Es enthält bspw. weitere Hinweise zum Lebensstil der Zielgruppe (Interessen, Medienverhalten, bevorzugte Produkte/Marken) und zu Soziodemographie, Urlaubsmotiven, Urlaubsarten, Wettbewerbssituation. Im Viverde-Konzept sind zudem über 120 Hotelanforderungen formuliert, bis hin zu Vorschlägen für auszulegende Zeitschriften-Titel (z.B. National Geographic) oder Empfehlungen für den Sauna-Aufguss (Birkenzweige). Für den Hotelaufenthalt sind damit viele Kontaktpunkte im Sinne einer Erlebniskette oder eines Erlebnissystem konfiguriert.

Abb. 3: Kampagnenmotiv Viverde Hotels (Quelle: TUI Deutschland GmbH)

Tab. 3: Marken- und Produktkonzept Viverde-Hotels (Auszug)

Philosophie	Zielgruppe	Marke und Positionierung	Produktanforderungen
Viverde Hotels – Natürlich. Aktiv. Bewusst. Viverde ist ein neues Hotelkonzept, das der wachsenden Sehnsucht des Menschen nach Natur und Natürlichkeit gerecht wird. „Vivere“ = leben, „verde“ = grün. In einer harmonischen Umgebung erleben Sie die Schönheiten der Natur. Sie können innehalten und durchatmen, die Balance finden und im Einklang mit der Natur sein. Ob im idyllisch gelegenen Landhotel oder einem Feriendomizil mit grandiosem Meeresblick – bei der Unterbringung und der Verpflegung müssen Sie weder auf Komfort noch auf Genuss verzichten. Und bei den Unterhaltungsangeboten stehen Naturaktivitäten und echte Naturerlebnisse im Vordergrund.	**Travel Lifestyle Cluster: Naturorientierte Wellnessliebhaber** **Werte** • Naturverbundenheit • Umweltbewusstsein • Harmonie und Balance • Bewusste und gesunde Ernährung **Urlaubsbedürfnisse/-motive** • Körper und Geist anregen • Intakte Natur aktiv erleben • Land und Leute selbst entdecken	**Name**: Viverde Hotels **Claim**: Natürlich erholt **Markenkern**: Naturorientiert **Vision**: Wiederaufladen in der Natur **Mission**: Natur mit allen Sinnen spüren **Markenwerte**: Natürlichkeit, Harmonie, Einfachheit, Echtheit **Tonalität**: Sinnlich, authentisch, genussvoll, unbeschwert, harmonisch, anregend **Positionierung im Markt** • Neues Hotelkonzept der TUI Deutschland • Start: Sommer 2012 • Vermarktung und Vertrieb exklusiv über TUI • Wichtigste Quellmärkte: D, A, CH, PL; aber auch in anderen TUI-Quellmärkten als Viverde Hotels verkäuflich **Wettbewerb** vor allem: kleinere Nischenanbieter und Spezialisten	**Reizvolle Natur & Landschaft direkt vor der Haustür** • eingebettet in Naturlandschaft, Inlands- und Berglagen möglich • eher abseits des Massentourismus, nicht direkt an stark befahrenen Straßen/Einflugschneisen • Ziele: östliches und westliches Mittelmeer, Eigenanreise; mit vernünftiger Erreichbarkeit • per Bus oder Mietwagen, max. 2 h Transfer **Individuelle Hotels mit regionalem Flair** • 3–4 Sterne-Standard bzw. Hotel mit Appartements • Hotels mit max. 250 Zimmern im landestypischen, individuell harmonischen Stil • max. 3 Etagen • Natürliche Gartenanlage mit privaten Ruheplätzen (Deckchairs, Sitzkissen etc.) • gesunde, regionale Küche mit vegetarischem & biologischem Schwerpunkt; max. Verpflegungsart: Halbpension **Umweltbewusste, authentische und liebevolle Hotelführung** • Generationenfreundlich (Kinder, Singles, Senioren) • Hohe Umweltstandards und Philosophie (z. B. TUI Umweltchampion, ISO 14001) • Lokale Mitarbeiter; Sprachen: Englisch, Deutsch, Landessprache **Natur aktiv und mit allen Sinnen erleben** • Möglichkeit zu Aktivitäten und Sport in der Natur • Aktivitäten: mind. 4 verschiedene Naturerlebnisse pro Woche sind Standard. Z. B. klassische Outdooraktivitäten (Wanderung, Fahrradtour, Nordic Walking, Kanu), besondere Naturerlebnisse (z. B. Fackelwanderung bei Nacht), Kochkurse für regionale Gerichte, Geo-Caching etc.). • Verleih von Ausrüstung z. T. gegen Gebühr (z. B. Nordic Walking-Stöcke, Fahrräder, Kanus etc.)

Quelle: eigene Darstellung nach Angaben der TUI Deutschland GmbH (zu Philosophie und Marke vgl. auch www.viverde-hotels.de).

Ein weiterer Teil des TUI-Angebots wird ab der Sommersaison 2013 in unterschiedlichen „Reisewelten“ dargestellt. Ähnlich wie die Konzepthotels unterstützen sie die Differenzierungsstrategie und wurden auf Basis der Travel Lifestyle Cluster entwickelt. Die Reisewelten konzentrieren sich auf die wichtigsten Kernbedürfnisse der Kunden (z.B. Baden, Natur und

Kultur, Entspannung) und weisen einen geringeren Grad der Differenzierung als die Hotelkonzepte auf. In der Produktgestaltung liegt der Fokus vor allem auf den Hardware-Komponenten, auf der Reiseleitung und auf bestimmten Standards im Qualitätsmanagement. Auch diese Angebote werden exklusiv über TUI vermarktet.

4.3 Erlebnisorientierte Produktgestaltung im Category Management Fernreisen

Besonders deutliche Hinweise der Erlebnisorientierung finden sich im Bereich TUI Fernreisen. Das Hotel- und Rundreisenangebot wird anhand folgender Instrumente erlebnisorientiert inszeniert (vgl. Kataloge TUI Fernreisen):

- Personalisierung (Empfehlungen des Fotografen und Weltreisenden Michael Poliza),
- kleine Gruppengrößen (um ein „intensiveres Erlebnis" zu ermöglichen),
- emotionale Ansprache über großformatige Abbildungen in der Zielgebietseinleitung (überwiegend mit Fotos von Michael Poliza) und auf den Produktseiten,
- Exklusivität (privat geführte Rundreisen ab 2 Personen, kleine Gruppengrößen),
- Vermeidung von Unzufriedenheit (durch umfangreiches Leistungspaket und vielfältige Qualitätsversprechen, z. B. Zug-zum-Flug, Sommergarantie, Durchführungsgarantie).

Diese Inszenierungsinstrumente werden sehr bewusst als Reaktion auf die wachsende Suche nach Erlebnissen eingesetzt und sind fest im Produktmanagement und in der Produktentwicklung verankert. Ziel ist es, die Erlebnisorientierung bei Rundreisen und ggf. auch in anderen Produktbereichen auf der Fernstrecke weiter auszubauen. Besonderer Wert wird dabei auf die Einbeziehung der Mitarbeiter des Produktmanagements gelegt, die in Form von Schulungen und Workshops über Hintergründe, Ziele und Inhalte der Erlebnisstrategie informiert werden.

5 Fazit

Dass Elemente bewusster Erlebnisinszenierung schon seit Jahren in der modernen Pauschaltouristik eingesetzt werden, ist evident. Dazu gehören die in größeren Hotelanlagen und Clubs übliche Sport- und Unterhaltungsanimation, die Inszenierung regionaler Kultur in Shows, Themenhotels, Abenteuerreisen oder Aktivitäten wie Bungee-Jumping und Free-Climbing. Oftmals werden solche Angebote aber nach Belieben und ohne Bezug zu den spezifischen Erlebnisbedürfnissen der Kunden eingesetzt. Sie führen daher eher zufällig oder beiläufig dazu, das individuelle Kundenerlebnis tatsächlich zu steigern.

Das Beispiel TUI Deutschland macht deutlich, dass sich die Tourismusindustrie – zumindest partiell – mit der Wirkung und der bewussten Steuerung von Kundenerlebnissen auseinandersetzt. Auch wenn die Differenzierungsstrategie bisher noch nicht explizit mit einer stärkeren Erlebnisorientierung verbunden wird, kann man in vielen Differenzierungsansätzen (vgl. Kap. 4.2, 4.3) genau diesen Ansatz beobachten. Erlebnisse werden nicht ausschließlich als undefiniertes Label oder als unverbindliches Vermarktungsinstrument eingesetzt, sondern als Chance verstanden, die Kundenzufriedenheit zu steigern und die Produktdifferenzierung in einem standardisierten Markt voranzutreiben. Inhaltlich werden Erlebnisse dabei nicht einseitig auf die Formel ‚Unterhaltung und Spaß im Urlaub' reduziert, sondern z. B. im Falle von Rundreisen auch der individuellen Selbsterfahrung, der persönlichen Weiterbildung oder der Horizonterweiterung zugeordnet. Dennoch muss auch konstatiert werden: Das Potenzial einer erlebnisorientierten Produktstrategie wird noch nicht vollends genutzt. Um über den Status eines Zusatznutzens hinauszukommen, müssen Erlebnisse im Sinne eines Costumer Experience Managements noch weitreichender in der Unternehmensstrategie und im Produkterstellungsprozess verankert sein.

Die erlebnisgerechte Produkt- und Angebotserstellung einer Pauschalreise muss als komplexe Herausforderung gesehen werden, die eine gezielte Herangehensweise, Know How sowie Investitionen in Ideen, Mitarbeiter, Prozesse und Marketing erfordert. Die bewusste Steuerung von Reisesituationen und Erfahrungssystemen sowie die konsequente Ausrichtung an einer Leitidee werden im Fall der TUI für das Leistungsmerkmal Hotel bereits schlüssig und mit Methoden, die aus künstlichen Erlebniswelten bekannt sind, umgesetzt. Für das Gesamterlebnis Pauschalreise ist es indessen entscheidend, diese Erfahrungen auf andere Elemente der Dienstleistungskette wie Flug, Transfer und Reiseleitung auszudehnen.

Für den traditionellen Massenmarkt sind keine quantitativen, sondern vielmehr qualitative Abweichungen der Erlebnisnachfrage und der Erlebnisbereiche (Konzentration auf Sun & Beach, Unterhaltung, Spaß) zu erwarten. Auch wenn aufgrund des relativ hohen Ressourceneinsatzes zunächst hochpreisige Produktsegmente für eine stärkere Erlebnisausrichtung in Frage kommen, muss der Anspruch der Reiseveranstalter darin bestehen, wertige Erlebniskonzepte für alle oder möglichst viele Kundengruppen zu entwickeln. Die Frage, ob sich Massentourismus und individuelle Erlebnisse ausschließen (WEIERMAIR 2006, S. 14), ist in diesem Zusammenhang letztlich eine Frage der Erlebnisqualität. Je individueller ein Anbieter auf die Erlebnisbedürfnisse eingehen kann, desto optimaler wird auch das Urlaubserlebnis sein. Wächst die Zahl der potentiellen Kunden, die mit dem Angebot überzeugt werden sollen, muss das Erlebnis-Setting auf der Suche nach dem gemeinsamen Nenner angepasst werden. Vermutlich sinkt damit auch die Qualität der individuellen Erlebnisse. Erlebnisreisen können aber dann einem größeren Publikum zugute kommen, wenn sie bezahlbar bleiben und die Produktionsprozesse auf Individualisierung und Emotionalisierung ausgerichtet werden. Dass erlebnisfördernde Settings auch nach standardisierten Produktionsmustern entwickelt werden können, zeigen die sieben Hotel- bzw. Clubkonzepte der TUI, die jeweils unterschiedliche Zielgruppen und Erlebnisbedürfnisse ansprechen.

Größte Anstrengungen müssen sicherlich unternommen werden, um die emotionalen Bedürfnisse der Reisenden auch wirklich zu treffen und Erlebnisqualität herzustellen. Das gelingt nur unter der Bedingung, die Erlebnisbedürfnisse für einzelne Zielgruppen zu definieren und in konkrete Erlebnisanforderungen für einzelne Produkte oder Produktsegmente zu übersetzen. Die wissenschaftliche Tourismusforschung kann die Marktforschung dabei unterstützen, Erlebniserwartungen, Erlebnisempfinden und Erlebnisqualität so zu evaluieren, dass auch die psychologische Dimension des Erlebens berücksichtigt wird. Dafür bieten sich qualitative Methoden wie Beobachtung, Tiefeninterview oder Gruppendiskussionen an. Um aus Erlebnisbedürfnissen Erlebnisprodukte entstehen zu lassen, ist ein kreativer Prozess der Produktentwicklung und Produktgestaltung entscheidend, der die richtigen Settings schafft und die touristischen Leistungen aus Kundenperspektive optimal in Szene setzt. Ähnlich wie Inszenierungsprofis aus Freizeitparks, Themenwelten, Film und Theater werden Touristiker damit zu „Mood Managern" (BRUNNER-SPERDIN 2008, S. 106).

Literatur

BRUNNER-SPERDIN, A. (2008): Erlebnisprodukte in Hotellerie und Tourismus. Erfolgreiche Inszenierung und Qualitätsmessung. Management und Wirtschaft Studien 67, Berlin

BRUNNER-SPERDIN, A. (2006): Das Phänomen des „Flow"-Erlebens, Emotionen und Kundenzufriedenheit. In: WEIERMAIR, K./BRUNNER-SPERDIN, A.: Erlebnisinszenierung im Tourismus – erfolgreich mit emotionalen Produkten und Dienstleistungen, Berlin, S. 23–34

FUR (FORSCHUNGSGEMEINSCHAFT URLAUB UND REISEN E.V.) (Hrsg.) (2012): Reiseanalyse. Erste ausgewählte Ergebnisse der 42. Reiseanalyse zur ITB 2012. www.fur.de

GRÖTSCH, K. (2006): Aha – Ein Erlebnis! Über Erlebnisinszenierung und Emotionsmanagement. In: WEIERMAIR, K./BRUNNER-SPERDIN, A.: Erlebnisinszenierung im Tourismus – erfolgreich mit emotionalen Produkten und Dienstleistungen, Berlin, S. 49–79

GÜNTHER, A. (2006): 20 Jahre Erlebnisgesellschaft und mehr Fragen als Antworten. Zwischenbilanz oder Abgesang auf die Erlebniswelten-Diskussion. In: REUBER, P./SCHNELL, P. (Hrsg.): Postmoderne Freizeitstile und Freizeiträume. Neue Angebote im Tourismus, Berlin, S. 47–62

HARTMANN, R. (2006): Die Stadt als Freizeit- und Erlebnisraum – Erlebnismarketing und -inszenierung im Städtetourismus. In: REUBER, P./SCHNELL, P. (Hrsg.): Postmoderne Freizeitstile und Freizeiträume. Neue Angebote im Tourismus, Berlin, S. 193–202.

HEINZE, Th. (1999): Kulturtourismus-Marketing im Zeichen des Erlebnismarktes. In: HEINZE, Th. (Hrsg.): Kulturtourismus: Grundlagen, Trends und Fallstudien, München/Wien, S. 390–401

KAGELMANN, J./BACHLEITNER, R./RIEDER, M. (2004): Erlebniswelten. Zum Erlebnisboom in der Postmoderne, München/Wien

KILIAN, K./BOKSBERGER, Ph. (2007): Tourismus im Zeitalter der Erlebnisökonomie. In: EGGER, R./HERDIN, Th.: Tourismus: Herausforderung: Zukunft, Wien/Berlin, S. 261–275

KRONENBERG, Chr. (2006): Inszenierungen im alpinen Tourismus. In: WEIERMAIR, K./BRUNNER-SPERDIN, A.: Erlebnisinszenierung im Tourismus – erfolgreich mit emotionalen Produkten und Dienstleistungen, Berlin, S. 211–220

MÜLLER, H./SCHEURER, R. (2004): Tourismusdestinationen als Erlebniswelt. Ein Leitfaden zur Angebotsinszenierung, Bern

PECHLANER, H./BIEGER, Th./WEIERMAIR, K. (Hrsg.) (2006): Attraktions-Management. Führung und Steuerung von Attraktionspunkten. In: Schriftenreihe Management und Unternehmenskultur, Wien

PINE, J. B./GILMORE, J. H. (1999): The Experience Economy: Work is Theater and Every Business a Stage, Boston

PIKKEMAAT, B./PETERS, M./SCHOPPITSCH, K. (2006): Erfolgsfaktoren von Erlebniswelten. In: REUBER, P./SCHNELL, P. (Hrsg.): Postmoderne Freizeitstile und Freizeiträume. Neue Angebote im Tourismus, Berlin, S. 159–180

QUACK, H.-D. (2001): Freizeit und Konsum im inszenierten Raum. Eine Untersuchung räumlicher Implikationen neuer Orte des Konsums, dargestellt am Beispiel des CentrO Oberhausen, Paderborner Geographische Studien, Bd. 14, Paderborn

REUBER, P./SCHNELL, P. (2006): Postmoderne Freizeitstile und Freizeiträume – eine kurze Einführung in die Thematik. In: REUBER, P./SCHNELL, P.: Postmoderne Freizeitstile und Freizeiträume. Neue Angebote im Tourismus, Berlin, S. 13–17

RUDOLPHI, P. (2007): Studienreisen in der Erlebnisgesellschaft. Eine Untersuchung zu den Implikationen der Erlebnisorientierung in der Touristik, Paderborner Geographische Studien, Bd. 20, Paderborn

SCHÄFER, H. (2002): Das Museum als ‚Erlebnisarrangement'. In: NAHRSTEDT, W./ BRINKMANN, D./THEILE, H./RÖCKEN, G.: Lernen in Erlebniswelten: Perspektiven für Politik, Management und Wissenschaft, IFKA-Schriftenreihe, Bd. 20, Bielefeld, S. 137–145

SCHMITT, B. H./MANGOLD, M. (2004): Kundenbedürfnisse als Wettbewerbsvorteil. Mit Costumer Experience Management Marken und Märkte gestalten, Wiesbaden

SCHUCKERT, M./MÜLLER, S. (2006): Erlebnisorientierung im touristischen Transport am Beispiel des Personenluftverkehrs. In: WEIERMAIR, K./BRUNNER-SPERDIN, A.: Erlebnisinszenierung im Tourismus – erfolgreich mit emotionalen Produkten und Dienstleistungen, Berlin, S. 153–166

SCHULZE, G. (2000): Die Erlebnis-Gesellschaft: Kultursoziologie der Gegenwart. Frankfurt/New York

STEINECKE, A. (2000): Erlebnis- und Konsumwelten, München/Wien

STEINECKE, A. (1997): Inszenierungen im Tourismus. Motor der künftigen touristischen Entwicklung. In: STEINECKE, A./TREINEN, M. (Hrsg.): Inszenierung im Tourismus, ETI-Studienband 3, Trier, S. 7–17

THOMAS-MORUS-AKADEMIE (Hrsg.) (1998): Kathedralen der Freizeitgesellschaft: Kurzurlaub in Erlebniswelten. Trends, Hintergründe, Auswirkungen, Bensberger Protokolle 83, Bergisch-Gladbach

WEIERMAIR, K./BRUNNER-SPERDIN, A. (2006): Erlebnisinszenierung im Tourismus – erfolgreich mit emotionalen Produkten und Dienstleistungen, Berlin

Strategische Planung in Destinationen

Günther Haedrich/Kristiane Klemm

1 Einleitung

Die Frage, ob Tourismus eine wissenschaftliche Disziplin ist, wird unterschiedlich beantwortet. Bereits Anfang der 30er und 40er Jahre des vorigen Jahrhunderts wurden touristische Forschungsinstitutionen in Deutschland und der Schweiz (Berlin, Bern, St. Gallen) gegründet mit dem Ziel, der wachsenden Bedeutung des Tourismus als wirtschaftlichem Erwerbszweig Rechnung zu tragen und insbesondere Probleme aus der touristischen Praxis lösen zu helfen (vgl. GLÜCKSMANN 1935; HUNZIKER/KRAPF 1942). Spätere Untersuchungen und Veröffentlichungen (vgl. u. a. KASPAR 1975) bauten auf den einschlägigen Forschungsergebnissen auf und können zweifellos als Meilensteine in der Entwicklung zu einer Tourismuswissenschaft gewertet werden.

In den folgenden Jahren orientierten sich theoretisch orientierte Ansätze insbesondere an Methoden und Modellen aus dem Sachgüter-, meist Konsumgütermarketing und versuchten, die dort gültigen Ansätze auf touristische Sachverhalte zu übertragen. Diese Perspektive änderte sich, als nach und nach eigenständige wissenschaftliche Methoden für ein Dienstleistungsmarketing erarbeitet worden waren. Diese wurden immer stärker spezifiziert, um den Besonderheiten touristischer Dienstleistungen Rechnung tragen zu können (vgl. u. a. HAEDRICH 1991, S. 21 ff; KREILKAMP 1998, S. 287 ff). In dieselbe Richtung weisen Aus- und Weiterbildungsmodelle, u. a. am Willy Scharnow-Institut für Tourismus der Freien Universität Berlin, an den Universitäten in Paderborn und Trier (KLEMM 1998, S. 925 ff).

Unstrittig ist, dass Tourismus eine Querschnittsdisziplin darstellt (vgl. MÜLLER/KRAMER/KRIPPENDORF 1991, S. 54 f); dieser Tatsache wird heute dadurch Rechnung getragen, dass neben betriebs- und volkswirtschaftlichen Sachverhalten u. a. soziale, ökologische, geografische und politische Forschungsergebnisse in die Aus- und Weiterbildungsprojekte einbezogen werden.

Anliegen des vorliegenden Beitrags ist es, auf empirischem Wege Hinweise dafür zu erhalten, ob und wieweit theoretische Ansätze aus dem Dienstleistungsmarketing in der Praxis berücksichtigt werden. Hierbei handelt es sich insbesondere um strategische Methoden und Modelle, die in wissenschaftlichen Beiträgen eine Rolle spielen und deren Einsatz nach Ansicht der Verfasser für ein erfolgsorientiertes Tourismusmanagement die Basis bilden. Untersuchungsobjekte sind dabei Destinationen; eine Destination wird in Anlehnung an BIEGER definiert als „geografischer Raum (Ort, Region, Land), den der jeweilige Gast als Reiseziel auswählt. Sie enthält sämtliche für einen Aufenthalt notwendigen Einrichtungen (beispielsweise für Beherbergung, Verpflegung, Unterhaltung/Beschäftigung), entsprechend den Bedürfnissen des Gastes“ (BIEGER 2002, S. 56).

2 Der strategische Planungsrahmen

2.1 Markt- und Unternehmensanalyse

Grundsätzlich ist davon auszugehen, dass drei Planungsebenen existieren: eine normative, strategische und operative Ebene (vgl. BLEICHER 1992, S. 72; FREYER 2007, S. 37). Die normative Ebene gibt allgemeine Richtlinien für die beiden anderen Planungsbereiche vor; hier wird das Leitbild formuliert, ein langfristiger Planungsrahmen, an dem sich die strategischen und operativen Planungen orientieren.

Im Folgenden wird insbesondere die **strategische Planungsebene** beleuchtet; Abb.1 gibt einen Überblick über den Ablauf der strategischen Planung.

SWOT-Analyse

- Herausarbeitung von Chancen und Risiken in der Umwelt
- Ermittlung strategischer Erfolgspotentiale zum Aufbau und Erhalt von Positionsvorteilen
  Darauf aufbauend:
- Festlegung der Marktsegmente bzw. strategischen Geschäftsfelder, in denen die Destination in Zukunft tätig sein will

Positionierung

- Ableitung von strategischen Zielen
- Festlegung der Positionierungsstrategie

Planung und Realisierung detaillierter Maßnahmen

Kontrolle

Abb. 1: Ablaufschema der Strategischen Planung

Zunächst handelt es sich darum, jedes einzelne bearbeitete Marktsegment auf seine zukünftige Tragfähigkeit zu untersuchen. Im Rahmen einer sog. SWOT-Analyse sind in diesem Zusammenhang folgende Fragen zu beantworten:

1. Ist die Destination in Marktsegmenten bzw. strategischen Geschäftsfeldern tätig, die mittel- bis langfristig positive Entwicklungschancen eröffnen? Wesentlich ist an dieser Stelle das Erkennen von Umweltveränderungen bzw. Trends; beispielhaft kann eine Trendstudie angeführt werden, die sich mit den zehn wichtigsten Tourismusmärkten im Jahre 2020 beschäftigt (vgl. TRENDSTUDIE 2006). KIM und MAUBORGNE raten außerdem dazu, die Entwicklungen in benachbarten Branchen (hier etwa im Freizeitbereich) zu verfolgen sowie latente Wünsche und Erwartungen derzeitiger und zukünftiger Kunden zu analysieren, um auf diesem Wege u. U. neue Zielgruppen zu erschließen (KIM/MAUBORGNE 2005).
2. Welche (neuen) Märkte bzw. Marktsegmente werden in naher oder ferner Zukunft bedeutender werden? Hierbei kommt es darauf an, die potentiellen Marktgrenzen nicht zu

eng zu ziehen; beispielsweise wachsen Tourismus- und Freizeitmärkte immer stärker zusammen, indem sie sich teilweise ergänzen, zum Teil aber auch gegenseitig substituieren (z. B. Events, Wellness, Erlebnisangebote).

3. Welche Segmente sind dagegen eher rückläufig, so dass Investitionen in diese Märkte mit Risiken behaftet sind, die den längerfristigen Bestand der Destination gefährden könnten, wie z. B. touristische Infrastruktureinrichtungen mit geringer Erlebnisqualität?
4. Nach gründlicher Analyse einzelner Teilmärkte kann eine erste Entscheidung über die Richtung der strategischen Planung gefällt werden. Eine endgültige Festlegung kann allerdings erst erfolgen, nachdem folgende Frage geklärt ist: Stehen der Destination strategische Erfolgspotentiale in Form von Ressourcen und Fähigkeiten zur Verfügung, um im Verhältnis zu dem relevanten Wettbewerb erfolgversprechend agieren zu können?

Die Fokussierung auf bestimmte Marktsegmente setzt voraus, dass Wünsche und Erwartungen der jeweils festgelegten Zielgruppe optimal, mindestens besser als vom Wettbewerb erfüllt werden können. Dem Prinzip der Marketingkonzeption folgend bilden daher die Bedürfnisse der heutigen und zukünftigen Gäste den Ausgangspunkt der Planung. U. a. mit Hilfe der Analyse der Dienstleistungskette können die Bedürfnisse und Erwartungen der derzeitigen und potentiellen Gäste der Destination ermittelt werden (BIEGER 2008, S. 58 f). Daraus ergeben sich wichtige Anhaltspunkte für die Positionierung der Destination und für die strategische und operative Planung.

2.2 Positionierung der Destination

Durch Ermittlung des Images der Destination bei derzeitigen und potentiellen Gästen und deren Position im Umfeld der relevanten Wettbewerber wird ersichtlich, ob und ggf. in welchen Eigenschaften – vorteilhaften oder negativen – sich die Destination vom Wettbewerb unterscheidet. Sind im Wettbewerbsvergleich Eigenschaften besonders positiv ausgeprägt, die in den Bedürfnissen und Erwartungen der Zielgruppe einen hohen Rang einnehmen, dann wird der spezifische Nutzen erkennbar, den die betrachtete Destination ihren Gästen bietet. Ein derart positiv vom Wettbewerb abgrenzendes Destinationsimage ist ein wesentlicher Faktor, der darüber Auskunft gibt, ob die Destination eine sog. Unique Selling Proposition hat und als Marke im Bewusstsein der Zielgruppe bzw. sogar als starke Marke mit einem klaren Nutzenprofil gelten kann.

Obwohl die derzeitigen und potentiellen Gäste sicherlich die wichtigste Anspruchsgruppe darstellen, existieren andere externe bzw. interne Gruppierungen, die ebenfalls Einfluss auf die Ziele und Maßnahmen der Destination nehmen können, beispielsweise Hoteliers, gastronomische Betriebe, die einheimische Bevölkerung, Medien oder politische Gremien (BIEGER 2008, S. 99). Um ein einheitliches und klares Erscheinungsbild der Destination bei ihren Gästen sicherzustellen, ist es notwendig, dass sich diese Anspruchsgruppen mit ihrer Destination identifizieren, m. a. W. dass sie hinter den geplanten bzw. umgesetzten Zielen und Maßnahmen stehen und diese mit vertreten. Nur dann kann die Destination glaubwürdig gegenüber ihren Besuchern auftreten; unterschiedliche Interessen und Auffassungen innerhalb und zwischen einzelnen Anspruchsgruppen erschweren den Aufbau einer starken und stabilen Marke (STEINECKE 2001, S. 22 ff; HAEDRICH 2001, S. 41 ff).

Bei der Positionierung sollte daher stets dafür gesorgt werden, dass der zentrale und einzigartige Nutzen der Destination in den Vorstellungen aller wichtigen Anspruchsgruppen – insbesondere der internen – fest verankert, m. a. W. Bestandteil der Identität der Destination ist, und dass alle strategischen sowie operativen Planungen darauf aufbauen. Deutlich drückt das AAKER aus: „A brand position is the part of the brand identity and value proposition that is to be actively communicated to the target audience and that demonstrates an advantage over competing brands" (AACKER 1996, S. 71).

Um Positionierungsziele und die Positionierungsstrategie ableiten zu können, sind folglich vier Schritte erforderlich:

1. Analyse der Gästebedürfnisse und -erwartungen
2. Ermittlung des Destinationsimages bei den Gästen
3. Durch Abgleich von 1. und 2.: Feststellung einer evtl. Vorteilsposition der Destination
4. Überprüfung der für die geplante Positionierung der Destination erforderlichen strategischen Erfolgspotentiale, u. a. Ermittlung, ob die Planung mit den Vorstellungen wichtiger interner Anspruchsgruppen und damit mit der Identität der Destination kompatibel ist.

Das sind wichtige Voraussetzungen, um glaubwürdig gegenüber Gästen und anderen externen Anspruchsgruppen auftreten zu können.

2.3 Strategisches Controlling

Controlling als planungsbegleitende Funktion hat die zentrale Aufgabe, die Existenz und die positive Entwicklung der Destination sicherzustellen. Das bedeutet, dass u. a. trendhafte Veränderungen einzelner Märkte und Marktsegmente, Gästestrukturstruktur und -entwicklung, die Struktur und das Verhalten der Wettbewerber, Veränderungen in den Absatzkanälen sowie politische und rechtliche Faktoren laufend beobachtet werden müssen, damit festgestellt werden kann, ob und ggf. wie sich der Planungsrahmen und damit die strategische Ausgangssituation für die Planung verändert haben.

Allgemein hat sich heute die Einsicht durchgesetzt, dass die klassische Ex-Post-Kontrolle nicht ausreicht, um Chancen und Risiken einerseits, eigene Stärken und Schwächen im Blick zu behalten; die sich eher noch beschleunigende Umweltdynamik macht rasche Aktionen und unmittelbare Reaktionen notwendig. Schließlich handelt es sich auch darum, die eingesetzten Planungsmethoden und -instrumente regelmäßig zu überprüfen und zu modifizieren, falls dies angeraten sein sollte.

Strategisches Controlling wird häufig als Radarsystem mit Blick in die Zukunft bezeichnet; neben „harten", quantitativen Fakten – beispielsweise Marktinformationen und Umsatzergebnissen – spielen „soft facts" eine immer größere Rolle, u. a. Einstellungen, Wünsche und Bedürfnisse der Gäste und anderer externer sowie interner Anspruchsgruppen, die Gästeloyalität, Frühwarninformationen betreffend Maßnahmen des Wettbewerbs und Erkenntnisse hinsichtlich der politischen und rechtlichen Rahmenbedingungen der Planung. An dieser Stelle werden häufig sog. Marketing-Audits eingesetzt, die – in regelmäßigen Abständen angewandt – wichtige qualitative Planungsinformationen liefern.

3 Empirische Untersuchung

3.1 Zielsetzung und Untersuchungsdesign

Die Ergebnisse der empirischen Untersuchung zeigen, inwieweit die oben beschriebenen theoretischen Ansätze des Dienstleistungsmarketings in die praktische Arbeit des Destinationsmanagements umgesetzt werden. Eine ähnliche Untersuchung ist den Verfassern aus der Tourismusliteratur bisher nicht bekannt, so dass es sich hier um eine bislang einmalige Studie handelt, die wichtige Erkenntnisse für die Marketingarbeit in Destinationen erbringt.

In Anlehnung an den strategischen Planungsrahmen (SWOT-Analyse, Positionierung, Planung und Realisierung von Maßnahmen sowie Kontrolle) wurde ein entsprechender Online-Fragebogen mit 21 Fragen entwickelt und als link an zwei Newsletter-Ausgaben des Deutschen Seminars für Fremdenverkehr (DSFT) im Februar und März 2012 angehängt sowie an Alumnis von Hochschulen und Universitäten online (Facebook und Xing) verschickt.[1]

Insgesamt kamen 208 Kontakte zustande, wobei vor allem Tourismusorganisationen und touristische Kommunalverwaltungen teilnahmen. Der Fragebogen bezog sich zum einen auf Fragen der **SWOT-Analyse** und hier insbesondere auf

- Schwerpunkte der Marktbearbeitung sowie Veränderungen in den letzten Jahren,
- Chancen/Risiken sowie
- Stärken/Schwächen der Destinationen im Wettbewerbsvergleich,
- die Nutzung von Infoquellen und touristischen Studien.

Zum anderen wurden Fragen zur **Positionierung**, insbesondere

- zur Eigenständigkeit der Positionierung sowie
- zu den Einflüssen verschiedener Anspruchsgruppen und

schließlich zum **Controlling** gestellt.

Nicht alle Fragen wurden vollständig beantwortet, vor allem dann nicht, wenn es sich um spezifische Marketingfragen wie Zielgruppen- und Produktentwicklungen etc. handelte. Daher sollten die Ergebnisse nur vorsichtig interpretiert werden. Die Untersuchung ist als Expertenbefragung zu bezeichnen; dabei handelt es sich vor allem um solche Teilnehmer, die mit dem Gesamtkomplex Marketing in ihrer Organisation befasst sind. Die Befragung dauerte im Durchschnitt 10 bis 15 Minuten.

---

1 Die Autoren danken der Fa. pangea labs, Appenzell, für ihre Unterstützung bei der Anlage und Auswertung der empirischen Untersuchung unter Einsatz der Online-Software questfox.

3.2 Untersuchungsergebnisse

3.2.1 SWOT-Analyse

Wie schon im theoretischen Teil dargestellt, geht es bei der SWOT-Analyse um folgende Fragen:

- Welche Informationsquellen nutzt die Destination, um zukünftige Chancen und Risiken zu erkennen?
- Welche Stärken kann die betreffende Destination bei der Marktbearbeitung einsetzen?
- Welche Schwächen sind insbesondere im Verhältnis zum Wettbewerb vorhanden?

Schwerpunkte der Marktbearbeitung

Die Schwerpunkte der Marktbearbeitung in den betreffenden Destinationen liegen eindeutig auf der Zielgruppenplanung, der Produktentwicklung und im Bereich von Social Media (vgl. Abb. 2). Geht man einen Schritt weiter und fragt, was sich in den letzten Jahren in der Marktbearbeitung am meisten verändert hat, so zeigen sich eindeutig die Auswirkungen des Internets, hier an erster Stelle der Einsatz von Social Media und Online Marketing.

Im Rahmen der Zielgruppenbearbeitung spielt die Gewinnung neuer Kundengruppen eine wichtige Rolle; diesen bieten die Destinationen eher neue als bestehende Produkte an. Allerdings ist die Neuproduktentwicklung nach Aussagen der befragten Experten auch für die Stammkundenpflege von Bedeutung. Diese Tatsache ist in Zusammenhang mit der Abwägung zukünftiger Chancen und Risiken in einzelnen Märkten bzw. Marktsegmenten positiv zu sehen.

Abb. 2: Schwerpunkte der Marktbearbeitung in der Organisation – Für welche Aufgabenbereiche ist Ihre Organisation zuständig? (Quelle: eigene Erhebung, offene Nennungen – gruppiert)

Nutzung von Informationsquellen

Um zukünftige Chancen und Risiken in einzelnen Märkten und Marktsegmenten bewerten zu können, ist es notwendig, möglichst zahlreiche und verschiedenartige Informationsquellen zu nutzen, die wichtige Anhaltpunkte für die Ausrichtung der zukünftigen Marktbearbeitung liefern. Zu diesem Zweck führen die befragten Experten Fachgespräche und tauschen Erfahrungen mit Kollegen aus: Auf einer Skala von 1 („nutze ich nicht") bis 5 („ist ein unverzichtbares Werkzeug für meine Arbeit") erreicht diese Tätigkeit einen durchschnittlichen Wert von 4,51 und liegt damit als Informationsquelle an erster Stelle. Regelmäßige Gespräche mit Leistungsträgern und Internetrecherchen sind ebenfalls von besonderer Bedeutung (Skalenwerte 4,22 bzw. 4,12). Die naheliegende Vermutung, dass allgemeine Trendanalysen für die Beobachtung von Veränderungen bzw. Entwicklungen im touristischen Markt als unverzichtbar angesehen werden, bestätigt sich dagegen nicht; der Skalenwert 3,88 verweist lediglich auf eine häufige, aber nicht regelmäßige Nutzung (vgl. Abb. 3).

Bei der Frage nach der Nutzung von touristischen Studien gilt die Amtliche Statistik offenbar als unverzichtbares Arbeitswerkzeug (Skalenwert 4,06); eigene Untersuchungen sowie die Reiseanalyse besetzen mittlere Bedeutungsränge (Skalenwert 3,59 bzw. 3,53). Sonderstudien wie „Destination Brand" und das „T-Fis Tourismus-Fachinformationssystem" werden seltener genutzt (vgl. Abb. 4).

In Destinationen, die rückblickend auf das vergangene Jahr sehr erfolgreich bzw. erfolgreich gewesen sind[2], spielt die Nutzung von Infoquellen und touristischen Studien bei der Marktbearbeitung tendenziell eine größere Rolle als in nicht erfolgreichen Destinationen.

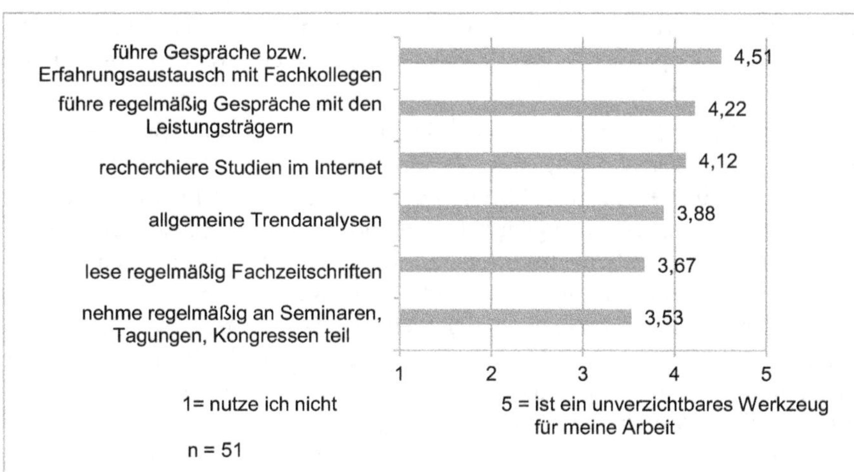

Abb. 3: Nutzung von Informationsquellen – Wie informieren Sie sich über Veränderungen/Entwicklungen im touristischen Markt? (Quelle: eigene Erhebung)

---

2 Einleitend wurde in der Expertenbefragung ermittelt, wie der Erfolg der Marktbearbeitung im vergangenen Jahr bewertet wird.

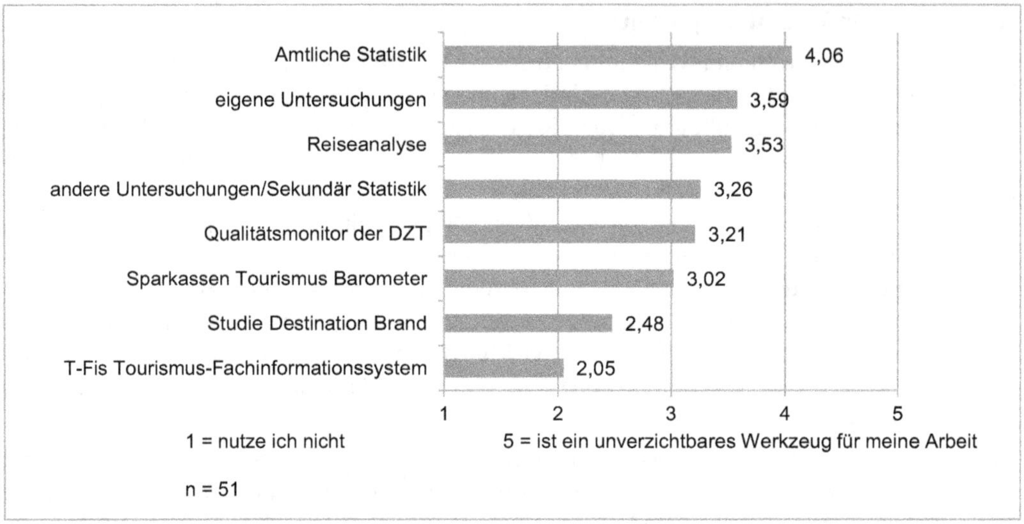

Abb. 4: Nutzung von touristischen Studien – Welche touristischen Studien gehören zu Ihrem Arbeitswerkzeug? (Quelle: eigene Erhebung)

Ermittlung von Wettbewerbsvorteilen

Die Realisation von Chancen – beispielsweise durch Entwicklung von neuen Produkten bzw. Gewinnung neuer Kunden – ist jedoch erst dann aussichtsreich, wenn entsprechende Ressourcen und Fähigkeiten in Form von relativen Wettbewerbsvorteilen vorhanden sind. Das Ergebnis einer Frage an die Experten, welche Instrumente bei einem Wettbewerbsvergleich wichtig sind, ist in Abb. 5 dargestellt.

Dass der Vergleich der Übernachtungszahlen mit anderen Destinationen die Spitzenposition einnimmt, überrascht; Wettbewerbsvorteile, die strategisch bzw. operativ umgesetzt werden können, sind daraus kaum abzuleiten. Auch Mitteilungen in Medien bzw. Internetrecherchen sind Informationsquellen, die allgemein zugänglich sind und von daher ebenso wenig geeignet sein dürften, um relevante Wettbewerbsvorteile zu identifizieren. Das gilt auch für Vergleiche der Angebots- und Produktstruktur der unmittelbaren Wettbewerber mit der eigenen Destination bzw. mit dem Gastgeberverzeichnis der Wettbewerber. Dagegen werden Imageanalysen, die Ermittlung der Gästestruktur bzw. der Zielgruppe in den Quellmärkten sowie in diesem Zusammenhang Untersuchungen der Motivation, Erwartungen und Wünsche der derzeitigen und potentiellen Besucher als weniger wichtig eingeschätzt (vgl. Abb. 5). Dabei ist die Tendenz erkennbar, dass die Bedeutung der zuletzt genannten Instrumente in sehr erfolgreichen bzw. erfolgreichen Destinationen höher eingeschätzt wird als in nicht erfolgreichen Destinationen.

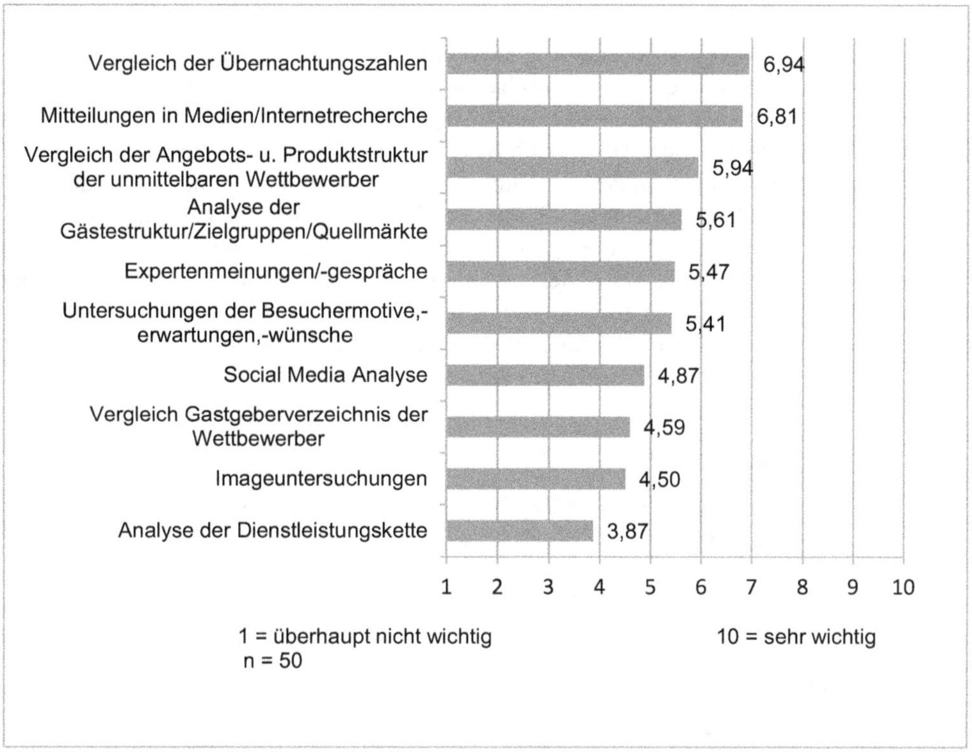

Abb. 5: Ermittlung von Wettbewerbsvorteilen – Wie bestimmen Sie die wichtigsten Destinationen, die mit Ihnen im Wettbewerb stehen? (Quelle: eigene Erhebung)

3.2.2 Positionierung

53 % der befragten Experten geben an, dass ihre Reiseregion eine eigenständige Positionierung hat. Aufschlussreich ist der Befund, dass Destinationen mit eigenständiger Positionierung im vergangenen Jahr offensichtlich erfolgreicher agiert haben als die Gegengruppe.

Zur Positionierung werden am häufigsten besondere Ressourcen und Fähigkeiten eingesetzt; auch das Leitbild sowie die bisherige Positionierung spielen eine bedeutende Rolle. Damit kann die Frage, inwieweit wichtige Identitätsmerkmale der Destination zur Positionierung herangezogen werden, positiv beantwortet werden. Die Ermittlung des Destinationsimages durch eigene Imageanalysen sowie Wünsche und Erwartungen der Besucher sind nach Angaben der befragten Experten ebenfalls von relativ großer Bedeutung; schließlich werden Wünsche und Erwartungen der wichtigsten Anspruchsgruppen in der Destination als Input für die Positionierung genannt.

Einfluss von Anspruchsgruppen

Welche Gruppen als besonders einflussreich eingestuft werden, wurde mit Hilfe der Frage „Wie bewerten Sie den Einfluss der folgenden Gruppen auf Ihre Aktivitäten?“ geklärt. Wie aus Abb. 6 ersichtlich ist, werden lokale Politik und Hotellerie als besonders einflussreich erachtet; auf einer Skala von 1 bis 4 werden die Werte 3,16 bzw. 2,98 vergeben. Lokale Medien, die Bundes-/Landespolitik, touristische Leistungsträger wie die Gastronomie, Freizeitanbieter und Verbände sowie die einheimische Bevölkerung werden dagegen als weniger einflussreich angesehen. Zwar wird der Einfluss derartiger Anspruchsgruppen in Destinationen, die im vergangenen Jahr sehr erfolgreich bzw. erfolgreich gearbeitet haben, tendenziell – mit Ausnahme der einheimischen Bevölkerung – höher eingestuft als in nicht erfolgreichen Destinationen; zu bedenken wäre aber, ob die Einflussmöglichkeiten derartiger Gruppen nicht grundsätzlich unterschätzt werden. Sofern berechtigte Ansprüche wichtiger interner Anspruchsgruppen wie beispielsweise der einheimischen Bevölkerung nicht ausreichend berücksichtigt werden, könnte das aufgrund eines Identifikationsverlustes dieser Gruppen zu ernsthaften Problemen bei der Umsetzung geplanter touristischer Aktivitäten führen.

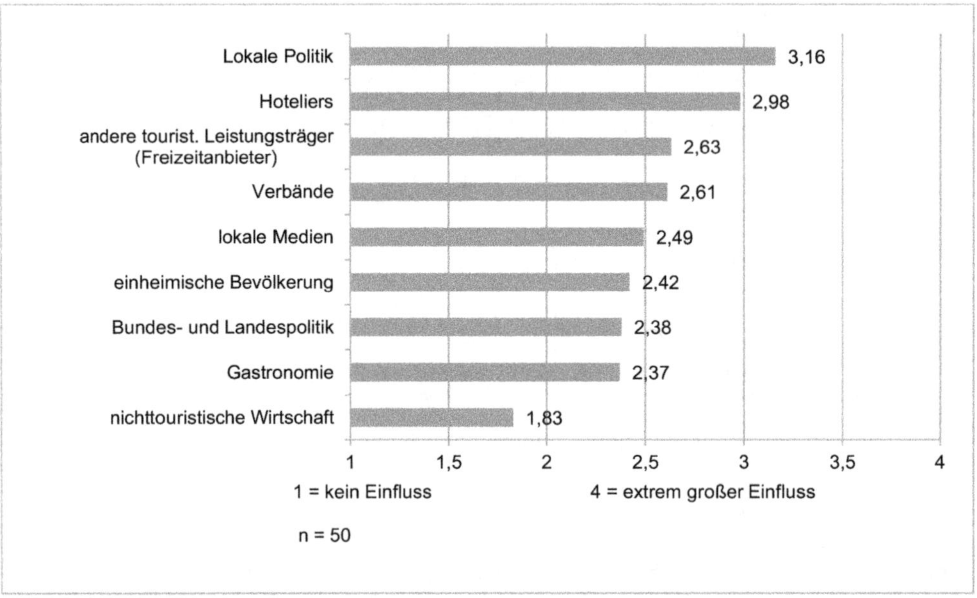

Abb. 6: Einfluss von Anspruchsgruppen – Wie bewerten Sie den Einfluss der folgenden Gruppen auf Ihre Aktivitäten? (Quelle: eigene Erhebung)

3.2.3 Controlling

Auf die Frage, in welchen Zeitabständen einzelne Maßnahmen bzw. Planungsergebnisse kontrolliert werden und die Planung gegebenenfalls überarbeitet wird, antworten 11 %, dass sie eine permanente Kontrolle durchführen, 33 %, dass die Planung regelmäßig kontrolliert und gegebenenfalls überarbeitet wird. Bei regelmäßiger Kontrolle können die Zeitabstände allerdings variieren: 30 % führen Kontrollen in jährlichen, 17 % in halbjährlichen Abständen und 4 % alle Vierteljahre durch. Offensichtlich ist ein Marketing-Controlling, bei dem Planung und Kontrolle eng miteinander verzahnt sind, bisher erst in relativ wenigen Destinationen Realität.

4 Fazit

Ziel des Beitrags ist es, Auskünfte über die methodische Vorgehensweise im Bereich der strategischen Destinationsplanung darzustellen, um beurteilen zu können, inwieweit Theorie und Planungspraxis übereinstimmen. Inhaltliche Fragestellungen – beispielsweise bei der Zielgruppen- und Produktplanung oder der Positionierung – waren nicht Gegenstand der Untersuchung.

Bei der durchgeführten Online-Befragung konnte nur ein kleiner Anteil der Grundgesamtheit (Tourismusorganisationen und touristische Kommunalverwaltungen) kontaktiert werden. Dies mag an der Tatsache liegen, dass bei bestimmten Adressatenkreisen eine gewisse Übersättigung in der Art dieser empirischen Befragungsmethode festzustellen ist. Aus diesem Grunde wurde bereits bei der Darstellung der empirischen Untersuchung darauf hingewiesen, dass die Umfrageergebnisse vorsichtig interpretiert werden sollten. Darüber hinaus kann im Einzelfall nicht ausgeschlossen werden, dass zum Teil solche Experten geantwortet haben, die sich in der Marketing-Planungsmethodik besonders gut auskennen bzw. über umfangreiche Erfahrungen verfügen, so dass bestimmte Ergebnisse u. U. „geschönt" sind.

Insgesamt betrachtet sind die Umfrageergebnisse zum Teil ermutigend, teilweise deuten sich aber auch Planungsdefizite im Marketing an, so bei der Nutzung verschiedener Informationsquellen in Zusammenhang mit der SWOT-Analyse oder bei der Bewertung des Einflusses verschiedener Anspruchsgruppen auf die Destinationsplanung. An dieser Stelle liefern die vorliegenden Ergebnisse wichtige Hinweise und geben den Anstoß zu Überlegungen, das strategische Destinationsmanagement noch stärker auf die ständig wachsenden Anforderungen an das Umfeld auszurichten.

Literatur

AAKER, D.A. (1996): Building Strong Brands, New York

BIEGER, Th. (2002): Management von Destinationen, 5. neu bearb. u. ergänzte Aufl. München/Wien

BIEGER, Th. (2008): Management von Destinationen, 7. unveränderte Aufl. München/Wien

BLEICHER, K. (1992): Das Konzept Integriertes Management, 2. Auflage Frankfurt a. M./New York

FREYER, W. (2007): Tourismus Marketing, 5. überarbeit. Aufl. München/Wien

GLÜCKSMANN, R. (1935): Allgemeine Fremdenverkehrskunde, Bern

HAEDRICH, G. (1991): Modernes Marketing im Tourismus. Marketing im Tourismus – Konzepte und Strategien für heute und morgen. In: Studienkreis für Tourismus e. V., Starnberg

HAEDRICH, G. (2001): Branding und Positionierung von Destinationen. In: BIEGER, Th./PECHLANER, H./STEINECKE, A. (Hrsg.): Erfolgskonzepte im Tourismus, Wien

HUNZIKER, W./KRAPF, K. (1942): Allgemeine Fremdenverkehrslehre, Zürich

KASPAR, C. (1975): Die Fremdenverkehrslehre im Grundriss. St. Galler Beiträge zum Fremdenverkehr und zur Verkehrswirtschaft, Bd.1, Bern/Stuttgart

KIM, Ch. W./MAUBORGNE, R. (2005): Der blaue Ozean als Strategie, München

KLEMM, K. (1998): Die akademische Tourismusaus- und -weiterbildung in der Bundesrepublik Deutschland. In: HAEDRICH, G./KASPAR, C./KLEMM, K./KREILKAMP, E. (Hrsg.): Tourismus-Management, 2. völlig neu bearb. und erw. Aufl. Berlin/New York

KREILKAMP, E. (1998): Strategische Planung im Tourismus. In: HAEDRICH, G./KASPAR, C./KLEMM, K./KREILKAMP, E. (Hrsg.): Tourismus-Management, 2. völlig neu bearb. und erw. Aufl. Berlin/New York

MÜLLER, H. R./KRAMER, B./KRIPPENDORF, J. (1991): Freizeit und Tourismus. Eine Einführung in die Theorie und Politik. Berner Studien zu Freizeit und Tourismus, Bd. 28, Bern

STEINECKE, A. (2001): Markenbildung von Destinationen – Erfahrungen, Herausforderungen, Perspektiven. In: BIEGER, Th./PECHLANER, H./STEINECKE, A. (Hrsg.): Erfolgskonzepte im Tourismus, Wien

TRENDSTUDIE ZUKUNFTSINSTITUT GMBH (2006): Tourismus 2020 – die neuen Sehnsuchtsmärkte

Von der Kernkompetenz zum Produkt – Innovationen in Destinationen durch Strategische Produktentwicklung

Harald Pechlaner/Michael Tretter

1 Einleitung

Ein äußerst dynamisches Wettbewerbsumfeld prägt die touristische Entwicklung: Volatilität auf Finanz- und Kapitalmärkten, Digitalisierung oder Wertewandel auf Kundenseite sind Beispiele dafür. Touristische Betriebe und Destinationen beziehungsweise Standorte auf unterschiedlichen räumlichen Ebenen stehen in einem globalen Wettbewerb um die Gunst der (potentiellen) Gäste und Unternehmen. Der Tourismus ist außerdem ein Wirtschaftsfaktor, den immer mehr Länder, Regionen und Städte als Einkommensquelle entdeckt haben. Hier sei auf die aktuellen Diskussionen zur Wertschöpfung des Tourismus in Deutschland hingewiesen (BMWi/ BTW 2012).

In den letzten Jahrzehnten hat sich, angetrieben durch technische Fortschritte im Transport-, Informations- und Kommunikationsbereich und damit verbundene sinkende Transportkosten und eine zunehmende Markttransparenz, die Anzahl an potentiellen Urlaubszielen für den Gast erheblich vergrößert (STEINECKE 2010). Neue Urlaubsdestinationen in immer weiter entfernten Ländern zu attraktiven Preisen treten als Anbieter auf und setzen traditionelle Urlaubsorte unter Zugzwang (BIEGER/SCHERER 2003). Um sich in diesem Wettbewerb nachhaltig positionieren zu können, brauchen Destinationen klare Wettbewerbsstrategien und müssen die vorhandenen Potenziale und Werte richtig nutzen. Sie sind außerdem gefordert, ständig neue Ideen und Konzepte zu entwickeln und mit innovativen Produkten, Angeboten und Attraktionen in den Markt einzutreten. Aufgrund stark verkürzter Produktlebenszyklen ist die Fähigkeit, neue Produkte und Angebote in immer kürzer werdenden Intervallen zu entwickeln und auf dem Markt zu implementieren, eine erfolgskritische Fähigkeit für das Destinationsmanagement geworden (PIKKEMAAT/PETERS 2006). Dies bedarf einer kontinuierlichen Weiterentwicklung, für die wiederum ein systematischer Prozess in der Produkt- und Innovationsentwicklung verfolgt werden muss (COOPER 2011). Grundlage dieses Prozesses ist die Identifikation der in der Region vorhandenen Kernkompetenzen. Diese Kompetenzen machen die Region als Destination einmalig und werden von der Bevölkerung, den Wirtschaftsakteuren und Gästen als wertvoll geschätzt und können als Basis für Innovationen betrachtet werden (PECHLANER et al. 2005). Des Weiteren spielt die Vernetzung der verschiedenen regionalen Akteure und Institutionen eine entscheidende Rolle. Erfolgreiche

Destinationen sind Produkte der Vernetzung und zeichnen sich durch intensive Kooperation und Kommunikation aus (PECHLANER et al. 2006). Außerdem ist es für Destinationen wichtig, im Verbund authentische und strahlkräftige Marken zu bilden, um sich von der Konkurrenz abzuheben (STEINECKE 2010).

Dieser Artikel befasst sich mit der strategischen Entwicklung von innovativen Produkten und Angeboten in touristischen Regionen auf der Grundlage von regionalen Kernkompetenzen als Innovationstreiber. Dies wird anhand des Fallbeispiels der Region Småland in Schweden veranschaulicht.

2 Was macht eine Destination attraktiv?

Standorte erbringen Dienstleistungen und Angebote für die Bezugsgruppen Einwohner, Gäste und Unternehmen. Destinationen sind demnach Standorte aus der Sicht der Gäste beziehungsweise der Besucher. Dies können Länder, Städte, Resorts oder einzelne Attraktionspunkte sein. Wie der Gast seine Destination definiert, hängt von seinen Bedürfnissen und seiner Wahrnehmung ab, die wiederum auch in Abhängigkeit zur Reisedistanz steht (BIEGER 2008). Destinationen sind andererseits als Netzwerke von Akteuren im Kontext von Institutionen zu verstehen (ZEHRER/RAICH/PECHLANER 2007).

Eine adäquate Wettbewerbseinheit für die Destinationsentwicklung stellt die Region dar, die auch in dieser Arbeit als Untersuchungsobjekt herangezogen wird. Regionen sind sowohl Lebens- als auch Wirtschafträume für die oben genannten Bezugsgruppen (BIEGER 2001). Die besondere Bedeutung einer Region ergibt sich aus den darin entstehenden wirtschaftlichen, politischen und sozialen Netzwerken, begünstigt durch die Nähe der Akteure zueinander. Kulturelle und räumliche Nähe sind entscheidende Faktoren für den Austausch von nicht-standardisiertem und unkodifiziertem Wissen sowie strategisch wichtigen Informationen, was wiederum zur Verbesserung der Wettbewerbsfähigkeit der einzelnen Akteure beiträgt (PECHLANER et al. 2012). Wettbewerbsvorteile, die aus regionalen Netzwerken entstehen, weisen eine hohe Nachhaltigkeit auf, da sie nur sehr schwer generiert werden können und den beteiligten Netzwerkakteuren einen wichtigen strategischen Nutzen bringen. Die Funktionalität von Netzwerken basiert auf den drei Ebenen Vernetzungsqualität (z. B. Netzwerkstruktur, Vertrauen, Fairness, Identifikation), Kooperationsqualität (z. B. gemeinsame Lernroutinen und komplementäre Ressourcen der Partner) und Zufriedenheit der Netzwerkpartner, die sich wiederum aus funktionalem, emotionalem und sozialem Nutzen ergibt (BACHINGER 2012).

Ein integriertes Standortkonzept versucht, die Bedürfnisse von Einwohnern, Unternehmen beziehungsweise Unternehmern sowie Gästen beziehungsweise Besuchern derart zu integrieren, dass Synergien und abgestimmte Strategien ermöglicht werden. Praktische Beispiele für solch abgestimmte Strategien aus den Bereichen Standort-, Regional- und Destinationsentwicklung sind in Abbildung 1 dargestellt.

Zielgruppe / Strategie	**Unternehmen** → Standortentwicklung	**Einwohner** → Regionalentwicklung	**Gäste** → Destinationsentwicklung
Innovation	**alpitecture – alps, technologies** and **architecture** ALPITECTURE CODE 4-12		
Qualität	Qualitäts-Offensive Region Augsburg – Damit Ihre Gäste gerne (wieder) kommen ...		
Kooperation	Energie zum Entdecken KlimaLand Südtirol – enertour südtirol · energie zum entdecken alto adige · energia da esplorare		

Abb. 1: Zielgruppen und Entwicklungsstrategien mit ausgewählten Beispielen (Quellen: eigene Darstellung, Logos: www.alpitecture.com, Flyer „Qualitäts-Offensive" Regio Augsburg Tourismus GmbH, www.enertour.bz.it)

Im globalen Standortwettbewerb spielen weiche Standortfaktoren eine immer wichtigere Rolle. Es kommt zunehmend darauf an, ob es einem Standort gelingt, die Standortattraktivität für seine Ziel- beziehungsweise Bezugsgruppen zu erhöhen. Der Begriff Lebensqualität nimmt dabei eine zentrale Rolle ein. Hierunter fallen beispielsweise Faktoren wie die Wohn-, Freizeit- oder Umweltqualität (PECHLANER/INNERHOFER/BACHINGER 2010).

Am Beispiel des Zusammenspiels von Industrie, Tourismus und Bevölkerung beziehungsweise Politik lassen sich unterschiedliche Motive und Interdependenzen ableiten (siehe Abbildung 2).

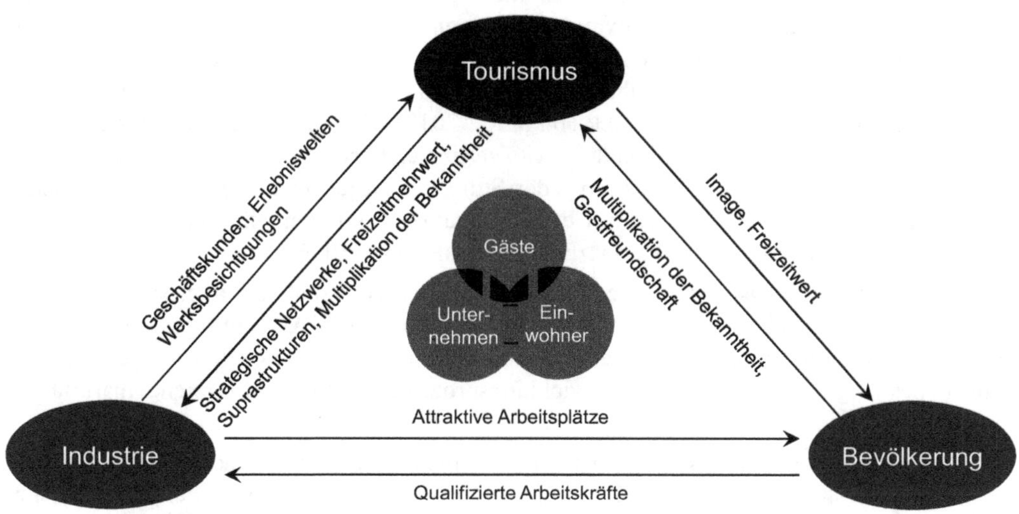

Abb. 2: Allianzen zwischen Industrie, Tourismus und Bevölkerung (Quelle: nach PECHLANER et al. 2008, S. 25, in Anlehnung an BIEGER 2001)

Für eine Destination ist es entscheidend, ein klares, unverwechselbares Profil zu entwickeln. Ziel der Produktentwicklung muss es sein, für den Gast ein einzigartiges und authentisches Angebot zu schaffen. Die Destination darf aus Sicht des Gastes nicht oder zumindest nur sehr schwer austauschbar erscheinen. Nur so wird der potentielle Gast auf die Destination erstens aufmerksam und zweitens bei entsprechender Zufriedenheit wiederkommen. Um sich als Destination langfristig im Wettbewerb zu positionieren, muss als erstes eine klare Differenzierung gegenüber den Wettbewerbern durch Schaffung eines eigenen Profils und Charakters stattfinden. Destinationsentwicklung sollte die Bedürfnisse der Bevölkerung miteinbeziehen. Darauf hat auch STEINECKE explizit hingewiesen wenn er die Frage aufwirft: „Wer möchte schon im ‚Heidiland' wohnen?" (STEINECKE 2010, S. 86).

3 Strategische Produktentwicklung als Innovationsprozess in Destinationen

Strategische Produktentwicklung meint die bewusste Gestaltung eines Produktentwicklungsprozesses einer Organisation mit dem Ziel, ein neues oder verbessertes Produkt oder einen Prozess zu erschaffen (THOMMEN/ACHLEITNER 2006). Die Strategische Produktentwicklung stellt den Versuch dar, den ressourcen- und marktorientierten Ansatz zu kombinieren, und kann als Kreislaufprozess der kontinuierlichen Erneuerung und Verbesserung verstanden werden (PECHLANER/HERNTREI/KOFINK 2009).

Selbiges gilt auch für die Produktentwicklung in Destinationen. Während die klassische Produktentwicklung auf die Erfüllung der Bedürfnisse spezifischer Kundengruppen fokussiert ist, hat die Strategische Produktentwicklung beispielsweise das Ziel, möglichst viele verschiedene Kundengruppen zu erreichen (REINER 2004). Eine Destination kann als ein Produkt verstanden werden, welches sich aus vielen Einzelleistungen zusammensetzt, die der Gast für seinen Aufenthalt in Anspruch nimmt. Das Besondere dabei, was die Produktentwicklung und Gestaltung von Innovationsprozessen erschwert, ist die Tatsache, dass die einzelnen Leistungen von verschiedenen und eigenständigen Leistungsträgern erbracht werden, der Gast allerdings den Aufenthalt als Ganzes, als ein Erlebnis wahrnimmt und auch als solches bewertet (PECHLANER/PICHLER/HERNTREI 2012). Das touristische Leistungsangebot ist gekennzeichnet durch Komplexität sowie vertikale, horizontale und diagonale Vernetzung. Innovationspotenziale gibt es auf jeder Stufe und in jedem Bereich der touristischen Wertschöpfungskette – angefangen mit der Information des potentiellen Gastes bis hin zur Nachbetreuung des Gastes (PIKKEMAAT/PETERS/WEIERMAIR 2006).

Der Produktentwicklungsprozess in einer Destination muss also als ein interorganisationaler Netzwerkprozess gesehen werden, in welchem unterschiedliche Akteure integriert sind. Nur durch die Integration relevanter Akteure aus unterschiedlichen Bereichen in die einzelnen Schritte des langfristig ausgelegten Entwicklungsprozesses können erfolgreiche, marktfähige Innovationen erzielt werden.

Die Quelle der Innovationen sind die bereits erwähnten regionalen Kernkompetenzen (PECHLANER/HAMMANN/FISCHER 2005). Um Innovationen erfolgreich zu generieren und zu implementieren, braucht es einen mehrstufigen Prozess. Darüber herrscht auch in der entsprechenden Literatur im Wesentlichen Einigkeit. Diskussionen werden dagegen über die Anzahl der Stufen beziehungsweise Schritte geführt (BULLINGER/SCHLICK 2002). Wie in Abbildung 3 dargestellt, kann die Strategische Produktentwicklung im räumlichen Kontext als vierstufiger Prozess beschrieben werden:

Als erstes gilt es, die identitätsstiftenden **Werte** eines Raumes zu identifizieren. Die Kernfrage dabei lautet: *Welche Kernkompetenzen zeichnen die Region aus?* Oder: *Für was steht die Region?* Es handelt sich dabei um jene Werte, die von regionalen Akteuren aus den Bereichen des Tourismus, der Wirtschaft, des öffentlichen Sektors sowie den Bezugsgruppen Einwohner, Gäste und Unternehmen mitgetragen werden. Es ist von besonderer Wichtigkeit, dass diese Wertebasis auf einem breiten Konsens beruht, um Authentizität zu gewährleisten und ein hohes Maß an Identifikation herzustellen. Diese Werte spiegeln die regionalen Stärken wider und bilden das Fundament für innovative Produkte und nachhaltige Wertsteigerung der Region. Die Kernkompetenzen der Region entstehen auf der Grundlage regionalspezifischer Kompetenzen der einzelnen Akteure, die über Kooperationen auf interorganisationaler Ebene zu kooperativen Kernkompetenzen weiterentwickelt werden können (BACHINGER 2012).

In einem zweiten Schritt kann die Frage nach den Kernprodukten beziehungsweise den Kerndienstleistungen der Region gestellt werden. Hierzu müssen, auf Basis der zuvor identifizierten Werte, übergeordnete **Themen** definiert werden, mit denen ein räumlicher Kontext bei den betreffenden Zielgruppen erreicht werden soll. Kernprodukte sind jene Produkte, die mittel- bis langfristig zur Wertsteigerung beitragen (HINTERHUBER/KRAUTHAMMER 2001). Auch hier ist es wiederum wichtig, einen breiten Konsens zu erzielen (PECHLANER/FISCHER/HAMMANN 2009).

Daran anschließend können in Schritt drei spezifische **Attraktionspunkte und Produkte** auf der Basis der Kompetenzen und Kernprodukte der verschiedenen regionalen Akteure durch Bündelung und Integration entwickelt werden. Hier kommt es besonders auf die Vernetzung jener Akteure an, welche mit ihren Fähigkeiten, Ressourcen und Werten zu verschiedenen Attraktionspunkten beitragen können. In diesem Schritt liegt die Initiative bei den einzelnen Akteuren selbst, Kooperationen zur kollektiven Produktentwicklung aufzubauen. Nach der Theorie des Relational View, einer Strömung des ressourcenorientierten Ansatzes, können durch regionalspezifische Kooperationen Wettbewerbsvorteile und kooperative Kernkompetenzen generiert werden (DUSCHEK 2004). Es ist von entscheidender Bedeutung, dass die Produkte im Hinblick auf bestimmte Märkte und Bedürfnisse der Zielgruppen entwickelt werden. In diesem Schritt ist es also wichtig, auch die Perspektive des Marktes zu berücksichtigen (PECHLANER/FISCHER/HAMMANN 2009).

Im vierten Schritt gilt es, die entwickelten Produkte und Attraktionspunkte auf den Markt zu bringen. Gemeint sind entsprechende Vertriebs- und Kommunikationsstrategien. Es müssen attraktive Packages zusammengestellt, konkurrenzfähige Preise definiert und die passenden Vertriebswege gefunden werden (PECHLANER/HERNTREI/KOFINK 2009). Wichtig dabei ist, vorweg den Kundennutzen zu definieren und die Zielgruppen zu eruieren. Für die einzelnen Zielgruppen müssen eigens abgestimmte Packages zusammengestellt werden. Es gilt: Je individueller die Angebote auf die jeweilige Zielgruppe abgestimmt wurden, desto wahrscheinlicher ist auch der Absatzerfolg. Die Kommunikation der Angebote muss authentisch und realistisch erfolgen. Es dürfen keine falschen Erwartungen erzeugt werden, die bei Nichteinhaltung zu Enttäuschung und Unzufriedenheit beim Gast führen (PECHLANER/HERNTREI/KOFINK 2009).

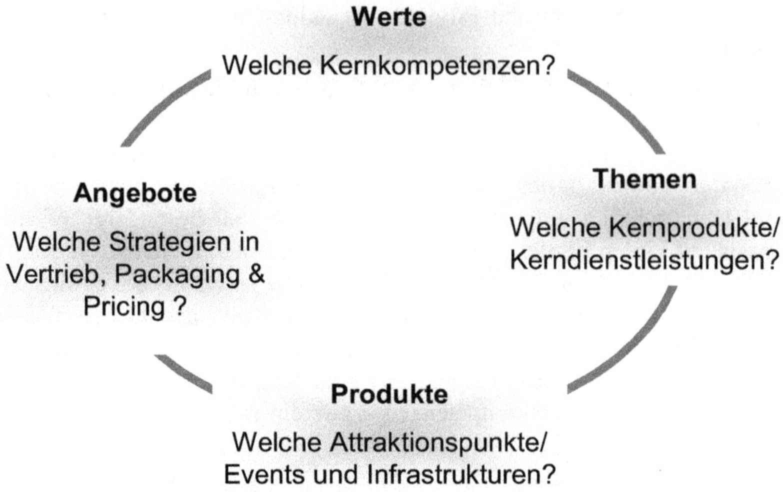

Abb. 3: Prozess der Strategischen Produktentwicklung
(Quelle: in Anlehnung an PECHLANER et al. 2005, S. 69)

4 Fallbeispiel: Die Region Småland

Im Rahmen einer Studie mit explorativem Charakter wurden Regionen gesucht und untersucht, die ein sichtbares Integriertes Standortmanagement aufweisen. Hierfür wurden die Standort-, Destinations- und Regionalentwicklungsagenturen der jeweiligen Regionen analysiert. Ein Teilaspekt dieser Studie war die Untersuchung der touristischen Produkt- und Innovationsentwicklung auf Basis der Strategischen Produktentwicklung (PECHLANER/TRETTER 2011). Mittels eines Schneeballverfahrens oder Snowball-Samplings (GABLER 1992) wurden, ausgehend von der österreichischen Region Tirol, europaweit Regionen identifiziert, die erfolgreich ein Standort- beziehungsweise Destinationsmanagement etabliert haben. Dazu wurde den Verantwortlichen der jeweiligen Standortagenturen folgende Frage gestellt: *„Bitte nennen Sie uns 3 Regionen in Europa, die aus Ihrer Sicht über ein erfolgreiches Integriertes Standortmanagement verfügen."* Mehrfach genannte Regionen wurden anschließend genauer analysiert (PECHLANER/TRETTER 2011).

4.1 Werte und Themen

Wie bereits angesprochen ist der erste Schritt der Strategischen Produktentwicklung die Identifizierung der gemeinsamen regionalen Wertebasis und der Kernkompetenzen, welche das Fundament für die späteren Produkte und Angebote bilden. Diese Werte spiegeln die Stärken der Region wider, machen diese einzigartig und lassen eine eindeutige Differenzierung gegenüber den Wettbewerbern zu. Kernkompetenzen sind einzigartige Ressourcenbündel, die langanhaltende Wettbewerbsvorteile ermöglichen. Sie sind nur sehr schwer zu imitieren und zu substituieren und können damit ein Alleinstellungsmerkmal sein (DUSCHEK 1998; PRAHALAD/HAMEL 1990).

Entscheidend bei der Identifizierung der Kernkompetenzen ist, dass jene Stakeholder miteinbezogen werden, die durch ihr Wissen sowie ihre Kooperationsfähigkeiten die Effektivität der Identifikation von Kernkompetenzen beeinflussen können (PECHLANER et al. 2006). Da es sich hier größtenteils um immaterielle Werte handelt, die schwer greifbar sind, gestaltet sich die kollektive Identifizierung schwierig, da sich die betreffenden Akteure der eigenen Stärken oft gar nicht bewusst sind oder sich nicht einigen können.

Die Region Småland, die vor allem für IKEA (das Unternehmen wurde dort 1943 von Ingvar Kamprad gegründet, www.ikea.com) und Pipi Langstrumpf bekannt ist, liegt in Südschweden und hat rund 700.000 Einwohner (www.visitsmaland.se). Um die Kernkompetenzen der Region Småland zu erfassen, wurde im Rahmen dieser Studie folgende zentrale Frage an die Probanden beziehungsweise Verantwortlichen der Standortagenturen gestellt: *„Which are the unique values Småland stands for?“* Es kristallisierten sich folgende gemeinsame Werte heraus:

- „innovative“
- „creative“
- „forward looking“
- „hard working“
- „lakes and forests”
- „meadows and pastures“

Sind die Werte als Kernkompetenzen definiert, so lassen sich darauf aufbauend die Themen für die Kernprodukte und Kerndienstleistungen entwickeln. Diese Themen wurden auch im Rahmen dieser Studie abgefragt, und dazu wurde folgende zentrale Frage gestellt: *„Which are the distinctive core products or core services Småland stands for?”* Als Ergebnis konnten folgende Schwerpunktthemen der Region ausgemacht werden:

- „wooden houses“
- „outdoor-adventures“
- „design of furniture and glass“
- „nature experiences“
- „bio- and environmental energy techniques“

Die Kernprodukte ergeben sich aus den Themen, welche wiederum aus den Kernkompetenzen abgeleitet werden können. Sie können als Verbindungsstücke zwischen den Kernkompetenzen und den Endprodukten betrachtet werden (PECHLANER et al. 2009).

4.2 Produkte und Angebote

Wenn die Themen definiert sind, können darauf aufbauend zunächst konkrete Produkte und in der Folge marktfähige Angebote entwickelt werden.

Es geht im dritten Schritt darum, Attraktionspunkte auf der Grundlage der zuvor identifizierten Werte und Themen zu schaffen. Diese entstehen durch Kombination und Integration von Kompetenzen der einzelnen Akteure in der Region (SCHÖN/SCHAAL 2009). Ein Ziel des Integrierten Standortmanagements ist es, die Fähigkeiten, Ressourcen und Werte der einzelnen regionalen Akteure zu vernetzen. Aus diesen Netzwerkbeziehungen und den damit verbundenen kollektiven Lernprozessen können kooperative Kernkompetenzen entstehen, welche für die Destination nachhaltig Wettbewerbsvorteile erzielen (DUSCHEK 2004).

Am Beispiel der Region Småland kann hier das „Glasriket“ genannt werden. Im historisch gewachsenen „Glasreich“ haben sich verschiedene Gemeinden Smålands zusammengetan, um gemeinsam unter einer Dachmarke ihre Glasbläsertradition und -innovationen zu präsentieren und zu vermarkten. Es sind zum Beispiel Glashütten, Glasmuseen, Designer, Glaskunst-Hotels, Holz-Ferienhäuser und Outlet-Center zum Thema Glas in das „Glasriket“ eingebunden (www.glasriket.se).

Im vierten Prozessschritt geht es schließlich um die Vermarktung. Es muss ein attraktives Angebot zusammengestellt und die Invention mit der passenden Strategie dem Markt zugeführt werden. Das Angebot und die Vermarktung müssen authentisch sein und ein stimmiges Image transportieren. Es muss außerdem ein klarer Kundennutzen erkennbar werden. Es stellt sich also die Frage nach der passenden Vertriebsstrategie. Dies ist ein wichtiger Schritt auf dem Weg zur Positionierung der Destination am Markt, da die Kernkompetenzen über die Produkte und Angebote erst wirklich sichtbar werden (PECHLANER/FISCHER 2007).

Zur Verdeutlichung kann wieder das Beispiel Småland herangezogen werden: Neben verschiedenen Pauschalangeboten, wie beispielsweise dem „Mittsommerpaket“ oder dem „Herbst-Wochenend-Paket“, gibt es mit dem „Glasriket Pass“ auch eine Vorzugskarte für Besucher mit verschiedenen Rabatten und Angeboten (www.glasriket.se). Abbildung 4 soll den Prozess der Strategischen Produktentwicklung am Beispiel des „Glasreiches“ in Småland zusammenfassend darstellen.

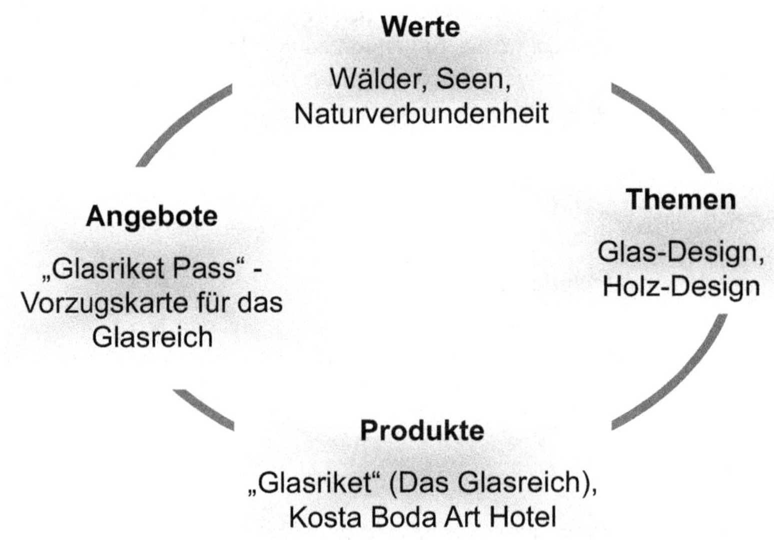

Abb. 4: Strategische Produktentwicklung dargestellt am Beispiel des Glasreiches in Småland (Quelle: eigene Darstellung, Fotos: www.visitsmaland.de)

5 Zusammenfassung

Die Strategische Produktentwicklung ist für Regionen, Standorte und Destinationen ein möglicher Weg des Innovationsprozesses, für den allerdings eine sektorenübergreifende Vernetzung notwendig ist. Branchenübergreifendes Denken und Kooperieren ist für das Standortmanagement eine große Herausforderung sowie für die Wettbewerbsfähigkeit von Standorten und Regionen von entscheidender Bedeutung. Durch die Vernetzung über Sektoren- und Branchengrenzen hinweg ergeben sich neue Synergien und Innovationspotenziale (PECHLANER 2010). Durch regionale Wertschöpfungspartnerschaften kann die Wertschöpfungskette verlängert werden (STEINECKE 2010), und durch das Zusammenspiel und die Kombination der Kompetenzen einzelner Akteure entstehen wiederum neue regionale Kompetenzen, Attraktionspunkte und Angebote (PECHLANER/RAICH/FISCHER 2008). Dies zeigt ansatzweise auch das hier vorgestellte Beispiel aus der Region Småland. Hier konnte eine intersektorale Kooperation zwischen traditioneller Industrie und Handwerk (Glasbläserei und Glaskunst) sowie dem Tourismus festgestellt werden, welche die Grundlage für die Entwicklung des touristischen Produktes darstellt.

Standort- und Destinationsmanagement muss als aktivierendes Netzwerkmanagement verstanden werden. Nur durch eine hohe (kollektive) Netzwerkqualität können durch einen Strategischen Produktentwicklungsprozess effektiv Innovationen entwickelt werden.

Literatur

BACHINGER, M. (2012): Stakeholder Value in Regionalentwicklungsprozessen. Eine relationale Perspektive, Wiesbaden

BIEGER, Th. (2008): Management von Destinationen, München/Wien

BIEGER, Th. (2001): Von der Unternehmensperspektive zur Destinationsperspektive – integrierte strategische Planung für Erlebniswelten. In: HINTERHUBER, H. H./PECHLANER, H./MATZLER, K. (Hrsg.): IndustrieErlebnisWelten: Vom Standort zur Destination, Berlin, S. 21–33

BIEGER, Th./DERUNGS, C./RIKLIN, Th./WIDMAN, F. (2006): Das Konzept des integrierten Standortmanagements – Eine Einführung. In: PECHLANER, H./FISCHER, E./HAMANN, E.-M. (Hrsg.): Standortwettbewerb und Tourismus – Regionale Erfolgsstrategien, Berlin, S. 11–26

BIEGER, Th./SCHERER, R. (2003): Clustering und integratives Standortmanagement – von einem theoretischen Konzept zur konkreten Handlungsstrategie. In: SCHERER, R./BIEGER, Th. (Hrsg.): Clustering – das Zauberwort der Wirtschaftsförderung, Bern, S. 9–26

BULLINGER, H.-J./SCHLICK, G. H. (2002): Wissenspool Innovation. Kompendium für Zukunftsgestalter, Frankfurt/M.

BUNDESMINISTERIUM FÜR WIRTSCHAFT UND TECHNOLOGIE BMWI/BUNDESVERBAND DER DEUTSCHEN TOURISMUSWIRTSCHAFT E. V. BTW (Hrsg.) (2012): Wirtschaftsfaktor Tourismus Deutschland. Kennzahlen einer umsatzstarken Querschnittsbranche

COOPER, R. G. (2011): Winning at New Products: Creating Value Through Innovation, New York

DUSCHEK, St. (2004): Inter-firm resources and sustainable competitive advantage. In: management revue, 15 (1), S. 53–73

DUSCHEK, St. (1998): Kooperative Kernkompetenzen – Zum Management einzigartiger Netzwerkressourcen. In: Zeitschrift für Führung und Organisation, 67 (4), S. 230–236

GABLER, S. (1992): Schneeballverfahren und verwandte Stichprobendesigns. In: ZUMA-Nachrichten 16, S. 47–69

HINTERHUBER, H. H./KRAUTHAMMER, E. (2001): Leadership, mehr als Management: Was Führungskräfte nicht delegieren dürfen, Wiesbaden

PECHLANER, H. (2010): Innovation gelingt durch Lernen von Anderen. In: PECHLANER, H./ENGL, Chr./HOFER, H. (Hrsg.): Lernen von anderen Branchen = Imparare da altri settori, Bozen, S. 9–10

PECHLANER, H./FISCHER, E. (2007): Identitätsstiftende Werte als Basis für die kooperative Entwicklung differenzierter touristischer Produkte und Dienstleistungen. In: GOUTHIER, M. H. J./COENEN, Chr./SCHULZE, H. S./WEGMANN, Chr. (Hrsg.): Service Excellence als Impulsgeber: Strategien, Management, Innovationen, Branchen; Bernd Stauss zum 60. Geburtstag, Wiesbaden, S. 219–231

PECHLANER, H./FISCHER, E./HAMMANN, E.-M. (2009): Innovationen in Standorten – Perspektiven für den Tourismus. In: PECHLANER, H./FISCHER, E. (Hrsg.): Strategische Produktentwicklung im Standortmanagement. Wettbewerbsvorteile für den Tourismus, Berlin, S. 9–30

PECHLANER, H./FISCHER, E./HAMANN, E.-M. (2006): Wettbewerbsfähigkeit von Standorten – Die Rolle der regionalen Kernkompetenzen. In: PECHLANER, H./FISCHER, E./HAMANN, E.-M. (Hrsg.): Standortwettbewerb und Tourismus – Regionale Erfolgsstrategien, Berlin, S. 39–61

PECHLANER, H./HAMMANN, E.-M./FISCHER, E. (2008): Industrie und Tourismus: Herausforderungen und Chancen für die Standortentwicklung. In: PECHLANER, H./HAMMANN, E.-M./FISCHER, E. (Hrsg.): Industrie und Tourismus. Innovatives Standortmanagement für Produkte und Dienstleistungen, Berlin, S. 11–42

PECHLANER, H./HAMMANN, E.-M./FISCHER, E. (2005): Leadership und Innovationsprozesse: Von der Kernkompetenz zur Dienstleistung. In: PECHLANER, H./TSCHURTSCHENTHALER, P./PETERS, M./PIKKEMAAT, B./FUCHS, M. (Hrsg.): Erfolg durch Innovation. Perspektiven für den Tourismus- und Dienstleistungssektor, Wiesbaden, S. 63–85

PECHLANER, H./HERNTREI, M./KOFINK, L. (2009): Growth strategies in mature destinations: Linking spatial planning with product development. In: Tourism Review, Vol. 57, No. 3, S. 285–307

PECHLANER, H./HERNTREI, M./PICHLER, S./VOLGGER, M. (2012): From destination management towards governance of regional innovation systems – the case of South Tyrol, Italy. In: Tourism Review, Vol. 67, No. 2, S. 22–23

PECHLANER, H./INNERHOFER, E./BACHINGER, M. (2010): Standortmanagement und Lebensqualität. In: PECHLANER, H./BACHINGER, M. (Hrsg.): Lebensqualität und Standortattraktivität: Kultur, Mobilität und regionale Marken als Erfolgfaktoren, Berlin, S. 13–34

PECHLANER, H./PICHLER, S./HERNTREI, M. (2012): From mobility space towards experience space: implications for the competitiveness of destinations. In: Tourism Review, Vol. 67, No. 2, S. 34–44

PECHLANER, H./RAICH, F./FISCHER, E. (2008): Management von Schnittstellen zu anderen Branchen als Basis eines integrierten Standortmanagements – Das Beispiel Tourismus und Bierwirtschaft in Bayern. In: FREYER, W./NAUMANN, M./SCHULER, A. (Hrsg.): Standortfaktor Tourismus und Wissenschaft. Herausforderungen und Chancen für Destinationen, Berlin, S. 25–39

PECHLANER, H./TRETTER, M. (2011): Erfolgreiche Konzepte des Integrierten Standortmanagements. Eine europaweite Benchmark-Analyse. Unveröffentlichte Studie im Auftrag der Tiroler Standortagentur, Katholische Universität Eichstätt-Ingolstadt, Lehrstuhl Tourismus, Zentrum für Entrepreneurship

PIKKEMAAT, B./PETERS, M. (2006): Towards the measurement of Innovation – A pilot study in the small and medium-sized tourism industry. In: Journal of Quality Assurance in Hospitality and Tourism 3/4 (6), S. 89–112

PIKKEMAAT, B./PETERS, M./WEIERMAIR, K. (2006): Innovation im Tourismus – Wettbewerbsvorteile durch neue Ideen und Angebote, Berlin

PRAHALAD, C. K./HAMEL, G. (1990): The Core Competence of the Corporation. In: Harvard Business Review, 68. Jg., Nr. 3, S. 79–91

REINER, D. (2004): Strategisches Wissensmanagement in der Produktentwicklung – Methoden und Prozesse für kleinere und mittlere Unternehmen, Wiesbaden

SCHÖN, S./SCHAAL, F. (2009): Produkt- und Regionalentwicklung – das Beispiel Bitburg. In: PECHLANER, H./FISCHER, E. (Hrsg.): Strategische Produktentwicklung im Standortmanagement. Wettbewerbsvorteile für den Tourismus, Berlin, S. 99–112

STEINECKE, A. (2010): Populäre Irrtümer über Reisen und Tourismus, München

THOMMEN, J.-P./ACHLEITNER, A.-K. (2006): Allgemeine Betriebswirtschaftslehre – Eine umfassende Einführung aus managementorientierter Sicht, Wiesbaden

WIESNER, K. A. (2008): Strategisches Destinationsmarketing, Meßkirch

ZEHRER, A./RAICH, F./PECHLANER, H. (2007): Destination Alps and its Communicated Brand Image. In: Anatolia – An International Journal of Tourism and Hospitality Research, Vol. 18, Nr. 2, Winter, S. 319–333

Gastgewerbe – eine Reise in die technologische Zukunft

Wolfgang Fuchs

„Technology or perish“
John R. Pierce
„Der Kunde ist König.“

1 Es war einmal

Wir sind in einem Frankfurter Luxushotel in den 1980er Jahren. Der Gast bestellt sein Hotelzimmer per Brief, Telex, Fax oder Telefonanruf. In der Reservierung sitzen Mitarbeiter, die die Buchung auf farbigen Vordrucken schriftlich aufnehmen und in Metallleisten (Racks) an die Wand klemmen (Whitney Reservierungssystem). An der Rezeption wartet eine Schlange von Gästen auf ihr Check-in, Empfangsmitarbeiter geben Zimmerschlüssel aus, auf Prospektständern werden weitere Hotels der Hotelgruppe präsentiert. Die Hausdame gibt dem Empfang auf Papierlisten die gereinigten Zimmer frei, Hausdamenassistentinnen gehen von Zimmer zu Zimmer und überprüfen die Getränkebestände in den Minibars.

In der Küche arbeitet eine Küchenbrigade. Auf den einzelnen Küchenposten werden Speisen vorbereitet, Saucen und Fonds angesetzt. In der Spülküche polieren Servicemitarbeiter Gläser und Besteck, um Wasser- und Kalkflecken zu entfernen. Servicekräfte falten im Office Tischservietten, schreiben die Speisekarte und legen die Blätter in die Karte ein. Der Etagenservice bringt Gästen Eiswürfel auf die Zimmer. Der Hoteldirektor sichtet Berichte, die der Nachtdienst vorbereitet hat. Von Gästen per Hand ausgefüllte Fragebögen über den Aufenthalt werden von der Marketing-Abteilung ausgewertet.

2 Eine schleichende Revolution

Der Prozessablauf im Gastgewerbe ist in den letzten Jahren nicht auf den Kopf gestellt worden. Das Gastgewerbe ist und bleibt eine arbeitsintensive Dienstleistung. Gewisse Prozessschritte können technologisch nicht ersetzt werden, die in der Einleitung beschriebenen Arbeiten werden in vielen Betrieben immer noch so ausgeführt. Gleichwohl zieht seit Jahren eine massive Technologisierung in die Operations-Abteilungen und das Management ein. Traditionelle Arbeitsschritte, von denen viele Insider behauptet hatten, dass sie technisch nicht abzubilden seien, werden automatisiert und auf dem Markt eingeführt. In Theorie und Praxis wird das Thema Technologie als Megatrend gesehen. Der Autor ist vorsichtig mit der

Verwendung solcher Superlative, aber es ist unbestritten, dass dieser Trend einen Prozess darstellt, der die Branche revolutioniert, wenn auch mitunter versteckt und den beteiligten Akteuren nicht immer bewusst. Welche Ziele verfolgen die Entscheidungsträger mit der Technologisierung vornehmlich? Welche Auswirkungen bringt die Technologisierung indirekt und möglicherweise unbeabsichtigt mit sich? Worauf müssen die Unternehmen achten?

3 Technologien, Technologien, Technologien

Im Folgenden können und sollen nicht alle technischen Neuerungen der letzten Jahrzehnte[1] vorgestellt werden, vielmehr wird an ausgewählten Beispielen die „stille" Revolution in den Operations- und Management-Abteilungen aufgezeigt.[2]

Küche: Kombidämpfer

Kombidämpfer sind Gargeräte, die zwischenzeitlich in nahezu jeder professionellen Küche Einzug gehalten haben. Marktführer in Deutschland ist die in Landsberg beheimatete RATIONAL AG, die sich nach eigenen Angaben als weltweiter Technologieführer für die thermische Speisenzubereitung versteht (vgl. RATIONAL AG 2011, o. S.).

Das Unternehmen nennt seine Gargeräte „SelfCookingCenter (SCC)", und was im ersten Moment übertrieben scheint oder als cleveres Branding gelten mag, ist in der Praxis Realität. Die Geräte sind in der Lage, nahezu selbstständig Speisen zuzubereiten. Was früher in der Erfahrung und im Können von Köchen verankert war, wird von innovativen Gartechnologien geleistet. Die neueste Gerätegeneration (SCC Whitefficiency) ermöglicht eine exakte Dosierung und Lenkung von Hitze und Feuchtigkeit in Abhängigkeit vom Garzustand des Produkts.

Abb. 1: Kombidämpfer (Quelle: RATIONAL)

1 Um nur einige, im Folgenden nicht näher thematisierte Beispiele zu nennen: Key Cards, „intelligente" Minibars, Eiswürfelmaschinen, Matratzen mit am Empfang hinterlegten Memory-Funktionen, energiespendende Fitnessgeräte, Pager, Teller mit integrierten Speicherchips, multifunktionale Gargeräte, Convenience Food, High-Tech-Spülstraßen, Verkaufsautomaten (vending machines), Hotelbuchungs- oder Bewertungsportale

2 Der Autor bedankt sich für die eingeräumten Bildrechte bei den Unternehmen RATIONAL, Holyfields, Rofobox, The QUBE und Ariane Systems.

Die Gerätesoftware schlägt dem Nutzer vor, was zusammen gegart werden kann (Mischbeschickungen) und macht die Garabläufe dadurch kostengünstiger. Automatikprogramme erkennen den Reinigungsbedarf des Gerätes und geben Empfehlungen für den Reinigungsprozess. Bedienoberflächen wurden als lernfähige Einheiten entwickelt, passen sich dem Anwender an, erlauben eine selbsterklärende Bedienung und reduzieren dadurch Bedienfehler (vgl. RATIONAL AG 2011, o. S.). Für ausländische Märkte wie Asien erfolgt ein Zuschnitt der Technologie auf die landestypischen Speisen.

Spülküche: Poliermaschinen und Besteckwickelmaschinen

Arbeits- und zeitintensive Endreinigungs- und Vorbereitungsprozesse in der Spülküche werden seit Jahren technisch gelöst. Besteckpoliermaschinen können mit Hilfe eines hochwertigen Granulats Chrom-, Edelstahl- oder Silberbesteck trocknen und polieren, über UVC-Licht erfolgt eine Sterilisierung. Federungen und Schalldämmungen machen die Maschinen geräuscharm und laufruhig, eine Reinigung von bis zu 8.000 Besteckteilen/Stunde ist möglich (vgl. beispielhaft DÖRR o. J. a). Gläserpoliermaschinen trocknen und polieren Gläser auf Hochglanz. Wasserflecken, Schlieren und Kalkreste verschwinden, die bei der manuellen Reinigung existierende Bruchgefahr wird reduziert, über UVC-Licht wird die Heizluft sterilisiert (vgl. etwa DÖRR o. J. b).

Besteckeinwickelmaschinen erlauben das Einwickeln von Bestecksätzen. Das gespülte Besteck wird in die Maschine eingelegt, in Serviettenpapier verpackt und in vordefinierte Besteckbehälter sortiert (vgl. etwa DÖRR o. J. c).

Service: Elektronische Speisekarten und Serviettenfaltmaschinen

Verschiedene Anbieter haben den Weg gewählt, physische Speisekarten, die für Gäste ausliegen, zu ersetzen. Stattdessen werden Tablet-PCs, Smartphones, elektronische Speisekarten, die in den Tisch eingefasst sind, oder Terminals eingesetzt. Beispielsweise hat das (aus verschiedenen Gründen nicht mehr existierende) Restaurant Holyfields in Frankfurt im Jahr 2010 mit seinem innovativen elektronischen Bestellkonzept Aufsehen erregt (vgl. zum Folgenden FUCHS/BESEMER 2011, S. 19).

Abb. 2: Speisekartenterminal (Quelle: Holyfields)

Der Gast gibt die Bestellung der Speisen und Getränke mit einem Pager an Touch-Screen-Terminals im Eingangsbereich auf. Die Bestellung wird elektronisch in die Küche gesendet und dort auf Terminals an den einzelnen Küchenposten zur Bearbeitung weitergeleitet. Ist das Gericht zubereitet, wird der Gast über ein Piepsen des Pagers am Tisch benachrichtigt, um es an einer Ausgabestation im Restaurant abholen zu können. Die Bezahlung der Rechnung erfolgt beim Verlassen des Restaurants, indem die auf dem Pager gespeicherten Daten an der Kasse erfasst werden.

Ebenfalls bahnbrechend ist ein anderes Produkt. Im Frühjahr 2012 wurde das schwäbische Startup-Unternehmen Rofobox auf der Gastronomiemesse INTERGASTRA in Stuttgart mit einem Sonderpreis ausgezeichnet. Das Unternehmen hat eine Serviettenfaltmaschine entwickelt, die das „Brechen“ bzw. Falten der Servietten von Hand künftig ablösen soll (vgl. zum folgenden KIEFER 2012, S. 10).

Das High-Tech-Produkt besteht aus einer Bestückungseinheit, einer Robotereinheit zum Falten und Körben, in denen die gefalteten Servietten gelagert werden. Über Kameratechnik werden fehlerhaft gefaltete Servietten im Produktionsprozess aussortiert.

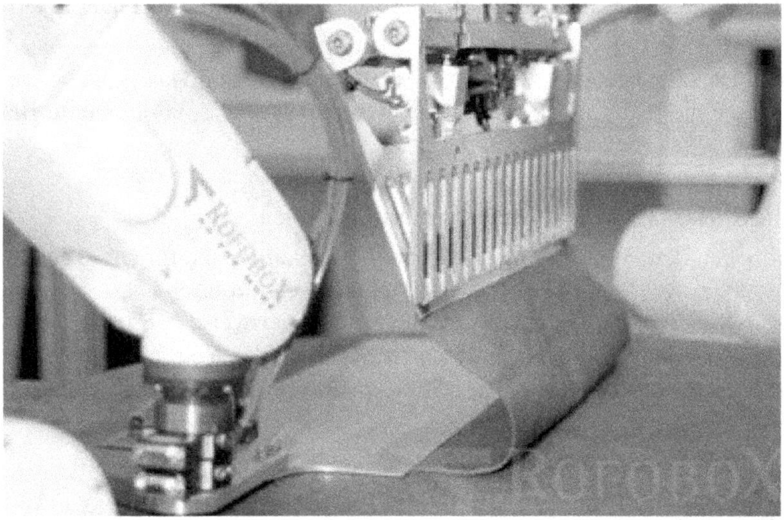

Abb. 3: Serviettenfaltmaschine (Quelle: Rofobox)

Gegenwärtig ist der Roboter in der Lage, acht verschiedene Serviettenformen zu falten, der jährliche Produktionsausstoß liegt bei ca. 500.000 gefalteten Servietten. Technologisch innovativ ist das Formen der „biegeschlaffen Werkstoffe“ bzw. der Stoffservietten.

Bar: Cocktailmaschinen

Cocktailmaschinen existieren schon seit einigen Jahren auf dem Markt. Sei es für Bars, Hotels, Messen oder Caterings – die Arbeit des Barmixers soll zumindest teilweise ersetzt werden.

Abb. 4: Cocktailmaschine (Quelle: The Qube)

Über eine Programmierung lassen sich verschiedene Cocktails zubereiten. Touchscreen-Technologie erlaubt eine benutzerfreundliche Erstellung des Cocktails, die Mitarbeiter werden über Hinweise in den Displays in ihrer Arbeit geleitet. Eine LED-Beleuchtung wertet die Schankanlage zum Design-Objekt auf (vgl. www.theqube.de). Für den mobilen Gebrauch sind die Schankanlagen weiterentwickelt worden, z. B. durch Kühl- und Trockenabteile, integrierte Zuwasser- und Abwassersysteme, Mückenschutz oder Elektro-Förderpumpen.

Empfang: Check-in-/Check-out-Terminals und mobiles Check-in/Check-out

Die französische Hotelgruppe ACCOR hatte bereits in den 1980er Jahren bei ihrer Low Budget-Marke „Formule1" Check-in-Terminals eingeführt. Der traditionelle Empfangsbereich wurde dadurch in weiten Teilen ersetzt bzw. ergänzt.

Abb. 5: Check-in-/Check-out-Terminals (Quelle: Ariane Systems)

Heutzutage sind Check-in-Terminals keine Besonderheit mehr auf dem Markt. Der Gast meldet sich am Terminal über Touchscreen an und erhält eine Zugangsberechtigung für das Hotel und sein Zimmer. Bei der Abreise kann er am Terminal seine Rechnung begleichen. Die Technologie erlaubt einen Zugang rund um die Uhr (24/7). Die Software gestattet einen Dialog in mehreren Sprachen, eine Integration von Schließsystemen und Hotelsoftware ist möglich. Die Systeme sind flexibel aufgebaut und kombinierbar mit traditioneller Schlüsselausgabe, vorprogrammierten Codes oder Magnetkarten (vgl. beispielhaft www.ariane-systems.com).

Jenseits von Terminal-Lösungen gibt es mobile Check-in-/Check-out-Möglichkeiten, die über SMS oder Email erfolgen. Für Smartphones wurden Applikationen entwickelt. Die Betriebe können dem Gast aktiv Informationen zuleiten und über Statistik-Software Check-in-/Check-out-Vorgänge auswerten.

Management: Property Management-Systeme

Property Management-Systeme erlauben gastgewerblichen Betrieben die informationstechnologische Zusammenführung einzelner Arbeitsbereiche bzw. Abteilungen. Darüber hinaus besteht die Möglichkeit, Schnittstellen zu externen Akteuren wie Tourist-Informationen, Online-Reservierungssysteme oder CRS (Central Reservation Systems) informationstechnologisch zu integrieren.

Die Software übernimmt quasi in allen Abteilungen Verwaltungsaufgaben (vgl. beispielhaft HS/3 Hotelsoftware o. J.). Individuelle Gastmerkmale können am Empfang hinterlegt, Rechnungen automatisch erstellt, Anzahlungen verrechnet werden. Planungs- und Kontrolllisten für das Housekeeping, den F&B- oder Tagungsbereich werden bereitgestellt, Such-, Filter- und Sortierfunktionen erlauben eine Abfrage von individuell zugeschnittenen Reports. Datenexportfunktionen ermöglichen einen Transfer in eine andere Software, Datenpflege in Echtzeit ist Standard. Die Systeme sind modular aufgebaut (z. B. Software-Module für die Verwaltung von Pauschalen, Gruppenreservierungen, Reisebürokontingenten, Banking) und nach dem Prinzip eines Baukastens variabel konfigurierbar. So können Zusatzfunktionalitäten je nach Bedarf in das System eingebaut werden.

4 Über Ziele, Chancen und Risiken der Technologisierung

4.1 Unternehmenssicht

Welche Ziele verfolgen die Unternehmen mit der Technologisierung? Auf der einen Seite geht es im Gastgewerbe um Gastfreundschaft, um die Rolle des Gastgebers und um das Erfüllen von individuellen Gästewünschen. Auf der anderen Seite geht es um die Erreichung ökonomischer Ziele. Es ist eine einfache, hie und da immer wieder vergessene Erkenntnis, dass gastgewerbliche Unternehmen auf dem Markt sind, weil sie Geld verdienen wollen und müssen. Streben sie nicht nach Gewinn, scheiden sie mittelfristig aus dem Markt aus. Insofern sind Effektivität („Doing the right things"), Effizienz („Doing the things right"), Kosten und Kundenorientierung zentrale Kriterien bei der Entscheidung über den Einsatz von neuen Technologien (vgl. etwa NOONE/COULTER 2012, S. 122 ff).

Blättert man die Prospekte der gastgewerblichen Technologieanbieter durch, verwundert es deshalb auch nicht, dass diese Kriterien im Vordergrund stehen. Schlüsselwörter in den Unternehmensbroschüren sind Prozessoptimierung, Standardisierung, Flexibilisierung, Margenverbesserung, Umsatzsteigerung, Produktivitätsfortschritte, Qualitätsverbesserung und -sicherung, Datengewinnung, Ressourcenschonung, Hygiene und natürlich Serviceoptimierung, etwa in Form geringerer Wartezeiten, höherer Transparenz oder Bequemlichkeit.

Die gastgewerblichen Unternehmen sind einem permanenten Kostendruck durch hohe Personal- und Warenkosten ausgesetzt und daher zu ständigen Rationalisierungsprozessen gezwungen. Die Branche reagiert auf den Kostendruck mit Depersonalisierung. Der Mensch wird durch Maschinen ersetzt, der „Faktor Arbeit" durch den „Faktor Kapital" (vgl. NERDINGER 1994). Es ist kein Zufall, dass deutsche Unternehmen aus dem Bereich des Maschinenbaus wie RATIONAL, Palux, MKN, Dörr, Meiko oder Winterhalter zu den weltweit führenden Technologieanbietern für das Gastgewerbe zählen. „Billiglohnländer" wie Südafrika, Ägypten, Thailand oder Vietnam verspüren keinen Problemdruck durch hohe Personalkosten. Sie können gastgewerbliche Dienstleistungen personalintensiv anbieten, ein systemischer Druck zur Rationalisierung bzw. Depersonalisierung besteht nicht.

Weil es schon heute schwierig ist, gute Servicekräfte auf dem Arbeitsmarkt zu gewinnen, sind beispielsweise elektronische Speisekarten eine fast schon logische Reaktion des Marktes. Das Bundesinstitut für Berufsbildung (BIBB) und das Institut für Arbeitsmarkt- und Berufsforschung der Bundesagentur für Arbeit (IAB) prognostizieren in ihren jüngsten Modellrechnungen der Qualifikations- und Berufsfeldprojektionen Engpässe auf der mittleren Qualifikationsebene auch für Gastronomieberufe (vgl. HELMRICH u. a. 2012, S. 1 ff). Über die Technologisierung kann es den Unternehmen gelingen, künftige demographische Probleme im Sinne fehlender Arbeitskräfte auf unterschiedlichen Qualifikationsebenen zu lindern. In der Folge wird betriebliches und Branchen-Know-how verloren gehen, ganze Berufsbilder werden aussterben, neue aber auch hinzukommen.

Die Technologisierung wird Unternehmensprozesse verändern, die für den Gast mal sichtbar, mal nicht sichtbar werden. So ist die im Beitrag vorgestellte Serviettenfaltmaschine gegenwärtig für nahezu alle gastgewerblichen Betriebe in der Anschaffung zu teuer bzw. überdimensioniert. Daher kann davon ausgegangen werden, dass weniger Hotels als vielmehr Wäsche-Dienstleister zu den Abnehmern der Maschine gehören werden. Diese werden Servietten zentral falten und den gastgewerblichen Betrieben im Umland als Dienstleistung anbieten, in den Betrieben entfällt der Arbeitsschritt. Kombidämpfer, die das Kochen revolutionieren, verändern die Küchenorganisation und den Produktionsprozess. Vor- und Zubereitung werden neu definiert, die Unternehmen können vermehrt qualifizierte Köche durch ungelernte bzw. angelernte Mitarbeiter ersetzen. Kassenhandgeräte sind ein weiteres Beispiel für die Änderung der Prozessabläufe. Es handelt sich hierbei um Kassengeräte, die in der Hand mobil eingesetzt werden können (vgl. zum Folgenden FUCHS 2008 a, S. 401). Durch die mobile Erfassung entfällt für die Servicefachkräfte der Weg zur nächsten fest installierten Kasse. Insbesondere bei Betrieben, die sich durch eine hohe Gästefrequenz, ein begrenztes Produktspektrum und eine kurze Verweilzeit auszeichnen (z. B. Straßencafés, Biergärten), werden organisatorische Ablaufprozesse umgestellt. Der Service wird personell getrennt in Mitarbeiter, die ausschließlich Bestellungen aufnehmen und kassieren, und Mitarbeiter, die servieren. Dadurch werden die Gäste mit mehreren Servicekräften konfrontiert, was wiederum zu einer Anonymisierung der Dienstleistung führen kann.

4.2 Gästesicht

Wie ist die Technologisierung aus Gästesicht zu bewerten? Einerseits haben neue Technologien das Potenzial, dass Gäste eine höhere Dienstleistungsqualität erfahren. Der Service kann optimiert, Flexibilität und Bequemlichkeit gesteigert werden. Andererseits darf nicht übersehen werden, dass durch die neuen Technologien mitunter ein schleichender Integrationsprozess des Gastes in die Dienstleistung erfolgt.

Seit geraumer Zeit ist zu beobachten, dass Unternehmen Gäste immer mehr in den Erstellungsprozess integrieren und somit Teile ihrer eigentlichen Dienstleistung abwälzen. Es ist eine Frage der Sichtweise: Suchmaschinen, die dem Gast von Zuhause eine Zimmerreservierung ermöglichen, schaffen Flexibilität und Transparenz, allerdings kostet die Suche bzw. Reservierung auch Zeit und Geld des Suchenden bzw. potenziellen Gastes. Check-in-Terminals, die dem Gast erlauben, selbstständig einzuchecken und seine Personaldokumente zu scannen, geben ihm Freiraum und Flexibilität, gleichzeitig übernimmt er Dienstleistungskomponenten, die früher das Unternehmen getätigt hat. Elektronische Speisekarten können dem Gast über Links Zusatzinformationen zu Speisen bzw. Getränken liefern, das fachspezifische Wissen des Sommeliers oder der Servicekraft wird unter Umständen nicht mehr abgefragt.

Nicht vergessen werden darf, dass technologiefernere Gästekreise möglicherweise Schwierigkeiten in der Bedienung neuer Technologien haben können und zu Konkurrenten abwandern. Fast schon philosophisch ist die Überlegung, ob Gäste durch die Technologisierung nicht kognitiv überfordert werden. Ein Durchdringen sämtlicher menschlicher Lebensräume ist kritisch zu sehen. Man kann davon ausgehen, dass Gäste auch einen „technologiefreien" Raum brauchen und wollen. Wenn etwa Menschen den ganzen Tag in ihrer Arbeitswelt informationstechnologisch eingebunden sind, genießen sie mit hoher Sicherheit „technologischen Freiraum". Statt selbst einzuchecken, genießen sie die Dienstleistung des Empfangsmitarbeiters. Statt auf Tablet-PCs die Speisekarte einzusehen, kann das Durchblättern einer physischen Speisekarte gewollte Abwechslung und Anlass für Kommunikation sein.

5 Dienstleistung ohne Dienstleister?

Auch wenn schon seit längerer Zeit einzelne gastgewerbliche Angebote wie Low Budget Hotels oder Verkaufsautomaten (vending machines) auf dem Markt existieren, die das Szenario „Dienstleistung ohne Dienstleister" haben wahr werden lassen, kann davon ausgegangen werden, dass in Zukunft neben technologieorientierten Angeboten personalorientierte Angebote, die dann folgerichtig ihren höheren Preis haben, weiter bestehen werden. Insofern wird sich das Spektrum von Dienstleistungen verbreitern.

Wenn man in Unternehmen eine Sichtbarkeitslinie („line of visibility") zieht, die den nichtöffentlichen Bereich vom öffentlichen Bereich trennt (vgl. FUCHS 2008 b, S. 618 ff), ist eine starke Technologisierung und Depersonalisierung im nichtöffentlichen – also für den Gast nicht einsehbaren – Bereich eher unkritisch zu beurteilen. Der kritische bzw. sensible Bereich liegt im öffentlichen, für den Gast einsehbaren Bereich.

Unternehmen, die vehement auf Technologisierung und Depersonalisierung setzen, muss geraten werden, die durch die Technologisierung gewonnenen ökonomischen Freiräume für den Gast zu nutzen. Setzen sie zu stark auf Technologien, drohen sie im Wettbewerb austauschbar zu werden und Profil zu verlieren. Die Rolle des Gastgebers bzw. die gekonnte „Vermittlung des Willkommenseins" (RÖSCH 2007, S. 27) darf nicht vergessen werden. Insofern ist ein ständiges Austarieren von Gästeorientierung und Nutzung von Rationalisierungspotenzialen notwendig. Technologieanbieter müssen darauf achten, dass sie ihre Produkte in der Entwicklung nicht überdimensionieren bzw. technologisch nicht „überfrachten". Ansonsten werden diese zu teuer, zu komplex und von den Abnehmern nur noch bedingt anwendbar. Gäste müssen einen Mehrwert in den neu eingeführten Technologien erkennen. Erkennen sie diesen nicht, nehmen sie den Fortschritt nicht an.

Literatur

DÖRR, Th. (Hrsg.) (o. J. a): TD 8000 Besteckpoliermaschine. Firmenprospekt, Sinsheim

DÖRR, Th. (Hrsg.) (o. J. b): Gläserpoliermaschine TD 1000/TD 500. Firmenprospekt, Sinsheim

DÖRR, Th. (Hrsg.) (o. J. c): TD 800 Besteckeinwickelmaschine mit Fillomat. Firmenprospekt, Sinsheim

FUCHS, W. (2008 a): Kassenhandgerät. In: FUCHS, W./MUNDT, J. W./ZOLLONDZ, H.-D. (Hrsg.): Lexikon Tourismus: Destinationen – Gastronomie – Hotellerie – Reisemittler – Reiseveranstalter – Verkehrsträger, München/Wien, S. 401

FUCHS, W. (2008 b): Service Blueprint. In: FUCHS, W./MUNDT, J. W./ZOLLONDZ, H.-D. (Hrsg.): Lexikon Tourismus: Destinationen – Gastronomie – Hotellerie – Reisemittler – Reiseveranstalter – Verkehrsträger, München/Wien, S. 618–620

FUCHS, W./BESEMER, S. (2011): Der AHGZ-Speisekartentest (12): Restaurant Holyfields in Frankfurt. In: Allgemeine Hotel- und Gastronomie-Zeitung (AHGZ), 111. Jg., Nr. 21 vom 21. Mai, S. 19

HELMRICH, R./ZIKA G./KALINOWSKI, M./WOLTER, M. I. (2012): Engpässe auf dem Arbeitsmarkt: Geändertes Bildungs- und Erwerbsverhalten mildert Fachkräftemangel. In: BIBB-Report, o. Jg., Heft 18, S. 1–14

HS/3 Hotelsoftware (Hrsg.) (o. J.): Die professionelle Softwarelösung für Hotels & Pensionen. Firmenprospekt, Detmold

KIEFER, E. (2012): INTERGASTRA-Innovationspreis: Das sind die Preisträger 2012. In: INTERGASTRA Magazin, o. Jg., Heft 1, S. 8–10

NERDINGER, F. W. (1994): Zur Psychologie der Dienstleistung: Theoretische und empirische Studien zu einem wirtschaftspsychologischen Forschungsgebiet, Stuttgart

NOONE, B. M./COULTER, R. C. (2012): Applying Modern Robotics Technologies to Demand Prediction and Production Management in the Quick-Service Restaurant Sector. In: Cornell Hospitality Quarterly, Vol. 53, No. 2, S. 122–133

O. V. (2011): Berührungsängste Fehlanzeige. In: food service, 30. Jg., Heft 2, S. 24–29

RATIONAL AG (Hrsg.) (2011): Das neue Rational SelfCookingCenter whitefficiency. Presseinformation, Landsberg

RÖSCH, P. (2007): Gastfreundschaft und Tourismus. In: PECHLANER, H./RAICH, F. (Hrsg.): Gastfreundschaft und Gastlichkeit im Tourismus: Kundenzufriedenheit und -bindung mit Hospitality Management, Berlin, S. 25–30

www.ariane-systems.com

www.theqube.de

Gut vernetzt! M-Commerce und Social Media als neue Steuerfaktoren des touristischen Vertriebs?

Charlotte Freitag

1 Einleitung

Der touristische Vertrieb in Deutschland hat in den vergangenen Jahren zahlreiche Veränderungen erfahren. Insbesondere innerhalb der Reisebüro- und Reiseveranstalterbranchen vollzog sich ein erheblicher Strukturwandel, für den vor allem die Einführung neuer Vertriebswege verantwortlich war.

Speziell Online-Reisebüros und der Direktvertrieb von Reiseveranstaltern und Leistungsträgern über das Internet haben die Wettbewerbssituation für die traditionellen, stationären Reisebüros zunehmend verschärft und die Strukturen des gesamten Marktes grundlegend verändert (vgl. STEINECKE 2006, S. 93–94). Hinzu kommt neuerdings eine steigende Bereitschaft, Online-Einkäufe auch über Soziale Medien wie Facebook, Twitter oder Händler-Blogs zu tätigen (vgl. www.tourismuszukunft.de 2011).

Nicht etablieren konnte sich in den letzten Jahren hingegen der Vertrieb von Reisen über das Fernsehen, das so genannte TV-Reiseshopping. Trotz zahlreicher Versuche von Reiseveranstaltern, Teleshoppingsendern oder einzelnen Reiseshoppingsendungen ist es dieser Vertriebsform bislang nicht gelungen, sich genügend Marktanteile zu sichern (vgl. FREITAG 2011, S. 5).

Im Laufe der Entwicklung des touristischen Vertriebs haben sich nicht nur die genannten Strukturen, sondern auch die Bedürfnisse und Präferenzen der Nachfrager geändert, wobei sich diese Entwicklungen sicherlich gegenseitig bedingt haben. Der Konsument von heute gibt sich nicht mehr mit einfachen Pauschalreisen zufrieden, der „Urlaub von der Stange" verliert zunehmend an Relevanz. Vielmehr wächst bei den Nachfragern das Bedürfnis nach einer kurzfristig zugänglichen und individuell gestaltbaren Angebotsvielfalt (vgl. BIEGER 2006, S. 124). Orientiert wird sich dabei zwar nach wie vor an den Informationen von Freunden und Bekannten, aber immer weniger an Katalogen und harten Fakten. Deutlich wichtiger sind somit in zunehmendem Maße die Meinungen und Erfahrungen anderer Urlauber, welche in Online-Bewertungsportalen oder Social-Media-Kanälen verfügbar gemacht werden.

Als Reaktion auf die strukturellen Anpassungen des touristischen Vertriebs und das differenzierte Konsumentenverhalten haben sich auch die Ansprüche an das Tourismusmarketing verändert (vgl. STEINECKE 2006, S. 307). So sind Markenbildungsaktivitäten deutlich gestiegen, und der traditionelle „Reisekatalog" erfährt Konkurrenz für Online-Werbung, Direktmarketing und Empfehlungsmarketing.

Die folgenden Abschnitte dieses Artikels handeln zunächst grundlegend vom strukturellen Wandel im touristischen Vertrieb, wobei insbesondere die heutige Relevanz der Buchungswege und ihre Besonderheiten im Vordergrund stehen. Darauf aufbauend widmet sich der vorliegende Beitrag dem veränderten Konsumentenverhalten und dessen Steuerfaktoren. Bevor ein Fazit gezogen wird, werden die Reaktionen des Marketings auf diese Gegebenheiten dargestellt.

2 Vom Reisebüro ins Internet und weiter – der touristische Vertrieb im Umbruch

Die Tourismuswirtschaft ist seit mehreren Jahren durch ein verändertes Konsumentenverhalten, die Liberalisierung der Märkte, eine zunehmende Marktsättigung, einen wachsenden globalen Wettbewerb sowie die Einführung neuer Informations- und Kommunikationsmedien gekennzeichnet (vgl. STEINECKE 2006, S. 72). Als Reaktionen auf die sich wandelnden Marktbedingungen wurden auch neue, direkte Vertriebsformen entwickelt, durch die sich die generelle touristische Absatzstruktur verändert hat. Das älteste Vertriebssystem in Deutschland, das stationäre Reisebüro, hat somit eine starke Konkurrenz bekommen (vgl. Abb. 1).

Wie Abbildung 1 zeigt, werden die komfortablen Möglichkeiten der Direktbuchungen von Reiseleistungen – vor allem über das Internet – von Urlaubern mittlerweile gerne genutzt. Das Reisebüro muss trotz seiner ungebrochenen Beliebtheit langfristig Marktanteile abgeben.

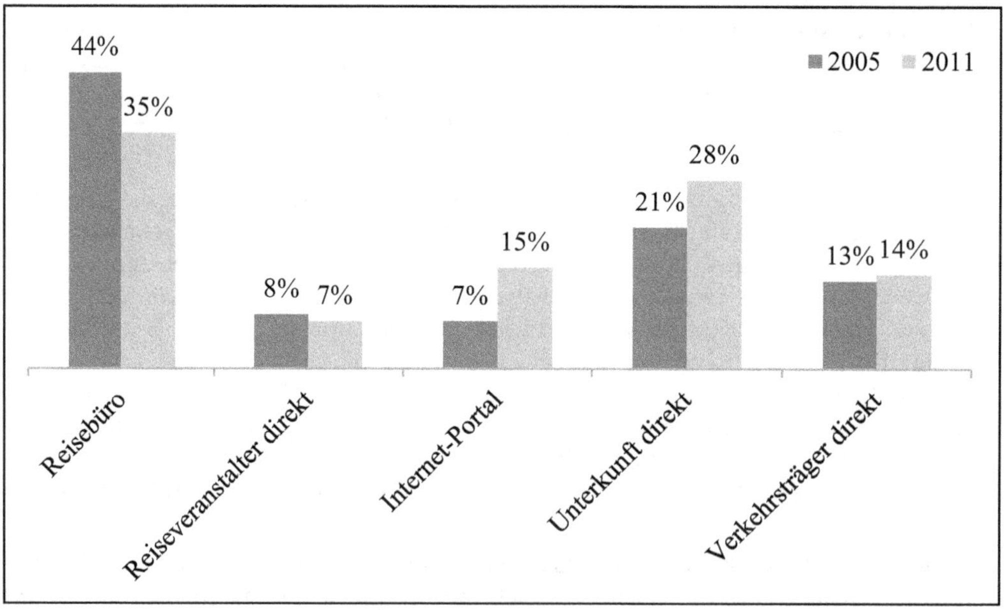

Abb. 1: Relevanz touristischer Vertriebsformen in Deutschland 2005 vs. 2011 (Quelle: FUR 2012)

2.1 Steuerfaktoren der Entwicklung

Verantwortlich für die oben aufgezeigte Entwicklung sind zum einen veränderte gesellschaftliche Gegebenheiten. Seit Anfang der 1990er Jahre kann in Deutschland die Mehrzahl der Bevölkerung am Tourismus teilnehmen. Die Urlaubsreise hat sich längst vom Luxuskonsumgut der 1950er Jahre zu einem Standardgut entwickelt. So stieg auch die Reiseintensität stetig an – von 24 % im Jahr 1954 auf 76 % im Jahr 2011 (vgl. Abb. 2).

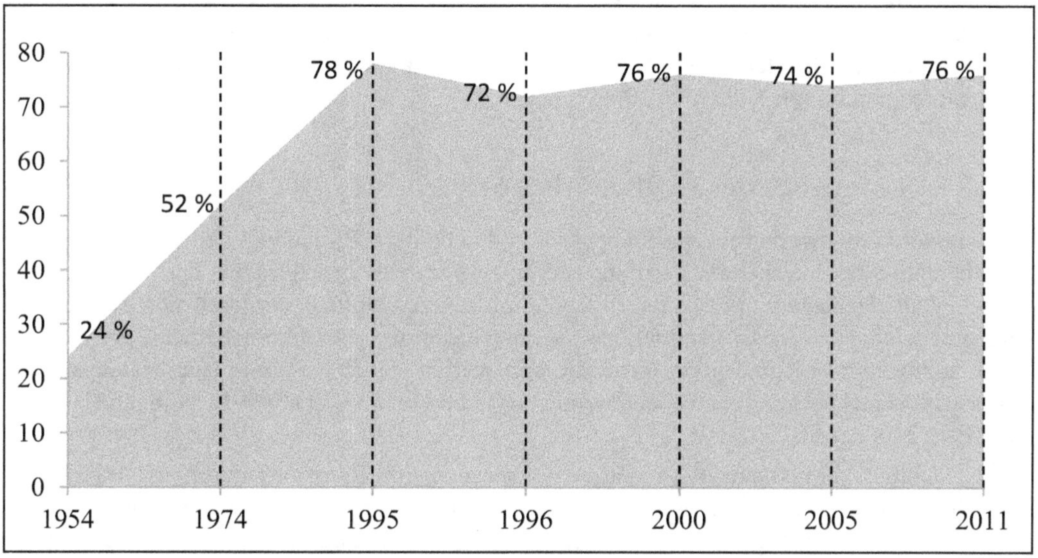

Abb. 2: Entwicklung der Urlaubsreiseintensität von 1954 bis 2011 (Quelle: FUR 2012)

Im Zuge der gestiegenen (internationalen) Reiseerfahrungen haben sich zum anderen die Werthaltungen der Konsumenten verändert: Sie verlangen ein immer differenzierteres Angebot, welches ständig verfügbar sein soll und auch mehrmals im Jahr abgerufen wird. So wandelte sich die Gewohnheit, eine Urlaubsreise im Jahr zu unternehmen, hin zu dem Trend der Zweit-, Dritt- oder Viertreise. Außerdem haben sich die Reisemotive verändert: Während in den 1960er Jahren noch Erholung, Abwechslung, Freiheit und der Reiz des Fremden und Neuen im Mittelpunkt der Motivstruktur standen, ist seit 1990 eine deutliche Verschiebung in Richtung selbst- und erlebnisbezogener Motive zu beobachten (vgl. KOLLAND 2006, S. 285–260).

Die wachsenden Ansprüche der Urlauber an das Angebot sind zugleich ein deutlicher Beleg für die Souveränität der Kunden, die seit den 1960er Jahren stetig gestiegen ist (der Verkäufermarkt der 1960er und 1970er Jahre hat sich längst zu einem Käufermarkt gewandelt, der durch ein Überangebot und damit durch einen erheblichen Wettbewerbsdruck für die Unternehmen gekennzeichnet ist; vgl. STEINECKE 2006, S. 57).

Somit entsprechen die standardisierten Massenprodukte, die von den großen Reisekonzernen bis Ende der 1980er Jahre angeboten wurden, bei weitem nicht mehr den Bedürfnissen der heutigen Nachfrager (vgl. KOLLAND 2006, S. 259).

Um ihr Angebot den veränderten Präferenzen der Nachfrager anzupassen, entwickelten die Anbieter flexiblere und individuellere Formen der Pauschalreise. Besonders hervorzuheben sind hier die so genannten Bausteinreisen. Bei dieser Organisationsform werden dem Kunden individuell kombinierbare Reiseleistungen zur Wahl gestellt, aus denen er sich nach seinen Wünschen eine Reise zusammenstellt.

Im Zuge der Angebotsdifferenzierung wurden in den Jahren von 1990 bis 2000 auch die Informations- und Absatztechnologien weiterentwickelt. War der Kunde bei der Wahl eines Urlaubsangebots früher auf ein Reisebüro sowie schriftliche oder telefonische Anfragen von Vakanzen angewiesen, konnte er seine Reise am Ende des 20. Jahrhunderts einfacher und selbstständiger auswählen (vgl. ECHTERMEYER 1998, S. 116). Insbesondere die Weiterentwicklung der CRS (Computer-Reservierungssysteme) trug zunächst dazu bei, flexiblere und maßgeschneiderte Produkte zu liefern und damit auf Individualisierung und Marktsegmentierung zu reagieren (vgl. KOLLAND 2006, S. 259).

2.2 Das Internet: der Wettbewerber Nr. 1

Als starker Wettbewerber für die Reisebüros und auch die CRS entwickelte sich ab Ende der 1990er Jahre das Internet als Vertriebsmedium. Angesichts der Tatsache, dass sich Kunden zunehmend eigenständig über Reiseangebote informieren wollten, erwiesen sich die CRS als ein unzureichendes Vertriebsmittel, da sie im Gegensatz zum Internet über keine direkte Verbindung zum Endkunden verfügen (die CRS stellen jedoch weiterhin eine leistungsfähige Informationstechnologie zur Unterstützung des Absatzes touristischer Leistungen dar; vgl. WISSING 2006, S. 5).

Eine wichtige Voraussetzung für den Strukturwandel im Tourismus durch das Internet ist allerdings zunächst eine ausreichende Internetnutzung innerhalb der Bevölkerung. Seit dem Jahr 2000 ist der Internetzugang enorm gestiegen – von 22 % auf ca. 73 % im Jahr 2012 (vgl. V. I. R. 2012, S. 20). Ein weiteres Indiz für den Bedeutungszuwachs ist die stetig steigende Zahl an Personen, die das Internet sowohl für die Informationssuche als auch für die Buchung von Urlaubsreisen nutzen (vgl. Abb. 3).

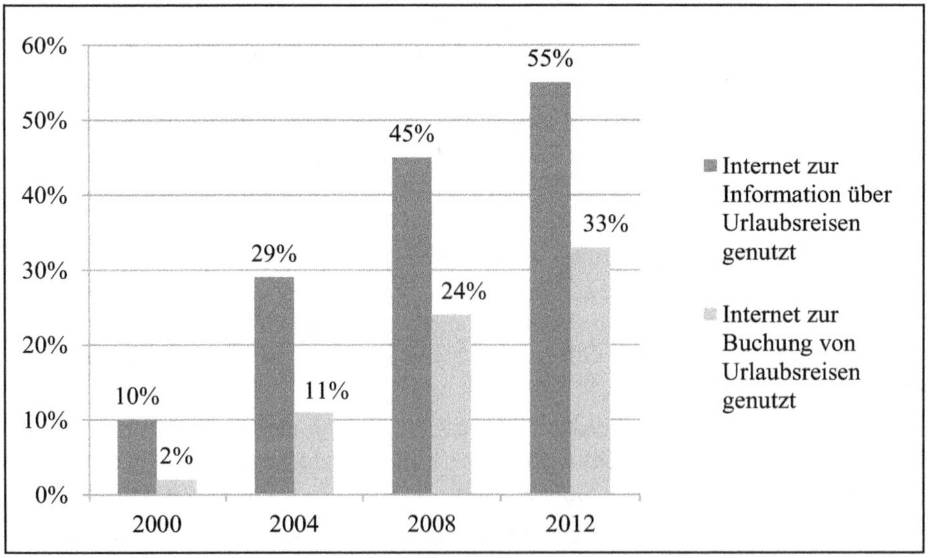

Abb. 3: Bedeutungszuwachs der Internetnutzung für Urlaubsreisen (Quelle: V. I. R. 2012, S. 21)

Insbesondere in den Anfangszeiten des Online-Vertriebs von Reisen informierten sich zwar viele Urlaubsuchende am Computer, buchten ihre Reise aber weiterhin im Reisebüro (vgl. FUCHS 2006, S. 8). Das Phänomen „look, not book" war lange Zeit eines der größten Probleme des Internet-Vertriebs. Mittlerweile wird das Internet zunehmend für Reisebuchungen genutzt, vor allem für Direktbuchungen von Beherbergungsleistungen (15 %) und Flugtickets (9 %) sowie für Buchungen von Pauschalreisen (9 %; vgl. V. I. R. 2012, S. 22).

Besonders die Kriterien „zeitliche und örtliche Verfügbarkeit", die Möglichkeit der „Interaktivität und Individualität" sowie „frei zugängliche und mehrheitlich kostenfreie Informationen" haben das Internet zu diesem starken Wettbewerber werden lassen. Aufgrund der vielfältigen Möglichkeiten, die das Internet bietet, kann der Kunde beispielsweise eine größere Auswahl an Angeboten bei höherer Produkttransparenz einsehen, Preise leichter vergleichen, Anfragen direkt per E-Mail stellen und Reservierungs- und Zahlungsvorgänge bequem von zu Hause aus abwickeln (vgl. EGGER 2005, S. 13) – diese Multioptionalität entspricht auch den veränderten Bedürfnissen der Nachfrager.

Als wesentliche Trends auf der Nachfrageseite sind zu nennen:

- *Zeiteffizienz und Flexibilität*: Auch bei der Planung und Gestaltung von Urlaubsreisen soll mittlerweile die Nutzung verschiedener Einkaufs- und Dienstleistungsangebote miteinander kombiniert werden (Prinzip des „One-Stop-Shoppings"). Es gilt vor allem, die Zahl unterschiedlicher Erlebnisse pro Zeiteinheit zu maximieren. Da die Reiseentscheidung immer kurzfristiger getroffen wird, erwarten die Konsumenten von den Anbietern schnell verfügbare Informationen und bequeme Buchungsmöglichkeiten (vgl. STEINECKE 2011, S. 294).
- *Preissensibilität und Anspruchsdenken*: Immer mehr Kunden zeigen sowohl Interesse an erlebnisorientierten Hochpreisangeboten als auch an funktionalen Niedrigpreisprodukten. Somit wird zukünftig eine Polarisierung des Marktes erwartet: Die Nachfrage nach Billig- und Luxusurlauben wird steigen, während Angebote ohne besonderes Profil weitgehend vom Markt verschwinden werden (vgl. STEINECKE 2011, S. 294).
- *Multioptionalität und Individualität*: Bei den Nachfragern ist das Bedürfnis nach einer möglichst großen, kurzfristig zugänglichen Angebotsvielfalt gewachsen. Zudem möchten sich die Urlauber ihr Angebot nach ihren eigenen Bedürfnissen zusammenstellen. Der „Urlaub von der Stange" verliert zunehmend an Attraktivität. Gleichzeitig wächst der Wunsch des Einzelnen, sich von der Masse abzuheben und im touristischen Massenmarkt individuell behandelt zu werden (vgl. BIEGER 2006, S. 124; vgl. STEINECKE 2011, S. 295).
- *Erlebnis- und Erfahrungssuche:* Angesichts einer zunehmenden Standardisierung des Konsums, einer Technisierung der Arbeitswelt und einer Anonymisierung der Gesellschaft haben die Konsumenten mittlerweile ein gesteigertes Interesse an Produkten, die einen Zusatznutzen bieten. So sind Urlauber auf der Suche nach ungewöhnlichen Erlebnissen und neuartigen Erfahrungen. Die Urlaubsaktivitäten und das Reiseziel geraten dabei immer mehr zu einem Instrument, sich auszuzeichnen und abzugrenzen (vgl. STEINECKE 2011, S. 295).
- *Gesundheits- und Körperbewusstsein*: Verstärkte Belastungen in der Arbeitswelt, Zeitknappheit und die wachsende Individualisierung haben dazu geführt, dass Freizeit und Urlaub heute stärker zur physischen und psychischen Regeneration genutzt werden (vgl. BIEGER 2006, S. 124; vgl. STEINECKE 2011, S. 295).

- *Berechenbarkeit*: Aufgrund des unüberschaubaren und vielfältigen Angebots suchen Urlauber zunehmend nach Transparenz, Produktsicherheit und Möglichkeiten, die Qualität der Leistungen zu berechnen und einzuschätzen. Diese Ansprüche führten bereits zu gestiegenen Markenbildungsaktivitäten der Anbieter und zu Klassifizierungen der Angebote (vgl. STEINECKE 2011, S. 296).

Aus diesen Trends, welche die touristische Nachfrage seit dem Jahr 2000 in zunehmendem Maße kennzeichnen, haben sich vielfältige Konsequenzen für die Anbieter und deren Angebote ergeben.

Eine Angebotsinnovation der letzten Jahre, die den veränderten Kundenbedürfnissen und höheren Ansprüchen Rechnung trägt, ist das so genannte Dynamic Packaging. Es gilt als Schlüsselkonzept für den Internetverkauf von Pauschalreisen und wurde als neue, virtuelle Variante der Bausteinreise entwickelt, wobei das Kernprinzip eine auf Kundenanforderungen basierende modulare Leistungsbündelung darstellt (STENGEL 2007, S. 5):

> „Das Dynamic Packaging ist ein flexibler und interaktiver Produktionsprozess, bei dem ein touristisches Leistungsbündel aus unterschiedlichen Quellen erstellt wird. Dabei wird auf eine Kundenanfrage ein Reisepaket gemäß den individuellen Anforderungen des Kunden in Echtzeit zu einem Gesamtpreis zusammengestellt, welches pauschalrechtlich abgesichert ist."

Das Internet wird hierbei zur vollständigen Prozessabwicklung genutzt – von der Auswahl über die Kombination bis hin zur Buchung der einzelnen Bausteine (vgl. WISSING 2006, S. 7). Über eine Eingabemaske auf der Website des Anbieters gibt der Benutzer das Datum, den Zielort und weitere Optionen ein und bekommt in Echtzeit, also ohne nennenswerte Zeitverzögerungen, verschiedene Angebote präsentiert, die seinen Auswahlkriterien entsprechen. Das komplette Paket, zumeist bestehend aus Flug, Hotel und Mietwagen, wird dann mit einem Endpreis ausgewiesen. Im Falle einer Buchung bezahlt der Kunde also eine Gesamtleistung. Somit ermöglichen das Internet und neue Softwaretechniken dem Kunden nun, Pauschalreisen inhaltlich eigenständig zu gestalten und die Auswahl einzelner Aspekte seiner Urlaubsreise selbst in die Hand zu nehmen. Mit dem Instrument des Dynamic Packaging ist es den Anbietern gelungen, potentiellen Kunden mehr Flexibilität und Individualität in einem Produktportfolio anzubieten, das üblicherweise durch Einheitlichkeit und Standardisierung gekennzeichnet wird (vgl. ULYSSES WEB-TOURISMUS 2008).

Neben dem Dynamic Packaging, das sich hauptsächlich aus dem Nachfragetrend der Multioptionalität und Individualität ergibt, sind noch weitere Produkttrends als Reaktion auf die neuen Kundenbedürfnisse entstanden. Hierzu gehören u. a. (vgl. STEINECKE 2011, S. 294–296):

- Wachstum von Last-Minute-Reisen, Kurzurlaubsreisen und Städtereisen (Zeiteffizienz und Flexibilität),
- Billig- und Luxusurlaube (Preissensibilität und Anspruchsdenken),
- Kurzurlaube in multifunktionalen Einrichtungen, Kreuzfahrten, Baukasten-Systeme (Multioptionalität und Individualität),
- Kultur- und Bildungsreisen, Kurzurlaubsreisen in Erlebnis- und Konsumwelten, Abenteuer- und Extremsportreisen, esoterische Reisen etc. (Erlebnis- und Erfahrungssuche),
- Fitness-, Wellness- und Kururlaube (Gesundheits- und Körperbewusstsein),
- All-Inclusive-Reisen (Berechenbarkeit).

Hinzu kommt ein weiterer Trend, der sich ebenfalls auf die gesamte Branche auswirken kann: Auch im Tourismus werden Social-Media-Kanäle vermehrt zur Informationssuche und zum Erfahrungsaustausch genutzt – sowohl am heimischen PC als auch von unterwegs mit Hilfe von Smartphones und Tablet-PCs.

2.3 M-Commerce: Das neue Internet?

Im Vergleich zu vorherigen Jahren sind die Buchungen in stationären Reisebüros im Jahr 2011 weiter zurückgegangen (vgl. Abb. 1). Besonders das Internet hat als Vertriebsmedium für Reisen und Reiseleistungen von dieser Entwicklung profitiert und sie sogar maßgeblich bestimmt. Mittlerweile ist es als Buchungsmedium fest etabliert (vgl. Abb. 3). Diese Entwicklung zu einer technik-basierten Distribution hat in jüngster Zeit eine weitere Ausdifferenzierung erfahren: die Möglichkeit, Produkte der Tourismusindustrie auch über mobile Endgeräte nachzufragen.

Smartphones und Tablet-PCs funktionieren für Reisebuchungen nicht anders als das Internet insgesamt – auch sie greifen auf das Online-Angebot der Anbieter zurück. Allerdings besteht ein wesentlicher Unterschied darin, dass sie in der Regel mobil, das heißt in diesem Fall von unterwegs, genutzt werden. Die ständige Verfügbarkeit, ein Vorteil des Internets, erhöht sich somit weiter.

Trotz des allgemein hohen Zuspruchs, den *„iPhones und Co"* erfahren, reagiert die Reisebranche noch zögerlich auf die Möglichkeiten, die sich auch im Hinblick auf diese neuen Vertriebskanäle bieten. So wollen zwar immer mehr Reisende mit mobilen Endgeräten buchen, allerdings finden sie bislang nur selten die Möglichkeiten dazu (vgl. www.faktum.at; 03/2012).

Voraussetzung für den Vertrieb über mobile Endgeräte sind mobile Websites und Applikationen (Apps), welche das Angebot reduziert und graphisch aufbereitet für kleinere Bildschirmauflösungen übersichtlich darstellen. Reiseveranstaltern und Leistungsträgern darf es vor diesem Hintergrund nicht genügen, einzig eine Kopie ihrer Online-Präsenz zu schaffen. Vielmehr geht es darum, durch innovative Ansätze Aufmerksamkeit zu generieren und bereits den Buchungsvorgang zu einem – einfach händelbaren – Erlebnis zu machen.

Wer als Nachfrager jedoch zurzeit nach solchen Reise-Apps sucht, landet zumeist im Niemandsland (www.faktum.at; 03/2012): „Während die User mit Smartphones und modernen Handcomputern durch das Leben steuern, erwachen Hotels, Destinationen und Veranstalter sehr langsam aus dem Trend-Tiefschlaf."

Der Zeitpunkt, aus dem Tiefschlaf zu erwachen, ist in jedem Fall günstig, wenn nicht fast überfällig: Für den deutschen Markt wird im Jahr 2012 mit dem Verkauf von 28,9 Millionen Mobiltelefonen gerechnet – 55 % davon werden voraussichtlich Smartphones sein, womit sich ihr Anteil an den Umsätzen laut Prognosen auf 76 % belaufen wird (vgl. BITKOM 2012). So werden also immer mehr touristische Anbieter mit der Tatsache konfrontiert, dass man die mobilen Endgeräte auch in vertrieblicher Hinsicht nicht mehr ignorieren kann.

Schätzungen gehen davon aus, dass bis zum Ende des Jahres 2013 „jeder dritte touristische Anbieter seine digitale Präsenz für mobile Werkzeuge adaptiert […]. Spätestens in fünf Jahren soll es fast flächendeckend möglich sein, mit dem Super-Handy Feriengeschäfte zu tätigen." (www.faktum.at; 03/2012).

Die Herausforderung besteht momentan allerdings zunächst darin, tatsächlich brauchbare Lösungen und Angebote zu schaffen. Die wichtigsten Kriterien für Unternehmen (gemäß den Anforderungen durch die Konsumenten), im mobilen Vertrieb wettbewerbsfähig zu sein, sind hierbei sicherlich die einfache Auffindbarkeit der Anbieter und Angebote, die intuitive Bedienbarkeit und ausreichend verfügbare Informationen in Social-Media-Kanälen. Dabei ist jedoch zu beachten, dass nur hochwertige Portale im mobilen Vertreib langfristig wettbewerbsfähig sein werden, da die sowohl reise- als auch smartphoneerfahrene Klientel empfindlich auf technische Unzulänglichkeiten, Qualitätsmängel und wenig überzeugende Features reagiert.

Bewertet werden die genannten Kriterien nicht individuell: Bestätigt oder auch dementiert werden Meinungen zunehmend in Sozialen Netzwerken wie Facebook oder Twitter. So vertrauen Reisende oder Urlaubswillige heutzutage mehr den Aussagen anderer Nutzer als den Versprechen in herkömmlichen Reisekatalogen (vgl. DIENER 2012, S. R 1).

Trotz vieler Vorteile, die der mobile Internetvertrieb langfristig sicherlich mit sich bringt, steht er vor einer Entwicklung, welche auch der herkömmliche E-Commerce in den Anfangsjahren erlebt hat: Er ist mehr Informations- als Buchungsmedium. Dass sich dies jedoch rasch ändern kann, wurde durch die Entwicklung des Internet-Vertriebs ausreichend bewiesen. Die Grundlagen für eine weitere, spannende Entwicklung sind in jedem Fall geschaffen: Sowohl vor dem Urlaub als auch im Reiseland werden Informationen zunehmend mit Hilfe von Smartphones abgerufen, und erste Buchungen sind bereits eingegangen.

Von diesen Entwicklungen bleiben auch die grundlegenden Strukturen des touristischen Vertriebs nicht unberührt. Gemäß eines Phasenmodells können der Strukturwandel im touristischen Vertrieb und dessen Steuerfaktoren nun folgendermaßen dargestellt werden:

Phase 1: Eigenständige Reisebüros dominieren die Branche (bis Ende 1980er Jahre)
Vertriebsebene: Direktbuchungen bei Leistungsträgern, inhabergeführte Reisebüros
Nachfrageseite: relativ unerfahrene, anspruchslose Gäste
Angebotsseite: konkurrierende Einzelunternehmen, Verkäufermarkt;
Produkte: Übernachtungsleistungen, Fahrausweise, Pauschalreisen
Technologie: Telefon, Telex, erste CRS

Phase 2: Aus inhabergeführten Reisebüros werden Filialen (1990er Jahre bis 2000)
Vertriebsebene: Trend zur Konzentration und Filialisierung in der Reisebürobranche
Nachfrageseite: anspruchsvollere, reiseerfahrene Kunden, steigende Markenorientierung
Angebotsseite: Käufermarkt, konkurrierende Touristikkonzerne
Produkte: Pauschalreisen, Bausteinreisen
Technologie: CRS

Phase 3: Das Internet revolutioniert den Markt (Jahr 2000 bis in die Gegenwart)
Vertriebsebene: Differenzierung: Reisebüroketten, Direktvertrieb, Internet, Fernsehen
Nachfrageseite: reiseerfahrene, hybride, souveräne, individualistische Konsumenten
Angebotsseite: Spezialisten, Nischenanbieter
Produkte: diversifiziertes Angebot, Dynamic Packaging
Technologie: Internet Booking Engines

Phase 4: Der Mobile-Vertrieb versucht sich zu etablieren (Jahr 2011 bis ?)
Vertriebsebene: Internet und Smartphones, Tablet PCs (M-Commerce)
Nachfrageseite: reise- und technikerfahrene, individualistische, markenbewusste Kunden
Angebotsseite: Premiumanbieter der Touristik, Nischenanbieter, Technik-Start-Ups
Produkte: diversifiziertes Angebot, Dynamic Packaging
Technologie: Internet-Booking-Engines, Apps

?

Abb. 4: Phasen des Strukturwandels im touristischen Vertrieb und deren Steuerfaktoren (Quelle: eigene Darstellung)

3 Konsumentenverhalten 3.0

Mit einer steigenden Reiseerfahrung veränderte sich im Laufe der Jahre auch das Anspruchsniveau der Touristen. Im hochentwickelten Käufermarkt der Gegenwart sind Nachfrager auf der Suche – zum einen nach Individualität, zum anderen nach dem besten Preis-Leistungs-Verhältnis. Darüber hinaus weisen sie eine geringe Loyalität gegenüber den Anbietern auf: Sie wechseln häufig den Reiseveranstalter, und auch bei der Wahl der Buchungsstätte erweisen sie sich als äußerst flexibel (vgl. KARABDIC 2002, S. 105).

Während die Reisemotive an sich im Laufe der Zeit relativ konstant geblieben sind, hat sich das Informations- und Buchungsverhalten deutlich geändert. Als ausschlaggebender Steuerfaktor ist auch hier das Internet zu nennen.

3.1 Reisemotive: warum wir in den Urlaub wollen

Unabhängig davon, welche Informationsquellen und Vertriebsmedien letztendlich für die Auswahl und Buchung der Urlaubsreise genutzt werden, sind zunächst die Reisemotive ausschlaggebend für die Wahl eines bestimmten Angebots. Dabei lassen sich einzelne Reisemotive in unterschiedliche Motivgruppen einteilen (FUR 2009, S. 93):

- Motive der physischen Erholung und psychischen Entspannung/der Distanz zum Alltag,
- Motive des Zusammenseins mit Kindern, Familie und Partner,
- Motive des Kontaktes und des Zusammenseins mit anderen (als der Familie),
- Motive des Sich-Wohlfühlens/Wohlbefindens und Sich-Pflegens,
- Motive des Natur- und Umwelt-Erlebens und der Gesundheitsvorsorge,
- Motive der sportlichen Betätigung,
- Motive des Erlebens und Kennenlernens neuer Länder.

Offensichtlich sind diese Motivgruppen nicht trennscharf; sie können sich überschneiden und auch kombiniert auftreten. Außerdem stehen die genannten Motive nicht gleichgewichtig nebeneinander. Vielmehr existiert eine Architektur der Motive, wobei das Grundbedürfnis nach Erholung und Entspannung das Fundament bildet. Darüber liegen drei Hauptbedürfnisse: das Bedürfnis nach Steigerung des psychischen und physischen Wohlbefindens, das Bedürfnis nach emotionaler Bereicherung und Erlebnissen sowie das Bedürfnis nach geistiger Bereicherung (vgl. FUR 2009, S. 93). In den vielfältigen Reisemotiven kommen die unterschiedlichen persönlichen Erwartungen an das Urlaubsangebot und die Anbieter zum Ausdruck. Ob jedoch tatsächlich eine Reise unternommen wird, hängt mit individuellen Entscheidungsprozessen und zunehmend mit Empfehlungen und Meinungen anderer Reisender zusammen.

3.2 Informationsquellen – welche Freunde bleiben wichtig?

Während des Prozesses der Reiseentscheidung nutzen die Konsumenten unterschiedliche Informationsquellen. Besonders wichtig waren im Jahr 2004 Ratschläge von Freunden und Bekannten, Auskünfte im Reisebüro, eigene Erfahrungen, Prospekte von Reiseveranstaltern und das Internet (vgl. Abb. 4).

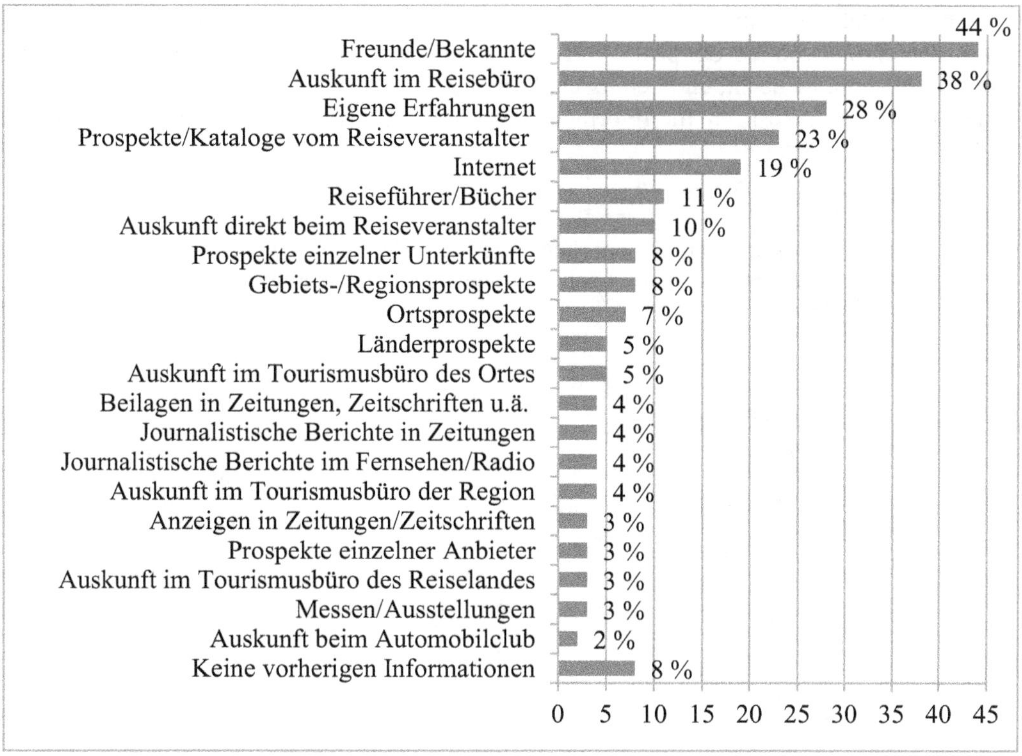

Abb. 5: Informationsquellen für die Haupturlaubsreise 2004 (Quelle: vgl. FUR 2006, S. 6)

Auch im Jahr 2012 sind die Meinungen und Erfahrungen von Gleichgesinnten ausschlaggebend für die Wahl der Urlaubsreise. Mittlerweile wenden sich die Konsumenten jedoch nicht mehr nur an Freunde und Bekannte, sondern auch an Interessensgruppen, die sie in den Sozialen Netzwerken treffen. Foren und Hotelbewertungsportale, in denen Eindrücke und Erfahrungen unbeschönigt dargestellt werden, gewinnen außerdem an Relevanz.

3.3 Social Media – der Konsument wird sozial

Um Kunden von der eigenen Marke zu überzeugen, gilt es immer mehr, vor allem Meinungen zu beeinflussen. Ebenso wie die Marke selbst sollten auch die Konsumenten Geschichten erzählen: über ihren Urlaubsort, das Hotelzimmer, die Betreuung durch den Reiseveranstalter vor Ort etc. Diese Erfahrungen, die jeder Reisende vor allem in seinem direkten Umfeld kundtut und von denen sich andere beeinflussen lassen, werden heute zunehmend über Soziale Netzwerke verbreitet. Und obwohl den Meinungen von Freunden und Bekannten generell mehr Glauben geschenkt wird als den Äußerungen unbekannter Personen, beeinflussen auch sie die Entscheidungen maßgeblich. Das beste Beispiel hierfür sind sicherlich die eigenen sozialen Netzwerke, da sie durchaus den Charakter eines Freundeskreises haben. Insbesondere die Reichweite der Social Media Kanäle hat hier eine immense Wirkung: Während persönliche Erfahrungen bislang für einen relativ kleinen Personenkreis zugänglich waren, können über Facebook nun theoretisch Millionen Personen Meinungen äußern – und das in einem erkennbaren Kontext (vgl. www.i-marketing-net.com; 04/2012).

So hatten im Jahr 2010 knapp zwei Drittel der Deutschen ihre Urlaubsentscheidung mindestens schon einmal von sowohl positiven als auch negativen Meinungen und Bewertungen im Internet abhängig gemacht, und bereits ein Drittel der Mitglieder von Social-Media-Kanälen hatten ihre Netzwerke auch für Informationen rund um das Thema Urlaub berücksichtigt (vgl. Abb. 6).

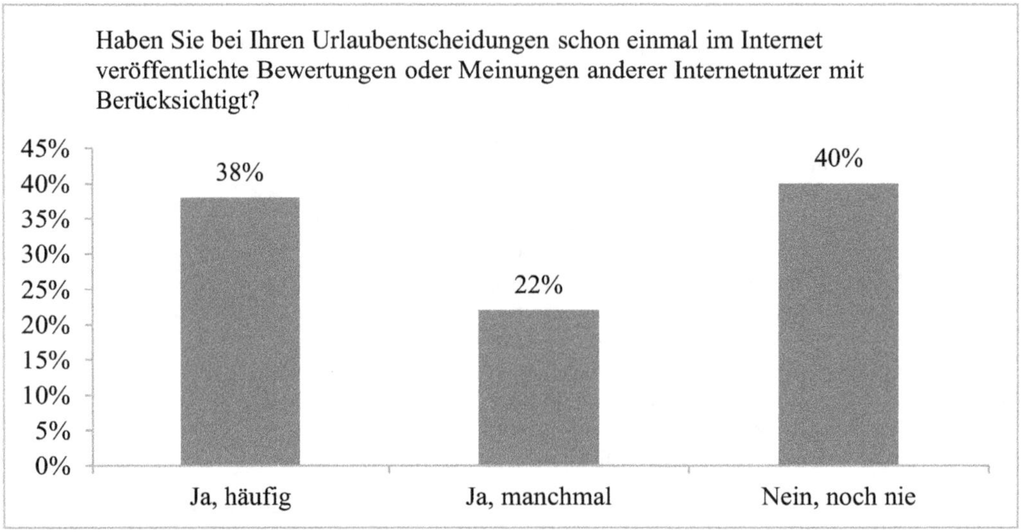

Abb. 6: Bedeutung von Social-Media für die Urlaubsentscheidung (Quelle: Trendscope 2010)

Vom Bekanntheitsgrad führend sind bei den Sozialen Netzwerken Facebook und Twitter. Lediglich 6 % der Deutschen kennen überhaupt keine sozialen Netzwerke. Von den Personen wiederum, die in Netzwerken zwar vertreten sind, bislang aber keine Aktivitäten rund um das Thema Urlaub zeigen, können sich 39 % vorstellen, dies zukünftig zu tun (vgl. SEUL 2011, S. 61).

Auch für touristische Unternehmen besteht also eine enorme Relevanz, in Sozialen Netzwerken vertreten zu sein und ein positives Meinungsbild, welches von „Fans und Followern" weitergegeben wird, zu erschaffen.

Generell gibt es für eine gelungene Social-Media-Strategie folgende Grundsätze (SEUL 2011, S. 58): „Sei transparent und offen, liefere Mehrwert und Qualität, vermeide plumpe Werbebotschaften, sei innovativ!". Darüber hinaus existieren je nach Branche zusätzliche Rahmenbedingungen bezüglich dessen, was die jeweiligen Interessensgruppen erwarten.

Rund um das Thema „Reisen" werden Soziale Netzwerke am häufigsten für folgende Aktivitäten genutzt: zum Lesen von Kritiken und Tipps für den bevorstehenden Urlaub, für die Suche nach Ideen für Destinationen, Hotels etc. und zum Erfahrungsaustausch (vgl. SEUL 2011, S. 60).

4 Reaktionen des Marketing

Die Veränderungen im touristischen Vertrieb und im Konsumentenverhalten stellen auch die (Tourismus-) Marketingverantwortlichen vor neue Herausforderungen und halten sie dazu an, neue, innovative und vor allem individuelle Wege der Kundenansprache zu beschreiten.

Zu den wichtigsten Werbemedien in der Tourismusbranche gehören nach wie vor die Kataloge der Reiseveranstalter. Allerdings sind Kataloge teuer in der Produktion und bieten wenig Spielraum für individuelle Präferenzen. Wie bereits dargestellt geht der Reiseentscheidung immer öfter eine Recherche im Internet voraus, und auch die Buchungen im Internet nehmen zu. Außerdem werden Reiseentscheidungen auch immer mehr aufgrund von Empfehlungen getroffen – ohne Frage eine günstige Ausgangslage für die Nutzung Sozialer Netzwerke im Tourismusmarketing.

Besonders wichtig ist Social Media für den Tourismus, da jedes Jahr oder jedes Halbjahr Kunden neu gewonnen werden müssen. Denn auch wenn unsere Gesellschaft des Öfteren mit dem Etikett der Freizeitgesellschaft versehen wird, stellen Urlaubsreisen doch eine Ausnahme im Alltag dar; Kunden werden vor allem in den Hauptbuchungszeiträumen gewonnen (vgl. www.i-marketing-net.com; 04/2012).

Die zentrale Frage, die Anbieter sich demnach zunächst stellen müssen, ist, wo die potentiellen Kunden eigentlich zu finden sind. Sicherlich sind die Sozialen Netzwerke auf dem besten Weg, die „virtuelle Heimat der Mehrzahl der Internetnutzer" zu werden. Somit befinden sich hier auch die Urlauber „im Netz" (vgl. www.i-marketing-net.com; 04/2012). Fraglich ist allerdings, wie genau man den passenden Konsumenten für das eigene Angebot findet.

Nicht gezielte Werbung zu schalten ist schon lange nicht mehr Erfolg versprechend – weder im Tourismus noch in anderen Branchen. Vielmehr sollte ein zielgruppengerechtes Marketing im Vordergrund stehen. Soziale Netzwerke liefern hierfür eine gute Basis, da es durch die Offenlegung persönlicher Daten für Unternehmen einfacher wird, „ihre Kunden" kennenzulernen: durch Partizipation, Informationsaustausch und Vernetzung.

4.1 Werbung? Lieber nicht. Empfehlungen? Sehr gerne.

Partizipation, Informationsaustausch und Vernetzung klingen zunächst nicht nach Marketing- und Werbestrategien. Dies ist jedoch kein Versehen, sondern gewollt, denn Werbung soll nicht mehr wie Werbung aussehen. So wird vieles von dem, was in Zukunft unter den Begriff der Werbung fällt, immer mehr mit Kundenservice zu tun haben. Marketingabteilungen wollen „authentisch und glaubwürdig mit den Kunden kommunizieren", „in einen Dialog eintreten" und „bloß keine plumpen Kauf-mich-Botschaften" vermitteln (vgl. LÖHR 2011, S. 11).

Ein Grund für diese neue Ausrichtung des Marketing ist, dass Kunden individuell angesprochen werden möchten und sich gerne auf die Meinungen und Erfahrungen von Bezugsgruppen verlassen. Somit werden auch im Tourismus vor allem ein gezielt gesteuertes Empfehlungsmarketing und die direkte Kundenansprache immer wichtiger.

Empfehlungsmarketing und weitere Trends

Um Empfehlungsmarketing zu betreiben und die Meinungen über das eigene Produkt oder Unternehmen im Internet und in Sozialen Netzwerken positiv zu beeinflussen, bedarf es eines oder mehrerer Botschafter, so genannter „Brand Advocates", die sich über die platzierten Botschaften oder Produkte äußern (Marken-Fürsprecher; vgl. www.wuh.de; 04/2012).

Brand Advocates beeinflussen den Markt und Kaufentscheidungen dadurch, dass sie regelmäßig und öffentlich Empfehlungen für Marken und Produkte aussprechen. Dies kann sowohl auf freiwilliger als auch geplanter Basis erfolgen. Ein Beispiel hierfür sind Urlaubstester, die gezielt eingesetzt werden, um ihre Erfahrungen später in Sozialen Netzwerken und Blogs zu kommunizieren. Ziel ist es, auf diese Weise die Glaubwürdigkeit zu erhöhen und Transparenz zu schaffen. Problematisch einzuschätzen ist jedoch, dass es hierbei nicht um authentische Meinungen geht und eine reale Transparenz somit nicht gegeben ist. Der Glaubwürdigkeit kann auf lange Sicht mehr geschadet als genutzt werden.

Aus diesem Grund versuchen viele Anbieter, Personen zu finden, die freiwillig positiv über ihre Marke oder ihr Produkt berichten (z. B. durch Fanseiten, Communities und Direktmarketing). Zu finden sind diese Brand Advocates in Sozialen Netzwerken und Blogs – denn im Allgemeinen sind sie aufgeschlossen, äußern gerne ihre Meinung und teilen ihre Erfahrungen sowohl mit dem eigenen Netzwerk als auch fremden Internetnutzern. Relevant ist vor allem, dass des Öfteren ein Austausch über Produkte stattfindet. Die Kommunikation bezieht sich also auf konkret steuerbare Aspekte (www.wuh.de; 04/2012): „Bei jedem einzelnen Kauf ist die Reichweite des Empfehlungsmarketings von Brand Advocates deutlich größer als bei der (wesentlich größeren) Gruppe von Nicht-Advocates." Auf diese Weise steigern Brand Advocates maßgeblich den Bekanntheitsgrad von Marken und tragen zum Marketingerfolg bei.

Neben dem Empfehlungsmarketing über Markenbotschafter sind an dieser Stelle folgende weitere Trends relevant, die sich ebenfalls auf Kundenbindung und den Aufbau einer Kundenbeziehung beziehen (www.wuh.de; 04/2012):

- Mobile Marketing: Durch den angesprochenen Medienwandel und die steigende Zahl an mobilen Endgeräten steht auch der Tourismusmarkt vor der Herausforderung, sich dieser Entwicklung anzupassen. Im Marketing sind somit neue, innovative Ideen gefragt, um die Aufmerksamkeit der Kunden auch auf diesen Kanälen zu wecken.
- Targeted Online Marketing: Auch im touristischen Online-Marketing sollten Anbieter nah an ihre Kunden heranrücken und sie direkt ansprechen. Vor allem Google Adwords und Facebook Ads garantieren nach wie vor gute Klickraten und gewährleisten eine gezielte Kundenansprache innerhalb einer ausgewählten Zielgruppe im Internet.
- Virales Marketing: Eine clevere Kampagne und Personen wie Brand Advocates, welche die Werbebotschaft verbreiten, sind wesentliche Bestandteile des viralen Marketings. Ziel ist es, dass sich Werbebotschaften wie ein Virus ausbreiten und potenziert werden. Am einfachsten gelingt auch dies in Sozialen Netzwerken.

Die intelligente Nutzung von Empfehlungsmarketing – insbesondere innerhalb von Sozialen Netzwerken – verspricht bei richtigem Einsatz großen Nutzen bei geringen Kosten. Vor allem vor dem Hintergrund der ungebrochenen Relevanz von Meinungen und Erfahrungen für die Reiseentscheidung, welche zunehmend auch im Internet eingeholt werden, entstehen enorme Vorteile in der Vermarktung von Reisen.

Allerdings haben das Empfehlungsmarketing und die weiteren Trends bislang nicht die Relevanz von klassischer Werbung wie Print- oder TV-Kampagnen erreicht. Insgesamt ist jedoch davon auszugehen, dass der Stellenwert des Online-Marketings und Empfehlungsmarketings über Soziale Netzwerke weiter zunimmt – denn schließlich wird auch dem Internet- und mobilen Vertrieb eine erfolgreiche Zukunft prognostiziert.

5 Fazit

In den letzten Jahren hat vor allem das Internet den touristischen Vertrieb und das Tourismusmarketing revolutioniert. Mit flexibleren, ständig verfügbaren und individueller gestalteten Angeboten haben die Anbieter bereits auf das veränderte Kundenverhalten reagiert.

Eine große Herausforderung in nächster Zeit ist sicherlich, möglichst schnell (und qualitativ hochwertig) auf den Wunsch der Verbraucher einzugehen, auch mit mobilen Endgeräten Reisen und einzelne Reiseleistungen buchen zu können. Insbesondere im Reiseland vor Ort könnten so einfach und kostengünstig – sowohl für die Anbieter als auch die Verbraucher – Zusatzleistungen wie Ausflüge, Reservierungen in Restaurants oder Mietwagenbuchungen getätigt werden. Der Wunsch der Verbraucher, Smartphones und Co. auch im Kontext des Themas „Reisen" zu nutzen, spiegelt sich bereits jetzt in der vermehrten Informationssuche mittels mobilen Endgeräten wider.

Besonders relevant, um sich im Gedankengut der Konsumenten positiv zu positionieren, sind momentan sicherlich die Sozialen Netzwerke. Hier findet ein reger Erfahrungsaustausch statt, Meinungen werden gebildet und Empfehlungen ausgesprochen. Die besten Chancen, Soziale Netzwerke für die eigenen Zwecke gewinnbringend zu nutzen, bildet momentan ein konsequentes Empfehlungsmarketing, welches auf Interaktion, Kommunikation und Partizipation setzt.

Literatur

BIEGER, Th. (2006): Tourismuslehre – ein Grundriss, 2. Aufl., Bern/Stuttgart/Wien

BITKOM (Bundesverband Informationswirtschaft, Telekommunikation und neue Medien e. V.) (2012): Mobile Kommunikation – Daten und Trends, Pressekonferenz, 15.02.

DIENER, A. (2012): Die neue elektronische Echtheit. In: FAZ vom 22.03., S. R1

ECHTERMEYER, M. (1998): Elektronisches Tourismus-Marketing. Globale CRS-Netze und neue Informationstechnologien, Berlin/New York

EGGER, R. (2005): Grundlagen des eTourism. Informations- und Kommunikationstechnologien im Tourismus, Aachen

FREITAG, Ch. (2011): Urlaub aus dem Fernsehen. Eine Untersuchung über die Eignung und Zukunft des TV-Reiseshopping als touristischem Vertriebsmedium, Paderborn

FUCHS, G. (2006): Reisemarkt im Internet: Höhenflug durch Kundenorientierung. In: Wirtschaft Digital 1, S. 8–11

FUR (Forschungsgemeinschaft Urlaub und Reisen e. V.) (2006): Informationsquellen und Internetnutzung bei Urlaubsreisen, Kiel

FUR (Forschungsgemeinschaft Urlaub und Reisen e. V.) (2009): Die Urlaubsreisen der Deutschen. Kurzfassung der Reiseanalyse, Kiel

FUR (Forschungsgemeinschaft Urlaub und Reisen e. V.) (2012): Die Reiseanalyse 2012. Erste Ergebnisse, Berlin ITB

KARABDIC, Z. (2002): Individuum, Tourismus und Internet in der entwickelten Industriegesellschaft – eine theoretische Studie mit empirischer Untersuchung, Osnabrück

KOLLAND, F. (2006): Tourismus im gesellschaftlichen Wandel. Entwicklungslinien und Erklärungsversuche. In: SWS-Rundschau 46, S. 245–270

LÖHR, J. (2011): Werbung war einmal. In: FAZ vom 30.12., S. 11

SEUL, G. (2011): Reisetypen im Social Web. In: marke 41 3

STEINECKE, A. (2011): Tourismus, 2. Aufl., Braunschweig

STEINECKE, A. (2006): Tourismus. Eine geographische Einführung, Braunschweig

STENGEL, N. (2007): Vortrag zum Thema „Dynamic Packaging – Chance und Bedrohung für die Touristik" im Rahmen des 10. Salzburger Tourismusforums, 19.10.

TRENDSCOPE (2010): Bedeutung von Social Media für die Touristik, Köln

ULYSSES WEB-TOURISMUS (2008): Der Boom im Online-Tourismus setzt sich auch im Jahr 2007 fort, Pressemitteilung, 13.10.

V. I. R.) Verband Internet Reisevertrieb (2012): Daten und Fakten zum Online-Reisemarkt, 7. Ausgabe, Oberhaching

WISSING, T. (2006): Die klassische Pauschalreise im Wandel: Steuerfaktoren – Trends – Perspektiven. In: LEDER, S./STEINECKE, A. (Hrsg.): Aktuelle Themen der Tourismusforschung (Paderborner Geographische Studien 19), S. 1–19

www.faktum.at (Stand 03/2012)

www.i-marketing-net.com (Stand 04/2012)

www.tourismuszukunft.de (Stand 04/2012)

www.wuh.de/blog/allgemein/brand-advocates-erkennen-und-binden (Stand 04/2012)

Innovative Interaktionsformen im Tourismus durch Reise-Apps und Smartphones

Armin A. Brysch

Die Interaktion im Sinne eines Aufeinanderwirkens von Gästen bzw. Kunden und den Vertriebssystemen von Reiseanbietern sowie die Kommunikation zwischen Gästen und Leistungsträgern in der Tourismus- und Freizeitbranche haben in den letzten Jahren einen einschneidenden Wandel erfahren. Besonders die internetbasierten Anwendungen der Informations- und Kommunikationstechnologien und die darauf aufbauenden Geschäftsmodelle prägen die Interaktionsformen der Marktteilnehmer. Ebenso wie im elektronischen Handel oder E-Commerce bestimmen in der Reiseindustrie eine Vielzahl von virtuellen Anwendungen wie Online-Vertriebsplattformen, Hotelbewertungsportale oder „Reise-Apps“ (Applikationen für Mobiltelefone) die Austauschbeziehungen von Gästen und Tourismusunternehmen. Zudem fachen stetig neue Markteinführungen von Mobiltelefonen bzw. Smartphones, die in kurzen, teilweise sogar unterjährigen Entwicklungszyklen präsentiert werden, ihrerseits wieder die Entwicklung innovativer Dienstleistungen an.

Im vorliegenden Beitrag soll der Wandel der Kommunikationsprozesse durch innovative, Hard- und Software getriebene Interaktionsformen im Tourismus und deren Auswirkungen auf das Verhalten von Gästen aufgezeigt werden. Zudem werden die Chancen und Risiken von tourismusrelevanten virtuellen Anwendungen beschrieben, Herausforderungen für das Online-Marketing erörtert sowie Empfehlungen für die Kommunikation im E-Tourismus abgeleitet.

1 Traditionelle Interaktionsformen entlang der Reisephasen

Ausgangspunkt der Betrachtung von Interaktionsformen im Tourismus ist die Analyse von Kommunikationsprozessen zwischen Kunden bzw. Gästen und diversen Leistungsträgern wie z. B. Mobilitätsunternehmen, Hotels oder Tourismusorganisationen. Diese treten in marktwirtschaftlichen Kommunikationsprozessen oftmals als Sender von (Werbe-) Nachrichten ihres touristischen Angebotes auf, die über verschiedene Vertriebswege und Kommunikationskanäle übermittelt werden. Die Empfänger dieser Nachrichten – potenzielle Kunden oder bereits gewonnene Gäste – entscheiden, ob die Nachrichten für sie neu und relevant sind, um sie als zweckorientierte Information zu verarbeiten und zu verwerten (vgl. BEREKOVEN et al. 2006, S. 20 f). Die Qualität der daraus entstehenden Kommunikation wird zudem von der Wechselwirkung der Beteiligten und dem sich in der Kommunikation entwickelnden Netz von Bezügen und Beziehungen geprägt (vgl. LANGFELDT/NOTDURFT 2007, S. 140). Im Tourismus werden diese Interaktionsereignisse sowohl durch den Informationsaustausch zwischen Anbietern und Kunden als auch den Beiträgen von Gästen und potenziellen Gästen untereinander beeinflusst.

Bis in die 1990er Jahre waren im Endverbrauchervertrieb (B2C-Perspektive) die Kommunikationskanäle zwischen Anbietern von touristischen Leistungen und den Gästen stark durch indirekte Vertriebswege geprägt. Besonders bei Entscheidungen über Urlaubsreisen in Form von Pauschalreisen dominierten in der vorgelagerten Inspirations- und Informationsphase der Reiseentscheidung die Offline-Medien wie Kataloge, Zeitschriften, Zeitungen oder Reiseführer in Form einer Einweg-Kommunikation. In der folgenden Buchungsphase favorisierten die Gäste häufig den stationären Vertrieb als Dialog-Kommunikation, bei vorhandenen Erfahrungen oder tieferer Kenntnis von einzelnen Reiseleistungen oder ausgewählten Unternehmen erfolgte auch ein direkter Kontakt per Telefon, Fax oder Email zum Leistungsträger. Mit der Diffusion von neuen Onlinemedien setzte sich in den letzten beiden Dekaden im Vertrieb immer stärker eine Multi-Channel-Strategie der Anbieter durch, die „stark von der technologischen Entwicklung im Tourismus geprägt“ ist (FREYER 2011, S. 523). Die Kommunikation orientiert sich dabei am Phasenmodell einer Reise, deren einzelne Phasen i. d. R. sequenziell durchlaufen werden. In jeder Phase des Reiseentscheidungsprozesses lassen sich typisierte Interaktionsmuster feststellen, die einerseits geprägt sind von den Vertriebswegen, andererseits von den Eigenschaften der Kommunikationskanäle.

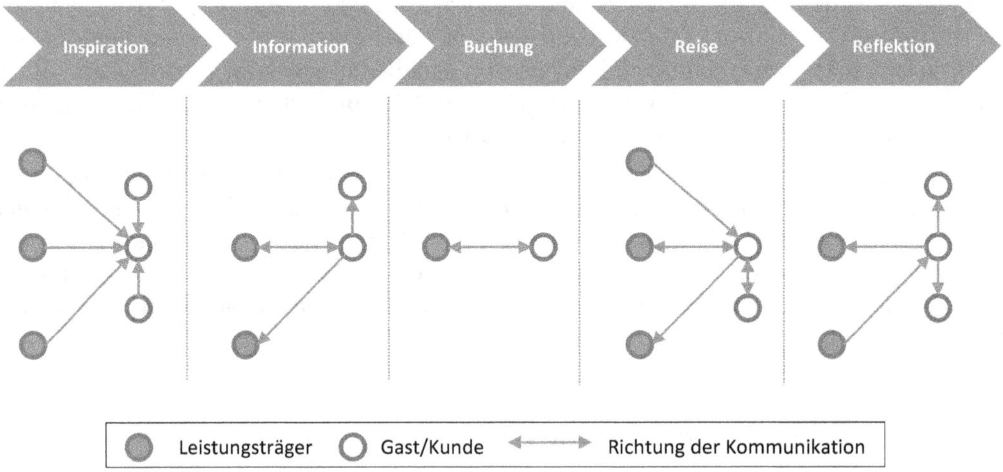

Abb. 1: Typisierte Interaktionsmuster zwischen Kunde und Leistungsträgern differenziert nach Reisephasen (Quelle: eigene Darstellung)

Bei einer traditionellen Reiseentscheidung kann in der ersten Phase der Inspiration ein Stimulus von vielen ein Reisebericht in einer Tageszeitung sein, der, z. B. während der Weihnachtszeit gelesen, die Reisepläne für den kommenden Sommerurlaub beeinflusst. Charakteristisch für diese Phase sind viele heterogene und unspezifische Reize, die der potenzielle Reisende wahrnimmt. Besonders in den wettbewerbsintensiven Käufermärkten der Tourismus- und Freizeitindustrie werden die Kunden von einer großen Zahl touristischer Anbieter mit einer Nachrichtenfülle konfrontiert, die sie sowohl quantitativ als auch qualitativ bei der Verarbeitung und Bewertung der Informationen fordern. Zudem kommen bei personenbezogenen Dienstleistungen wie Urlaubs- und Geschäftsreisen oftmals emotionalisierte Nachrichten von Freunden oder Kollegen einer vertrauten sozialen Gruppe oder Bezugspersonen hinzu, die aufgrund ihrer eigenen vorhandenen Erfahrungen für den Suchenden eine große Bedeutung besitzen und die Schlagkraft der persönlichen Mund-zu-Mund-Propaganda unterstreichen.

In der zweiten Phase, die z. B. bei einem Familienurlaub zeitlich versetzt erst Tage oder Wochen später beginnen kann, werden diverse Reisekataloge ohne oder mit eingehender fachlicher Beratung von Expedienten im Reisebüro studiert. Diese Phase kann durch unterstützende Meinungsbildungsprozesse gestreckt werden, die durch Interaktionsereignisse mit Freunden und Verwandten über deren konkrete persönliche Erfahrungen mit einzelnen Leistungsträgern wie Hotels in einem Urlaubsort oder Empfehlungen von Reiserouten entstehen. Kennzeichnend ist die gezielte, zweckorientierte Informationssuche der Kunden für eine eingeschränkte Zahl an Reiseoptionen im „relevant set“, i. e. die vom Reiseinteressierten getroffene bewusste Auswahl von Optionen aus einem bestimmten Tourismusangebot. In der nächsten Stufe erfolgt die direkte (beim Leistungsträger) oder indirekte Buchung (i. d. R. über einen Intermediär wie das Reisebüro), gepaart mit der Vorfreude auf die in einigen Wochen anstehende Reise. Bei vielen zu verarbeitenden Informationen von Reiseoptionen kommt der Beratung und den Empfehlungen von qualifizierten Expedienten im stationären Vertrieb eine wichtige Rolle zur Reduktion der Komplexität, der Entscheidungsunsicherheit und der passgenauen Ressourcenplanung zu. Aktuelle Untersuchungen zu den Vorausbuchungsfristen zeigen, dass sich die Zeitspanne bis zum Antritt der Reise bei Online-Buchungen verkürzt (vgl. zu Kennzahlen im deutschen Reisemarkt: DRV 2012). Dies kann neben der hohen Verfügbarkeit neuer Internetanwendungen auch auf einen Wandel im Konsumverhalten der Reisenden zurückgeführt werden.

Während der Reise empfängt der Gast von lokalen Anbietern weitere Informationen oder sucht gezielt nach Angeboten. Auch die Interaktion mit anderen Gästen führt zu neuen Konsumentscheidungen. Im Fall von Unzulänglichkeiten oder Mängeln bei Reiseleistungen erfolgt z. T. eine direkte Kommunikation mit dem Leistungsträger oder Reiseleiter. In der letzten Phase der Reflektion teilt der Gast seine Erfahrungen über die erlebte Reise unmittelbar oder in einer zeitlich versetzten Reaktion seinem sozialen Umfeld mit. Bei traditionellen Kommunikationsprozessen ist diese gekennzeichnet durch eigene Erzählungen im persönlichen Umfeld, visualisiert durch digitale Fotos (historisch auch mit umfänglichen Diashows) oder der Vorführung von Video-Material.

2 Veränderungen im Informationsverhalten

Seit Anfang der letzten Dekade ein Onlinezugang und Internetnutzung für breite gesellschaftliche Schichten zugänglich (siehe Abb. 2) und Konsumentscheidungen zunehmend durch vorgelagerte Recherchen geprägt sind, haben sich die Geschäftsprozesse grundlegend verändert. Der Einsatz von webbasierten Anwendungen ist für Leistungsträger zum wichtigen Erfolgsfaktor in der Kommunikation mit dem Interessenten bzw. Gast geworden.

	1997	2000	2003	2006	2007	2008	2009	2010	2011	2012
gelegentliche Onlinenutzung										
in %	6,5	28,6	53,5	59,5	62,7	65,8	67,1	69,4	73,3	75,9
in Mio	4,1	18,3	34,4	38,6	40,8	42,7	43,5	49,0	51,7	53,4
Zuwachs gegenüber dem Vorjahr in %	–	64	22	3	6	5	2	13	6	3
Onlinenutzung innerhalb der letzten vier Wochen [1)]										
in %			51,5	57,6	60,7	64,3	64,7	68,1	72,6	74,7
in Mio			33,1	37,4	39,5	41,7	42,0	48,1	51,2	52,2
Zuwachs gegenüber dem Vorjahr in %			17	2	6	5	1	15	6	2

1) Erst ab 2003 erhoben. Basis: Bis 2009: Deutsche ab 14 Jahren in Deutschland (2009: n = 1.806, 2008: n = 1.802, 2007: n = 1.822, 2006: n = 1.820, 2003: n = 1.955, 2000: n = 3.514, 1997: n = 15.431). Ab 2010: Deutschsprachige Bevölkerung ab 14 Jahren (2012: n = 1.800, 2011: n = 1.800, 2010: n = 1.804).
Quelle: nach ARD-Onlinestudie 1997, ARD/ZDF-Onlinestudien 2000–2012.

Abb. 2: Entwicklung der Onlinenutzung in Deutschland 1997 bis 2012
Personen ab 14 Jahren

In der Folge mussten sich die Unternehmen der Tourismus- und Freizeitbranche diesem geänderten Informationsverhalten anpassen, indem sie innovative Hard- und Softwarelösungen sowie neue touristische Dienstleistungsmodelle in ihre internen Prozesse integrierten oder diese neu konfigurierten. Mit immer schnelleren Internetzugängen und Bandbreiten konnten größere Datenmengen übertragen werden, die dem potenziellen Reisenden Wort-, Bild- und Bewegtbilder z. B. von seiner präferierten Destination animativ zugänglich machen. Zunächst nur am PC oder Laptop aufrufbar werden aktuell technisch anspruchsvollere Mobiltelefone (Smartphones) zum Hardware-seitigen Treiber neuer Interaktionsformen. Die Kommunikation wird zunehmend durch einen interaktiven Informationsaustausch bestimmt. Diese Entwicklung spiegelt sich in veränderten Prioritäten bei der Medienwahl wider.

Der Wandel in der Mediennutzung wird besonders in einer altersgruppen-spezifischen Analyse der Nutzungsgewohnheiten deutlich. Die aktuelle ARD/ZDF-Onlinestudie 2012 zeigt die Verschiebung vom bisher dominanten TV-Konsum (138 Minuten pro Tag bei jungen Nutzern unter 30 Jahren) hin zum Internet (150 Minuten pro Tag). Damit verändern sich auch die Interaktionsformen zwischen Sendern und Empfängern, die von einer vormals kommunikativen Einbahnstraße zunehmend durch Web 2.0 Anwendungen (vgl. zum Begriff Web 2.0: O'REILLY 2005) in eine interaktive, dialog-orientierte Form übergehen.

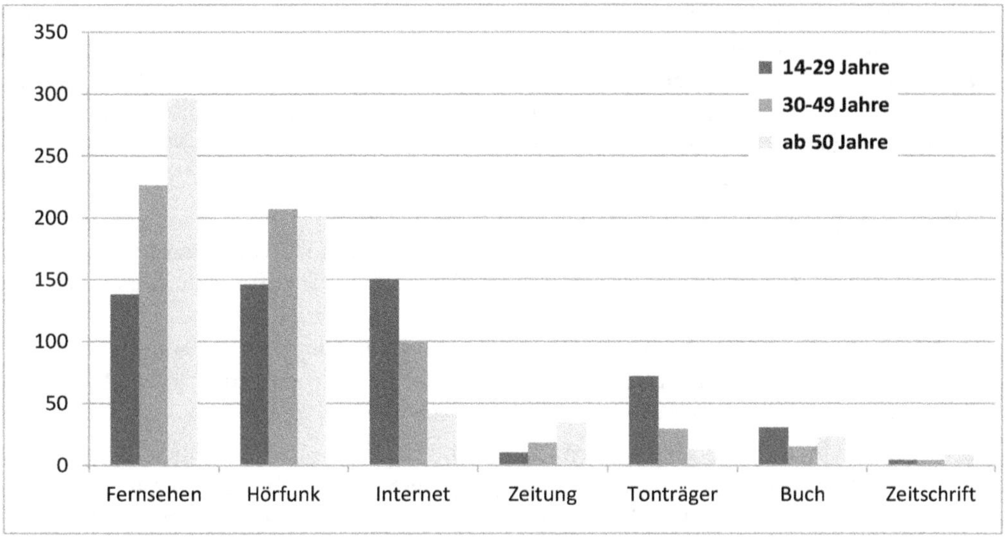

Abb. 3: Durchschnittliche tägliche Nutzungsdauer der Medien 2012 nach Altersgruppen in Min./Tag (Quelle: ARD/ZDF-Onlinestudie 2012)

3 Innovative Interaktionsformen

Am Beispiel der Reise-Apps, i. e. kostenlose oder sehr preisgünstige Anwendungen bzw. Programme, die auf dem Smartphone installiert werden, kann der Wandel der Interaktionsereignisse verdeutlich werden: Reise-Apps nutzen die direkte Rückkopplung mit dem (potenziellen) Kunden, indem sie individualisierte oder sogar personalisierte Angebote ermöglichen. Aus Anbietersicht bieten diese Kommunikationsformen große Marketingvorteile, da technische Hintergrundsysteme das Kundenverhalten detailliert auswerten und Produkt- bzw. Dienstleistungspräferenzen dokumentieren. Diese Daten werden wiederum genutzt, um zielgruppenspezifische Werbung zu platzieren oder im touristischen Kontext individualisierte Leistungsbündel zu kreieren und dem potenziellen Reisenden anzubieten.

Aus Sicht des Reisenden bieten Reise-Apps viele Vorteile (vgl. BRYSCH 2012):

- In der Reisevorbereitungsphase werden u. a. eine Unterstützung bei der Recherche und der Planung durch Apps von Reiseportalen, regionalisierte Wetterinformationen und Vorhersagen durch Wetter-Apps, Reservierungen und Buchung durch Tourismus- und Destinations-Apps angeboten.
- Während der Durchführung der Reise können Apps von Tourist-Informationen, Bahn- oder Fahrkartenauskunft, virtuellen Stadt- und Reiseführern, Apps mit geographischen oder anderen Zusatzinformationen (sog. Augmented Reality Anwendungen), Umkreis-Informationen durch Location Based Services etc. Hilfestellung leisten.
- In der Phase nach der Reise werden Reisebewertungen in der Facebook-App „gepostet" oder Fotos, Videos etc. mit Freunden geteilt.

Diese Betrachtung greift wieder das Modell der Reisephasen auf, in deren Phasen sich aufgrund der erweiterten Web 2.0-Kommunikationsmöglichkeiten sowohl hinsichtlich der Anzahl als auch der Abfolge der Interaktionen neue Muster bilden. Beispielhaft wird im 5-Phasen-Modell der Reiseentscheidung innerhalb der Informationsphase bei traditionellen, offline-dominierten Reiseentscheidungen u. a. aufgrund der Transaktionskosten der Informationsbeschaffung nur eine bestimmte Anzahl von Anbietern ausgewählt, die als Quelle oder Interaktionspartner dient. In einer online-dominierten Informationsphase unter Nutzung verschiedener Reise-Apps wird die Interaktion komplexer (vgl. Abb. 4). Das Interaktionsereignis wird aus Sicht des potenziellen Reisenden beeinflusst durch:

- eine große Markttransparenz aufgrund aktueller (realtime) Datenbank-Abfragen der verwendeten Reise-Apps, u. a. mittels direktem Zugriff auf vergleichende Online-Booking-Engines, und
- situative Einflussfaktoren während oder im Zusammenhang mit der App-Nutzung, die direkt und unmittelbar als affektive Stimuli wie z. B. Videoclips oder Bewertungen anderer Gäste in vertrauten Netzwerken auf den Nutzer einwirken.

Zudem verschwimmen die klaren Grenzen der Informations- und der Buchungsphase, da Recherche und Buchung zeit- und ortsunabhängig jederzeit möglich werden. Zur Beurteilung der Validität und Reliabilität von Anbieter-Informationen kann der Konsument direkt auf die Meinungen seiner „Freunde" in sozialen Netzwerken zurückgreifen oder „postet" eine Bitte um Bewertung einer Information in sein Netzwerk. Die Schnelligkeit und Qualität der Beantwortung innerhalb einer vertrauten sozialen Gruppe kann während des Interaktionsereignisses zu einem Grad an Sicherheit führen, der direkt in einer Online-Buchung mündet oder bei komplexeren Dienstleistungen zu Teilentscheidungen bzw. Einzelbuchungen von Produkten führt.

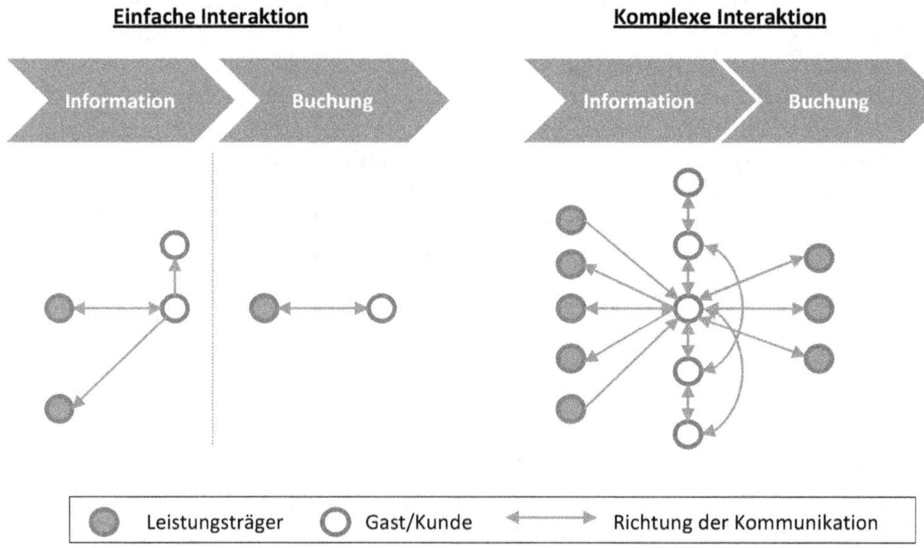

Abb. 4: Veränderung der Interaktionen am Beispiel der Informations- und Buchungsphase (Quelle: eigene Darstellung)

Ausgewählte Beispiele von Reise-Apps differenziert nach Reisephasen (auf Basis von spontanen Befragungen zum Reiseverhalten mittels Reise-Apps von Studenten der Hochschule

Kempten 2012) zeigen eine Momentaufnahme der genutzten Programme dieser jungen Zielgruppe:

- **Inspirationsphase**: Städte- und Destinations-Apps (z. B. Cool Berlin), Event- und Veranstaltungs-Apps (z. B. zitty Berlin), Apps von Reiseportalen (z. B. Tripadviser, Expedia), Youtube, Wetter-Apps
- **Informationsphase**: Apps von Reiseportalen (z. B. Holiday Check), Mobilitäts-Apps (z. B. DB Navigator, mitfahrgelegenheit.de, MVG FahrInfo)
- **Buchungsphase**: Apps von Buchungsportalen (z. B. swoodoo), Fahrkarten-App mit Ticketspeicher (z. B. RMV), Apps von Hotelportalen (z. B. HRS, booking.com)
- **Reisephase i. e. S.**: Apps mit Location based Services (z. B. AroundMe, Wikitude, yelp, PeakFinder Alps)
- **Reflexionsphase**: Apps von sozialen Netzwerken (z. B. Facebook); Apps von Foto-, Datei- und Videoportalen (z. B. flickr, dropbox)

4 Herausforderungen für das Online-Marketing

Die Vielfalt der Reise-Apps (aktuell werden mehr als 30.000 Reise-Apps in der Vertriebsplattform i-tunes angeboten) stimuliert und fördert in der Reisebranche neue Interaktionsmöglichkeiten entlang der gesamten touristischen Wertschöpfungskette. Die Kommunikation wird schneller, kurzfristiger und wertender. Für die Leistungsträger im Gastgewerbe und in den touristischen Destinationen kann dies jedoch auch zur Notwendigkeit führen, ihre Produktionsprozesse von Reise- und Freizeitangeboten zu reorganisieren, neue Modelle der Kundenansprache und Kundenbindung zu entwickeln und ihr traditionelles Marketing Mix neu auszurichten.

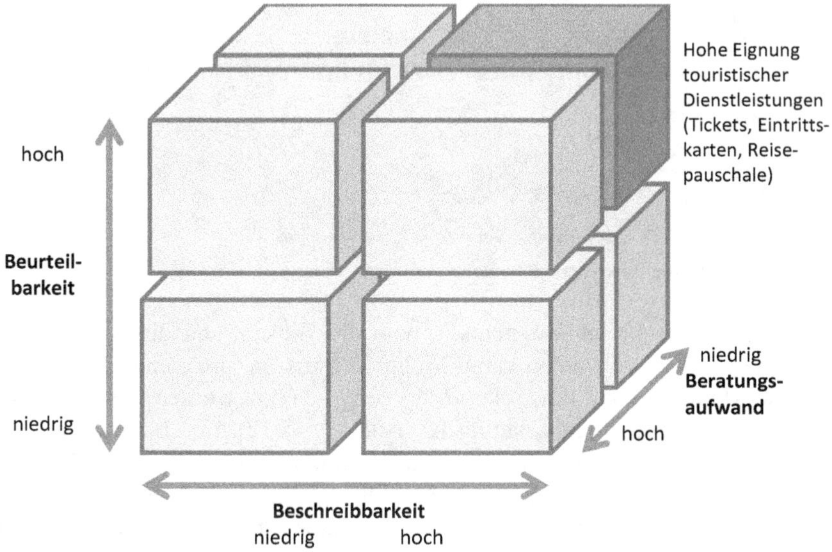

Abb. 5: Produkteignungsmatrix in der Net Economy (3-B-Modell) (Quelle: eigene Darstellung in Anlehnung an KOLLMANN 2011)

Grundsätzlich sind die Voraussetzungen in der Tourismusbranche aufgrund der Eignung ihrer Produkte und Dienstleistungen besonders gut geeignet (vgl. BRYSCH 2012), da die Dienstleistungen oftmals gut beschreibbar und beurteilbar sind sowie zumindest bei Standardprodukten der Beratungsaufwand relativ niedrig ist. Dieser Positionierung entspricht der ungebrochene Trend zur mobilen Nutzung touristischer Inhalte von potenziellen Gästen und Reisenden. Die von FUR durchgeführte Reiseanalyse stellte fest, dass Anfang 2012 fast ein Viertel der deutschen Wohnbevölkerung über einen mobilen Internetzugang verfügt und ca. 14 % mit ihrem Smartphone oder Tablet-PC mobil im Internet surfen (vgl. FUR Reiseanalyse 2012). Im Zusammenhang mit den Reise-Apps entsteht aus den virtuellen Interaktionen oftmals eine zusätzliche Erlebnisqualität hinsichtlich der bildlichen Vorstellung des Reiseziels oder durch andere Realtime-Daten über die gewünschte Destination. Diese Erlebnisqualität wird besonders von neuen Reisetypen wie den Digital Natives (Nutzer, die mit den digitalen Anwendungen aufgewachsen sind) wahrgenommen (vgl. PRENSKY 2001).

Kritisch werden von Nutzern der Reise-Apps die Beurteilungsprobleme bei komplexen Dienstleistungen oder Reisepaketen gesehen, ebenso bestehen Befürchtungen bezüglich eines nicht ausreichenden Niveaus an Datenschutz. Letztere werden in regelmäßigen Abständen bei Bekanntwerden von virtuellen Datendiebstählen zwar artikuliert, jedoch trotz Registrierung, Preisgabe von Name, Anschrift, E-Mail und Kreditkartennummer zur Identifizierung auch bei Reise-Apps ebenso schnell wieder verdrängt. Zudem unterliegt die Qualität der Interaktionsprozesse diversen allgemeinen Fehlerquellen wie falsche Informationsverarbeitung des Empfängers oder Falschinterpretationen von Anbieterinformation (vgl. BEREKOVEN et al., S. 21), die auch bei intuitiv steuerbaren Reise-Apps auftreten können.

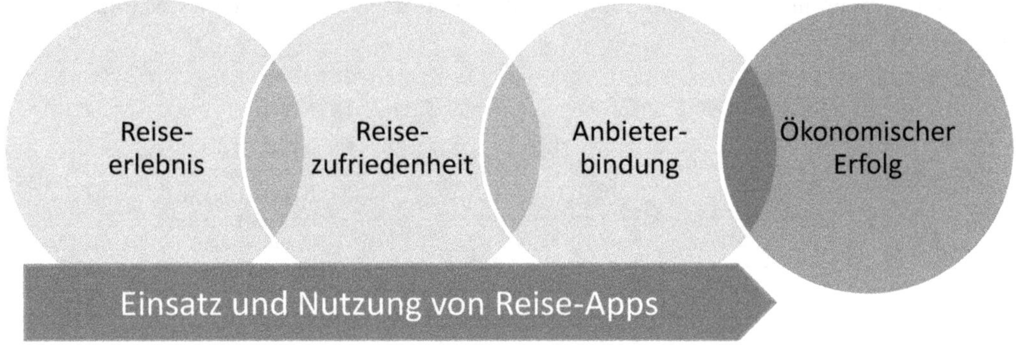

Abb. 6: Mögliche Erfolgskette von Reise-Apps (Quelle: eigene Darstellung)

Für das touristische Marketing bleibt festzuhalten, dass der Einsatz und die Nutzung von Reise-Apps nicht isoliert betrachtet werden kann. Vielmehr muss im Sinne einer Unterscheidung zwischen Online-Marketing und Reise-App-Marketing getrennt werden (vgl. allgemein zur Trennung von Online- und Internetmarketing LAMMENETT 2012). Im übertragenen Sinn und in Anlehnung an LAMMENETT kann Reise-App-Marketing als die zielgerechte Nutzung der mobilen Dienste verstanden werden, mit dem Hauptbestandteil eines eigens für diesen Zweck und diese Interaktionsform erstellten oder bestimmten Programms, das integraler Bestandteil des gesamten touristischen Marketing-Mix ist. Das Online-Marketing dagegen stellt eine Querschnittsaufgabe dar, die die besonderen Möglichkeiten der Multimedialität, Interaktivität und Virtualität in allen Marketinginstrumenten nutzt.

Durch die rasche Verbreitung von Reise-Apps und anderen internetbasierten Anwendungen, die in den verschiedenen Reisephasen für potenzielle Reisende und Gäste Mehrwerte bieten, verändern sich die Interaktionsformen. Individuelle und ortsbezogene Dienste führen zu neuen Möglichkeiten, potentielle Gäste zu akquirieren und Reisende zu binden. Bereits während der Reise werden u. a. neue Kundenerlebnisse als originäre Kundenmeinungen (im Sinne von User Generated Content) genutzt und für interaktive Kundendialoge und Werbezwecke eingesetzt. So helfen Reise-Apps, die Reisezufriedenheit zu artikulieren und zu multiplizieren, woraus eine enge Anbieterbindung entstehen kann. Diese ist wiederum die beste Voraussetzung für ökonomischen Erfolg des Leistungsträgers in wettbewerbsintensiven Märkten.

Durch gezielte Online-Marketing-Maßnahmen mit innovativen Reise-Apps können somit Win-Win-Situationen geschaffen werden, die aus flüchtigen Interaktionen zwischen Kunden und Anbietern eine intensive kommunikative Beziehung (vergleichbar mit dem „Fan“-Status in sozialen Netzwerken) formen. Diese kann als Einstieg in ein touristisches Customer Lifecycle Management dienen und die (virtuelle) Gästebeziehung über die gesamte Dauer ihres Bestehens mittels Reise-Apps begleiten.

Literatur

ARD-ZDF Online Studie (2012), abrufbar unter http://www.ard-zdf-onlinestudie.de/, zuletzt geprüft am 19.10.2012

BEREKOVEN, L./ECKERT, W./ELLENRIEDER, P. (2006): Markforschung, 11. Auflage, Wiesbaden

BRYSCH, A. (2012): E-Tourismus – Status quo und Potenziale für das Onlinemarketing. In: DWIF (Hrsg.): Jahrbuch für Fremdenverkehr 2012, München, S. 30–42

COOPER, Chr. (2008): Tourism: Principles and Practice, 4. Auflage

DRV (Hrsg.) (2012): Fakten und Zahlen zum deutschen Reisemarkt 2011, Berlin

EGGER, R. (2010): mTourism. Mobile Dienste im Tourismus, 1. Auflage, Wiesbaden

FREYER, W. (2011): Tourismus-Marketing, München

FUR (FORSCHUNGSGEMEINSCHAFT URLAUB UND REISEN E.V.) (2012): RA *online* 11/2011, Kiel

KOLLMANN, T. (2011): E-Business. Grundlagen elektronischer Geschäftsprozesse in der Net Economy, 4. Auflage, Wiesbaden

KREUTZER, R. T. (2012): Praxisorientiertes Online-Marketing, Wiesbaden

LAMMENETT, E. (2012): Praxiswissen Online-Marketing, Wiesbaden

LANGFELDT, H.-P./NOTHDURFT, W. (2007): Psychologie, 4. Auflage, München/Basel

O'REILLY, T. (2005): What is web 2.0? Online verfügbar unter: http://www.oreilly.de/artikel/web20.html, zuletzt geprüft am 21.10.2012

PRENSKY, M. (2001): Digital Natives, Digital Immigrants. In: On The Horizon, MCB University Press, Vol. 9 No. 5

VIR (2012): VIR Daten & Fakten 2012 zum Online-Reisemarkt, 7. Ausgabe, Oberhaching

WTO (2008): Handbook on E-Marketing for Tourism Destinations, World Tourism Organization; European Travel Commission, Madrid

Offene Befragungsformen – Neue Impulse für Gästebefragungen in touristischen Zielgebieten am Beispiel eines Pilotprojektes in der Stadt Trier

Bert Hallerbach/Eberhard Biehl

1 Ausgangssituation

Tourismus ist ein Wirtschaftsbereich, an dem fast die gesamte Bevölkerung teilnimmt. Eine seit Jahren stabile Reiseintensität von ca. 75 % zeigt aber auch, dass mit größerem Wachstum im Bereich der deutschen Nachfrage nicht mehr zu rechnen ist (vgl. verschiedene Jahrgänge der Reiseanalyse der FUR). Die Folge ist, dass im Tourismus, wie in anderen Wirtschaftsbereichen auch, die Nachfrage stärker mit Hilfe von Marktforschungsinstrumenten erforscht wird, damit das Angebot möglichst optimal auf die Wünsche und Ansprüche der aktuellen und potenziellen Zielgruppen ausgerichtet und Marktpositionen gesichert werden können.

Wo liegt nun der Unterschied zwischen den Forschungsansätzen im Tourismus und in anderen Wirtschaftsbereichen? Es ist vor allem die vermeintliche Überzeugungskraft der „großen" Zahlen, die überwiegend im öffentlichen Tourismus dazu führt, dass mehrheitlich quantitativ ausgerichtete Marktforschungsinstrumente eingesetzt werden. Diese Einschätzung basiert auf der Erfahrung aus zahlreichen touristischen Beratungsprojekten.

Die Ausrichtung auf die Erhebung „großer Zahlen" spiegelt sich auch in Gästebefragungen innerhalb von Kommunen oder Regionen wider, die fast immer mit großen Fallzahlen arbeiten und vornehmlich ein Ziel verfolgen: das Zählen von Gästen, die ein bestimmtes Verhalten an den Tag legen. Damit wird natürlich sehr präzise das „wie" und „wie viel" erfasst. Allerdings wird in den seltensten Fällen eine ausreichende Antwort auf die Frage des „warum" gegeben – eine Einschränkung, die dem komplexen touristischen Produkt aber nicht gerecht wird.

Ein Blick in andere Branchen zeigt, dass dort ein deutlich vielfältigeres und auch effizienteres Marktforschungsinstrumentarium angewendet wird, um Konsumentenverhalten zu analysieren. Spezielle psychologische Verfahren werden eingesetzt, um die Kongruenz von Produkt und Zielgruppe zu erforschen. Dabei werden oft sich gegenseitig ergänzende Instrumente der qualitativen und quantitativen Marktforschung eingesetzt.

Im Tourismus dagegen – und hier kann die Touristik, repräsentiert durch Reiseveranstalter, Hotelketten oder Verkehrsträger, ein Stück weit ausgeklammert werden – lässt sich seit Jahren eine starke Konzentration auf die Anwendung quantitativer Marktforschungsinstrumente feststellen. Diese Konzentration auf die Ermittlung numerischer Werte, also das „Zählen von

Fakten“, hat für viele Fragestellungen ihre Berechtigung. Aber die Chancen, den Touristen und sein Verhalten stärker mit Hilfe qualitativer Instrumente zu analysieren, welche die Ebene des persönlichen Erlebens sowie der Motive für bestimmtes Verhalten hinterfragen und analysieren, werden nur selten genutzt. Hier bietet gerade die qualitative Marktforschung mit ihren offenen Erhebungsverfahren neue Möglichkeiten, touristisches Verhalten besser zu verstehen und dadurch Anhaltspunkte für eine bessere Ausrichtung touristischer Produkte an den Erwartungen der Nachfrage zu erhalten.

In dem hier vorliegenden Beitrag soll ein Versuch unternommen werden, im Rahmen von Gästebefragungen anstelle großer Stichproben stärker offene Erhebungsformen anzuwenden und dadurch ein relativ ökonomisches Vorgehen zu entwickeln, mit dem wertvolle Ergebnisse für das touristische Marketing von Destinationen gewonnen werden können.

2 Unterschiede zwischen quantitativen und qualitativen Methoden

Quantitative Untersuchungsansätze, unabhängig davon, ob sie repräsentativen Charakter haben oder nicht, haben in der Regel das Ziel, bestimmte Personengruppen zu identifizieren und zu beschreiben, sowie ihre Einstellungen und Verhaltensweisen zu charakterisieren und letztlich zu quantifizieren. Fragestellungen, wie z. B. nach der Anzahl von Personen in der Bevölkerung, die sich für ein bestimmtes touristisches Thema interessieren oder die einem bestimmten, vorgegebenen Reisemotiv zustimmen, sind typisch für solche quantitativen Studien (vgl. BORTZ/DÖRING 1995, S. 271). Dieses Vorgehen ist vergleichbar mit einem Raster, welches an die Grundgesamtheit angelegt wird und diese so in verschiedene Gruppen sortiert. In diesem Fall wäre das Raster der Fragebogen mit seinen verschiedenen Antwortkategorien. Der Vorteil ist natürlich, dass in jedem Fall Personengruppen gefunden werden, die auf diese Merkmale oder verschiedene Kombinationen von Merkmalen passen – unabhängig davon, ob es andere Merkmale mit einem evtl. höheren oder besseren Erklärungsbeitrag für das touristische Verhalten gibt. Der Fragebogen teilt sozusagen die Gästeschichten in verschiedene Kategorien ein. Allerdings geben die Ergebnisse keinen Aufschluss über die Merkmale, die nicht im Fragebogen standen. Denn mit dem überwiegend geschlossenen, strukturierten Fragebogen kann nur das gemessen werden, was in ihm thematisiert bzw. gefragt wird.

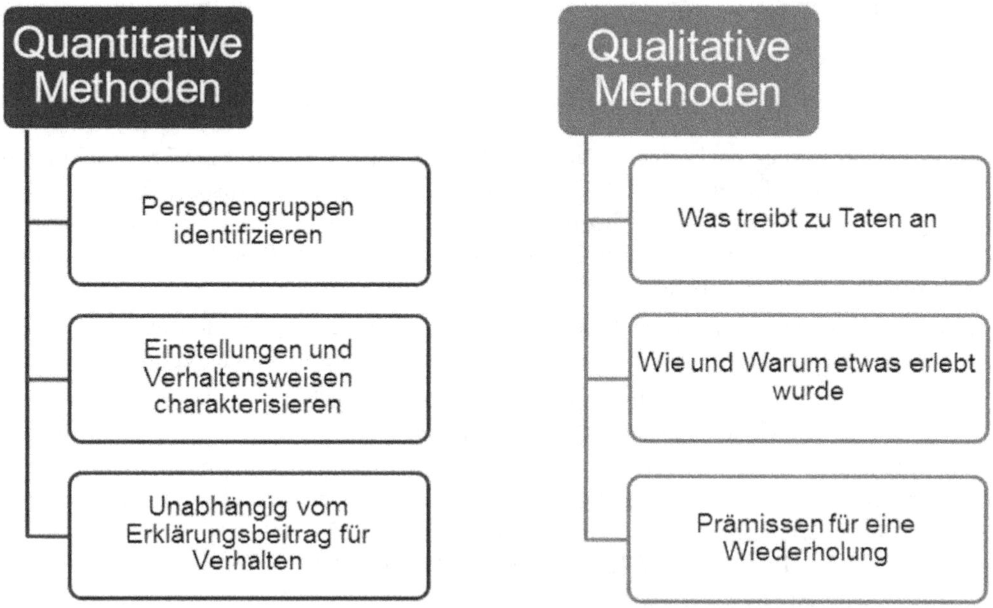

Abb. 1: Unterschied zwischen quantitativen und qualitativen Instrumenten (Quelle: eigene Darstellung)

Für viele Fragestellungen im touristischen Bereich lassen sich aber mit qualitativen Instrumenten wertvolle Erkenntnisse effektiv gewinnen und damit dem „normativen Paradigma" quantitativer Untersuchungen entgegentreten (vgl. SCHÄFLEIN 1992, S. 129). Bei diesen Verfahren steht die Frage im Mittelpunkt, was die Befragten zu ihrem Verhalten angetrieben hat und unter welchen Prämissen sie dies wiederholen würden. Natürlich kann hier auch prospektiv gearbeitet werden, indem der Frage nachgegangen wird, unter welchen Voraussetzungen ein bestimmtes Verhalten ausgeübt werden würde. Es wird also nicht versucht, mit einem im Vorfeld festgelegten Raster eine bestimmte Personengruppe in verschiedene Segmente einzuteilen. Es wird vielmehr ergebnisoffen nach dem „wann", „warum" oder „wie" einer Handlung oder eines Erlebnisses auf Basis einer freien und offenen Gesprächsführung geforscht (vgl. KRÜGER 2002, S. 329). Diese für die Erforschung von Motiven und Antriebskräften wichtigen Fragestellungen können mit qualitativen Erhebungsinstrumenten wie Gruppendiskussionen oder Einzelinterviews gelöst werden.

Ziel der qualitativen Forschung ist die Generalisierung, also die Ableitung von verallgemeinerungsfähigen Prämissen, welche bestimmtes Verhalten erklären können. Hierfür muss in der Analyse vom Detail auf das übergeordnete Motiv oder den Antrieb hingearbeitet werden. Aus den verschiedenen Aussagen der Teilnehmer einer qualitativen Studie lassen sich somit bestimmte Motivationen ableiten, die zu bestimmten Prämissen generalisiert werden können. Diese Generalisierung hilft, die repräsentative Motivation zu finden, also die Triebkräfte, die allen Teilnehmern gemeinsam sind. Dabei darf „Repräsentativität" bei qualitativen Studien nicht mit statistischer Repräsentativität gleichgesetzt werden, welche sich auf die Beziehung von Stichprobe und Grundgesamtheit bezieht. Hier geht es eher um verallgemeinerungsfähige Aussagen, welche das Verhalten einer Gruppe erklären können.

3 Pilotprojekt: Qualitative Einzelinterviews mit Touristen

3.1 Qualitative Forschungsansätze in der Handelsforschung

Ausgangspunkt für den nachfolgend dargestellten Erhebungsansatz war die Fragestellung, ob Methoden aus dem Bereich der Handelsforschung auch auf touristische Fragestellungen übertragbar sind mit dem Ziel, die Motive, Bedürfnisse und Erwartungen von Gästen besser erklären zu können. Eine gleichzeitig durchgeführte, quantitative Gästebefragung soll durch diese Ergebnisse ergänzt und um einen qualitativen Aspekt erweitert werden.

Die Fragestellungen der im Bereich der Handelsforschung durchgeführten qualitativen Studien sind durchaus mit den Fragestellungen für touristische Destinationen vergleichbar:

- Was sind die wesentlichen Motivationen für einen Besuch?
- Wie werden die verschiedenen Angebote, Warengruppen und deren Präsentation erlebt?
- Was sind die wesentlichen Alleinstellungsmerkmale gegenüber Wettbewerbern?
- Worin liegt der Markenkern, und was sind begleitende oder verstärkende Aspekte?
- Werden Änderungen in der Produktpräsentation bemerkt?
- Unter welchen Prämissen erfolgt ein wiederholter Besuch?
- Was sind die Stärken und Schwächen des Angebotes?

Das im Rahmen des Pilotprojektes entwickelte Erhebungsinstrument wurde an ein Verfahren angelehnt, das T.I.P. BIEHL & PARTNER seit längerer Zeit in der Handelsforschung (Konzepttests und Optimierung von Filialen im Lebensmittelhandel, Baumärkten) erfolgreich anwendet. Parallelen lassen sich zur touristischen Fragestellung vor allem in den Randbedingungen finden, welche die Erhebungssituation maßgeblich bestimmen:

- geringes Zeitbudget der zu Befragenden, da der eigentliche Einkaufsprozess in der Regel immer im Rahmen einer knapp bemessenen Zeitspanne durchgeführt werden muss,
- komplexes Reizumfeld (Bsp. Baumarkt),
- Befragung im Moment des Erlebens.

In der Handelsforschung wird dieses Instrument einkaufsbegleitend eingesetzt, so dass der Proband während seines Einkaufs an den relevanten Stellen im Markt befragt werden kann. Dabei werden die Probanden gebeten, über ihre aktuellen Befindlichkeiten und Gedanken zu reden. Idealerweise wird parallel zur Handlung ein Prozess des lauten Denkens initiiert, in dessen Verlauf der Befragte seine aktuellen Gedanken weitgehend ungefiltert dem Interviewenden mitteilt (vgl. BORTZ/DÖRING 1995, S. 299). Da dies in der Idealform neben einer offenen Gesprächsatmosphäre auch eine gewisse Geschicklichkeit des Probanden erfordert (z. B. die Fähigkeit, seine Gedanken entsprechend zu verbalisieren) und weil nicht alle Denkprozesse (z. B. längere) verfolgt werden können, wird dabei auch auf die Methode des nachträglichen lauten Denkens ausgewichen. Dafür wird der Proband aufgefordert, seine Entscheidungen und sein Erleben während des Einkaufes nachzuerzählen. Der Prozess wird durch spezielle Befragungstechniken (z. B. halbprojektive Verfahren) angeregt. Das Verfahren setzt voraus, dass der Befragte zum Befragungszeitpunkt erlebnismäßig nahe am Befragungsthema ist, was durch die Parallelität von Einkauf und Befragung gewährleistet wird. Ein Gesprächsleitfaden gibt dabei dem Interviewer die Gesprächsrichtung vor und garantiert, dass die relevanten Themen bzw. die interessierenden Fragestellungen vertieft behandelt werden.

Die Anwendung anderer qualitativer Verfahren wie etwa Gruppendiskussionen lässt sich gerade im städtetouristischen Bereich mit seinen kurzen Aufenthaltsdauern kaum realisieren, da das knappe Zeitbudget die Teilnahme an zeitlich aufwendigen Erhebungsverfahren verhindert.

3.2 Pilotprojekt: Qualitative Einzelinterviews mit Touristen

Die Umsetzung dieser theoretischen Überlegungen in eine Erhebung sollte im Rahmen eines Pilotprojektes in Trier geschehen. Dazu musste eine Methode entwickelt werden, eine qualitativ ausgerichtete Erhebung unter den folgenden Vorzeichen durchzuführen:

- relativ schnelle Durchführbarkeit, um die Touristen nicht zu lange aufzuhalten,
- leichte Verständlichkeit, d. h. es sollen keinen komplizierten, erklärungsbedürftigen Methoden angewendet werden, um den Zeitbedarf so gering wie möglich zu halten,
- ortsunabhängige Durchführung (kein Studio), um flexibel auf Gästestrukturen reagieren zu können,
- Erfassung unterschiedlicher Gästegruppen, um die Verhaltensweisen der verschiedenen Gästegruppen erklären zu können und um keine „Schieflage" im Ergebnis zu erhalten, wenn bestimmte Gruppen nicht berücksichtigt wurden.

Der zu entwickelnde Gesprächsleitfaden musste dem Ziel gerecht werden, die subjektive Meinung der Touristen möglichst offen, aber dennoch strukturiert erheben zu können. Eine feste Struktur dieses Leitfadens ist erforderlich, um die Vergleichbarkeit und vor allem Auswertbarkeit von mehreren Einzelgesprächen gewährleisten zu können. Folgende inhaltliche Schwerpunkte wurden abgedeckt:

- spontane Vorstellungen und Assoziationen zu „Trier",
- Erwartungen vor dem Besuch und Wissen und Einstellungen über die Stadt Trier,
- Erleben des aktuellen Besuches.

Dabei wurden nicht nur direkte Fragen formuliert, wie *„Was fällt Ihnen als Erstes ein, wenn Sie an Trier denken?"* Der Gesprächsfluss wurde mit projektiven Fragen aufrechterhalten, die es dem Befragten ermöglichten, seine Eindrücke und Empfindungen gegenüber der besuchten Destination auf verschiedenen Wegen auszudrücken und zu formulieren. Beispiele wären Fragen nach einem Titel für einen Film über die Stadt Trier oder welche Musik Trier versinnbildlichen könnte. Zusätzlich wurden soziodemographische Eckdaten der Befragten sowie ihres Reiseverhaltens erfasst, um die Ergebnisse verschiedenen Gästegruppen zuordnen zu können.

Die Interviews wurden mit einem dezenten MP3-Player aufgenommen, so dass keine aufwendige Technik den Interviewer bzw. die zu interviewenden Personen ablenken konnte. Darüber hinaus hat diese Art der Aufzeichnung den Vorteil, dass die Gespräche auf Basis von Audioprotokollen ausgewertet werden können.

Die Erhebungssituation selbst sollte nah am touristischen Erleben sein. Die erste Wahl fiel somit auf eine Befragungssituation an oder in der unmittelbaren Umgebung touristischer Angebote oder an wichtigen Punkten des touristischen Angebotes. In Trier kamen somit Befragungen im Umfeld der römischen Baudenkmäler, innerhalb der Fußgängerzone oder nahe der Tourist-Information in Frage. Die Interviewer sollten die Probanden ein Stück auf ihrem Weg durch die Stadt begleiten, um dem Interview eher den Charakter einer lockeren

Unterhaltung zu geben und dadurch die Interviewsituation zu entschärfen (vgl. BEREKOVEN et al. 2000, S. 95).

Insgesamt wurden rund 30 Interviews mit Touristen zwischen 20 und 75 Jahren geführt. Die Erhebung fand Anfang September 2011 an verschiedenen Standorten in Trier statt. Die Interviewdauer betrug zwischen 15 und 30 Minuten.

3.3 Erste Ergebnisse

Die erzielten Ergebnisse können vor dem Hintergrund der dargestellten Stichprobe nicht repräsentativ sein. Allerdings sind sie aufgrund ihrer Homogenität geeignet, die übergeordneten Motive der Gäste für einen Besuch der Stadt Trier ableiten bzw. Aussagen über den Markenkern der Stadt Trier treffen zu können. Somit ergibt sich zwar keine statistische Repräsentativität – die Repräsentativität zeigt sich eher in der inhaltlichen Seite, da verallgemeinerungsfähige Antriebskräfte für einen touristischen Aufenthalt in der Stadt identifiziert werden konnten.

Im ersten Fragenkomplex sollten wesentliche Imagemerkmale der Stadt identifiziert werden. Die spontanen Assoziationen der befragten Gäste verbalisieren vor allem den Denkmalbestand in der Stadt sowie Attribute, die auf dem kulturellen Potenzial der Stadt aufbauen: „Kulturstadt", „Weltkulturerbe", „alt", „römisch", „monumental" stehen neben der Nennung konkreter Gebäude wie Porta Nigra, Amphitheater oder Dom. Als Klammer wird immer wieder der Begriff der „Römer" bzw. der „römischen Zeit" genutzt – was nicht weiter verwundert, da ein Großteil des Marketings der Stadt auf dieses Thema ausgerichtet ist. Schon die Homepage begrüßt den interessierten Gast mit dem lateinischen Gruß „Salve – Willkommen" und einem Überblick über die antiken Bauwerke in der Stadt, was eine starke Fokussierung auf das Thema Antike mit sich bringt. Dies wird von den Touristen auch auf Anhieb erkannt. Neben diesen kulturellen Potenzialen fällt den Touristen vor allem die starke Präsenz der Kirche auf, was sich in Attributen wie „katholisch", „konservativ" oder „ältestes Bistum Deutschlands" ausdrückt.

Die Abfrage der spontanen Assoziationen zur Stadt zeigte aber auch deutlich, dass die meisten Gäste nur ein sehr diffuses Bild von Trier haben und die Stadt somit eher „ein weißer Fleck" auf der Landkarte ist. Neben den Bauwerken können viele Touristen kein klares Profil der Stadt ableiten. Attribute wie *„kleine Stadt"*, *„verschlafen"* oder *„schön"* deuten weniger auf konkrete touristische Angebote hin, sondern eher auf einen geringen Kenntnisstand über das Angebot, so dass die Gäste anscheinend eher mit geringeren Erwartungshaltungen die Stadt besuchen. Beispielhaft ist die Aussage einer 31-jährigen Touristin aus Köln: *„Trier ist immer so die älteste Stadt Deutschlands – viel mehr weiß ich gar nicht."* Selbst prägende Elemente wie die Mosel oder die umliegenden Weinanbauflächen werden von den Probanden nicht spontan genannt.

Als erstes Ergebnis bezogen auf die Wahrnehmung der Stadt lässt sich festhalten:

- Konzentration auf das römische und historische Erbe, wobei vor allem die Gebäude und Denkmäler im Fokus stehen,
- darüber hinaus eher diffuses Profil, das durch einen geringen Wissensstand der Gäste über die Stadt hervorgerufen wird.

Dabei zeigte sich auch, dass dieser geringe Kenntnisstand über Trier insgesamt bei den Touristen zu einer relativ niedrigen Erwartungshaltung führt. Prinzipiell fahren somit viele Touristen nach Trier, ohne genau zu wissen, worauf sie sich eigentlich einlassen. Ein gewisser thematischer Schwerpunkt (römische Geschichte) ist zwar bekannt, weitergehende Vorstellungen von Erlebnisinhalten sind allerdings kaum vorhanden. Dies ist in diesem Fall durchaus positiv zu verstehen, da im weiteren Verlauf der Gespräche immer wieder die schöne Atmosphäre in der Stadt betont wurde und die Gäste durch das, was sie vorgefunden und erlebt haben, eher positiv überrascht wurden.

Aus den Aussagen ließen sich bis dahin kaum konkrete Auslöser für den Besuch, außer den Attributen wie „älteste Stadt Deutschlands“ oder eben das Vorhandensein römischer Bauwerke in einer hohen Dichte, ableiten. Wird das Gespräch mit den Touristen weiter vertieft, zeigt sich eine zunehmende Bedeutung des Themas „Atmosphäre“ für das touristische Erleben in der Stadt. Die Bedeutung der römischen Bauwerke wird geringer und weicht einer stärkeren Betonung des Zusammenspiels von Gastronomie, Erlebnisräumen, Shoppingmöglichkeiten innerhalb einer historischen Kulisse mit einer hohen Dichte von Baudenkmälern. Diese Bauwerke werden von den Touristen somit als „Kulisse“ wahrgenommen, innerhalb derer sie sich bewegen, anstatt sie aktiv zu besichtigen. Die Bauwerke „*stehen nur da*“, hingegen versprüht die Stadt insgesamt ein „*mediterranes Flair*“ oder eine „*schöne Atmosphäre*“. Positive Erlebnismomente sind eher von den ersten spontanen Assoziationen mit der Stadt losgelöst und überwiegen deutlich die Bedeutung der Welterbestätten. ‚Antike erleben‘ hat sich somit für viele Touristen beschränkt auf die äußerliche Inaugenscheinnahme der Bauwerke beim Flanieren durch die Stadt und gleichzeitigem Einkaufen in den Geschäften oder dem Besuch gastronomischer Einrichtungen – hier vor allem der Außengastronomie. Eine aktive Nutzung der historischen Gebäude in Form von Besichtigungen oder Eintritten geschieht eher selten und wenn, dann auch nur gezielt in wenigen Denkmälern.

Zusätzlich werden während des Aufenthaltes Facetten der Stadt Trier erlebt, die in der touristischen Kommunikation scheinbar zu kurz kommen: Das Thema Mittelalter wird von vielen Gästen genannt, der Charakter einer Universitätsstadt wird oft positiv bemerkt, und vor allem das Thema Wein („*Das war mir gar nicht so bewusst, dass Trier in einer Weinregion liegt*“) wird von vielen Gästen erst beim konkreten Besuch der Stadt registriert. Hier werden die Gäste positiv überrascht, da Aspekte entdeckt und erlebt werden, mit denen sie aufgrund der fehlenden Kommunikation im touristischen Marketing gar nicht gerechnet haben. Dabei wirkt für viele das anfänglich eher altertümliche Trier nach einer gewissen Aufenthaltszeit durchaus „*erfrischend*“.

Als weiteres Ergebnis bezogen auf die erlebten Alleinstellungsmerkmale kann festgehalten werden:

- Vordergründig sind die historische Bausubstanz und das kulturelle Erbe ein wesentliches Alleinstellungsmerkmal der Stadt.
- Nach einer stärkeren Reflexion des Erlebten gewinnt die Atmosphäre in der Stadt eine wesentlich stärkere Bedeutung und lässt die Baudenkmäler eher zur Kulisse werden, vor der sich das touristische Erleben abspielt.
- „Antike erleben“ reduziert sich auf die äußerliche Inaugenscheinnahme und das Flanieren zwischen den Bauwerken.
- Touristen entdecken während des Aufenthaltes zusätzliche Facetten, die kaum vom Marketing kommuniziert werden, wie etwa die Themen Mittelalter, Universitätsstadt, Karl Marx oder Wein.

- Die geringe Erwartungshaltung zu Beginn des Besuches führt in den meisten Fällen zu einer Begeisterung über das tatsächlich Erlebte und damit zu einer hohen Besuchszufriedenheit.

4 Diskussion des Erhebungsdesigns

4.1 Stärken und Schwächen des Erhebungsdesigns

Die ersten Erfahrungen, die mit der Anwendung des Instrumentes gewonnen wurden, waren durchaus positiv. Trotz der relativ geringen Anzahl durchgeführter Interviews zeigte sich relativ schnell eine größere Homogenität in den Ergebnissen. Dies deutet darauf hin, dass hier bestimmte allgemeine Mechanismen vorliegen, die auf mehrere verschiedene Zielgruppen anwendbar sein können.

Die Teilnahmebereitschaft bzw. die Abbruchrate der Interviews kann ebenfalls positiv bewertet werden. Die Dauer der Interviews schwankte zwischen 15 und 30 Minuten. Der Charakter des offenen Gesprächs scheint die Probanden weniger zu belasten als ein gleich langes strukturiertes Interview mit z. B. komplexen Item-Batterien.

Darüber hinaus ist der Ansatz aufgrund der erzielten Ergebnisse positiv zu bewerten: Die offene Gesprächsform förderte Aspekte des touristischen Erlebens zu Tage, die mit standardisierten Fragen nicht zu erfassen gewesen wären. Zusätzlich bietet sich die Möglichkeit, bestimmte Punkte zu vertiefen und somit die Befragten zu einer verstärkten Reflexion des Erlebten zu motivieren. Die Orientierung anhand eines Gesprächsleitfadens gewährleistet dabei, dass die im Vorfeld definierten Themen auch angesprochen werden. Ohne dieses konkrete Nachfassen wären die hohe Bedeutung des Themas Atmosphäre sowie die Kulissenfunktion der Baudenkmäler für die Touristen nicht in der Deutlichkeit identifiziert worden.

Die offene Form der Gesprächsführung birgt aber auch Gefahren. Sie stellt hohe Anforderungen an die Interviewer, die über ein ausreichendes Maß an Erfahrung verfügen müssen und sorgfältig zu schulen sind. Die Auswertung der Gespräche erfordert einen höheren Aufwand, da eine Transkription der Interviews angefertigt werden sollte. Für die Interpretation der Aussagen sind Erfahrung und Kenntnis des Untersuchungsgegenstandes notwendig.

Im Rahmen der Erhebung selbst ist vor allem das Interviewen von Mitgliedern von Reisegruppen kritisch: Einzelne Mitglieder lassen sich nur schwer für die Interviewdauer von ihrer Gruppe trennen, so dass damit gerechnet werden muss, dass die Fragen von mehreren Personen beantwortet werden. Dies widerspricht zwar dem Prinzip, die Kognition des Einzelnen verstehen zu wollen, fördert auf der anderen Seite aber die Erkenntnis von gruppendynamischen Prozessen innerhalb von Reisegruppen.

Weiterhin sind Kenntnisse über die Gästestrukturen hilfreich, um eine sinnvolle Quotierung der zu erhebenden Interviews festgelegen zu können. Dadurch werden die Überrepräsentanz bestimmter Gästegruppen und eine Verzerrung der Ergebnisse vermieden. Nur so lassen sich im Endeffekt Ergebnisse erzielen, die auf die unterschiedlichen Gästeschichten übertragen werden können oder sicherstellen, dass keine Gästegruppe unberücksichtigt bleibt.

Zusammengefasst lässt sich der Ansatz wie folgt bewerten:

Positiv:

- hohe Ergebnisqualität und Gewinn neuer, nicht bekannter Aspekte,
- hohe Teilnahmebereitschaft bei geringer Abbruchquote auch bei längerem Interviewverlauf,
- gute Homogenität der Ergebnisse,
- Identifizierung von verdeckten Motivationen und Erwartungen,
- trotz hoher Anforderungen insgesamt relativ geringer Aufwand im Vergleich zu umfangreichen quantitativen Studien.

Negativ:

- hohe Ansprüche an die Interviewer und die Auswertung,
- hohe Anforderungen an das Forschungsdesign (Quotierung der Stichprobe),
- keine statistische Repräsentativität.

4.2 Relevanz für das touristische Marketing

Der dargestellte Ansatz hat durchaus unterschiedliche Relevanz für das touristische Marketing. Nicht geeignet ist er für die soziodemographische Beschreibung von Zielgruppen, die eine Destination besuchen, und für die Gewinnung von repräsentativem Datenmaterial. Somit werden klassische Zielgruppenerhebungen nicht auf solch offene Interviewformen zurückgreifen, da sie allein schon aufgrund der geringen Anzahl von Interviews keine exakten Daten hierzu liefern können.

Allerdings kann dieser Ansatz dem touristischen Marketing durchaus neue Impulse geben, da sich mit ihm neue, bisher nicht bekannte Aspekte des Gästeverhaltens, der Gästeerwartungen und ihrer Motive identifizieren lassen. Am Beispiel Trier zeigt sich, dass die von den Gästen formulierten – oft nur rudimentären – Erwartungen („*älteste Stadt Deutschlands*“, „*römische Bauwerke*“) nicht die dahinterliegenden Wünsche und damit auch Auslöser für einen Besuch widerspiegeln. Es fehlt somit die Kohärenz zwischen Produktversprechen „*römisches Trier*“, „*Welterbe*“ und dem tatsächlich vom Gast wahrgenommenen Produkt, das sich stärker in der positiven Atmosphäre und dem Zusammenspiel von Gastronomie, Einkaufserlebnis und dem gesamten Bild der Innenstadt ergibt. Positiv ist hier der Umstand, dass diese Kohärenz nicht zu Enttäuschungen der Gäste führte, da ihre Erwartungen in der Regel durch das Entdecken neuer Facetten wie Wein und Mittelalter übertroffen werden.

Es lässt sich somit überprüfen, ob und welche Marketingbotschaften in der Wahrnehmung der Gäste verankert sind und welche Relevanz diese für die Gäste und das touristische Erleben vor Ort haben. Dies hilft den Verantwortlichen zum einen, eingesetzte Marketingstrategien zu hinterfragen. Zum anderen hilft es, neue, bisher ungenutzte Marketingpotentiale zu identifizieren. Für das Beispiel Trier bedeutet dies, ein Produktversprechen zu formulieren, welches das zentrale Erlebnis einer gemütlichen, mediterranen Atmosphäre mit dem historischen Hintergrund der Stadt Trier verbindet. Der wahre Markenkern der Stadt Trier geht offensichtlich stark über die Präsenz und Wahrnehmung der (römischen) Bauwerke hinaus, so dass eine Fokussierung im Marketing auf diese Bauwerke einengend sein kann. Es gibt weitere Facetten der touristischen Aufenthaltsqualität, die integriert werden müssen und die das Thema „Aufenthalt in Trier“ emotional stärker aufladen können. Nach den vorliegenden Ergebnissen muss im touristischen Marketing ein Bogen gespannt werden, der römische Bauwerke, Mittelalter, Wein, angenehmes Lebensgefühl etc. umspannt.

Weiterhin lassen sich hiermit globale, aber auch detaillierte Stärken und Schwächen im touristischen Angebot identifizieren, ohne allerdings auch hier statistische Repräsentativität erzielen zu können. Der Vorteil der offenen Gesprächsführung ermöglicht es sogar, negative Erlebnisse z. B. innerhalb der Reisegruppe auszufiltern und somit eine neutralere und differenziertere Bewertung zu erzielen, als es bei einer globalen Notenvergabe der Fall wäre.

Somit hat dieser Ansatz vor allem in folgenden Bereichen größere Relevanz:

- Identifikation neuer Marketingthemen und -potenziale,
- Analyse der Wahrnehmung des touristischen Angebotes durch die Gäste,
- Identifikation von Markenkern und Alleinstellungsmerkmalen aus Sicht der Gäste,
- Analyse sowohl von globalen als auch detaillierten Stärken und Schwächen im touristischen Angebot.

5 Empfehlungen

Der dargestellte Ansatz einer qualitativ ausgerichteten Befragung von Touristen hat sich durchaus bewährt, da er neue Aspekte im touristischen Erleben identifizieren kann. Im Vergleich zu quantitativ ausgerichteten Gästebefragungen mit stark strukturierten Fragebögen haben sich Ergebnisse gezeigt, die im Vorfeld der Untersuchung nicht erwartet wurden. Diese hätten somit auch nicht im Rahmen einer quantitativen Erhebung erkannt werden können, da sie nicht im Fragebogen formuliert worden wären – sie waren ja im Vorfeld dem Forschenden nicht bekannt gewesen.

Die Methode bietet somit die Möglichkeit, mit relativ geringem Aufwand Ansatzpunkte für das touristische Marketing zu gewinnen, die das Bisherige sinnvoll ergänzen, da sie sich aus dem Erlebten der Touristen ableiten lassen. Weiterhin lassen sich natürlich auch relativ leicht Stärken und Schwächen im touristischen Angebot entdecken, welche direkt von den Gästen angesprochen wurden.

Dieser Forschungsansatz kann nicht die bisherigen Ansätze im Bereich Gästebefragungen ersetzen, die für bestimmte Fragestellungen (Wertschöpfungsanalysen, Analyse der Gästestrukturen und deren Verhalten vor Ort etc.) sinnvoll sind. Er stellt aber eine sehr sinnvolle, qualitative Ergänzung dar, dessen Ergebnisse – richtig interpretiert – wichtige Hinweise für Marketing, Positionierung im Marktumfeld oder auch Weiterentwicklung des touristischen Angebotes liefern.

Das durchgeführte Pilotprojekt zeigt auch, dass bestimmte Randbedingungen im Forschungsdesign berücksichtigt werden müssen:

- Quotierung der durchzuführenden Interviews hinsichtlich der Gästestrukturen; dies betrifft vor allem die Verteilung der Altersklassen und das Verhältnis von Tages- zu Übernachtungsgästen,
- geschulte Interviewer,
- sorgfältige Auswahl von Befragungsort und -zeitpunkt,
- Verallgemeinerung der Ergebnisse.

Wenn diese Randbedingungen gelöst sind, lassen sich mit diesem Ansatz wertvolle Erkenntnisse gewinnen, die in Verbindung mit quantitativen Studien ein sinnvoll abgestuftes Marktforschungskonzept ergeben. Ein solcher Einsatz wäre z. B. als Vorstudie zu einer größeren, quantitativen Studie oder als regelmäßig durchgeführtes, qualitatives Monitoring denkbar.

Geeignete Anwendungsgebiete des Ansatzes können vor allem abgeschlossene touristische Destinationen sein, also eine Stadt oder eine kompakte Region. Besonders geeignet sind Ferienparks, Freizeitzentren oder auch größere Hotelkomplexe, Ferienressorts oder Kreuzfahrtschiffe, also touristische Produkte, die destinationsähnlichen Charakter haben.

Literatur

BEREKOVEN, L./ECKERT, W./ELLENRIEDER, P. (2000): Marktforschung – Methodische Grundlagen und praktische Anwendung, 8. Auflage, Wiesbaden

BORTZ, J./DÖRING, N. (1995): Forschungsmethoden und Evaluation für Sozialwissenschaftler, 2. Auflage, Berlin

FUR (Forschungsgemeinschaft Urlaub und Reisen e.V.) (Hrsg.): Die Reiseanalyse – Die Urlaubsreisen der Deutschen, verschiedene Jahrgänge, Kiel

KRÜGER, R. (2002): Spur der Freiheit – Menschen im Wohnmobil, 1. Auflage, Stuttgart

SCHÄFLEIN, S. (1992): Das qualitative Interview in der Freizeitforschung. In: Becker, Chr.: Erhebungsmethoden und ihre Umsetzung in Tourismus und Freizeit = Materialien zur Fremdenverkehrsgeographie, Heft 25, Trier

Loyalitätsmanagement – Von der Herausforderung zur Umsetzung

Renate Linkenbach

1 Einführung

Anfang 2000 Jahre wurde der Begriff „Verdrängungswettbewerb“ für viele Destinationen zur Realität. Der Kampf um den Kunden, um Marktanteile und das knapper werdende, frei verfügbare Einkommen bestimmt seither das Tagesgeschäft. Neue Strategien wurden entwickelt, der Kunde in den Mittelpunkt der Arbeit gerückt, und Schlagwörter wie Kundenorientierung und Kundenbindung wurden zum Maßstab der Produktentwicklung.

Und doch scheint es, als ob der Kunde und potentielle Gast sich davon nur wenig angesprochen fühlt. Kundenorientierung, die Befriedigung seiner Wünsche, ist für ihn eine Selbstverständlichkeit. Treuerabatte, Bonussysteme und unentgeltliche Zusatzleistungen nimmt er nicht als „Dankeschön“ für seine erneute Buchung wahr, sondern setzt sie schon bei der ersten Buchung voraus. Gefördert wird dieses Verhalten durch Stilblüten in der Angebotspolitik z. B. bei Wellnesshotels in Österreich, welche den Kunden bereits bei der ersten Buchung (unabhängig von der Aufenthaltsdauer) in Aussicht stellen, bei der zweiten Buchung als Stammkunden geführt zu werden, und ihnen Sonderrabatte anbieten.

Doch der Kunde belohnt diese Strategien nicht mit Treue zum Anbieter, sondern nutzt sie eher als Mittel, um immer besseren, exklusiveren Service zu erhalten und noch mehr die „Stellschraube Preis“ als Druckmittel zu nutzen.

Er zeigt eine hohe Wechselbereitschaft, und somit steigen weiterhin die Kosten im Bereich der Neukundenakquise für die Anbieter. Doch diese Entwicklung ist nicht gesund für die kleinen und mittelständischen Anbieter unserer Branche im Deutschlandtourismus. Erfahrungswerte aus den Vertriebs-Controlling-Systemen einzelner Anbieter zeigen, dass die Neukundengewinnung 5- bis 7-mal so teuer ist wie die Beziehungspflege zu einem Bestandskunden. Die Gewinnung von Neukunden gestaltet sich damit für die meisten Unternehmer als kostenintensiv und schwierig.

Dass dennoch viele Unternehmer und Anbieter sich lieber auf den Neukunden fokussieren und viel Geld für Anzeigenkampagnen und Akquiseaktivitäten ausgeben, liegt wohl daran, dass der Erfolg schneller sichtbar ist – Buchungen sind direkt zurechenbar. Beziehungspflege ist langwierig, verlangt Kreativität, starke kommunikative Fähigkeiten und Empathievermögen. Das „Reinhören“ in den Kunden, seine Bedürfnisse und Emotionen zu erspüren und Geduld zu haben, ist nicht jedermanns Sache.

2 Von der Kundenbindung zur Kundenloyalität

2.1 Irrtümer zum Thema Kundenbindung

Ein maßgeblicher Irrtum besteht in der Vorstellung, dass man einen Kunden binden, gar verpflichten kann. Genauso abenteuerlich ist die Hoffnung vieler Anbieter, sie könnten durch Rabatte, Punkte, Prämien oder Gästekarten den Kunden zum Wiederholungstäter machen. Sie versuchen, sich Treue zu erkaufen und geraten damit immer mehr ins Preisdumping und in einen ruinösen Wettbewerb. Die Kundenbeziehung wird auf geldwerte Vorteile aufgebaut. Kundenbindung wird zu einer finanziellen Beziehung.

Ein weiterer Irrtum liegt in der Wirkungsweise von extrinsischer Motivation. Wie kurzlebig diese Wirkung ist, hat bestimmt schon jeder selbst einmal erfahren, entweder als Arbeitgeber oder Arbeitnehmer. Lohnerhöhungen, gewährte Vorteile und Statussymbole wirken nur eine kurze Zeit. Zu schnell gewöhnt man sich an die Neuerungen, und schon steigt die Lust auf mehr.

Wird diese Lust nicht umgehend befriedigt, steigt die Wechselbereitschaft. Der Kunde formt den Anbieter und nimmt ihm seine unternehmerische, selbst zu gestaltende Freiheit. Dies ist häufig die Ursache für schlechten Service, ausbeuterische Mitarbeiterführung und mangelhafte Qualität. Da helfen dann auch keine Service-Q-Schulungen, wenn diese nicht als freiwillig, sondern als „Muss“ bzw. als Voraussetzung angesehen werden, um noch weiter „vermittelbar“ zu sein.

Extrinsische Motivation ist nur von kurzer Dauer und bedeutet immer in der Wunschliste des Gastes eine Spirale nach oben.

Hier gilt es, die Positionen zu verändern. Im Idealfall sucht sich nicht der Kunde seinen Anbieter nach den für ihn besten Konditionen aus, sondern der Anbieter „wählt“ seinen Kunden aus. Er entscheidet, wen er belohnen will, wann und wie.

Kein Irrtum dagegen ist es, dass die Instrumente der **intrinsischen Motivation** langlebig sind und eine dauerhafte Beziehung begründen können. Emotionen steuern das Handeln des Menschen. Emotionen gehen vom Menschen aus. Nichts fasziniert den Menschen so sehr wie andere Menschen, ihre Verhaltensweisen, ihr Denken und Handeln.

Der Wunsch nach

- Achtsamkeit,
- Zuwendung,
- Verlässlichkeit,
- Sicherheit,
- Flexibilität,
- Wertschätzung und
- Respekt

ist tief im Menschen verwurzelt (vgl. SCHÜLLER 2010, S. 11).

Wird dieser Wunsch erfüllt, sinken Existenzängste, das Eigenimage wird gestärkt und damit das Selbstwertgefühl. Das Gefühl, ein guter Mensch zu sein, steigt. Emotionen sind der Auslöser für loyale Verhaltensweisen.

2.2 Wie entsteht Loyalität?

Es ist ein Quantensprung, einen Kunden aus der Bindung zu entlassen, ihn nicht vorrangig „kaufen“ zu wollen, sondern ihm ein Angebot zu machen, sich wohl zu fühlen – ganz ohne Zwang –, freiwillig bei „seiner Destination, bei seinem Anbieter“ zu bleiben. Doch wie geht das …?

Zunächst kauft der Kunde das touristische Angebot. Er entwickelt positive Gefühle zu dem Angebot, wenn es seine Wünsche, Vorstellungen und Hoffnungen erfüllt. Dies sind nicht nur realistische, faktische Elemente wie z. B. komfortable Unterkunft, Sauberkeit, Preiswürdigkeit, Naturerlebnis und Wissenszuwachs, sondern auch emotionale Elemente wie z. B. bewundert zu werden, etwas erzählen zu können oder im Mittelpunkt zu stehen, weil man etwas Einzigartiges erlebt und entdeckt hat.

Der Kunde wird zum Fürsprecher und Verteidiger. Er entwickelt Loyalität.

Daraus folgt die freiwillige Entscheidung des Gastes zur erneuten Buchung, zum Zusatzkauf und zur Weiterempfehlung eines Produktes oder einer Dienstleistung. Das Produkt oder die Dienstleistung muss ihn emotional ansprechen, eine psychische, magnetische Anziehungskraft haben. Emotionalisierung des Angebotes ist das Stichwort.

Emotionalisierung ist die Kunst, auf das Herz des Gastes zu zielen
und seinen Geldbeutel zu treffen!

Emotionalisierung entsteht durch eine kreative Angebotsgestaltung und durch die beteiligten Menschen, die das Angebot beleben.

Das Angebot und die Menschen vor Ort müssen das Vertrauen des Gastes gewinnen. Das Angebot spricht das kognitive Vertrauen des Gastes an und bedient die Komponenten Kompetenz, Integrität und Zuverlässigkeit.

Der Mensch bedient das affektive Vertrauen: Selbstlosigkeit, Wohlwollen, Sympathie und Ehrlichkeit. Die Menschen im Tourismus können nur überzeugend sein, wenn sie ihre „Arbeit“ gerne ausführen, wenn sie Nutzen stiften wollen und gerne unter Menschen und mit Menschen zusammen sind. Hierzu gehört eine ehrliche, positive Kundenzuwendung, keine aufgesetzte oder anerzogene Freundlichkeit. Dies kann ein Mitarbeiter allerdings nur entwickeln, wenn er seinem Arbeitgeber und dem Betrieb gegenüber, in dem er arbeitet, Loyalität empfindet. Nur dann sind die Mitarbeiter an dem Erfolg und Wohlergehen des Unternehmens interessiert und werden sich persönlich über alle arbeitsvertraglichen Pflichten hinaus für das Unternehmen und seine Kunden einsetzen und so zum Loyalitätsförderer beim Gast. Die Mitarbeiter sind die Träger der Emotionalität im direkten Kontakt. Eine loyalitätsorientierte Mitarbeiterführung ist die Voraussetzung.

Loyalität ist das Ergebnis guter Gefühle.

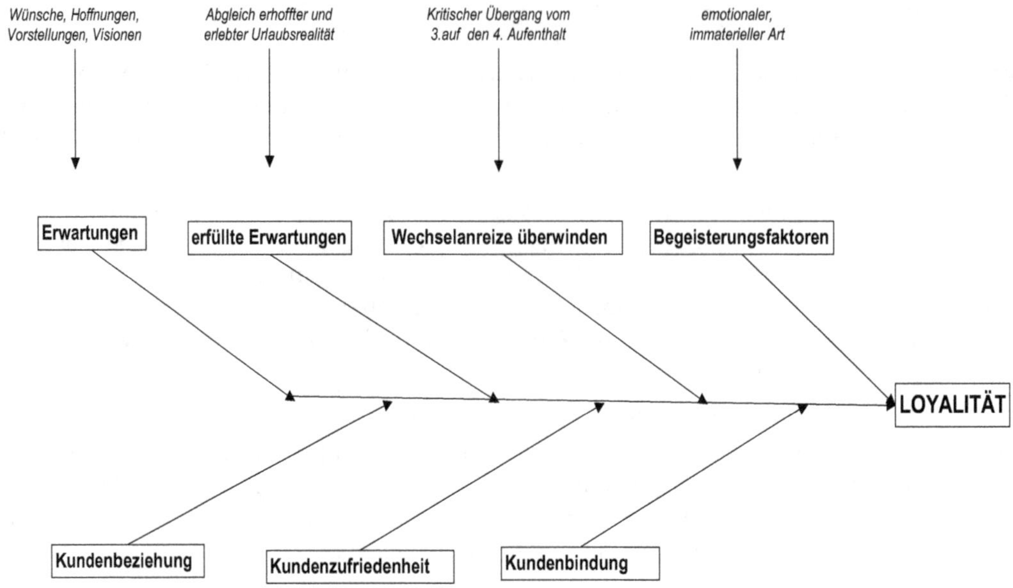

Abb. 1: Wege zur Kundenloyalität (Quelle: eigener Entwurf)

2.3 Die Mosaiksteine im Loyalitätsmanagement

Loyalität ist von Unternehmerseite zu managen. Im wahrsten Sinne des Wortes umfasst diese Leitungsfunktion die Planung, Organisation, Führung und Erfolgskontrolle der Maßnahmen und Aktivitäten zur Loyalitätsbildung beim Kunden und Gast.

Das Ziel ist es, bei Kunden die Weiterempfehlungsrate zu erhöhen, sie zu „Wiederholungstätern“ zu machen und die Zusatzkaufrate zu steigern. Es sollen wechselseitige Vorteile geschöpft werden. Die klassische Win-Win-Situation ist das Ziel und dient damit auch der Kostenminimierung im Bereich der Neukundengewinnung.

Eingebunden in die Strategie der Kundenorientierung umfasst das Loyalitätsmanagement ebenso das Service- und Qualitätsmanagement sowie das Reklamations- und Beschwerdemanagement. Beide Bereiche sind die Regulations- und Kontrollmechanismen, die erst ein starkes Empfehlungsmarketing und ein erfolgreiches Stammkundenmarketing ermöglichen.

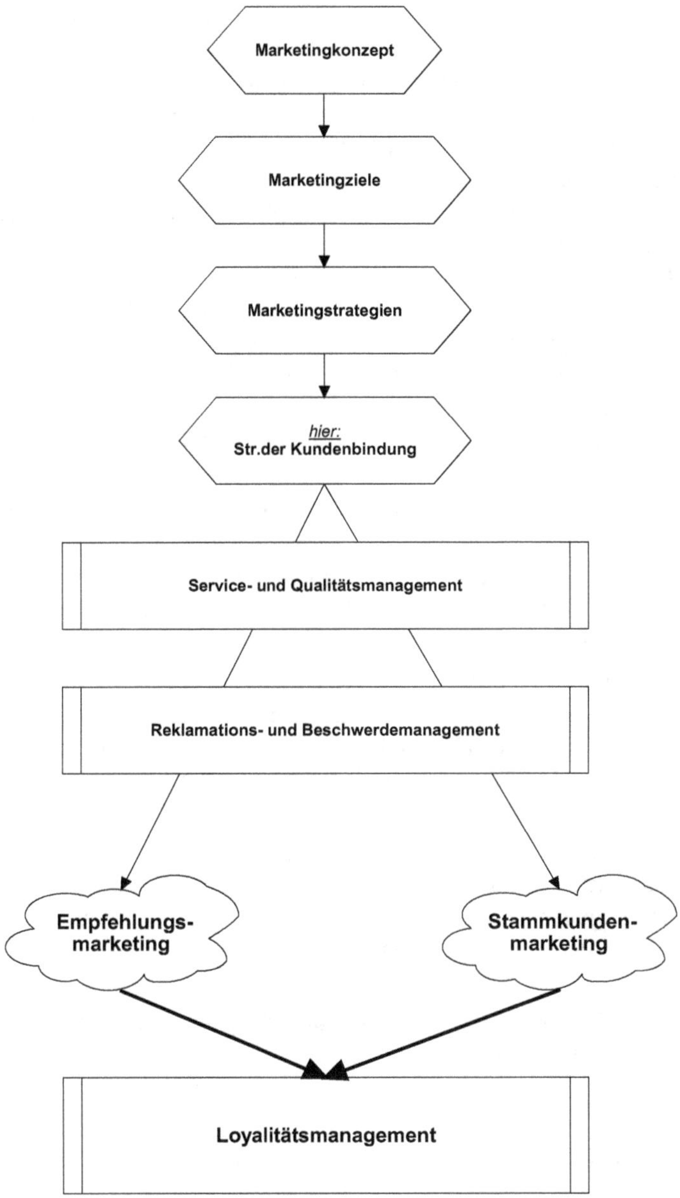

Abb. 2: Loyalitätsmanagement (Quelle: eigener Entwurf)

Stammkundenmarketing ist der „Klassiker" in der Kur- und Bäderbranche: die Kurgastehrung. Nach 10-, 20- oder gar 30-maligem Aufenthalt wird der Gast geehrt. Er kommt in die Kurzeitung, wird in der Gästebegrüßung geehrt, bekommt einen Blumenstrauß und die Ehrenkurkarte. Und so ist es in vielen Kurorten noch heute. Man hat verpasst, die Definition eines Stammgastes dem aktuellen Reiseverhalten der Gäste anzupassen. Heute zeigt ein Gast schon Stammkundenpotenzial bei einem zweiten Aufenthalt, aber er ist noch keiner. Der kritische Punkt liegt beim Übergang von der 3. auf die 4. Buchung – und das muss nicht innerhalb von vier Jahren sein! Hier gilt die Regel 1:2: bei Wellness- und Kuraufenthalten ein Aufenthalt in zwei Jahren. Dabei ist auch die Dauer des Aufenthaltes zu berücksichtigen. Drei Wochen ist mittlerweile reines Wunschdenken, durchschnittlich 12 Tage kommen der Realität nahe. In den klassischen Kurzreiseregionen liegt die Reisehäufigkeit bei bis zu zwei Aufenthalten im Jahr mit einer durchschnittlichen Aufenthaltsdauer von bis zu vier Tagen. Das heißt, erst nach – wie allgemein üblich – zehn Aufenthalten zu ehren, ist viel zu spät. Staffelungen in der Ehrung sind zu definieren, die Sprünge schneller zu gestalten und die Ehrungen der Loyalitätsquote des Kunden anzupassen. Der kritische Übergang von der dritten auf die vierte Buchung ergibt sich aus der Motivation des Reisenden. Die erste Buchung kommt zumeist aufgrund einer Empfehlung oder eines guten Angebotes zustande. Die Neugierde siegt. Die zweite Buchung wird getätigt, weil ein Interesse geweckt wurde und der Gast es nicht geschafft hat, alles beim ersten Mal zu erleben. Er will es komplett machen und kennt sich schon ein bisschen aus. Die dritte Buchung kommt zustande, weil es jetzt so schön unspektakulär ist. Die Erholung wird intensiver. Man muss nichts mehr unbedingt erkunden. Und jetzt kommt die Prüfung.

Siegt die Neugierde auf neue Erlebnisse und Menschen, oder besteht eine emotionale Bindung, wie z. B. bekannt zu sein, Gewohntes zu finden, sich auszukennen und angekommen zu sein neben dem Wunsch nach Neuem? Das bedeutet, die emotionale Bindung des Kunden beginnt meistens nach dem zweiten oder dritten Aufenthalt. Hier sind Aktivitäten, Unterstützer und Katalysatoren gefragt, die den Kunden aktivieren und motivieren.

Eine ideale Unterstützung sind hier Kundenclubs. Der **Gäste Club Föhr Freunde** und der **Bad Bevensen Club** sind lebhafte Beispiele, wie Kundenehrung und Zugehörigkeitsgefühl organisiert werden können. Vorteile werden gewährt und spezielle Aktivitäten nur für Mitglieder angeboten. Der Kunde wird „in Wert“ gesetzt. Gleichzeitig sind beide Clubs Werkzeuge des Empfehlungsmarketings.

Der Schwerpunkt der Aktivitäten liegt in den vergangenen Jahren verstärkt im Empfehlungsmarketing. Bedingt durch das social web bilden sich Communities, in denen sich Interessenten, Gäste und Wichtigtuer gegenseitig mit Tipps zum Restaurantbesuch, zu neuen Mountain-Bike-Strecken, Events oder Wandertouren austauschen.

Mitarbeiter der TI's oder von Hotels sind immer mehr damit beschäftigt, diese Aussagen zu beobachten, zu lenken oder ggf. auch zu korrigieren. Sie sind nur sehr bedingt Gestalter, eher Opfer. Und gerade deshalb ist dieses Instrument zu bespielen.

3 Loyalitätsmanagement: Die operative Umsetzung am Beispiel Naturpark Altmühltal

Es ist von Vorteil, eine touristische Tradition zu haben. Darüber hinaus sollte sie bewährt und in wirtschaftlichen Krisensituationen erprobt sein. Sie benötigt Mitarbeiter an der Basis, die gerne ihre Region, ihren Ort präsentieren. Stolz, Mut und Neugierde auf Entwicklungen sind ebenso Voraussetzung wie eine kommunale Politik, die den Tourismus unterstützt und einer forschen und tatkräftigen Dachorganisation den Rücken stärkt.

3.1 Wie sollte eine Destination aufgestellt sein, um Loyalität bei ihren Gästen auszubilden?

Vor über 40 Jahren wurde der Naturpark Altmühltal in Pappenheim gegründet und hat seit nunmehr 20 Jahren seine Geschäftsstelle in Eichstätt. Franz Xaver Uhl, vielen aus der Branche noch bekannt als engagierter, mutiger und agiler Touristiker, hat maßgeblich die Weichen für die Erfolge des Altmühltals gestellt. Der Fahrradtourismus wurde hier erstmals professionell entwickelt. Seit mehreren Jahren hat nun Christoph Würflein als Geschäftsführer die Fäden des Erfolges in der Hand. Mit seinem bewährten und engagierten Team ist er stets offen für ungewöhnliche, innovative Projekte. Anfang November 2010 rief mich die stellvertretende Geschäftsführerin Heike Baumgärtner an und fragte, ob ich mir ein Pilotprojekt zum Thema Loyalitätsmanagement mit dem Naturpark Altmühltal vorstellen könnte. Ich stimmte begeistert zu! Und das erst Recht unter dem Vorzeichen, dass auch wir schon eine 20-jährige Zusammenarbeit pflegen, eben Loyalität ausgebildet haben – das Ergebnis guter Gefühle.

In mehreren Gesprächen und Treffen entwickelten wir ein Konzept, um das Thema Loyalitätsmanagement Top-Down von der Politik über die TI's an die Basis, die touristischen Teilleistungsanbieter, zu transportieren.

3.2 Die Vorbereitung

Die Idee zu diesem Thema wurde genährt durch die Veröffentlichungen von Anne M. SCHÜLLER (2010), die sich in der Konsumgüter- und Investitionsgüterbranche bereits einen Namen zum Thema Loyalitätsmanagement gemacht hat. Beim Studium der Lektüre trat aber gleich eine Adaptionslücke auf. Die Investitions- und Konsumgüterbranche ist nicht vergleichbar mit dem kommunal strukturierten Tourismus und den davon abhängigen Kleinst-, Klein- und mittelständischen Unternehmen mit ihren Dienstleistungsfacetten.

Zu motivieren und zu begeistern, ohne direkt nachweisbare Umsatzsteigerungen und Formelwerke für eine belegbare Erhöhung der Weiterempfehlungsraten zu erstellen, erwies sich als Herausforderung. Ein positiv erlebtes Gefühl in Pappenheim kann durchaus zu einer Wiederholungsbuchung in Treuchtlingen führen und eine tolle Rad-Wasser-Tour mit Start in Gunzenhausen auf und entlang der Altmühl kann zu einer Empfehlung für Kipfenberg werden. Der Besuch des Chinesenkarnevals in Dietfurt kann eine Wiederholungsbuchung in Neumarkt i. d. Opf. und einen Restaurantbesuch in Beilngries auslösen … *Solche Entscheidungen sind eben emotional geprägt …*

In den vergangenen Jahren wurde durch eine gute und kontinuierliche Innenmarketingarbeit ein starkes Vertrauen seitens der kommunalen Betriebe und touristischen Teilleistungsanbieter zu den Aktivitäten und Akteuren des Naturparks Altmühltal aufgebaut. Loyalität konnte sich entwickeln und als Aktivator eingesetzt werden. Persönliche Gespräche, also der direkte Kontakt zur Zielgruppe durch die Mitarbeiterinnen und Mitarbeiter des Naturparks Altmühltal, sorgten dann für die starke Teilnahme an den folgenden Workshops.

Um die Möglichkeiten und Chancen für ein erfolgreiches Vorgehen zu sichern, begannen wir mit einer Befragung der TI's. Wie viel Zeit verbringen eigentlich die Mitarbeiter und Mitarbeiterinnen mit dem Thema Tourismus, ist gar die Arbeitszeit geteilt zwischen allgemeinen Gemeindeaufgaben und Tourismusentwicklung? Sind es Vollzeitbeschäftigte, Teilzeitbeschäftigte oder 400,00 €-Jobber? Sind sie fachlich ausgebildet oder Quereinsteiger? Haben die Mitarbeiter in den TI's einen genauen Überblick über ihre Gästestruktur, deren Reiseverhalten und Reisehäufigkeit ins Altmühltal? Gibt es Vermutungen oder gesicherte Erkenntnisse, auf deren Grundlage die Einschätzung des Loyalitätspotenzials vorgenommen werden könnte? Und nicht zuletzt wurde abgefragt, welche Aktivitäten bereits zum Thema Kundenbindung vorgenommen werden. Die Ergebnisse waren sehr unterschiedlich. Je nach touristischer Bedeutung der Destination und nach dem Beschäftigungsstatus unterschieden sich die Ergebnisse. Diese Erkenntnisse wurden in die weitere Vorgehensweise mit aufgenommen.

Es wurde folgender Ablauf geplant:

1. Initialworkshop mit den TI's,
2. Präsentation der Ideen und Ergebnisse auf der Mitgliederversammlung des Naturparks Altmühltal,
3. Vertiefung des ersten Workshops, Aufarbeitung der Ergebnisse und Umsetzungsempfehlungen für die Basis der Teilleistungsanbieter (Vorbereitung einer Vermieterversammlung und touristischen Teilleistungsanbieterversammlung),
4. Informationsveranstaltung und Workshops auf Ortsebene für touristische Teilleistungsanbieter und Interessierte aus Handel und Gewerbe.

Es galt, alle Aktionsebenen im Loyalitätsmanagement anzusprechen.

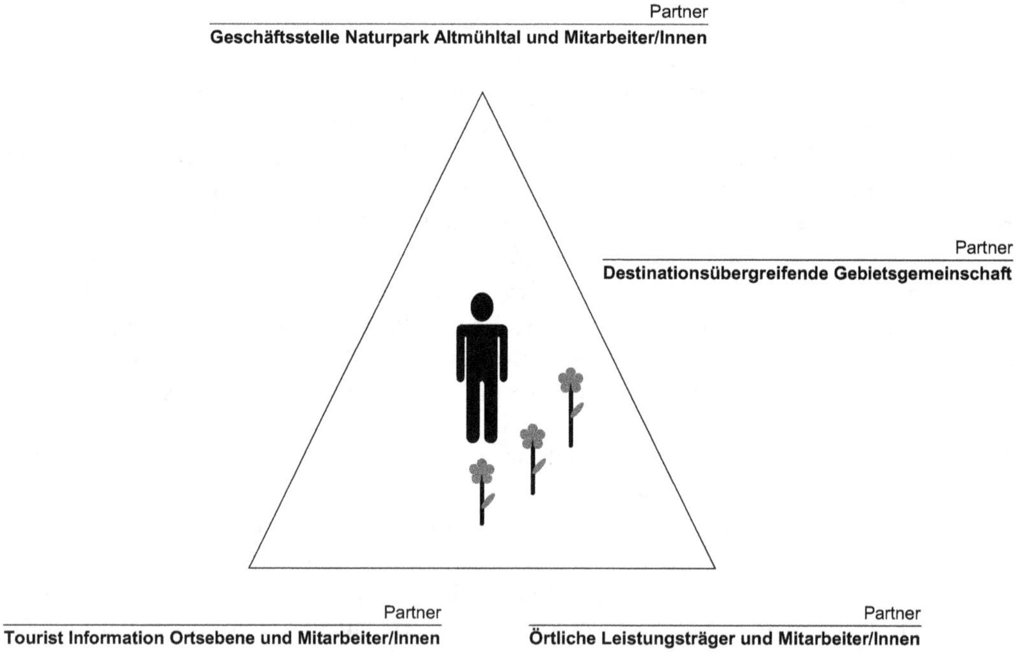

Abb. 3: Aktionsebenen im Loyalitätsmanagement (Quelle: eigener Entwurf)

3.3 Die Workshop-Serie

Im Oktober 2011 begannen dann die ersten Workshops. 18 Tourist Informationen und (schon) ein Hotel beteiligten sich mit 48 Teilnehmern an den insgesamt vier Workshops im Altmühltal.

Die Inhalte der ersten Workshop-Serie waren:

- Das Wissen über die Strategie der Kundenbindung erhöhen.
- Alte Wege hinterfragen – neue Wege finden.
- Optimierungsmöglichkeiten entwickeln.
- Das Wesen des Loyalitätsmanagements verstehen lernen.
- Neue Ideen für das Stammkundenmarketing entwickeln.
- Serviceorientierung und Qualitätsmanagement optimieren.
- Strategien im Empfehlungsmarketing planen.

Im Anschluss an diesen ersten Workshop übernahmen die Teilnehmer jeweils eine Projektaufgabe zum Thema Empfehlungsmarketing und Serviceoptimierung. Diese „Hausaufgaben" wurden engagiert und kreativ bearbeitet und zur Vorbereitung der zweiten Workshop-Serie im März 2012 bei mir eingereicht.

Im Dezember 2011 erfolgte dann die Vorstellung der ersten Ergebnisse auf der Mitgliederversammlung des Naturparks Altmühltal vor Politikern und Multiplikatoren.

In der ersten Workshop-Serie kristallisierte sich sehr schnell heraus, dass von der Dachorganisation Naturpark Altmühltal ein allgemeiner Empfehlungsmarketingschirm ausgehen musste, unter dem die einzelnen Orte ihre Maßnahmen ergänzend einbringen können. Beispielhaft seien hier die Ideen genannt:

„Mein Altmühltal" Video-Wettbewerb www.naturpark-altmühltal.de/videowettbewerb

„Ein Stück vom Altmühltal", säen Sie Ihren eigenen Trockenrasen und posten Sie unter www.facebook.com/Altmuehltal

„So schmeckt mein Altmühltal", eine typische Gewürzsalzmischung, welche das neue Thema www.naturpark-altmuehltal.de/kulinarisch ergänzt

Während die Aufgabe der Dachorganisation hier vorrangig die Imagebildung ist, geht es auf der Stufe der TI's hauptsächlich zunächst einmal darum, das Gästepotenzial besser kennenzulernen und Adressen von Stammgästen zu generieren (Problem: diese Adressen sind überwiegend bei den Hoteliers) sowie deren Wiederempfehlungswert und -rate zu ermitteln. Dies dient zur weiteren Identifizierung der Gäste anhand ihrer Loyalitätsquote, zur Festlegung von „Belohnungen" und zur Entwicklung einer kontinuierlichen Gästebetreuung – ohne aufdringlich zu sein.

Hierzu sei beispielhaft die Aktivität „Fotos von früher" (Gewinnspiel) von Dietfurt erwähnt (www.dietfurt.de/nostalgie).

Weitere Aktivitäten wie Danke-Karten für Stammkunden mit Empfehlercoupon und Herzlich-Willkommen-Karten bei Pauschalarrangements, die den Gast in die TI führen sollen, wurden gleichfalls entwickelt.

Im März 2012 fanden dann drei weitere Workshops im Altmühltal statt. Über 90 % der Teilnehmer aus der ersten Serie im Oktober waren auch bei dieser Serie trotz „Hausaufgabe" dabei. Dies ist schon ein Erfolg!

Die Inhalte der zweiten Workshop-Serie waren:

- Vorstellung, Diskussion und Ergänzung der eingereichten Arbeiten,
- Vernetzung der TI's untereinander, Kooperationen fördern,
- Vorbereitung einer Infoveranstaltung auf Ortsebene.

Die vorgestellten Ergebnisse der Projektarbeiten wurden gemeinsam kritisch diskutiert, ergänzt und bearbeitet. Einzelne Projekte wurden in gezielter Kleingruppenarbeit optimiert.

Das Ziel sollte es sein, die Ergebnisse so auszuarbeiten, dass sie auch für Orte unterschiedlicher Größenordnung anwendbar sind. Hier ergaben sich jedoch Grenzen, die meistenteils durch die Personalsituation in den kleineren Orten gegeben war. Es ist eben nicht einfach für eine Touristinformation mit einer saisonalen Öffnungszeit und einer Halbtageskraft, Loyalitätsaktivitäten zu übernehmen und die Gäste kontinuierlich zu betreuen. Zum Teil wird es schon dadurch erschwert, dass kein unabhängiger, eigener Internetzugang vorhanden ist, sondern der Server der Stadtverwaltung Aktivitäten über Facebook oder Twitter aus Sicherheitsgründen nicht zulässt.

Das Ziel des zweiten Workshops war und ist es, aus den eingereichten Beispielen wie Service-Q-Ketten, Ideen zur Serviceoptimierung und Konzepten zum Empfehlungsmarketing einen Praxisleitfaden zu erstellen, der im Nachgang zu den Workshops jeder beteiligten TI zur Verfügung gestellt werden soll.

3.4 Schlussfolgerung – weitere Schritte

Die bisher erarbeiteten Ergebnisse und die Erkenntniserweiterung bei den Akteuren lässt auf positive Ergebnisse hoffen. Tatsächliche, evtl. auch messbare Ergebnisse werden frühestens in den nächsten zwei bis drei Jahren erwartet. Loyalitätsbildung benötigt Zeit.

Maßgeblich beteiligt an dem Erfolg wird auch die Intensität der Unterstützung durch die Politik und die Multiplikatoren sein.

Ebenso kommt es auf die Durchführung und Akzeptanz der weiteren, dritten Workshop-Serie auf Ortsebene an. Wie werden die touristischen Teilleistungsanbieter die vorbereiteten Ideen aufnehmen, sich einbringen und eigene Maßnahmen im Gesamtkonzept des Loyalitätsmanagements Naturpark Altmühltal entwickeln?

Es ist geplant, auf Ortsebene je eine Informationsveranstaltung zum Thema Loyalitätsmanagement durchzuführen, zu der gezielt eingeladen wird, aber ebenso Interessierte dazu kommen können. Kleinere Orte wollen diese Veranstaltung gemeinsam durchführen.

Inhalte, die in der ersten Workshop-Serie im Oktober 2011 erarbeitet worden sind, werden dazu so aufbereitet, dass sie auch für bisher „Unerfahrene“ nutzbar sind und **Neugier auf Mehr** entfachen soll.

Der Beginn der dritten Workshop-Serie mit Hoteliers, Vermietern, Gastronomen, sonstigen touristischen Dienstleistern und Interessierten aus Handel und Gewerbe ist für den Herbst/Winter 2012/2013 geplant.

Das Ziel dieser dritten Workshop-Serie ist es, Hilfestellung zu individuellen Strategien für die Betriebe zu geben und ihnen Ideen für Maßnahmen vorzustellen, um möglichst ein tiefes, aber hier auch sehr breites Wissen über die Wirkung von Loyalitätsmanagement zu vermitteln.

Wir hoffen auf eine Fülle weiterer Maßnahmen und Ideen aus dieser Innenmarketingstufe, damit ein Netz von Aktivitäten und Aktionen die Gäste aus dem Altmühltal, Empfehler und Interessierte umschließt und die Zukunft des Altmühltals als touristische Destination unterstützt.

Literatur

LINKENBACH, R. (2009): Innenmarketing im Tourismus, Gerlingen
SCHÜLLER, A. M. (2010): Kunden auf der Flucht? Zürich

Modernisierung der touristischen Aus- und Weiterbildung in Belarus: Ziele, Evaluierungsergebnisse und Perspektiven

Marcus Herntrei/Viachaslau Nikitsin

1 Einleitung – Das Tourismus- und Erholungswesen in Belarus

Zu Zeiten der UdSSR war das belarussische Tourismus- und Erholungswesen in das sowjetische „Rekreationssystem" eingebettet und wurde zentral organisiert und gesteuert. Das gesamte Tourismus- und Erholungswesen hatte vorrangig soziale Funktionen zu erfüllen und wurde direkt oder indirekt – durch staatliche Betriebe und Gewerkschaften – durch den Staat finanziert. Die Zielgebiete für Urlaub und Erholung befanden sich sämtlich innerhalb der gegenüber dem westlichen Tourismussystem abgeschotteten Ostblockländer.

Ende der 1980er/Anfang der 1990er Jahre veränderte sich sowohl die politische wie auch die wirtschaftliche Lage in den Staaten des Ostblocks, was nicht zuletzt zu deutlichen Einschnitten des staatlich finanzierten Tourismus geführt hat. Seit dieser Zeit begannen Akteure aus Wissenschaft und Praxis damit, die entstehende Lücke im staatlichen Erholungswesen zu schließen. Neben staatlichen Reiseveranstaltern wie „Intourist" und „Sputnik" wurden die ersten privaten Reisebüros und Reiseveranstalter gegründet, die Alternativen zum staatlich organisierten Tourismus angeboten haben. Die privaten Reiseanbieter haben die Stimmung in der postsozialistischen Gesellschaft aufgegriffen und in erster Linie Reisen in das früher nicht bereisbare westliche Ausland organisiert und veranstaltet. Bemühungen, den heimischen Tourismus zu stärken, waren in dieser Zeit kaum zu erkennen.

Die Unabhängigkeitserklärung von Belarus gegenüber der UdSSR am 27. Juli 1991 brachte große Chancen für die gesellschaftliche Umgestaltung und den Aufbau des neu gegründeten, unabhängigen Staates mit sich. Im Zuge der gesellschaftlichen Umgestaltungs- und Reformprozesse mussten auch die Rolle und die Funktion des Tourismus in der belarussischen Gesellschaft neu definiert und im Zuge dessen auch die nationale Tourismuspolitik unter neuen Rahmenbedingungen formuliert werden.

Im Jahr 1995 wurde per Erlass des belarussischen Präsidenten ein selbstständiges Ministerium für Sport und Tourismus gegründet. Seit 1995 hat der stellvertretende Minister für Sport und Tourismus – unterstützt durch eine Abteilung für Tourismus – die federführende Koordinationsfunktion aller tourismusrelevanten Fragen in Belarus inne; im Januar 2007 hat das

Tourismusdepartment im Ministerium für Sport und Tourismus als nationale Tourismusadministration diese Aufgaben übernommen.

Seit seiner Gründung bemüht sich das belarussische Ministerium für Sport und Tourismus gemeinsam mit den anderen Tourismusakteuren um die Gestaltung der nationalen Tourismuspolitik sowie um die Entwicklung und Implementierung von relevanten tourismuspolitischen Maßnahmen und Instrumenten. Dazu gehören unter anderem auch der Aufbau und die Förderung der touristischen Aus- und Weiterbildung auf allen Bildungsebenen. Dieser Bereich hatte von Beginn an einen festen Platz in allen nationalen Programmen der Tourismusentwicklung in Belarus, die seit Mitte der 1990er Jahre in Belarus umgesetzt wurden.

Anfang der 1990er Jahre gab es in Belarus faktisch keine Hochschuleinrichtungen, die ein Vollzeitstudium in Tourismus angeboten haben. Nur einige wenige Hochschulen haben innerhalb der bestehenden (geographischen, sportwissenschaftlichen, linguistischen usw.) Studiengänge tourismusrelevante Spezialisierungen bzw. Vertiefungen geführt, wie z. B. Planung und Verwaltung von „Rekreationszonen", Gästeführung, Sporttourismus usw. Die wachsende Nachfrage der sich entwickelnden Tourismuswirtschaft in Belarus nach gut qualifizierten Fach- und Führungskräften weckte auch auf Seiten der belarussischen Hochschulen Interesse an diesem Thema, was zur Entwicklung und Implementierung der ersten Tourismusstudiengänge in Belarus in den 1990er Jahren führte. Allen voran war es die Belarussische Staatliche Wirtschaftsuniversität Minsk, welche als erste belarussische Hochschule die Bedarfe der heimischen Tourismusbranche an qualifizierten Fach- und Führungskräften erkannt und erste Studiengänge im Tourismusmanagement und Hotel- und Gastronomiemanagement aufgebaut hat. Nicht zuletzt mit der Unterstützung des Förderprogramms „TRANSFORM" der deutschen Bundesregierung wurden im Jahr 1995 eine neue Fakultät für Tourismus an der Wirtschaftsuniversität Minsk gegründet sowie entsprechende Lehrpläne und Lehrmaterialien für die neuen Studiengänge entwickelt. Noch heute gelten die Belarussische Staatliche Wirtschaftsuniversität Minsk, die Belarussische Staatliche Universität Minsk sowie die Belarussische Staatliche Universität für Sport Minsk als Vorreiter in der touristischen Aus- und Weiterbildung in Belarus.

Inzwischen (Stand Juli 2012) bieten 20 belarussische Hochschulen – 18 staatliche und zwei private – touristische Aus- und Weiterbildung an; zehn davon befinden sich in Minsk. Abiturienten bevorzugen in erster Linie die Aus- und Weiterbildungsangebote von Bildungseinrichtungen in der Landeshauptstadt. Der Grund für die Wahl einer Minsker Universität mag zahlreiche Gründe haben. Die starke Zentralität des politischen Systems in Belarus hat Auswirkungen auf das wirtschaftliche und gesellschaftliche Leben: Die Hauptstadt Minsk bietet hier aus der Sicht vieler Menschen bessere Bedingungen als andere städtische und insbesondere ländliche Regionen in Belarus. So bieten auch die Universitäten der Hauptstadt – vor allem durch bessere Ausstattung, aber auch durch qualifizierteres Lehrpersonal – bessere Studienbedingungen als jene Universitäten in den Regionalstädten. Neben den Universitäten bieten außerdem auch sogenannte Colleges und Berufsschulen Ausbildungen in touristischen Berufen an.

Ein wichtiger Beitrag zur Weiterentwicklung und Verbesserung der touristischen Aus- und Weiterbildung in Belarus wurde mit den Entwicklungs- und Kapazitätsbildungsprojekten des Programms „TEMPUS" der Europäischen Kommission geleistet. Diese Projekte mit Bezug zum Tourismus wurden von der Universität Paderborn in Kooperation mit weiteren Partnereinrichtungen in Belarus und in der EU (Deutschland, Italien, Österreich, Tschechien, Slowakei) entwickelt und im Zeitraum 2005–2012 umgesetzt. Auf das Programm „TEMPUS“, ausgewählte Projekte sowie die Ergebnisse der Kooperation wird im Weiteren eingegangen.

2 Das Programm „TEMPUS“ der Europäischen Kommission

Das Programm „TEMPUS“ („Trans-European mobility scheme for university studies“) wurde nach dem Fall des „Eisernen Vorhangs“ im Jahr 1990 ins Leben gerufen und gehört inzwischen mit einem Alter von 22 Jahren zu den älteren Programmen der Europäischen Kommission. Der Fokus des Programms „TEMPUS“ liegt auf dem Bildungssektor und insbesondere auf dem Hochschulsektor. Mit dem Programm soll die Anpassung der Hochschulsysteme in den Partner- bzw. Nachbarländern der EU an die aktuellen Entwicklungen im Hochschulsystem der EU – als Beispiel ist etwa der Bolognaprozess zu nennen – gefördert werden. Im Mittelpunkt stehen sowohl die Entwicklung neuer bzw. die Modernisierung bestehender Studienprogramme als auch die Umgestaltung von Managementstrukturen an den Hochschuleinrichtungen in den Partnerländern.

Neben der Förderung und der Entwicklung von Hochschulkooperationen wird mit dem Programm auch konsequent der persönliche Kontakt und Austausch der im Projekt aktiven Partner gefördert. Zusätzlich zum Programm „TEMPUS“ werden im Rahmen des Programms „Erasmus Mundus“ Studierenden der EU-Nachbarländer Studienaufenthalte an EU-Hochschulen ermöglicht (vgl. EACEA 2012).

Im Jahr 2012 waren an dem Programm „TEMPUS“ 56 Länder (27 EU-Staaten und 29 Partnerländer) beteiligt. Faktisch hat sich das Programm „TEMPUS“ seit 1990 bis heute von einem ursprünglich an die EU-Nachbarstaaten in Mittel- und Osteuropa gerichteten Bildungsprogramm zu einem Instrument der EU-Außenpolitik mit allen ihren Komponenten der Erweiterungs-, Entwicklungs- und Nachbarschaftspolitik entwickelt. Dieses Programm erstreckt sich mittlerweile über den erweiterten europäischen Kontinent hinaus und schließt heute drei weitere Kontinente mit ein: die MEDA-Region mit Nordafrika und Teilen des Nahen Ostens sowie Zentralasien (Nachfolgestaaten der ehemaligen UdSSR), die sich ebenso wie Belarus in gesellschaftlichen Umgestaltungsprozessen befinden. In der Folge wurde mit über 2.200 Hochschulen das größte Kooperationsnetzwerk in der Geschichte des Hochschulwesens aufgebaut, welches sich von Portugal bis in die Mongolei erstreckt. Außerdem ist es dem Programm „TEMPUS“ größtenteils immer gelungen, sich an die sich fortlaufend verändernden politischen, wirtschaftlichen und sozialen Gegebenheiten in den Partnerländern anzupassen, sich auf die Bedarfe der Interessengruppen einzustellen und diesen gerecht zu werden (vgl. Europäische Union 2011, S. 7).

Im Ganzen liegt dem Programm „TEMPUS“ eine einfache Philosophie zugrunde, die im Laufe der Jahre konsequent verfolgt und bewahrt wurde: „Direkter interkultureller Austausch zwischen den Menschen, Projekte auf der Grundlage des Transfers von Wissen und Erfahrungen sowie ein konkreter Bottom-up, von der Basis ausgehender Ansatz in Bezug auf die Reform der Hochschulbildung“ (vgl. Europäische Union 2011, S. 7).

3 Ausgewählte Tourismusprojekte der Universität Paderborn im Programm „TEMPUS“ und ihre Ziele

Die Anfänge der Kooperation der Universität Paderborn mit den belarussischen Hochschuleinrichtungen auf dem Gebiet der touristischen Aus- und Weiterbildung liegen in den Jahren 2000–2001. Im Rahmen der wissenschaftlichen Konferenz „Probleme und Perspektiven der touristischen Aus- und Weiterbildung in den Nachfolgestaaten der UdSSR“ im April 2001 in Minsk wurde das Thema „Bildung im Tourismus“ intensiv mit den Vertretern der belarussischen Tourismuswirtschaft, der Tourismusadministration sowie mit den Hochschullehrern der Bildungseinrichtungen aus Belarus und anderen Nachfolgestaaten der UdSSR diskutiert.

Hieraus resultierte das gemeinsame Vorhaben, die touristische Aus- und Weiterbildung in Belarus gemeinsam mit weiteren Partnerländern der EU im Rahmen des „TEMPUS“-Programms zu verbessern. Vorab durchgeführte Analysen der Ist-Situation und der bestehenden Probleme in der belarussischen Tourismuswirtschaft und deren Bedarfe sowie eine fortlaufende Vertiefung der Analysen und ihre Ausweitung in die peripheren Regionen brachten weitere Inputs für die nun mehr als zehnjährige fruchtbare Kooperation zwischen den belarussischen und den EU-Partnern unter Federführung der Universität Paderborn im Programm „TEMPUS“.

Im Rahmen dieser Kooperation wurden unter anderem folgende vier Projekte im Programm „TEMPUS“ initiiert und entwickelt; zwei dieser Projekte sind inzwischen erfolgreich abgeschlossen worden, zwei weitere befinden sich in der Umsetzung:

1. TEMPUS IB_JEP 23015-2002: „Aufbau und institutionelle Absicherung eines Weiterbildungszentrums für die Tourismusfachkräfte in Belarus“, Laufzeit: 01.07.2005–30.06.2008, Projektbudget: 496.900 €, Projektkonsortium: vier Partnereinrichtungen aus Belarus, drei Partnereinrichtungen und eine externe Expertin aus der EU;
2. 144522-TEMPUS-2008-DE-JPCR: „Modernization and Implementation of Business-Education-Programmes for Tourism in Belarus” (MIBET), Laufzeit: 15.01.2009–14.01.2012, Projektbudget: 954.401 €, Projektkonsortium: zehn Partnereinrichtungen aus Belarus, fünf Partnereinrichtungen und zwei externe Experten aus der EU;
3. 158739-TEMPUS-1-2009-1-DE-JPHES: „E-Learning-Weiterbildungsnetzwerk im Tourismus (Belarus, Georgien und Ukraine)“ (WENET), Laufzeit: 15.01.2010–14.01.2013, Projektbudget: 1.408.856 €, Projektkonsortium: sechs Partnereinrichtungen aus Belarus, sechs Partnereinrichtungen aus Georgien, elf Partnereinrichtungen aus der Ukraine und sechs Partnereinrichtungen aus der EU;
4. 516630-TEMPUS-1-2011-1-DE-TEMPUS-JPHES: „Teacher Education and Training in Tourism in Belarus” (TETVET), Laufzeit: 15.10.2011–14.10.2014, Projektbudget: 1.100.576 €, Projektkonsortium: 14 Partnereinrichtungen aus Belarus und acht Partnereinrichtungen aus der EU.

Mit dem ersten **Projekt „23015–2002“** wurden in den Jahren 2005–2008 die Bottom-up-Aktivitäten der belarussischen Projektpartner zum institutionellen Aufbau eines Weiterbildungssystems für Fach- und Führungskräfte der belarussischen Tourismusbranche sowie zur Etablierung eines touristischen Kompetenznetzwerks in einem Weiterbildungszentrum unterstützt. Ferner wurde im Projektverlauf ein breites Weiterbildungsangebot zu Tourismusthemen für die Zielgruppen aus dem nicht-akademischen Sektor (Reisebüros, Reiseveranstalter, Hotel- und Gastronomiebetriebe, nationale und regionale Tourismusadministrationen, Nationalparks usw.) entwickelt und implementiert. Unter Berücksichtigung regelmäßiger Rückmeldungen seitens der Schulungsteilnehmer werden auch nach Projektabschluss die Weiterbildungskurse fortlaufend an die Bedarfe der Tourismuswirtschaft angepasst und verbessert.

Mit dem **Projekt „MIBET“** sollte die Zusammenarbeit zwischen den belarussischen und EU-Hochschulen intensiviert werden. Im Zuge dessen stand auch die Heranführung des belarussischen Hochschulwesens an den Bologna-Prozess, welche am Beispiel der Modernisierung von Tourismusstudiengängen stattfinden sollte. Belarus ist nach wie vor das einzige Land auf dem europäischen Kontinent, welches das Bologna-Abkommen noch nicht unterzeichnet hat. Dieser Umstand erschwerte zwar die Projektumsetzung, ermöglichte aber das Erreichen der Projektergebnisse in modifizierter Form und diente letztendlich der Öffnung der belarussischen Hochschulen für die im gesamteuropäischen Bildungsraum laufenden Prozesse. Dabei ging es vor allem um die Einführung eines zweistufigen Studiensystems und eines ECTS in Tourismusstudiengängen. Ein weiteres Projektziel war die Stärkung der Kooperation zwischen den Hochschulen, Ministerien, Tourismusverbänden und -unternehmen in Belarus. Durch die Verbesserung der Kooperationen und den Know-how-Transfer auf dem Gebiet der Tourismusausbildung zwischen der Hauptstadt Minsk und den belarussischen Regionen sollte auch das gravierende Gefälle zwischen diesen gedämpft werden: Minsk verfügt über eine Konzentration von Tourismusfachkräften, in den ländlichen und peripheren Regionen hingegen herrscht Fachkräftemangel, wovon regionale Verwaltungen, Nationalparks, touristische Zentren, Reisebüros und Reiseveranstalter sowie das Beherbergungs- und Gastronomiegewerbe betroffen sind. Das belarussische Ministerium für Sport und Tourismus sah im Aufbau von Tourismusstudiengängen in den Regionen eine weitere Möglichkeit, die bestehenden Disparitäten zu mildern.

Das dritte **Projekt, „WENET“**, knüpft direkt an die beiden Vorgängerprojekte an. Nachdem deren Ergebnisse über die belarussischen Landesgrenzen verbreitet wurden, entstand in Belarus, Georgien und der Ukraine die Nachfrage nach einem länderübergreifenden E-Learning-Weiterbildungsnetzwerk im Tourismus zur Verbesserung der länderinternen sowie länderübergreifenden Kooperation zwischen Hochschulen, nationalen und regionalen Tourismusadministrationen und der Tourismuswirtschaft. Zentrales Ziel des Projektes ist die Entwicklung und Implementierung zielgruppenspezifischer E-Learning-Weiterbildungsprogramme für die Tourismuswirtschaft auf der Basis einer modernen E-Learning-Infrastruktur.

4 Evaluierungsergebnisse der Tourismusprojekte aus Sicht der Akteure

Nach der Darstellung der Ziele des Programms und insbesondere der oben genannten Projekte soll an dieser Stelle untersucht werden, inwieweit diese aus Sicht der Projektpartner erreicht werden konnten. Hierzu wurde die folgende Herangehensweise gewählt.

4.1 Methodik

Um die Ergebnisse der dargestellten TEMPUS-Projekte sowie deren Perspektiven aus Sicht der Projektpartner darstellen zu können, wurden diese im Rahmen eines TEMPUS-Folgeprojekttreffens in Belarus im Zeitraum vom 26.–28.03.2012 schriftlich befragt. Angestrebt wurde eine Vollerhebung unter allen anwesenden Projektpartnern. Von 30 anwesenden Partnern haben fünf aus der EU und 13 aus Belarus einen vollständig und korrekt ausgefüllten Fragebogen eingereicht. Die Mehrheit der Respondenten war an mehreren der drei Projekte, vor allem jedoch am Projekt „MIBET" beteiligt.

Die Projektpartner hatten auf folgende vier geschlossene Fragen zu antworten, die ausreichend Spielraum für differenzierte und freie Antworten boten:

1. Welche wichtigen Verbesserungen in der touristischen Aus- und Weiterbildung wurden mit den drei TEMPUS-Projekten (23015-2002/MIBET/WENET) in Belarus erreicht?
2. Welche Potenziale im Rahmen der Projekte hätten im Nachhinein besser genutzt werden können?
3. Welche für die erfolgreiche Entwicklung des Tourismus in Belarus wichtigen Handlungs- und Bedarfsfelder haben die drei Projekte nicht berücksichtigt?
4. Wie ließen sich zukünftig Kooperationen (Hochschulen-Tourismuswirtschaft) innerhalb von EU-Projekten besser gestalten?

Die Fragebögen wurden anonym und unter Verwendung von GABEK (GAnzheitliche BEwältigung von Komplexität) ausgewertet. GABEK ist ein Verfahren zur Analyse und Verarbeitung von normalsprachlichen Texten, welches durch das PC-Programm WinRelan unterstützt wird. Das Verfahren eignet sich, um Prozesse in sozialen Organisationen, also die Koordination menschlicher Aktivitäten in Raum und Zeit (vgl. VESTER 1998), darzustellen und zu analysieren (vgl. www.gabek.com). GABEK ist demnach eine geeignete Methode, die komplexen Prozesse in internationalen Projekten wie TEMPUS mit mehrjähriger Laufzeit zu evaluieren, insbesondere da es Haltungen, Meinungen, Urteile und das für das Projekt relevante Wissen der Projektpartner sichtbar macht und relevante Trends und Potenziale aufzuzeigen vermag (vgl. ZELGER 2009).

Ein Vorteil der qualitativen Datenanalyse unter Verwendung von GABEK liegt zudem in der großen Transparenz und der intersubjektiven Überprüfbarkeit aller Arbeitsschritte, angefangen bei der schrittweisen Datenaufbereitung zur Strukturierung und Komplexitätsreduktion und den darauf folgenden Analyseschritten.

Die Vorgehensweise war dabei wie folgt: Die ausgefüllten Fragebögen wurden zunächst teilweise aus dem Russischen und dem Englischen ins Deutsche übersetzt. Danach erfolgte die Bearbeitung mit der GABEK-Software WinRelan. Hierbei wurden folgende Schritte durchgeführt:

1. Unterteilung der Fragebögen in sogenannte Sinnabschnitte.
2. Innerhalb der Abschnitte erfolgte nacheinander
   a. die Kodierung der Schlüsselbegriffe
   b. die Bewertung der Schlüsselbegriffe (Bewertungskodierung)
   c. die Kodierung der Kausalzusammenhänge zwischen den Schlüsselbegriffen (Kausalkodierung).

Auf der Basis dieser aufbereiteten Daten wurde die Analyse mit WinRelan in zwei Schritten durchgeführt:

1. Ermittlung von Assoziationen zwischen den Schlüsselbegriffen und deren Darstellung innerhalb eines Netzwerks
2. Darstellung der Kausalbeziehungen zwischen den Schlüsselbegriffen, ebenfalls in einer Netzwerkgrafik

Im folgenden Kapitel werden die Analyseergebnisse dargestellt und diskutiert.

4.2 Beurteilung der Tourismusprojekte und ihre Verzahnung

Abb. 1 zeigt ein Assoziationsnetz[1] mit Bewertungen (positiv, negativ, neutral). Neutral wurden jene Fälle bewertet, in denen keine Wertung erkennbar war oder wenn angegeben wurde, dass die vorhandenen Potenziale nicht genutzt werden konnten (vgl. Frage Nr. 2). Negative Beurteilungen kamen durch direkte negative Äußerungen zustande oder durch die Nicht-Berücksichtigung von Handlungsfeldern, die, nach Meinung der Befragten, durch die Projekte hätten bearbeitet werden müssen (vgl. Frage Nr. 3).

[1] Alle dargestellten Assoziationen in der Netzwerkgrafik wurden mindestens zehnmal in den Interviews benannt.

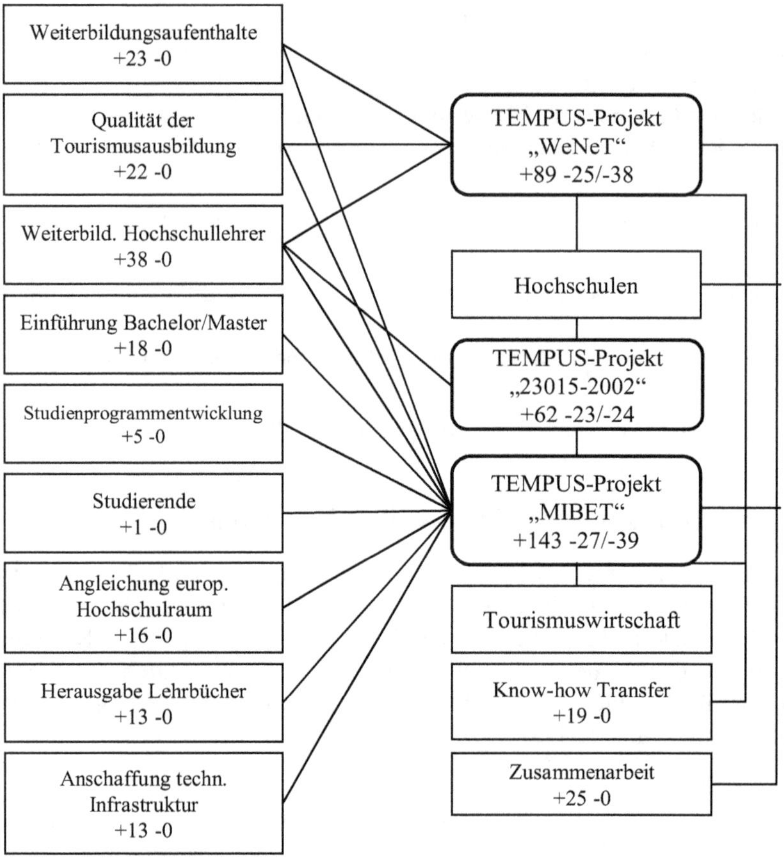

Abb. 1: Die TEMPUS-Projekte „23015–2002“, „WENET“ und „MIBET“ im Assoziationsnetz (Quelle: eigene Erhebung)

Auffallend ist hier zunächst, dass alle drei Projekte – „23015-2002“, „WENET“ und „MIBET“ – aus Sicht der befragten Projektpartner nicht nur stark positiv bewertet wurden, sondern zudem auch eng miteinander assoziiert werden. Die Projekte stehen aus Sicht der befragten Projektteilnehmer in einem positiven Sinne miteinander in Verbindung. Dies deutet darauf hin, dass sich die Projekte sinnvoll ergänzen und konstruktiv aufeinander aufbauen. Know-how-Transfer und Zusammenarbeit – beides sind grundlegende Ziele des TEMPUS-Programms – werden mit allen drei dargestellten TEMPUS-Projekten verbunden.

Die Netzwerkkarte stellt ferner die relevanten Ergebnisse der Projekte aus Sicht der befragten Projektteilnehmer dar, welche nun im Folgenden näher dargestellt werden.

4.3 Wirkungszusammenhänge

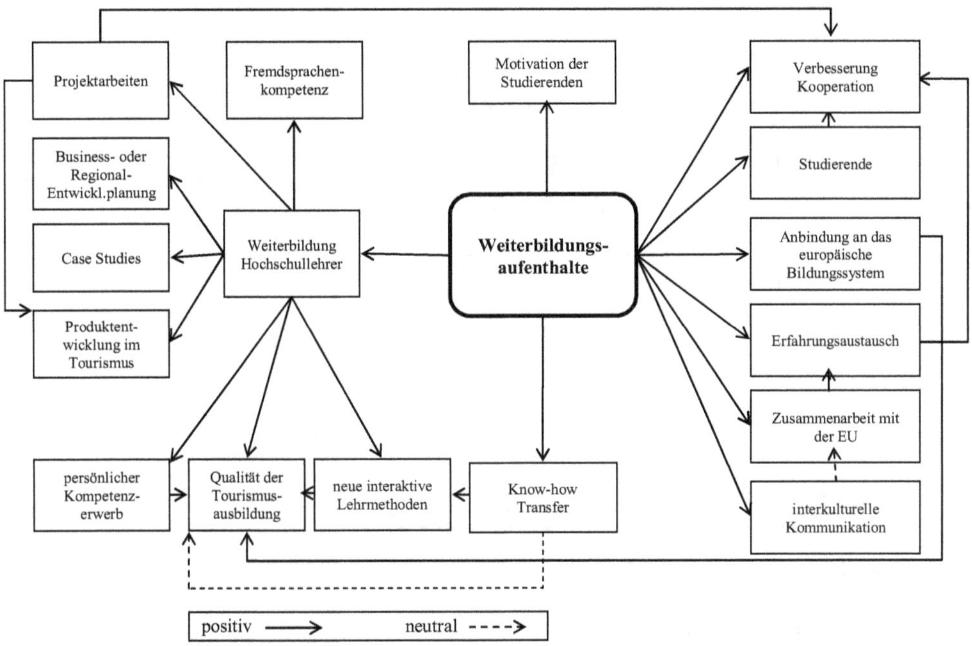

Abb. 2: Kausalnetzwerk im TEMPUS-Projekt „23015-2002“ (Quelle: eigene Erhebung)

Ziel des ersten der drei vorgestellten TEMPUS-Projekte war insbesondere die Verbesserung der postuniversitären, beruflichen Weiterbildung. Das dargestellte gewichtete Kausalnetzwerk zeigt, dass das Projekt nicht nur positiven Einfluss auf das „lebenslange Lernen“, also die berufliche Weiterbildung im Sinne des Projektziels, sondern darüber hinaus weitreichende Wirkungen auf den Tourismus in Belarus hatte.[2] Besonders positiv wirkte sich das Projekt unter anderem auf die Tourismusausbildung aus. Ausschlaggebend hierfür war aus der Sicht der Befragten insbesondere die Weiterbildung der belarussischen Hochschullehrer, die stark von den Weiterbildungsaufenthalten an den EU-Partneruniversitäten profitieren konnten.

2 Alle dargestellten Kausalzusammenhänge wurden mindestens viermal von den Respondenten genannt.

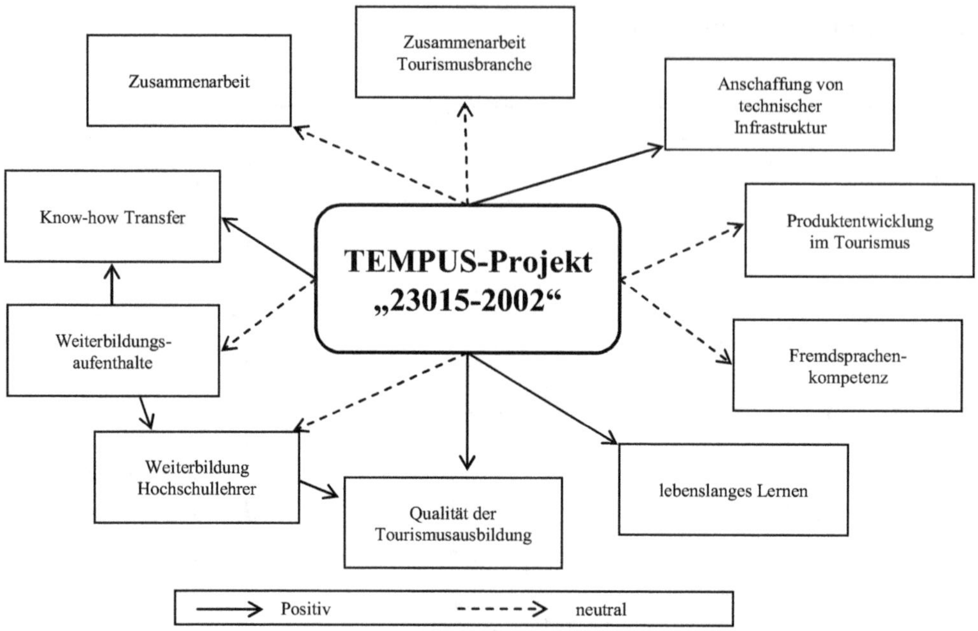

Abb. 3: Kausalnetzwerk im TEMPUS-Projekt „MIBET“ (Quelle: eigene Erhebung)

TEMPUS-Projekt „MIBET“, das zweite Projekt, zielte insbesondere auf die Modernisierung und Weiterentwicklung der Tourismusstudiengänge ab und damit verbunden auf die Einführung von Bachelor- und Masterstudiengängen in Vorbereitung auf einen möglichen Beitritt des Bologna-Abkommens. Abb. 3 veranschaulicht, dass „MIBET“ das Erreichen dieser Ziele maßgeblich positiv beeinflussen konnte, und somit „[...] die Integration der belarussischen Hochschulausbildung in die des EU-Raumes vorangetrieben“ hat.[3] Ferner wurde, aufbauend auf dem ersten TEMPUS-Projekt, die Qualität der Tourismusausbildung weiter verbessert. Positiv wurde zudem beurteilt, dass „MIBET“ direkt (Finanzierung) und indirekt über die Weiterbildung der Hochschullehrer (Know-how-Transfer, vgl. Abb. 2) die Herausgabe moderner Lehrbücher durch belarussische Projektpartner bzw. Hochschullehrer ermöglicht hat.

3 In der Abbildung sind nur Kausalbeziehungen dargestellt, die mindestens achtmal von den Befragten beschrieben wurden.

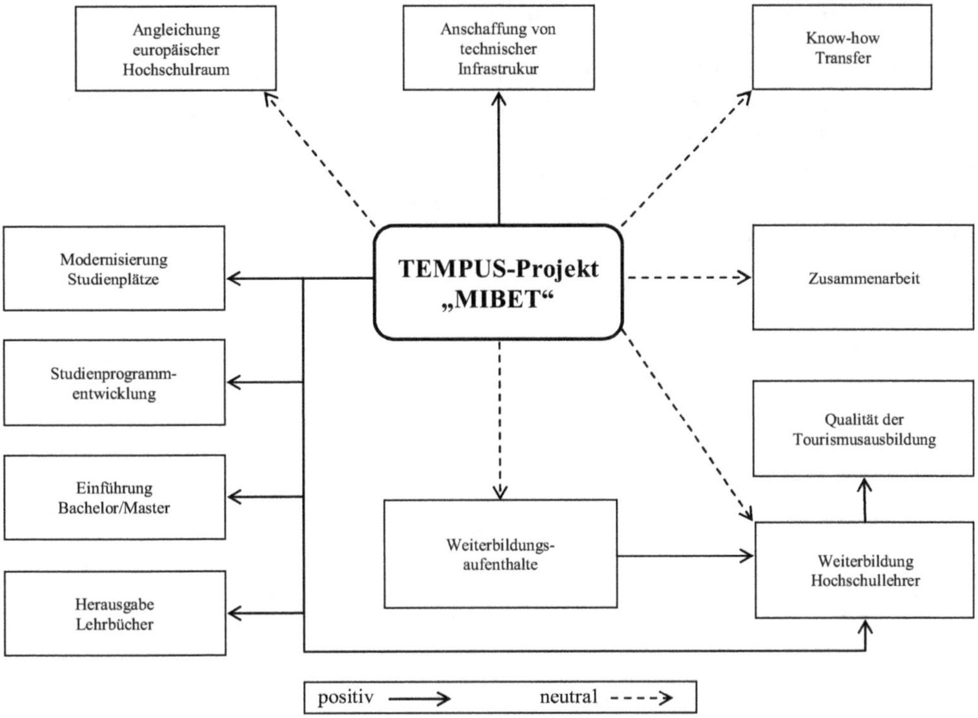

Abb. 4: Kausalnetzwerk TEMPUS-Projekt WENET (Quelle: eigene Erhebung)

TEMPUS-Projekt „WENET“ zielte, anders als die beiden vorherigen Projekte, nicht mehr nur auf einen Know-how-Transfer von den EU-Partnereinrichtungen in Richtung der belarussischen Partner ab. Durch eine verstärkte internationale Zusammenarbeit zwischen den Partnern in Belarus, der Ukraine und Georgien sollte ein nachhaltiger Wissenstransfer auch zwischen diesen Ländern etabliert werden.

Ein Blick auf Abb. 4 zeigt, dass „WENET“ die Zusammenarbeit zwischen den internationalen Partnern verbessern konnte und somit auch Auswirkungen auf den Know-how-Transfer untereinander hatte: „Bei der Initiierung der E-Learning-Plattform konnte Belarus von der Expertise und Erfahrungen der EU-Partner und von den Partnern aus der Ukraine profitieren.“[4]

Die Anschaffung technischer Infrastruktur wird von den befragten Partnern als positive Folge aller drei Projekte angeführt. Insbesondere in dem IT-basierten „WENET“-Projekt mussten zu Projektbeginn zunächst moderne IT-Ausstattungen angeschafft werden, um die Projektziele realisieren zu können. Dennoch wird nur von wenigen der Befragten explizit geäußert, dass diese Anschaffungen sich direkt positiv auf die Projektarbeit oder etwa auf die Qualität der Lehre ausgewirkt hätten. Ein EU-Partner erkennt: „Die durch das Projekt angeschaffte IT-Ausstattung hat die Arbeitsbedingungen verbessert und IT-Kompetenzen der Lehrer in diesem Projekt erhöht.“

4 Das Kausalnetz zeigt hier jene Zusammenhänge, die mindestens sechsmal in den Fragebögen beschrieben wurden.

4.4 Die zentrale Rolle der Weiterbildungsaufenthalte

Anders sieht dies bei den Weiterbildungsaufenthalten aus, die im Zusammenhang mit allen drei Projekten erwähnt wurden. Abb. 5 veranschaulicht ihre projektübergreifende Rolle. Es wird deutlich, dass die Weiterbildungsaufenthalte ein zentrales und wirkungsvolles Instrument darstellen, welches sich positiv auf das Erreichen der Projekt- und Programmziele auswirkt (vgl. EACEA 2012; Europäische Union 2011, S. 7) und darüber hinaus zahlreiche positive Wechselwirkungen anstößt.

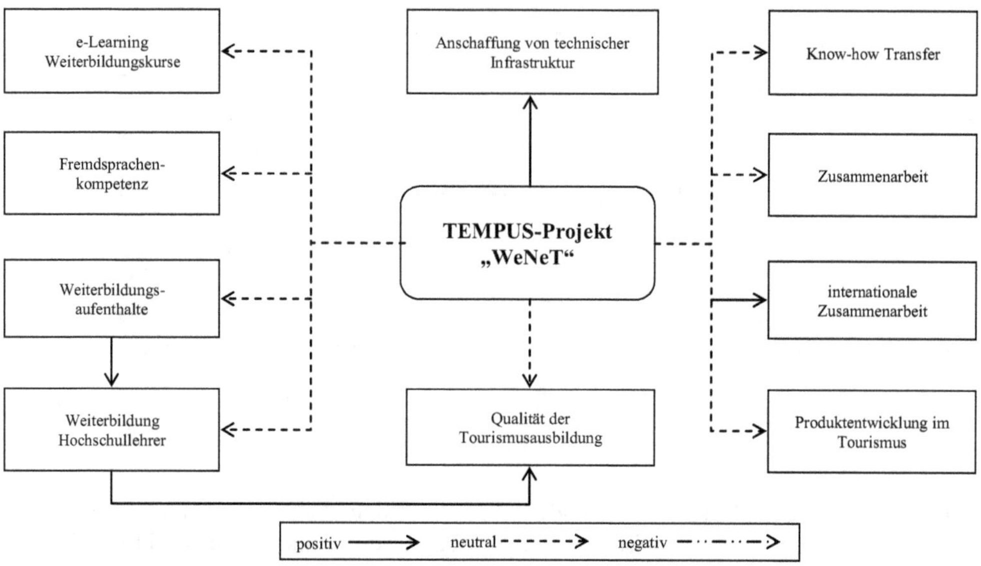

Abb. 5: Bedeutung und Wirkungsweise von Bildungsaufenthalten im Rahmen der TEMPUS-Projekte (Quelle: eigene Erhebung)

Den Weiterbildungsaufenthalten wird daher aus Sicht der befragten Projektpartner auch eine wichtige Rolle bei der Verbesserung der zukünftigen Zusammenarbeit (zwischen Hochschulen und der Tourismuswirtschaft) innerhalb von EU-Projekten beigemessen (vgl. Abb. 5).[5/6]

5 Dargestellt wurden nur Zusammenhänge, die mindestens zweimal beschrieben wurden.

6 Weiterbildungsaufenthalte sind bei den belarussischen Projektpartnern natürlich auch wegen der damit verbundenen Bildungsreisen in das ansonsten wegen Visa-Hürden schwer erreichbare EU-Ausland sehr beliebt. Die Ergebnisse zeigen jedoch, dass die positive Wirkung der Bildungsaufenthalte von den EU-Projektpartnern sowie von einem externen Projektbegleiter einhellig bestätigt werden.

4.5 Ansatzmöglichkeiten zur Verbesserung der Kooperation

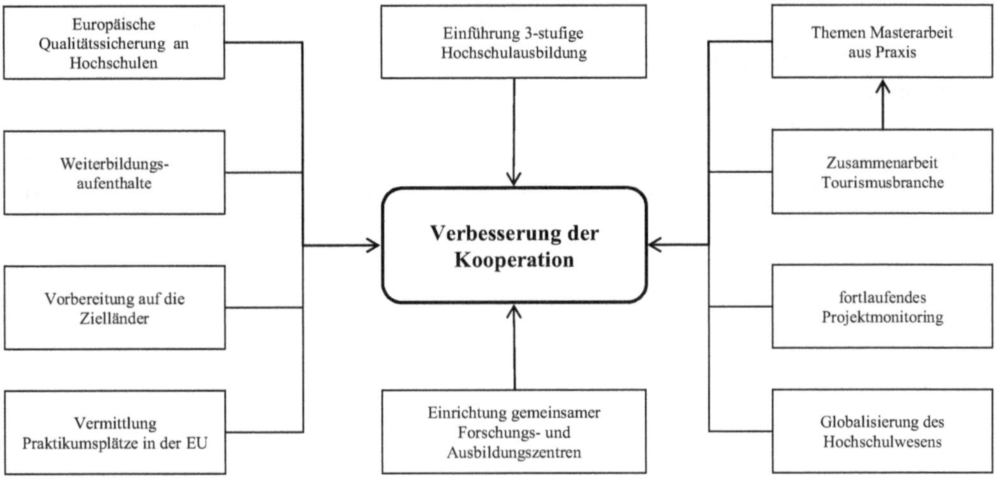

Abb. 6: Ansatzpunkte zur Verbesserung der Kooperation (Quelle: eigene Erhebung)

Wenn auch nicht alle Aktivitäten der Projekte positiv beurteilt wurden, so sind doch negative Aussagen – etwa wegen möglicher verpasster Chancen oder versäumter Handlungsfelder – in der Minderheit und finden sich somit nicht in den gewichteten Abbildungen. Einige der Aussagen und Wünsche sind wenig realistisch, erscheinen zum jetzigen Zeitpunkt der Entwicklung weniger relevant oder liegen außerhalb der Möglichkeiten des TEMPUS-Programms, wie etwa die Einführung von moderner IT-Technologie in der belarussischen Tourismuswirtschaft oder die Etablierung eines Forschungszentrums. Die Tatsache, dass die belarussischen Hochschullehrer trotz mehrjähriger Qualifikation und Weiterbildung im Rahmen der TEMPUS-Projekte mehrheitlich nicht die notwendigen methodischen und fachlichen Qualifikationen mitbringen, um Forschungsprojekte nach internationalem Standard zu bearbeiten, wird von einigen der Befragten als Verfehlung bzw. als vertane Chance der Projekte betrachtet. Die Kritik ist unter Betrachtung der Projektziele nicht berechtigt, zeigt jedoch den Umfang des noch bestehenden Handlungsbedarfs auf.

Viele Aussagen wiederum sind sehr konstruktiv. So wünschen sich einige der Befragten eine „bessere" (oder „gerechtere"; Anmerkung der Verfasser) Auswahl der Teilnehmer von Weiterbildungsaufenthalten in der EU sowie mehr Weiterbildungsaufenthalte für belarussische Studierende.

4.6 Entwicklungshemmnisse in Belarus

Wie eingangs aufgeführt, ist das TEMPUS-Programm stets bemüht, die Programmziele entsprechend der gegebenen, spezifischen Rahmenbedingungen zu erreichen (vgl. EUROPÄISCHE UNION 2011, S. 7). Im Falle von Belarus, mit seiner autokratischen, zentralistischen Führung, bestehen starke Restriktionen, nach denen sich die drei TEMPUS-Projekte – trotz erfolgreicher Zusammenarbeit mit den verantwortlichen Regierungsstellen – ausrichten müssen.

So sehen die meisten Projektpartner, dass sie „vor diesem Hintergrund [...] das bestmögliche aus den Projekten herausholen konnten“ und dass „die persönlichen Kompetenzzuwächse der belarussischen Hochschullehrer [...] dazu beitragen [werden], dass sich die Qualität der Tourismusausbildung an den belarussischen Hochschulen zukünftig weiterhin verbessert.“

Dennoch nehmen sowohl die Partner aus der EU als auch aus Belarus wahr, dass die Projekte (hier insbesondere die Projekte „WENET“ und „MIBET“, da diese innovativere Ziele und Ansätze verfolgten als das erste Projekt) durch die Rahmenbedingungen negativ beeinflusst wurden (vgl. Abb. 7). Hierunter leidet weiterhin – trotz der zweifelsfrei erfolgreichen Projektarbeit – sowohl die universitäre Bildung als auch die berufliche Weiterbildung in Belarus.

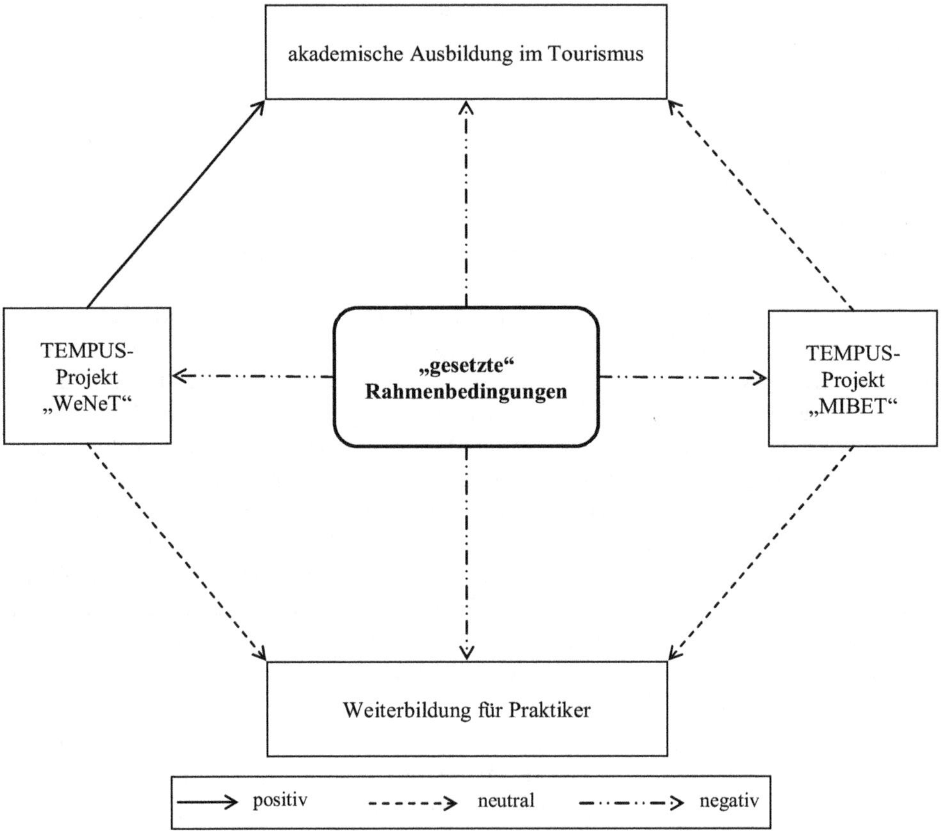

Abb. 7: Restriktive Rahmenbedingungen und ihre Wirkungen auf die Projekte (Quelle: eigene Erhebung)

5 Zusammenfassung und Ausblick

Die Befragung der Projektteilnehmer hat gezeigt, dass aus ihrer Sicht die Programm- und Projektziele nicht nur erfüllt wurden, sondern dass die Projekte auch darüber hinaus zahlreiche positive Wirkungen in Belarus in Gang gesetzt haben. Die Projekte sind somit für die beteiligen Partner, für den belarussischen Tourismus sowie insbesondere für die belarussischen Studierenden als sehr positiv zu bewerten. Einen besonderen Stellenwert nehmen die Weiterbildungsaufenthalte ein, deren Wirkung in vielerlei Hinsicht als besonders positiv eingeschätzt wird. Sie könnten aus Sicht der Befragten auch eine wesentliche Säule für zukünftige Projekte sowie für eine weitere Verbesserung der Zusammenarbeit zwischen den Hochschulen (EU und Partnerländer) und der Tourismuswirtschaft sein.

Beide Autoren haben alle drei Projekte aktiv begleitet und wissen um den entscheidenden Beitrag Albrecht STEINECKEs zum Gelingen der Projekte, den er als Koordinator der Projekte „23015-2002“ und „WENET“ geleistet hat.

Dass noch zahlreiche Handlungsfelder für neue Projekte bestehen, konnte nicht erst im Rahmen dieser Befragung festgestellt werden – einige der Respondenten haben Kritik geübt, dass die bisherigen TEMPUS-Projekte die nichtuniversitäre Tourismusausbildung vor allem an den Technika, Colleges und Berufsschulen vernachlässigt haben. Hierauf wurde reagiert, indem ein weiteres Projekt, „TETVET“, aufgesetzt wurde, welches sich nun bereits seit dem 15.10.2011 in der Umsetzung befindet.

Das Projektkonsortium stellte im Rahmen der Befragung fest, dass die in den drei Projekten geplanten und umgesetzten Qualifizierungsmaßnahmen nicht ausreichend sind, um nachhaltige Verbesserungen der touristischen Aus- und Weiterbildung im gesamten Staatsgebiet von Belarus einzuleiten. Es wurde deutlich, dass die teilweise weiterhin unzureichende Qualifizierung der Lehrkräfte im Tourismus ein gravierendes Entwicklungshemmnis darstellt, welches insbesondere an den regionalen Technika, Colleges und Berufsschulen stark ausgeprägt ist. Das Projekt „TETVET“ zielt daher darauf ab, ein nationales System für lebenslanges Lernen für Lehrkräfte im Tourismus auf allen Ebenen der Tourismusbildung (Hochschulen und Berufsbildung) zu implementieren, um somit den fachlichen Austausch zwischen Lehrkräften aller Bildungsstufen nachhaltig gewährleisten zu können. Auf dieser Basis können sie gemeinsam die Aus- und Weiterbildungsprogramme im Tourismus für alle Bildungsebenen entwickeln und aufeinander abstimmen. Durch die stärkere Durchlässigkeit zwischen verschiedenen Bildungsstufen soll den Beschäftigten in der belarussischen Tourismusbranche sowie den Lehrkräften eine Chance auf lebenslanges Lernen mit unterschiedlichen Qualifikationen geboten werden.

Literatur

EACEA (2012): http://eacea.ec.europa.eu/TEMPUS/programme/about_TEMPUS_de.php am 05.06.12

EUROPÄISCHE UNION (2011): TEMPUS @ 20: Ein Rückblick auf das TEMPUS Programm im Laufe der letzten zwanzig Jahre, 1990–2010, Brüssel 2011, S. 7

VESTER, H.-G. (1998): Die soziale Organisation des Tourismus. Ein soziologischer Bezugsrahmen für die Tourismuswissenschaft. In: Tourismus-Journal. Zeitschrift für tourismuswissenschaftliche Forschung und Praxis 2 (1), S. 133–154

ZELGER, J. (2009): Kollegiale Organisationsentwicklung mit GABEK. Fallstudie zur Schulentwicklung in Bremen und Bremerhaven, www.gabek.com/uploads/media/Organisationsentwicklung_01.pdf am 22.05.2012

Freizeit- und Themenparks – Multimediale Zufluchtsorte einer erlebnishungrigen Gesellschaft?

Peter Herrmann

1 Einleitung

Freizeit- und Themenparks gelten heute als Prototypen kommerzieller Erlebnisräume, die den Besuchern einen kurzweiligen Aufenthalt in einer alltagsfremden Phantasiewelt versprechen. Um dieses Versprechen einzulösen, sind sie bereit, in ihrer Freizeit auch größere Strecken zurückzulegen, u. U. in Staus auf der Autobahn wertvolle Zeit zu vergeuden, um schließlich am Zielort erneut in langen Schlangen an den Top-Attraktionen mit Warten zu verbringen. Dennoch fühlen sich mehr als 20 Mio. Menschen jährlich von den ca. 50 größeren deutschen Freizeit- und Themenparks angezogen (vgl. STEINECKE 2009, S. 95).

Ein Erklärungsansatz ist sicher darin zu sehen, dass Freizeit- und Themenparks auf einem abgegrenzten und überschaubaren Terrain eine extrem hohe Erlebnisdichte mit zahlreichen Optionen der Aktion und Interaktion bieten. Denn „anders als die nur in Einsamkeit kognitiv durchlebten Phantasiewelten und Träume oder die lediglich passiv zu rezipierenden fiktiven Welten des Films, des Theaterstücks oder des Romans" (SCHIRRMEISTER 2009, S. 227) sind die Besucher aktiver Teil der künstlich geschaffenen und inszenierten Erlebnisräume.

Um das Niveau der Unterhaltung hochzuhalten und im Wettbewerb bestehen zu können, unterliegen die Parkbetreiber im Zeitalter unserer schnelllebigen und technisierten Informationsgesellschaft einem enormen Innovationsdruck. Wer nicht schnell genug auf technische Neuerungen und Bedürfnisse der Freizeitkonsumenten reagiert oder gar eine Vorreiterrolle übernimmt, wird in einem umkämpften Markt schnell zum Verlierer.

Neben dem Thrill, den immer spektakulärere Fahrgeschäfte vermitteln sollen, hat konsequenterweise der Einsatz komplexer, multimedialer AV-Techniken in den Shows, Simulatoren, Fun Rides etc. erheblich an Bedeutung zugenommen. Im Folgenden soll ein kurzer Überblick über die Entwicklung mit einem kritischen Blick auf Suchtpotenziale und Perspektiven des Erlebniskonsums in Freizeit- und Themenparks erfolgen.

2 Entwicklung und Trends

Die Wurzeln der Freizeit- und Themenparks reichen bis ins 19. Jahrhundert zurück, als in europäischen Großstädten die ersten Vergnügungsparks wie z. B. das Tivoli in Kopenhagen oder der Lunapark in Berlin entstanden. Aber erst im Zuge des Wirtschaftswachstums nach dem Zweiten Weltkrieg entwickelten sich die Parks zu einem Massenphänomen. Insbesondere in den 1970er Jahren entstanden in Deutschland neue Freizeit- und Themenparks (vgl. STEINECKE 2009, S. 61). Nach den Boomjahren der Gründergeneration der Freizeitparks Ende der 1970er und Anfang der 1980er Jahre nahm die Dynamik in Europa jedoch ab und erhielt erst Anfang der 1990er Jahre mit der Eröffnung des Disneyland Paris im Jahr 1992 neuen Auftrieb.

Im Jahr 2011 verbuchten allein die 25 weltweit größten Freizeit- und Themenparks 198,1 Mio. Besucher (+4,8 % gegenüber 2010), was einem Durchschnitt von 7,92 Mio. Besuchern pro Park entspricht (Quelle: THEMED ENTERTAINMENT ASSOCIATION/ECONOMICS RESEARCH ASSOCIATES, Attraction Attendance Report 2011). Auch in der regionalen Gliederung konnten die jeweils 20 größten Parks durchweg Steigerungsraten gegenüber dem Vorjahr verbuchen:

- Nordamerika TOP 20: 127 Mio. Besucher (+2,9 %),
- Asien TOP 20: 105,1 Mio. Besucher (+9,4 %),
- Europa TOP 20: 57,8 Mio. Besucher (+2,8 %).

Dennoch zeigt ein Blick auf die nachstehende Tabelle, dass die Entwicklung der Besucherzahlen in den größeren Parks seit 2007 nicht einheitlich positiv verlaufen ist, sondern teilweise auch relativ große Schwankungen in beide Richtungen aufweist.

Tab. 1: Besucherzahlen ausgewählter Freizeitparks (in Mio.)

Freizeitpark	2007	2008	2009	2010	2011	Veränderung 2011 zu 2007
MAGIC KINGDOM, USA	17,06	17,06	17,23	16,97	17,14	0,5 %
DISNEYLAND, Anaheim, USA	14,87	14,72	15,90	15,98	16,14	8,5 %
TOKYO DISNEYLAND, Japan	13,91	14,29	13,65	14,45	14,00	0,6 %
TOKYO DISNEYSEA, Japan	12,41	12,50	12,00	12,66	11,93	- 3,9 %
DISNEYLAND PARIS, Frankreich	12,00	12,69	12,74	10,50	10,99	- 8,4 %
EPCOT at Walt Disney World, USA	10,93	10,94	10,99	10,83	10,83	- 1,0 %
DISNEY'S ANIMAL KINGDOM, USA	9,49	9,54	9,59	9,69	9,78	3,1 %
DISNEY'S HOLLYWOOD STUDIOS, USA	9,51	9,61	9,70	9,60	9,70	2,0 %
UNIVERSAL STUDIOS JAPAN	8,71	8,30	8,00	8,16	8,50	- 2,4 %
EVERLAND, Südkorea	7,20	6,60	6,17	6,88	6,57	- 8,8 %
EUROPA PARK, Rust, Deutschland	4,00	4,00	4,25	4,25	4,50	12,5 %
DE EFTELING, Niederlande	3,20	3,20	4,00	4,00	4,13	28,9 %
TIVOLI GARDENS, Dänemark	4,11	3,97	3,87	3,70	3,96	- 3,6 %
LISEBERG, Göteborg, Schweden	3,05	3,05	3,15	2,90	2,90	- 4,9 %
ALTON TOWERS, Großbritannien	2,40	2,52	2,65	2,75	2,60	8,3 %
PHANTASIALAND, Deutschland	1,90	1,90	1,95	1,85	1,75	- 7,9 %
HEIDE PARK, Soltau, Deutschland	1,40	1,33	1,40	1,35	1,35	- 3,6 %

Quelle: Themed Entertainment Association/Economics Research Associates, Attraction Attendance Reports 2007–2011

In Europa ist das Disneyland Paris der mit Abstand größte Freizeit- und Themenpark. Mit der Eröffnung des Disneyland Paris wurden neue Maßstäbe in der Freizeitbranche gesetzt und die öffentliche Wahrnehmung der Branche deutlich gesteigert (vgl. EUROAMUSEMENT PRO-

FESSIONAL 3/12, S. 26). Damit einhergehend stieg auch der Wettbewerbs- und Innovationsdruck auf die bestehenden Parks.

Während die technische Entwicklung im Kerngeschäft mit den Fahrattraktionen immer komplexere und spektakulärere Konstruktionen hervorbrachte, welche dem Fahrgast das ultimative Fahrerlebnis verschaffen sollen, haben auch die Unterhaltungsprogramme unter verstärktem Einsatz audiovisueller Techniken zunehmend an Bedeutung gewonnen. So präsentiert sich Disneyland Paris zu seinem 20jährigen Jubiläum nach umfangreichen Renovierungen an Fassaden und Attraktionen auch mit dem neuen Show-Highlight „Disney Dreams!" vor der Kulisse des Dornröschenschlosses mit Laser- und Feuereffekten, Wasserfontänen sowie Projektionen auf Schloss- und Wasserwände, um eine höhere Verweildauer der Besucher zu erreichen (vgl. EUROAMUSEMENT PROFESSIONAL 3/12, S. 27).

Neben den Show-Elementen haben sich auch die so genannten „Simulationen" als „mediale" Einrichtungen in den Erlebniswelten etabliert (z. B. Flugsimulationen, die durch Schwenkung der Stühle oder des ganzen Raumes die Bewegungen auf dem Bildschirm synchronisieren). Simulatoren zielen darauf ab, mediale Shows durch zusätzliche Sinneseindrücke zu intensivieren (vgl. GRÜNWALD 2007, S. 77). Technische Innovationen sind hier ebenso gefragt wie bei der Entwicklung der klassischen Fahrgeschäfte.

So ist es auch nicht verwunderlich, dass die Zahl der spezialisierten Unternehmen, die sich mit neuen Technologien am Markt etablieren wollen, wächst. Beispiele hierfür sind die „Emotion Media Factory" mit Sitz im deutschen Bad Endorf, welche einen full service im Bereich des Multimedia-Entertainments von der Idee über das Design bis hin zur Realisierung anbietet, oder die belgische Firma Alterface, die interaktive Entertainmentlösungen entwickelt. U. a. wurde von Alterface 2009 mit „TheHouse" im Hollywood Wax Museum in Branson/USA ein neuartiges Konzept entwickelt, welches durch die Verbindung von Shooting Gallery, 4D-Kino und multimedialen Effekten ein beeindruckendes Gesamterlebnis entstehen lässt. Als Meilenstein unter den Dark rides als auch unter den interaktiven Fahrgeschäften gilt der von der gleichen Firma im Jahr 2011 realisierte Fun Ride Maus-au-Chocolat im Phantasialand Brühl. Danach „toppt" der interaktive Fun Ride alles bisher Dagewesene hinsichtlich Gestaltung und Anspruch an das interaktive Gameplay (vgl. EUROAMUSEMENT PROFESSIONAL 2/12, S. 55–57).

Der Einsatz multimedialer, audio-visueller Techniken ist folglich nicht mehr wegzudenken aus den modernen Freizeitparks und Erlebniswelten, denn die Erwartungshaltung der Besucher will erfüllt werden: Sie wollen ins Geschehen einbezogen werden, Emotionen fühlen und mit Erfahrungen nach Hause fahren, die sie an keinem anderen Ort machen können (vgl. JAMES 2008, S. 45).

Multisensitiv. Multimedial. Multidimensional. Multioptional. Dies sind offensichtlich die Attribute moderner Erlebniswelten, die mit Superlativen nicht sparen: Während einerseits die Konstrukteure der klassischen Fahrgeschäfte unter der Maxime „größer, schneller, höher und pulstreibender" immer spektakulärere Attraktionen entwerfen, kreieren Multimedia-Spezialisten auf der anderen Seite audiovisuelle Multimedia-Attraktionen nach der Devise „greller, bunter, schriller und emotional bewegender".

Zusammenfassend können die charakteristischen Merkmale der Freizeit- und Themenparks nach GRÜNWALD (2007, S. 28–30) wie folgt beschrieben werden:

Erlebniswelten professionalisieren die mediale Inszenierung: Erlebniswelten leben davon, alle Sinne zu bedienen und eine Authentisierung des Simulativen hervorzurufen: Kinder können im Disneyland ihre Fernsehlieblinge „berühren“ (taktile Wahrnehmung), Welten „riechen“ (Geruchswahrnehmung), in sie „hineinlaufen“ (kinästhetische Wahrnehmung), sich dabei im Raum orientieren (vestibuläre Wahrnehmung). Die Entwicklung perfekt abgestimmter Welten ist essentiell, um Kohärenz und Glaubwürdigkeit der interaktiven Inszenierung außerhalb der Virtualität zu erzeugen.

Erlebniswelten sind hochgradig emotionalisiert: Der hohe Grad der Emotionalisierung unterscheidet Erlebniswelten von anderen „alltäglichen“ Erlebnissen wie Fernsehen oder Musik hören. Der Besuch eines Freizeit- und Themenparks bleibt nicht zuletzt wegen des intensiven Erlebens alltagsenthobener Aktionen und Interaktionen länger im Gedächtnis haften. Erlebniswelten eröffnen durch die starke Fokussierung auf ein ganz bestimmtes (in der Regel positives) Erleben in Verbindung mit einer relativ geringen Ablenkungsgefahr völlig neue Perspektiven für die mediale Kommunikation.

Erlebniswelten stehen für Kontrollverlust: Erlebniswelten werden von wenigen Einzelnen geschaffen, die die Regeln in ihren Welten bestimmen. Gerade auf der Übertragung der Verantwortung auf Andere und dem damit verbundenen eigenen Kontrollverlust der Besucher bauen diese Phantasiewelten auf: Zwar sollen sich die Besucher frei im Park bewegen und frei entscheiden können, grundsätzlich liegt es aber im Interesse der Parkbetreiber, dass jede Entscheidung „belohnt“ wird und somit zufriedene, im Idealfall begeisterte Besucher zurücklässt. Nichts wird dem Zufall überlassen, alles bis ins kleinste Detail durchgeplant – und wenn der Besucher erst einmal im Simulator oder in der Achterbahn sitzt, gibt es kein „Entkommen“ mehr, und der Kontrollverlust ist komplett.

Erlebniswelten schaffen Realitäten: Themenparks liegt ein bestimmtes Thema zu Grunde, und dementsprechend sind ihre Parkanlagen gestaltet. Die durch diese Thematisierung erzeugte „künstliche Realität“ stellt eine abgeschlossene, zusammenhängende Einheit mit eigenen Angeboten, Regeln, Ritualen und Möglichkeiten dar.

Erlebniswelten verführen die Massen: Kurze Innovationszyklen und die Realisierung technisch anspruchsvoller Projekte erfordern hohe Investitionen. Die Wirtschaftlichkeit der Investitionen hängt davon ab, ob sie massentauglich sind. Erlebniswelten haben daher auch die Lenkung von Menschenströmen sowie die Massenabfertigung immer weiter perfektioniert.

3 Freizeitparks als Protagonisten der Erlebniswirtschaft – das Geschäft mit dem Glück

Der Wandel der heutigen Wohlstandsgesellschaften in Erlebnisgesellschaften ist unverkennbar, und in kaum einer anderen Branche wird der Erlebnisbegriff derart inflationär verwendet wie in der Freizeitbranche. Gerade die Freizeit- und Themenparks haben in den vergangenen Jahren die Inszenierung „unvergesslicher“ Erlebnisse mehr und mehr professionalisiert, kommerzialisiert und perfektioniert.

Nach KILIAN/BOKSBERGER (2007, S. 260) sind die wachsende Individualisierung bzw. Entsolidarisierung sowie die „Demokratisierung“ des Erlebniskonsums breiter Bevölkerungsschichten die treibenden Determinanten der zunehmenden Erlebnisorientierung. Für die massentauglichen Freizeit- und Themenparks werden die „Massenindividualisierung“ und die damit verbundene, systematische und scheinbar individuelle Abstimmung des Angebotsmix auf die Besucher zum Prinzip einer erfolgreichen Inszenierung. Unterhaltung darf dabei nicht gleichgesetzt werden mit Erlebnis, vielmehr wird die richtige Kombination aus Unterhaltung, Bildung, Eskapismus und Ästhetik zum Erfolgsrezept der Parkbetreiber (vgl. PINE/GILMORE 1999, S. 14 f). Das den Freizeit- und Erlebnisparks inhärente System ist als solches auch alles andere als „demokratisch", sondern totalitär, suggestiv, simulativ und hochgradig manipulativ, dennoch haben diese Stätten des Erlebniskonsums enorme emotionale Auswirkungen auf das Wohlbefinden und die Erfahrungswerte ihrer Besucher (vgl. GRÜNWALD 2007, S. 295 f).

Vereinfacht gesagt ist es das selbstverständlich legitime Bestreben der Parkbetreiber, einen möglichst großen wirtschaftlichen Nutzen aus dem Bedürfnis der modernen Freizeitmenschen nach Glücksmomenten zu ziehen. Dazu bedienen sie sich u. a. aller wirtschaftlich machbaren technischen und medialen Optionen, welche möglichst alle Sinne ansprechen sollen, um beim Besucher ein ganzheitliches Erlebnis zu hinterlassen, die perfekte Illusion.

Dabei nehmen die Besucher auf der Suche und dem Streben nach dem persönlichen Glücksempfinden durchaus auch negative körperliche Reaktionen wie Schwindelgefühle, Schweißausbrüche oder Übelkeit in Kauf, z. B. bei Achterbahnfahrten oder bei der Betrachtung von 3D-Filmen, welche zu Bewegungskrankheit, Desorientierung, Augenbelastung und verminderter Haltungsstabilität führen können (vgl. DERSTANDARD.AT 2011).

Nichtsdestotrotz überwiegt die Erwartungshaltung, sich für den gezahlten Eintrittspreis möglichst viele Glücksmomente als Gegenwert erkaufen zu können. So bringen bei einer Achterbahnfahrt die enormen Beschleunigungen (bis zu sechs G, also dem Sechsfachen der normalen Erdbeschleunigung) und deren Wechsel zwar den Gleichgewichtssinn durcheinander, aber die dadurch hervorgerufene Aktivierung des körpereigenen Alarmsystems führt zur Ausschüttung des als Glückshormon bekannten Neurotransmitters Endorphin. Durch diesen Botenstoff werden der Blutkreislauf und die Herzfunktion stark angeregt und gleichzeitig Glücksgefühle hervorgerufen (http://www.focus.de/wissen/mensch/tid-7559/achterbahnen_aid_134591.html).

Dabei liegen Angst- und Glücksgefühle häufig dicht beieinander. Der totale Kontrollverlust und das „Ausgeliefertsein" einerseits und das Vertrauen auf die (technische) Sicherheit der Anlagen andererseits bilden den Spannungsbogen des Erlebniskonsums.

Überwältigende, auch vordergründig als negativ empfundene Erlebnisse gewinnen aber erst dadurch an Wert, dass wir sie mit anderen Menschen teilen und darüber berichten können. In diesem Zusammenhang werden auch die sozialen Kontakte im Zeitalter von Internet, web2.0 und smartphones immer bedeutender: „Wie in einem Netzwerk sind wir in die Vielfalt der kulturellen und informativen Sinn-Systeme eingebaut. Wer glaubt, Sinn allein aus seinem Innern schöpfen zu können, der gerät sehr schnell an eine Grenze nicht nur im multimedialen, sogar im künstlerischen Bereich." (GÖDTEL 2002, S. 72).

Schlussendlich mag – frei nach Nicolas Chamfort (frz. Schriftsteller, 1741–1794) – das Vergnügen auf der Illusion beruhen, aber das Glück beruht allein auf der Wahrheit (vgl. http://www.bk-luebeck.eu/zitate-chamfort.html).

4 Freizeitspaß, Hobby oder Sucht?

Adrenalin-Ausstoß pur – nur Fliegen ist schöner! Mit diesen Worten kann treffend umschrieben werden, was manche Zeitgenossen dazu bewegt, in ihrer Freizeit gezielt und regelmäßig ihr Glück im ultimativen Kick auf Achterbahnen oder ähnlichen Attraktionen zu suchen.

Auch wenn der Durchschnittsbürger für ein solches Freizeitverhalten nur ein verständnisloses Kopfschütteln übrig hat, stellt sich die Frage, wo der (Freizeit-)spaß aufhört und die Sucht beginnt. Diese Frage mag sich übrigens nicht nur für Achterbahn-Junkies (Junkie = Süchtiger?) stellen, sondern für all jene, die einen exzessiven Konsum medialer Unterhaltungsangebote (u. a. Computerspiele) pflegen, welche in den Freizeit- und Themenparks als wichtige Elemente des „Entertainments“ fungieren, um die Besucher im Sinne eines ganzheitlichen, allumfassenden Erlebniskonsums für sich einzunehmen.

Nach WANKE (1985, S. 20) ist unter Sucht ein unabweisbares Verlangen nach einem bestimmten Erlebniszustand zu verstehen, dem die Kräfte des Verstandes untergeordnet werden. Es beeinträchtigt die freie Entfaltung einer Persönlichkeit und zerstört die sozialen Bindungen und die sozialen Chancen des Individuums.

Nach Ansicht von Psychologen kann der Erlebnisdrang hin zu den Angeboten der künstlichen Erlebniswelten zu einer Sucht werden, die aus emotionaler Labilität herrührt und Defizite in der Persönlichkeit der „Süchtigen“ offenbart: Aggressionen, Frustration, Stress, Beanspruchung und Ängstlichkeit (vgl. BOTHE 2011, S. 20).

Sucht, Leidenschaft oder harmloses Hobby? Dürfen Achterbahn-Junkies, die in jeder Minute ihrer Freizeit den Höhen- und Geschwindigkeitsrausch suchen und die es in ihrem Urlaub sogar in die USA, das Mekka aller Rollercoaster-Fans, zieht, als Süchtige im Sinne der o. g. Definitionen bezeichnet werden?

Auf bekennende Achterbahn-Junkies, welche ihre Erfahrungen und Reisen sogar über youtube (s. o.) dokumentieren und öffentlich machen, mögen die o. g. Suchtsymptome nicht zwangsläufig zutreffen – zumindest nicht voll umfänglich. Sie erwecken dann doch eher den Eindruck „normaler“ Bürger, die einem etwas außergewöhnlichen Hobby frönen. Vielleicht suchen solche Menschen neben dem Adrenalinstoß unbewusst auch den bereits erwähnten Kontrollverlust bzw. die Übertragung der Verantwortung auf andere, weil sie im Alltagsleben einen verantwortungsvollen Beruf ausüben und in ihrer Freizeit in besagte Gegenwelten eintauchen wollen.

Von einer Sucht im medizinisch-psychologischen Sinne zu sprechen, fällt demnach schwer – auch wenn ein oder zwei Kriterien zutreffen mögen. Dennoch sollte bedacht werden, dass die Annehmlichkeiten solcher Traumwelten – einmal internalisiert, bei den Betroffenen eine Steigerung des Verlangens und damit eine höhere Dosierung auslösen können. „Die Kompensation von Mangelerscheinungen kann damit zur unendlichen Geschichte werden“ (NEWERKLA 2005, S. 93).

5 Ausblick

Die Entwicklung der Freizeit- und Themenparks zeigt, dass die Anstrengungen der Betreiber, Besucher anzuziehen und zu möglichst langen Aufenthalten zu bewegen, stetig gewachsen sind und sie sich dabei immer neuer und verbesserter (multimedialer) Techniken bedienen. Letztlich hat sicher das gesteigerte Bedürfnis nach Freizeit, Spaß und Unterhaltung in Verbindung mit einer expandierenden Unterhaltungselektronik dazu beigetragen, diese Entwicklung zu fördern.

Infrastrukturell werden sich die Parks – als Substitutionsangebot für konventionelle (Kurz-) Urlaubsreisen – dahingehend weiterentwickeln, dass zunehmend auch Übernachtungskapazitäten geschaffen werden und Thematisierungsstrategien konsequent sowohl in der Parkarchitektur als auch in den immateriellen Angeboten (Shows, Events) ihren Niederschlag finden werden.

Inwieweit den Techniken der „Fahrgastbeförderung“ und der multimedialen „Bespaßung“ angesichts des bereits Erreichten Grenzen gesetzt sind, ist gegenwärtig nur schwer abschätzbar.

Fest steht aber, dass der demografische Wandel auf alle Angebotsbestandteile der Parks durchschlagen und der Wettbewerbsdruck zunehmen wird. Bereits heute sind die Parks bemüht, durch gezielte Marketingmaßnahmen verstärkt auch ältere Zielgruppen anzusprechen (insbesondere durch spezielle Seniorentarife). Darüber hinaus versuchen neue Parkkonzepte, welche weniger auf spektakuläre Fahrgeschäfte setzen, auf dem Markt der Freizeitbranche Fuß zu fassen (z. B. Seniorenfreizeitpark Borken bei Kassel, Eröffnung des Indoorparks Mitte August 2012).

Inwieweit die digitale und technikaffine „Generation Internet“ auch im fortgeschrittenen Alter in die etablierten Freizeitparks strömen wird, um dort Momente des Glücks zu suchen, sei dahingestellt. Die Vorstellung barrierefreier Freizeitparks, in denen rollatorgesteuerte Senioren das Bild prägen, vermag gegenwärtig jedenfalls nicht zu überzeugen.

Literatur

BOTHE, F. (2011): Der Wachstumsmarkt Erlebnis- und Freizeitwelten in Deutschland – auch für die Zukunft, Studienarbeit, 1. Auflage

DERSTANDARD.AT (2011): Viele Menschen klagen über Kopfschmerzen durch 3-D, 26. Januar, http://derstandard.at/1295570870390/Viele-Menschen-klagen-ueber-Kopfschmerzen-durch-3-D

EUROAMUSEMENT PROFESSIONAL – Internationale Fachzeitschrift für die Fach- und Führungskräfte der Freizeitwirtschaft, Ausgaben 02/12, 3/12

GÖDTEL, R. (2002): Wege zum Glück. Lebenskunst in einer veränderten Welt, München

GRÜNWALD, S. (2007): Interaktivität in Erlebniswelten – von Kontrolle und Kontrollverlust. Masterarbeit zur Erlangung des Grades Master of Arts (M. A.) an der Philosophisch-Sozialwissenschaftlichen Fakultät der Universität Augsburg, Augsburg

JAMES, K. (2008): The Guest Experience. In: TEA Annual & Directory, S. 45

KILIAN, K./BOKSBERGER, Ph. (2007): Tourismus im Zeitalter der Erlebnisökonomie. In: EGGER, R./HERDIN, Th. (Hrsg.): Tourismus – Herausforderung – Zukunft, S. 259–273

NEWERKLA, R. (2005): Erlebniswelten und Fernsehkonsum: eine Präferenztypologie anhand des Grades psychogen-defizitärer Rezipientenstrukturen, Frankfurt a. M.

PINE, J./GILMORE, J. H. (1999): Die Erlebnis-Ökonomie – Sind sie bereit für eine Wirtschaft jenseits von Gütern und Dienstleistungen; http://www.strategichorizons.com/documents/GDI_Impuls-9909-DieErlebnisokonomie.pdf, S. 12–19 (download. 26.06.2012)

STEINECKE, A. (2009): Themenwelten im Tourismus – Marktstrukturen – Marketing-Management – Trends, München

SCHIRRMEISTER, C. (2009): Der Themenpark. Vergnügliche Illusionswelt jenseits des Alltags. In: SZABO, S. (Hrsg.): Kultur des Vergnügens, S. 227–236

SZABO, S. (Hrsg.) (2009): Kultur des Vergnügens, Bielefeld

THEMED ENTERTAINMENT ASSOCIATION (TEA) (2008): The importance of AV in Today's Venues: Viewpoints from TEA. In: TEA Annual & Directory, S. 44–46

THEMED ENTERTAINMENT ASSOCIATION/ECONOMICS RESEARCH ASSOCIATES (2007–2011): Attraction Attendance Reports

WANKE, K. (1985): Süchtiges Verhalten. In: Deutsche Hauptstelle gegen die Suchtgefahren (Hrsg.), S. 20

www.bk-luebeck.eu/zitate-chamfort.html

www.focus.de/wissen/mensch/tid-7559/ achterbahnen_aid_134591.html

Zur Übertragbarkeit des Industrial Mindscapes-Modells auf kulturtouristische Einrichtungen – das Beispiel BallinStadt in Hamburg

Antje Wolf

1 Einleitung

Durch den Wertewandel und die neuen Erwartungen an die Freizeit verändern sich auch die Anforderungen an kulturtouristische Einrichtungen. Besonders für traditionelle Museen haben sich die Rahmenbedingungen aufgrund der zunehmenden Erlebnisorientierung und eines wachsenden Kultur- und Freizeitangebots verändert. Sie stehen dadurch unter einem großen Erfolgsdruck. Vor diesem Hintergrund entstehen zunehmend Erlebnismuseen – traditionelle Museen, die um die Elemente künstlicher Freizeitwelten erweitert werden. Um sich in der heutigen Zeit als kulturtouristische Einrichtung im differenzierten Freizeit- und Tourismusmarkt erfolgreich zu positionieren, ist es für eine Unternehmung bedeutsam, herauszufinden, welche Faktoren zum Erfolg ihrer Einrichtung beitragen.

In diesem Kontext wurde für Erlebniswelten das Mindscapes-Modell von STEINECKE (2001) und darauf aufbauend das Industrial Mindscapes-Modell für industriekulturelle Einrichtungen von WOLF (2005) entwickelt. Dieses Erfolgsfaktoren-Modell für industriekulturelle Einrichtungen dient Einrichtungen als Orientierungshilfe, um ihre Erfolgs- bzw. Misserfolgsfaktoren abzuleiten.

Ziel dieses Beitrages ist es, der Frage nachzugehen, inwieweit das Industrial Mindscapes-Modell auch auf kulturtouristische Einrichtungen im Allgemeinen – dargestellt anhand der Auswandererwelt BallinStadt in Hamburg – übertragen werden kann, da der Industrietourismus ein Teilsegment des Kulturtourismus darstellt.

2 Industrietourismus als Teilsegment des Kulturtourismus

Nach SOYEZ (1993, S. 42) werden „sämtliche materiellen Artefakte einer Epoche oder einer Region als ‚kulturelle' Äußerungen einer Gesellschaft angesehen (...)". Im Sinne dieses erweiterten Kulturbegriffes, nach dem auch die Industriekultur zu den kulturellen Äußerungen einer Gesellschaft zählt, wird deutlich, dass der Tourismus in Industrielandschaften eine Sonderform des Kulturtourismus darstellt.

> „Kulturtourismus nutzt Bauten, Relikte und Bräuche in der Landschaft, in Orten und in Gebäuden, um dem Besucher die Kultur-, Sozial- und Wirtschaftsentwicklung des jeweiligen Gebietes durch Pauschalangebote, Führungen, Besichtigungsmöglichkeiten und spezifisches Informationsmaterial nahe zu bringen. Auch kulturelle Veranstaltungen dienen häufig dem Kulturtourismus.“ (BECKER 1992, S. 21)

Die von BECKER vorgeschlagene Definition des Kulturtourismus lässt sich demnach auch auf den Industrietourismus übertragen: Der Kulturtourismus ist „eine Tourismusform, deren wesentliches Zielobjekt Industriebetriebe selbst und die von ihnen in charakteristischer Weise geprägten Räume sind“ (SOYEZ 1993, S. 41).

3 Erfolgsfaktoren industriekultureller Einrichtungen – das Industrial Mindscapes-Modell

Das Industrial Mindscapes-Modell setzt sich aus insgesamt 20 Erfolgsfaktoren zusammen. Durch die Integration der Erfolgsfaktoren entstehen aus Kundensicht nicht nur Informationseinrichtungen über das historische Erbe, zur Unternehmensgeschichte oder zu den Herstellungsverfahren von Produkten, sondern auch ‚Industrial Mindscapes‘, d. h. Traum- und Gegenwelten zum (Arbeits-)Alltag, in welche die Besucher temporär eintauchen können.

Die im Modell abgebildeten Faktoren haben einen unterschiedlichen Einfluss auf den Erfolg einer Einrichtung. Das Personal-/Besuchermanagement, Investitionen/Finanzierung und das Specialized Marketing üben den größten Einfluss[1] auf den Erfolg einer industriekulturellen Einrichtung aus und stellen zugleich die Basisfaktoren des Modells dar, ohne die eine Einrichtung nicht erfolgreich agieren kann. Die Immersion, das Setup und die Trägerschaft/Organisationsform haben hingegen den geringsten Einfluss auf den Erfolg.

Die einzelnen Faktoren dürfen für den erfolgreichen Betrieb einer industriekulturellen Einrichtung nicht isoliert betrachtet werden, da der Erfolg nicht in einzelnen, sondern im Zusammenspiel mehrerer Faktoren begründet liegt.

Zudem müssen für den Erfolg einer industriekulturellen Einrichtung nicht alle Faktoren des Modells gleichzeitig erfüllt sein.

Fast alle Erfolgsfaktoren treffen auf industriekulturelle Einrichtungen verschiedenen Typs zu; Ausnahmen bilden die Uniqueness/Qualität des Produktes, welcher nur für aktive Unternehmen gilt, sowie die Authentizität/Einzigartigkeit von Relikten, der lediglich auf Industrierelikte zutrifft.

---

1 Das Erfolgsfaktoren-Modell für industriekulturelle Einrichtungen beruht auf einer empirischen Untersuchung, an der sich mehr als 40 Experten aus unterschiedlichen industrietouristischen Einrichtungen, Institutionen, Hochschulen, Beratungsunternehmen und Vereinen beteiligten.

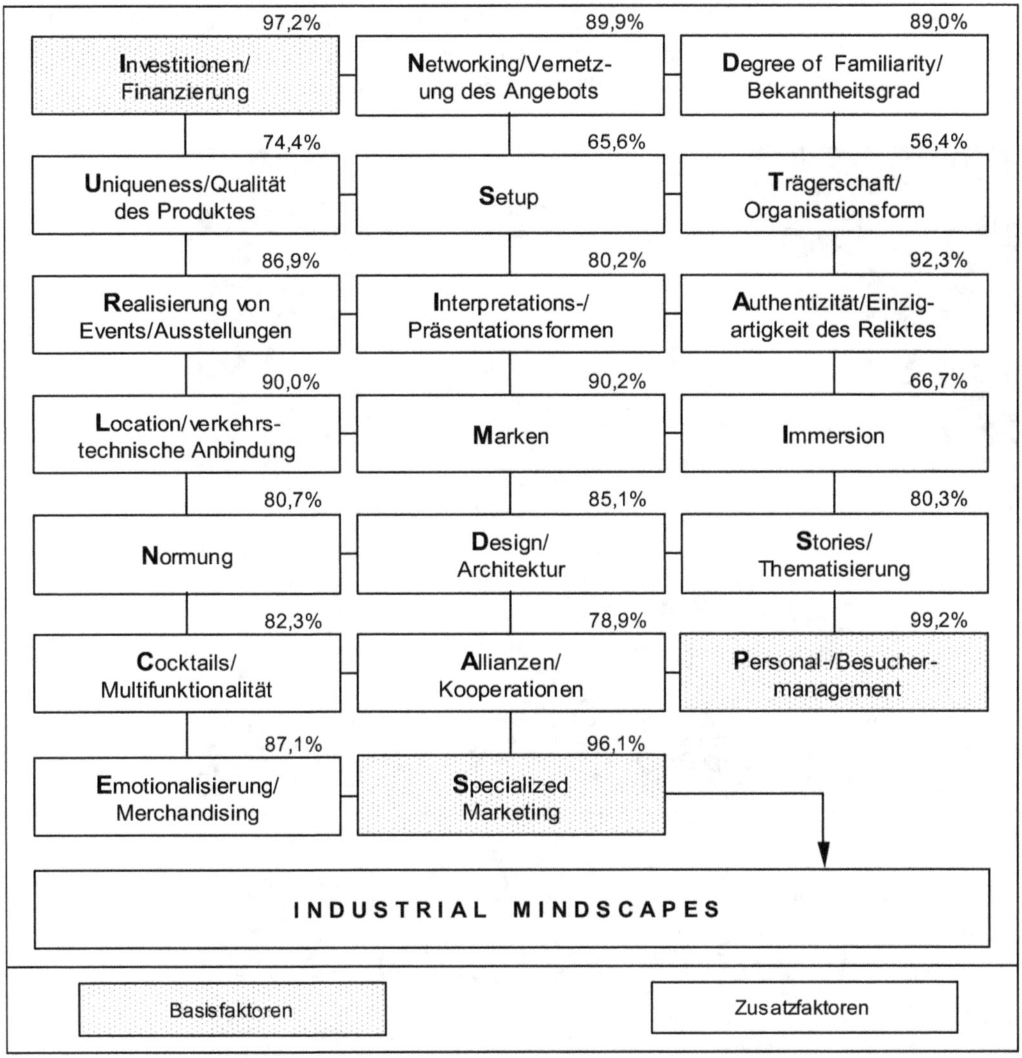

Abb. 1: Industrial Mindscapes-Modell (Quelle: WOLF 2005, S. 135)

4 BallinStadt – traditionelles Museum oder inszenierte Erlebniswelt?

Das in situ errichtete Auswanderermuseum BallinStadt in Hamburg-Veddel wurde im Juli 2007 eröffnet. In den drei originalgetreu wieder aufgebauten Gebäuden des Erlebnismuseums können die Besucher die Geschichte von über 5 Mio. Menschen nacherleben, die zwischen 1850 und 1934 von Hamburg aus nach Übersee ausgewandert sind. „Kurz vor der endgültigen Abreise in die Neue Welt, das neue erhoffte Glück zum Greifen nah, waren die Auswandererhallen Hamburg der Hafen der Träume – the ‚port of dreams'" (BALLINSTADT BETRIEBSGESELLSCHAFT MBH 2012 a, o. S.). Neben Themen wie dem Aufbruch in der Heimat und die Reise in die Neue Welt stehen Geschichten einzelner Menschen und deren Träume und Hoffnungen im Zentrum des Erlebnismuseums. Seit dem Jahr der Eröffnung hat sich die jährliche Besucherzahl bei ca. 90.000 Besuchern eingependelt.

Abb. 2: BallinStadt – Außenansicht (Quelle: BETRIEBSGESELLSCHAFT BALLINSTADT MBH 2012)

4.1 Basisfaktoren

Das Erfolgsfaktoren-Modell setzt sich aus Basis- sowie Zusatzfaktoren zusammen.[2] Zunächst erfolgt die Darstellung der Basisfaktoren, die den größten Einfluss auf den Erfolg einer Einrichtung haben. Zu den Basisfaktoren zählen die Investitionen/Finanzierung, das Marketing und das Personal-/Besuchermanagement.

---

2 Die nachfolgend dargestellten Basis- und Zusatzfaktoren der BallinStadt wurden im Rahmen einer Bachelorarbeit von WOLFF 2012 an der EBC Hochschule Hamburg ermittelt.

Investitionen/Finanzierung

Die finanziellen Mittel zum Aufbau und zum Erhalt bzw. zur Führung des laufenden Betriebes, die regelmäßigen Investitionen zur Erneuerung, Ausweitung und Diversifizierung der Infrastrukturausstattung sowie eines zeitgemäßen Präsentations- und Angebotsspektrums sind von besonderer Relevanz für den Erfolg einer Einrichtung.

Die Finanzierung der BallinStadt erfolgt in Form eines Public-Private-Partnership. Beteiligte sind die Stadt Hamburg und zahlreiche Sponsoren wie beispielsweise die Hapag Lloyd, Hamburg Airport oder die Norddeutsche Affinerie AG. Betrieben wird das Museum von der BallinStadt Betriebsgesellschaft mbH, einer Tochtergesellschaft der Leisure Work Group GmbH. Das Unternehmen erhält keine staatlichen Zuschüsse, es finanziert sich weitestgehend aus Eintrittsgeldern und den Einnahmen aus Events. Überschüsse werden in die Modernisierung der Ausstellung investiert.

Specialized Marketing

Die BallinStadt Betriebsgesellschaft mbH führt regelmäßig Marktforschungsuntersuchungen zur konsequenten Kundenorientierung durch. Die daraus gewonnenen Erkenntnisse fließen zum einen in den Umbau der Ausstellung und zum anderen in die professionelle Öffentlichkeitsarbeit ein. So erfolgte beispielsweise der Umbau des Schiffes aufgrund der gewonnenen Marktforschungsergebnisse: Aus diesen wurde ersichtlich, dass die Besucher mehr über die Überfahrt erfahren wollten. Zuvor lief dort lediglich der Charlie Chaplin-Film „The Immigrant“. Jetzt sind die Unterdecksituation und der Nachbau der zweiten Klasse für die Besucher des Schiffes erlebbar.

Abb. 3: Rekonstruktion Zweite Klasse (Quelle: BETRIEBSGESELLSCHAFT BALLINSTADT MBH 2012)

Der jährlich aktualisierte Marketingplan bildet die Basis für ein professionelles Marketing, welches eine konsequente Marktorientierung in der Angebotsentwicklung und Informationsvermittlung zur Folge hat. Durch seine besucherfreundlichen Öffnungszeiten – das Erlebnismuseum hat ganzjährig geöffnet – erfüllt die BallinStadt eine wichtige Voraussetzung für die erfolgreiche Vermarktung ihrer Einrichtung.

Personal-/Besuchermanagement

Der Besucher möchte seinen Aufenthalt in einer Einrichtung in Form einer perfekt organisierten Dienstleistungskette als ganzheitliches Event erleben. Entsprechend muss es als solches angeboten, inszeniert und dramatisiert werden. Dieses Freizeiterleben setzt sich aus Sinneserlebnissen zusammen, die auf keinen Fall von negativen Einflüssen, wie beispielsweise Enttäuschungen gestört werden dürfen. Treten dennoch negative Erlebnisse auf, zerfällt die Dienstleistungskette in ihre einzelnen Glieder (vgl. GRÖTSCH 2001, S. 76). Das Spektrum an Sinneserlebnissen bezieht sich nicht nur auf die Hardware, wie z. B. die Technologie oder das Design einer Einrichtung, sondern v. a. auf die Software einer Einrichtung. Deshalb sind der Mensch bzw. die kommunikativen Fähigkeiten von Management und Dienstleistungspersonal von entscheidender Bedeutung für den Erfolg der Einrichtung (vgl. HELM/KLAR 1997, S. 21 f; PROBST 2000, S. 116 f; SCHERRIEB 2001, S. 55).

Das qualifizierte Besuchermanagement in Form von geschulten Mitarbeitern, die über eine hohe Serviceorientierung verfügen, trägt maßgeblich zum Erfolg der BallinStadt bei. Die konsequente und professionelle Kundenorientierung erfolgt auf Basis der Marktforschungsergebnisse.

4.2 Ausgewählte Zusatzfaktoren

Neben den oben beschriebenen Basisfaktoren tragen auch weitere, nachfolgend dargestellte Zusatzfaktoren zum Erfolg der Einrichtung bei.

Realisierung von Events/Ausstellungen

Events/Veranstaltungen und Sonder-/Dauerausstellungen eignen sich zur Erhöhung des Bekanntheitsgrades der Einrichtung. In der BallinStadt werden insbesondere Firmenevents, Workshops, Betriebsfeiern, Weihnachtsfeiern und andere private Veranstaltungen im Durchschnitt ein- bis zweimal pro Woche durchgeführt. Sie stellen ein adäquates Kommunikationsinstrument im Rahmen der Öffentlichkeitsarbeit dar und sorgen für ein erhöhtes Besucheraufkommen. Außerdem dienen Events/Ausstellungen der Anziehung von Wiederholungsbesuchern, um Anreize zu geben, ein weiteres Mal die BallinStadt zu besuchen. Im Fokus stehen v. a. die Hamburger Bevölkerung als Zielgruppe und hamburgische Themen, so beispielsweise Ausstellungen zu besonderen Ereignissen wie die Sturmflut in Hamburg vor 50 Jahren. Events/Ausstellungen zur Differenzierung auf dem übersättigten Markt einzusetzen, ist ein weiterer Aspekt, denn mit mehr als 45 weiteren Museen ist der kulturtouristische Markt in Hamburg stark umkämpft.

Interpretations-/Präsentationsformen

Infotainment- und Edutainment-Konzeptionen, die multimediale Informationsvermittlung, authentische Führungen und die Schaffung neuer Attraktionen mit Erlebnischarakter sind wichtige Bestandteile des Erfolgsfaktors Interpretations- bzw. Präsentationsformen.

In der BallinStadt werden Hörstationen, Videoeinspielungen, interaktive Stationen, Filme, das Auswandererspiel „Simmigrant", Führungen von Schauspielern, Unterlagen für Rallyes für Schulen und Vorträge für Schulklassen eingesetzt. Die Edutainment- und Infotainment-Konzeption bildet die Grundlage des Erlebnismuseums. Multimedialität, verbunden mit klassischen musealen Elementen ermöglicht eine neue und intensive Erfahrung sowie eine Wissensmehrung, beispielsweise durch das Auswandererspiel „Simmigrant". Bei „Simmigrant" handelt es sich um eine interaktive Simulation, die es ermöglicht, sich in die damalige Zeit zu versetzen.

Ziel der Ausstellung ist es, zum Mitmachen und Mitdenken anzuregen.

Abb. 4: Kleiner Junge am Telefon (Quelle: BETRIEBSGESELLSCHAFT BALLINSTADT MBH 2012)

Location/verkehrstechnische Anbindung

Das zu erwartende Besucherpotenzial einer Einrichtung hängt u. a. von der Erreichbarkeit des Standortes mit den verschiedenen Verkehrsmitteln ab. Ebenso bedingt eine hohe Bevölkerungsdichte im Einzugsbereich des jeweiligen Standortes ein großes Nachfragepotenzial. Dieses Potenzial erhöht sich, wenn der Standort in einer Tourismusdestination bzw. in deren Nähe liegt und dementsprechend zusätzliche Touristen anzieht.

Die Lage des Erlebnismuseums inmitten der Tourismusdestination Hamburg und die ÖPNV-Anbindung können als gut bewertet werden. In einer im Jahr 2009 durchgeführten Befragung ($n = 205$) wurde ermittelt, dass ca. 1/3 aller Befragten mit dem Pkw anreisten und 1/5 aller Befragten die S-Bahn zur Anreise nutzten.

Quellgebiete des Erlebnismuseums sind Hamburg mit 40 %, Schleswig-Holstein mit 14,6 % und Niedersachsen mit 12,7 %; damit sind die Besucher zum Großteil dem regionalen Einzugsgebiet zuzuordnen.[3]

Stories/Thematisierung

Unter der Thematisierung wird die Formulierung eines Leitgedankens verstanden, mit dem eine Geschichte inszeniert wird. Visionen, Ideen oder Marken werden mit Mitteln des story telling für den Besucher multisensual erlebbar gemacht. Gleichzeitig müssen alle Elemente stringent auf diesen Leitgedanken ausgerichtet sein (vgl. INNERHOFER 2004, S. 10). Die Thematisierung dient Einrichtungen somit als Strategie zur Schaffung eines klaren Profils im Sinne einer Unique Selling Proposition, um sich von seinen Wettbewerbern abzugrenzen (vgl. FRANCK/ROTH 2001, S. 95; STEINECKE 2002, S. 12).

In der BallinStadt „können die Besucher sämtliche Phasen der Emigration nacherleben: vom Aufbruch und Überfahrt bis zur Ankunft in New York und dem endgültigen Verbleib der Auswanderer" (BALLINSTADT BETRIEBSGESELLSCHAFT MBH 2012 b, o. S.). Im Rahmen der Ausstellung treffen die Besucher wiederholt auf lebensgroße Puppen, die von ihren Erlebnissen, basierend auf realen Biographien und Erzählungen, „berichten" und die Protagonisten der Ausstellung darstellen. Diese Puppen erzählen sowohl vor als auch nach der Überfahrt von ihren Erfahrungen, sodass die jeweiligen Biographien die Besucher durch die Ausstellung begleiten.

Networking/Vernetzung des Angebots

Der Erfolg des Produktes hängt davon ab, inwieweit die Einrichtung in der Umgebung verankert und auch mit anderen Freizeiteinrichtungen, -angeboten und dem Unterkunftsgewerbe in der Region vernetzt ist.

Es bestehen zwischen der BallinStadt und anderen touristischen und nicht-touristischen Einrichtungen/Unternehmen ca. 60 Kooperationen in unterschiedlichster Form. So werden beispielsweise regelmäßig Informationen mit dem Planetarium, dem Museum für Hamburgische Geschichte und dem Tierpark Hagenbeck ausgetauscht. Darüber hinaus besteht eine enge Zusammenarbeit mit ausgewählten Hotelbetrieben in Hamburg, die auf ihren Websites die BallinStadt bewerben und Pauschalangebote anbieten, die einen Besuch im Erlebnismuseum beinhalten.

Trägerschaft/Organisationsform

In Deutschland nimmt infolge der Finanzmisere der Kommunen der Druck auf die Freizeitangebote der öffentlichen Hand erheblich zu. Diese sind gezwungen, die Rentabilität zu verbessern, nach neuen Organisationsformen zu suchen, Modelle des Public-Private-Partnership umzusetzen bzw. die Angebote zu privatisieren.

Auch die BallinStadt wird als Public-Private-Partnership betrieben. Prinzipiell agieren privatwirtschaftlich-kommerzielle Betreiber im Markt i. d. R. erfolgreicher als öffentliche Betreiber.

---

3 WOLF, Antje: Besucherforschung in „BallinStadt" Auswandererwelt Hamburg – Ausgewählte Ergebnisse der Gästebefragung, Hamburg 2009 (unveröffentlichtes Forschungsprojekt der EBC Hochschule Hamburg)

Authentizität/Einzigartigkeit des Reliktes

Die Authentizität/Einzigartigkeit wirkt sich auf die direkte Rezeption der Besucher aus, da sie von der Sehnsucht nach authentischen Erlebnissen getrieben werden.

Durch die detailgetreue Nachbildung der Gebäude und der Ausstattung können sich die Besucher in die damalige Zeit hineinversetzen. Die moderne Ausstellungstechnik trägt dazu bei, die Welt der Auswanderer wieder lebendig werden zu lassen. Es werden nicht nur Fakten dargestellt, sondern auch die emotionale Seite der Menschen, ihre Träume, Hoffnungen und Beweggründe; damit wird Authentizität geschaffen.

Cocktails/Multifunkionalität

BallinStadt verfügt über eine gute besucherrelevante Infrastruktur. Dazu zählen u. a. eine ausreichende Anzahl an Parkplätzen für Pkw und Reisebusse, (barrierefreie) Sanitäreinrichtungen, ein Informationszentrum mit Merchandising-/Souvenirshop, ein Themenrestaurant mit dem Namen „Nach Amerika“ sowie ein gutes Beschilderungssystem. So wird die vom Kunden gewünschte Forderung nach Multioptionalität gewährleistet.

Emotionalisierung/Merchandising

Die Emotionalisierung des Besuchers kann u. a. durch eine gelungene Inszenierung eines Themas bzw. einer Story erfolgen. Zu einer dauerhaften Emotionalisierung der BallinStadt tragen insbesondere hochwertige Merchandising-Produkte wie Bücher, Postkarten u. v. m. bei, durch die der Besucher das positive Erlebnis symbolisch als Memorabilie bzw. Devotionalie in den eigenen Alltag mitnehmen kann.

Immersion

Immersion ist der Grad der Illusion, „in einen virtuellen Raum einzutauchen – eng verbunden mit der Stärke eines Wirklichkeitsgefühls“ (KUOM/GASSNER/OERTEL 1999, S. 75). Dabei hängt der Grad der Erlebnistiefe bzw. des Engagements des Besuchers von der Erlebnissituation und den vorhandenen Ressourcen im Bereich der Inszenierung, der Kundeneinstellung sowie der Art der Dienstleistung ab (vgl. WEIERMAIR 2001, S. 41). Durch die Immersion sollen die Besucher den Alltag für eine gewisse Zeit vergessen, „indem sie in eine fiktive Welt eintauchen und ganz in der Simulation der Erlebniswelten aufgehen“ (LÖRWALD 2000, S. 133).

In der BallinStadt können die Besucher beispielsweise im Rahmen des Auswandererspiels „Simmigrant“ die gewohnte Alltagswelt für eine gewisse Zeit vergessen, indem sie in eine fiktive Welt eines Auswanderers eintauchen und völlig in der Simulation der Erlebniswelt aufgehen.

5 Fazit

Der vorliegende Beitrag hatte zum Ziel, das Industrial Mindscapes-Modell auf kulturtouristische Einrichtungen anzuwenden. Exemplarisch wurden hierzu wesentliche Erfolgsfaktoren der BallinStadt Hamburg dargelegt.

Anhand der analysierten Faktoren wurde deutlich, dass die BallinStadt Hamburg nicht dem Typus eines traditionellen Museums entspricht, sondern, den veränderten Rahmenbedingungen Rechnung tragend, sich als Erlebnismuseum im Kultur- und Freizeitmarkt positioniert.

Der Beitrag hat gezeigt, dass das Modell prinzipiell auch auf kulturtouristische Einrichtungen übertragen werden kann. Dies läßt sich v. a. damit begründen, dass der Industrietourismus ein Teilsegment des Kulturtourismus darstellt. Folglich können kulturtouristische wie auch industrietouristische Einrichtungen trotz verschiedener Thematiken zwar als unterschiedliche Typen kultureller Einrichtungen bezeichnet werden, de facto handelt es sich jedoch um Einrichtungen des Kulturtourismus.

Für diese unterschiedlichen Typen kultureller Einrichtungen liegen identische Marktbedingungen vor: ein nahezu ubiquitäres kulturelles Angebot sowie deutliche Stagnationstendenzen auf der Nachfrageseite (vgl. STEINECKE 2007, S. 26). Um in der Fülle der Angebote in einem gesättigten Markt wahrgenommen zu werden und sich erfolgreich zu positionieren, müssen kulturtouristische genauso wie industrietouristische Einrichtungen herausfinden, welche Faktoren zum Erfolg ihrer Einrichtung beitragen. Das Industrial Mindscapes-Modell bietet hierfür einen ersten Ansatz.

Literatur

BALLINSTADT BETRIEBSGESELLSCHAFT MBH a: Abenteuer Auswanderung – das Erlebnismuseum BallinStadt. In: http://www.ballinstadt.de/BallinStadt_Auswanderermuseum_Hamburg/Erlebnismuseum.html, Zugriff am 13.05.2012

BALLINSTADT BETRIEBSGESELLSCHAFT MBH b: „Wo ist Jette?“ In: http://www.ballinstadt.de/BallinStadt_Auswanderermuseum_Hamburg/Presse_files/Pressemitteilung_Jette%, Zugriff am 13.05.2012

BECKER, Chr. (1992): Kulturtourismus – eine zukunftsträchtige Entwicklungsstrategie für den Saar-Mosel-Ardennenraum. In: BECKER, Chr./SCHERTLER, W./STEINECKE, A. (Hrsg.): Perspektiven des Tourismus im Zentrum Europas, Trier, S. 21–25 (ETI-Studien, Bd. 1)

FRANCK, J./ROTH, E. (2001): Freizeit – Erlebnis – Konsumwelten: Trends und Perspektiven für den Tourismus in Deutschland. In: KREILKAMP, E./PECHLANER, H./STEINECKE, A. (Hrsg.): Gemachter oder gelebter Tourismus?: Destinationsmanagement und Tourismuspolitik, Wien, S. 89–99 (Management und Unternehmenskultur, Bd. 3)

GRÖTSCH, K. (2001): Psychologische Aspekte von Erlebniswelten. In: HINTERHUBER, H. H./PECHLANER, H./MATZLER, K. (Hrsg.): IndustrieErlebnisWelten – Vom Standort zur Destination, Berlin, S. 69–82

HELM, S./KLAR, S. (1997): Besucherforschung und Museumspraxis, München (Schriften des Rheinischen Freilichtmuseums, Nr. 57)

INNERHOFER, V. (2004): Erfolgskriterien von Industrieerlebniswelten. In: ÖGAF-Tourismus-Memo 5, S. 8–11

KUOM, M./GAßNER, R./OERTEL, B. (1999): Tourismus und Technik, Baden-Baden (ZukunftsStudien)

LÖRWALD, B. (2000): Die Entstehung von Technikmuseen seit Beginn der achtziger Jahre als Folge der Musealisierung von Industrie und Technik, Paderborn

PROBST, P. (2000): Freizeit- und Erlebniswelten: Entwicklung – Trends – Perspektiven. In: STEINECKE, A. (Hrsg.): Erlebnis- und Konsumwelten, München/Wien, S. 104–118

SCHERRIEB, H. R. (2001): Erlebniswelten in der Industrie – Probleme und Perspektiven. In: HINTERHUBER, H. H./PECHLANER, H./MATZLER, K. (Hrsg.): IndustrieErlebnisWelten – Vom Standort zur Destination, Berlin, S. 49–57

SOYEZ, D. (1993): Industrietourismus – neue Chancen für alte Industrieregionen. In: BECKER, Chr./STEINECKE, A. (Hrsg.): Megatrend Kultur? Chancen und Risiken der touristischen Vermarktung des kulturellen Erbes, Trier, S. 42–56 (ETI-Texte, H. 1)

STEINECKE, A. (2007): Kulturtourismus. Markstrukturen – Fallstudien – Perspektiven, München/Wien

STEINECKE, A. (2002): Kulturtourismus in der Erlebnisgesellschaft: Trends – Strategien – Erfolgsfaktoren. In: GEOGRAPHIE UND SCHULE 24, S. 10–14

STEINECKE, A. (2001): Industrieerlebniswelten zwischen Heritage und Markt: Konzepte – Modelle – Trends. In: HINTERHUBER, H. H./PECHLANER, H./MATZLER, K. (Hrsg.): IndustrieErlebnisWelten – Vom Standort zur Destination, Berlin, S. 87–101

WEIERMAIR, K. (2001): Von der Dienstleistungsökonomie zur Erlebnisökonomie. In: HINTERHUBER, H. H./PECHLANER, H./MATZLER, K. (Hrsg.): IndustrieErlebnisWelten – Vom Standort zur Destination, Berlin, S. 35–48

WOLF, A. (2009): Besucherforschung in „BallinStadt“ Auswandererwelt Hamburg – Ausgewählte Ergebnisse der Gästebefragung, Hamburg (unveröffentlichte Besucherbefragung)

WOLF, A. (2005): Erfolgsfaktoren industrietouristischer Einrichtungen: Eine Untersuchung zu Erfolgsfaktoren unterschiedlicher Angebotstypen und ausgewählter Einrichtungen in Großbritannien und Deutschland, Paderborn (Paderborner Geographische Studien, Bd. 18)

WOLFF, F. C. (2012): Analyse der Erfolgsfaktoren von Erlebniswelten am Beispiel der BallinStadt Hamburg, Hamburg (unveröffentlichte Bachelorarbeit)

Erfolgsfaktoren für Marken-Erlebniswelten außerhalb der Konsumgüterindustrie – dargestellt am Beispiel ausgewählter Hydroenergie-Erzeuger

Torsten Widmann

1 Einleitung

Bereits vor mehr als einem Jahrzehnt analysierte STEINECKE die Erfolgsfaktoren der „neuen Orte des Konsums“ und bezeichnete die Inszenierungen im Tourismus als Motor der künftigen touristischen Entwicklung (STEINECKE 1997, S. 7 ff und 2000, S. 11 ff).

Die von ihm untersuchten Marken-Erlebnis-Welten verortete er hauptsächlich bei Unternehmen der Konsumgüter-Industrie mit einem breiten Branchenspektrum, das von Nahrungs- und Genussmittelunternehmen über Spielwaren- und Bekleidungshersteller bis hin zu Unterhaltungsfirmen reicht (vgl. STEINECKE 2009, S. 174 f). Als Plattformen der Unternehmenskommunikation dienen sie zur Inszenierung und Emotionalisierung der Marke. Entsprechend ihrer Ausprägungen als multifunktionale Informations- und Unterhaltungseinrichtungen können sie entweder eher informations- und bildungsorientierte oder spaß- und unterhaltungsorientierte Angebotsprofile erhalten. Aus den vorgenannten Branchen können bis heute zahlreiche Beispiele genannt werden, die nach STEINECKEs (2000, S. 23) MINDSCAPES-Modell der Erfolgsfaktoren der neuen Orte des Konsums zur erfolgreichen Umsetzung eben dieser Angebotsprofile entsprechen.

Außerhalb der Konsumgüterindustrie erscheint es jedoch schwierig, erfolgreiche Markenerlebniswelten zu finden. Insbesondere die Energiewirtschaft ist stetig bemüht, durch PR-Aktionen ihr in der öffentlichen Diskussion über Klimaerwärmung und Atomstrom entstandenes negatives Image zu verbessern. Das Beispiel des *Meteoritparks*, eine vom bekannten Künstler André Heller 1998 erschaffene und bereits 2003 wieder geschlossene Markenerlebniswelt des Energiekonzerns RWE in Essen, zeigt, dass Stromerzeuger sich generell schwer tun, die Besucher in Markenerlebniswelten für das Produkt Energie zu faszinieren. Da das Produkt Strom unsichtbar ist und aus der Steckdose kommt, muss dessen Darstellung über die Erzeugung und den Verbrauch erfolgen. Die Stromerzeugung kann aber nur in wenigen Fällen, vor allem bei der Wasserkraft, sympathisch vermittelt werden. Außerdem besteht die Problematik, dass ein Informationszentrum, welches lediglich Ausstellungselemente beinhaltet, innerhalb eines kurzfristigen Zeitraumes nicht erneuerungsfähig ist und daher kaum zu Wiederholungsbesuchen anregt (vgl. SCHERRIEB 2008, S. 105 und STEINECKE 2009, S. 40).

Dennoch ist es möglich, Stätten der Stromerzeugung erfolgreich zu touristischen *Mixed-Use-Centern* im Sinne STEINECKEs (2009, S. 4) auszubauen.

Spätestens seit dem Gewinn des schweizerischen Tourismuspreises *Milestone* im Jahr 2010 in der Kategorie *Herausragendes Projekt* (vgl. MILESTONE.Tourismuspreis Schweiz 2012) werden die Kraftwerke Oberhasli AG mit ihrem Projekt *Grimselwelt* als Anbieter auf dem Markt für integrierte touristische Destinationen wahrgenommen. Bei der Grimselwelt handelt es sich um die ganzheitliche touristische Inwertsetzung einer vernetzen Produktionsstätte für Hydroenergie in der Zentralschweiz. Dieses Projekt beinhaltet die Öffnung der Kraftwerksanlagen, Speicherseen und weiterer verschiedener Betriebsanlagen, wie Betriebsbahnen, Brücken und Staumauern für den Tourismus. Die Stromproduktion soll an Führungen authentisch erlebbar werden, Werksbahnen werden genutzt, um natürliche Gletscherseen und künstliche Stauseen touristisch zu erschließen, ein Bergwanderwegenetz und spektakuläre Hängebrücken erschließen eine kontrastreiche industrietouristische Region inmitten der Hochgebirgsnatur. Hotels, gebaut als Unterkunft für Bauarbeiter und zur Überwachung der Staumauern, sind erneuert und aktuellen Marktstandards angepasst worden.

Im Rahmen eines vom *Steinbeis Transferzentrum Tourismus und Freizeitwirtschaft* an der Dualen Hochschule Baden-Württemberg (DHBW) Ravensburg 2011 durchgeführten Forschungsprojektes wurde der Frage nachgegangen, wie Energieerzeuger ihre Stausee- bzw. Pumpspeicherprojekte als Stätten der Unternehmenskommunikation nutzen und somit zu einer touristischen Aufwertung der Destination beitragen. Schließlich werden durch die Anlage von Stauseen, die Inbetriebnahme von Betriebsbahnen und Schaffung von teils spektakulären Kraftwerksbauten potenzielle Attraktionspunkte geschaffen.

Hierfür wurden 42 vergleichbare Betriebsstätten der Stromerzeugung aus Wasserkraft im deutschsprachigen Raum erhoben und hinsichtlich STEINECKEs Anforderungen an touristische *Mixed Use-Center* analysiert. Es zeigte sich, dass die meisten Hydroenergie-Komplexe lediglich eine generelle touristische Mitnutzung im Rahmen einer Naherholungsfunktionalität erfahren und somit zum Gesamtangebot der entsprechenden Destination beitragen, ohne darin eine exponierte Stellung zu besitzen. Als allgemein sind die typischen Formen des Natur- und Sporttourismus zu bezeichnen wie z. B. ein Rundwegenetz oder einfachere Formen des Wassersports, z. B. Angeln oder Rudern (insgesamt 20 von 42 Projekten).

Weitere 17 Hydroenergie-Komplexe erfahren keine bis lediglich geringe touristische Nutzung, welche sich auf Standards wie beispielsweise Ausweisung von Rundwanderwegen oder Werksbesichtigungen auf Anfrage beschränkt. Bei fünf Wasserkraft-Standorten konnten allerdings Ansätze festgestellt werden, bei denen die Betreiber versuchen, eine touristische Profilierung durch Inszenierung im Sinne STEINECKEs „DESIRE-Modell der Zukunftsthemen im Tourismus“ (1997, S. 16) zu erreichen.

Neben der bereits erwähnten Grimselwelt wurden drei Projekte der Verbund Austrian Hydro Power AG und das touristische Engagement der Vorarlberger Illwerke AG einer näheren Betrachtung unterzogen (siehe Tab. 1).

Tab. 1: Hydroenergie-Projekte mit hoher touristischer Nutzung
Quelle: eigene Erstellung nach Mitteilung der Betreiber

Projekt/ Standort	Betreiber	Attraktionspunkte	Besucher
Grimselwelt Innertkirchen/ Guttannen (Kanton Bern), Schweiz	Kraftwerke Oberhasli AG KWO Grimselstrom	Informationszentrum Grimselwelt Handeckfallbrücke (70 m Hängebrücke) Mehrere Bergbahnen, z. B. Gelmerbahn (steilste Standseilbahn Europas) Klettersteige, Wanderwegenetz Hotels, Hüttengastronomie, Werksbesichtigungen Bauernläden	Auf dem Gelände der Grimselwelt bewegen sich ca. 300.000 Personen/Jahr. Kraftwerke: 24.810 Besucher in 2010 Bergbahnen: Gelmerbahn: 45.160 Einzelfahrten (2010) Triftbahn: 31.904 (2010) Tällibahn: 13.487 (2010) Grimselhospitz seit Renovierung 70 % Bettenauslastung während Öffnungszeit, erhöht von 30 %. Kraftwerksbesichtigung am Kavernenkraftwerk Grimsel I mit Abseilen an der unteren Staumauer von ca. 2.000–3.000 Besuchern im Jahr gebucht. Besuch der Ausstellung mit Imagefilm: ca. 100.000 Besucher/Jahr
Maltakraftwerke, Speichersee Kölnbrein Malta (Kärnten), Österreich	Verbund Austrian Hydro Power AG	Erlebnis-Führungen Wanderwegenetz „Künstliche" Wasserfälle Bergrestaurant und Hotel Malta „Erlebnis"-Informationszentrum, Shop, 4D Kino Höhentraining Rudern Bungee-Jumping an der Staumauer Events auf der Staumauer fest installierter Skywalk an der Staumauer	Führungen in der Kölnbreinsperre: Etwa 120.000 Besucher bei einer Saison von Mai bis Oktober
Kraftwerk Kaprun, Stausee Mooserboden Kaprun (Salzburg), Österreich	Verbund Austrian Hydro Power AG	Erlebniswelt Strom und Eis Staumauer-Führungen, Kindererlebnisweg mit „Tobias Turbine" Informationszentrum in Kaprun Bergrestaurant, Hütten- und Almgastronomie Wanderwegenetz Mooserboden Schrägaufzug Lärchwand – größter offener Schrägaufzug Europas	Die vier Standorte der Verbund AG generieren pro Jahr etwa 450.000 Besucher.
Kraftwerks-*gruppe Reißeck-Kreuzeck, Mühldorfer See, Kolbnitz* Reißeck (Kärnten), Österreich	Verbund Austrian Hydro Power AG	Standseilbahn Schmalspur-Höhenbahn Staumauer-Führungen Rundwanderweg Café, Bergrestaurant geführte Erlebniswanderung Kletter-Route	Reißeckbahn: ca 60.000 Einzelfahrten/Jahr
Illwerke mit Kopssee, Silvrettasee und Lünersee (Bewegungsberg Golm) Partenen, Schruns, Tschaguns (Vorarlberg), Österreich	Vorarlberger Illwerke AG	Werksbesichtigung Infozentrum energie.raum Naturerlebnispfad Kristakopf Themenwanderwege energie.wege Kulturzentrum Siechenhaus Betrieb Skigebiet Golm mit Sommerattraktionen: Waldkletterpark, Alpine Coaster, Flying Fox, Naturerlebnispfad „Golmis Forschungspfad" Bergbahnbetrieb (Vermuntbahn, Lünerseebahn)	Golmerbahn am Lünersee: im Winter 370.000 Besucher im Skigebiet. Ca. 150.000 Besucher der Sommerattraktionen. Kraftwerksführungen: ca. 300 Gruppen- und Einzelführungen/Jahr (kostenlos).

Abb. 1: Aktivitäten der Illwerke am Standort Lünerseewerk bzw. *Bewegungsberg Golm* (Quelle: Illwerke-Tourismus GmbH 2011)

An den in Tabelle 1 genannten Standorten haben sich Markenerlebniswelten gebildet, die zum einen im Sinne der *Mixed-Use-Center* Mehrwert für die Betreiber generieren und zum anderen als Attraktionspunkte für zusätzliches touristisches Aufkommen in der Region sorgen und Multiplikatoreffekte schaffen. Der Begriff *Welt* als Bestandteil der *Markenerlebniswelt* ist dabei nahezu wörtlich zu nehmen, so erstrecken sich die Speicherseen, Betriebsanlagen und Unterkünfte der Grimselwelt auf 1 % der Fläche des Schweizer Staatsgebiets; am Beispiel der Aktivitäten der Illwerke am *Bewegungsberg Golm* werden die räumlichen Dimensionen der Projekte bewusst (vgl. Abb. 1).

2 Erfolgsfaktoren für Markenerlebniswelten von Hydroenergie-Erzeugern

Die Analyse der Erfolgsfaktoren der als touristisch hoch relevant festgestellten Projekte erfolgt entlang der Wertekette, welche prozessabhängige Aktivitäten, die direkt zur Wertschöpfung beitragen, ebenso beinhaltet wie prozessübergreifende Aktivitäten, die unmittelbaren Einfluss auf die Gestaltung der Prozesse haben.

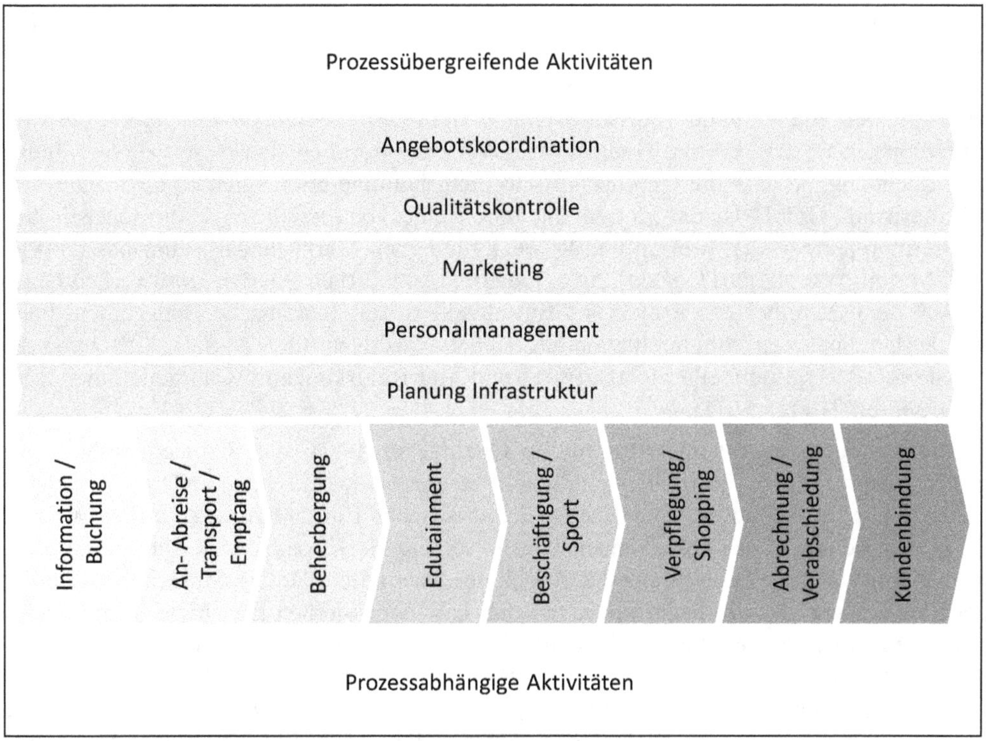

Abb. 2: Prozessabhängige und Prozessübergreifende Aktivitäten (Quelle: eigene Erstellung in Anlehnung an PORTER 1989)

2.1 Prozessübergreifende Aktivitäten

Für das Management eines Freizeit-Standortes sind drei wesentliche Aufgaben zu erfüllen: Zunächst muss ein gemeinsamer Sinngehalt für die gemeinsamen Aktionen geschaffen werden, damit die Akteure diese positiv wahrnehmen und zum Handeln motiviert sind. Darauf folgt die Bereitstellung von Ressourcen, damit die Interessen der beteiligten Akteure zielgerichtet sind und Handlungspotenziale schaffen. Schließlich ist für den Projektträger eine konkrete und aktive Förderung von touristischen Maßnahmen unabdingbar (vgl. PECHLANER/HAMMANN/FISCHER 2008, S. 25).

2.1.1 Angebotskoordination

Die Angebotskoordination erfolgt idealerweise mit Hilfe eines integrierten Standortkonzeptes, welches die unterschiedlichen Attraktionen am Standort bündelt und zu einem abwechslungsreichen, vielfältigen und spektakulären Optionen-Mix zusammenstellt. Die Angebotskoordination muss durch ein gastgewerbliches Standortmanagement betrieben werden, das in enger Abstimmung mit der technischen Standortleitung arbeitet.

Beispielhaft ist hier das institutionalisierte touristische Engagement der Verbund AG, deren hundertprozentige Tochter Verbund Tourismus GmbH für das touristische Geschäft zuständig ist und von einem ausgewiesenen Fachmann des Destinationsmanagements geleitet wird. Die touristisch bedeutsamen Speicherseen und deren touristische Einrichtungen stehen jeweils unter einer touristischen Standortleitung, die eng mit der technischen Standortleitung zusammenarbeitet. Die Verbund Tourismus GmbH stellt den anderen Gesellschaften der Verbund Gruppe, z. B. der Verbund Hydro Power AG, Transportdienstleistungen zur Verfügung und in Rechnung, so dass die Gesellschaft Deckungsbeiträge erwirtschaften kann. Die Verbund Tourismus GmbH ist darum bemüht, durch eine *Vorwärtsstrategie* die touristischen Leuchtturmprojekte Malta, Kaprun und Reißeck modernen Marktstandards anzupassen (vgl. mündl. Mitteil. WALTER 2011, KERN 2011, FROHNWIESER 2011). Bei den Kraftwerken Oberhasli AG, dem Betreiber des Projektes Grimselwelt, ist das touristische Engagement beim Leiter der Unternehmenskommunikation angesiedelt, was dazu führt, dass die KWO von der regionalen Presse mittlerweile als „Energie- und Tourismuskonzern“ wahrgenommen wird (mündl. Mitteil. HUBER 2011).

Die Anforderungen an die infrastrukturelle Qualität sowie an die Servicequalität sollen höchsten Ansprüchen des Betreibers genügen, wie er sie auch für seine anderen Geschäftsfelder definiert hat. Schließlich vermitteln die touristischen Einrichtungen einer Erlebniswelt auch die Markenwerte des betreibenden Energieversorgers. Klassifizierungsprogramme der Beherbergung schaffen Transparenz des Angebotes, so sind die Hotels der Grimselwelt, das Hotel Handeck und das Grimselhospitz, mit drei bzw. vier Sternen klassifiziert. Im Bereich der Servicequalität nehmen die verschiedenen Einrichtungen der Grimselwelt am schweizerischen Q-Programm, einer Zertifizierung der Servicequalität in touristischen Einrichtungen, teil. Die Beteiligung an Qualitätsgütesiegeln im Bereich des gastronomischen Angebotes vermittelt dem Gast ein hohes Qualitätsniveau der regionalen Produkte und trägt zum Erhalt der regionalen Kulturlandschaft bei. So sind beispielsweise die Illwerke Mitglied im Verein *bewusstmontafon*. Der Verein *bewusstmontafon* steht für die Zusammenarbeit von Gast- und Landwirten im ganzen Montafon. Die Bewusstseinsbildung von Einheimischen und Gästen sowie die Entwicklung von regionalen Produkten stehen dabei im Vordergrund. (vgl. Verein „bewusstmontafon“ 2011).

2.1.2 Marketing

Die Ausgestaltung des Marketing-Mix muss eine Ausrichtung der gesamten Tätigkeiten auf ein qualitativ hochwertiges Produkt haben. Neue Distributionskanäle sollen erschlossen und klassische touristische Vertriebskanäle nutzbar gemacht werden. Die mit dem Projekt verbundene Kommunikationspolitik soll die Bedeutung der Einrichtung als Markenkommunikationsstätte bzw. Markenerlebniswelt widerspiegeln. Für die Kraftwerke Oberhasli AG bedeutete das touristische Engagement in der Grimselwelt einen wesentlichen positiven Imagegewinn, da das Unternehmen zu Beginn des Jahrzehnts aufgrund eines geplanten Großprojektes, das letztendlich aus landschaftsschützerischen Gründen scheiterte, in negative Schlagzeilen geriet (mündl. Mitteil. HUBER 2011).

Ebenso bietet das touristische Engagement der Illwerke AG eine Chance, als dynamischer, investierender und bauender Konzern im Montafon-Tal wahrgenommen zu werden, wenn auch die Tourismussparte der Illwerke über einen eigenen Markenauftritt verfügt und die touristischen Highlights, wie die Aktivitäten um das Lünerseewerk am Berg Golm, weitgehend ohne den Hinweis auf die nahegelegene Stromerzeugung vermarktet werden. Allerdings bieten sich dort gute Gelegenheiten, um Informations- und Erlebniswerte geschickt zu kombinieren. So bietet die Illwerke-Tourismus GmbH Pauschalen bestehend aus Werksbesichtigungen, Picknick und Fahrt mit dem rund 2,5 km langen *Alpine-Coaster*, eine Ganzjahresrodelbahn, für Schulklassen an (mündl. Mitteil. VONIER 2011).

Besucherzentren wie der *energie.raum* der Illwerke oder die Besucherzentren der Verbund AG bieten die Möglichkeit, Markenbotschaften und Markenwerte des Stromerzeugers darzustellen und somit zu einer positiven Wahrnehmung beizutragen. Schließlich ist im Rahmen der Preispolitik auf eine zielgruppendifferenzierte Preis- und Angebotsgestaltung zu achten.

Abb. 3: Pauschale Familienferien Handeck (Grimselwelt) (Quelle: KWO AG 2011)

Eine Preis- und Zielgruppendifferenzierung kann beispielsweise über die Positionierung der unterschiedlichen Beherbergungsformen erfolgen. So beschreibt die Grimselwelt ihr Drei-Sterne-Haus Handeck als Familienferienhotel, während das Vier-Sterne-Haus Grimselhospitz als elegantes Berghaus vermarktet wird, was auch zu einer erwünschten Trennung der Zielgruppen genussorientierte Paare und junge Familien führt.

Abb. 4: Pauschale „Einfach Luxuriös“, Grimselhospitz (Grimselwelt) (Quelle: KWO AG 2011)

2.1.3 Personalmanagement

Wichtig für die erfolgreiche Tourismusarbeit ist ein tiefgehendes Verständnis von Dienstleistungsqualität. Wenn ein Industriebetrieb der Energieversorgung Aktivitäten im Tourismus aufnimmt, muss auch im Personalwesen dieser Cultural Turn vollzogen werden. Hilfreich ist hier die Teilnahme an Servicequalitätszertifizierungen mit dem Ziel, ein umfassendes touristisches Servicequalitätsmanagementsystem im Betrieb zu etablieren. Weiterhin ist von einer Erlebniswelt eine nachhaltige Binnenwirkung zu erwarten, wenn sich für die ortsansässige Bevölkerung zusätzliche Anstellungsmöglichkeiten ergeben. Direkte Effekte ergeben sich in Form von Arbeitsplätzen in den Tourismussparten der Energieerzeuger sowie an den Attraktionspunkten selbst. So sind bei den Illwerken etwa 40 Arbeitsplätze in der Tourismussparte entstanden, dazu kommen noch etwa 70 Saisonarbeitsplätze in der Wintersaison und 30–40 Saisonarbeitsplätze an den Sommerattraktionen und den sommerbetriebenen Bergbahnen. Bei der Verbund AG arbeiten an den vier touristisch relevanten Standorten insgesamt rund 300 Personen, davon können pro Standort jeweils 30–40 Arbeitsplätze dem Tourismus zugeordnet werden. Die Kraftwerke Oberhasli AG haben durch ihr touristisches Engagement der Grimselwelt etwa 150 Arbeitsplätze geschaffen, davon allerdings etliche Saison- und Teilzeitstellen (vgl. mündl. Mitteil. KERN, FROHNWIESER, WALTER, VONIER, HUBER 2011). Indirekte Arbeitsplatzeffekte ergeben sich durch die Einrichtung von Hüttengastronomie und Bauernläden in der Umgebung der jeweiligen Attraktionspunkte, ein entsprechender Arbeitsplatzmultiplikator ist allerdings schwer zu messen.

2.1.4 Planung Infrastruktur

Die Planung und Gestaltung der Infrastruktur muss unter Aspekten der erlebnisorientierten Inszenierung erfolgen. Der Attraktionskomplex des *Mixed-Use-Centers* ist Bühne für multioptionale Aktivitäten und soll ein spektakuläres architektonisches Wahrzeichen der Region bilden (*Landmark*), um eine Identifikation der Bevölkerung mit dem Projekt zu ermöglichen.

Abb. 5: Berghotel Malta mit Ausstellungsbereich und Sonnenterasse im Vordergrund (Quelle: eigene Fotografie)

Einige der untersuchten Hydroenergie-Komplexe haben die Option wahrgenommen, aus den für die Anlage bzw. Wartung und Überwachung der Speicherseen notwendigen Gebäuden attraktive Hotelanlagen zu entwickeln. Hervorzuheben ist hier das Berghotel Malta der Verbund AG, das für rund 4,8 Mio. € im Jahr 2010 renoviert und mit einem modernen Besucherzentrum ausgestattet wurde (mündl. Mitteil. KERN 2011).

Das Berghotel Malta stellt durch seine exponierte Lage und interessante architektonische Gestaltung eine weithin sichtbare Landmarke des Maltatals dar. Es dient als Zentrum der touristischen Aktivitäten rund um den Kölnbreinspeicher und dessen Staumauer. Die gewaltigen Dimensionen der Kölnbreinstaumauer werden durch den fest installierten *Skywalk Bella Vista* erlebbar gemacht. Hierbei handelt es sich um eine an der Außenseite der Staumauer in etwa 200 Metern Höhe installierte Aussichtsplattform auf der seeabgewandten Seite der Staumauer. Gitterpannele und Glasplatten bilden den Boden der Aussichtsplattform, die somit ihrem Namen *Skywalk* gerecht wird.

Abb. 6: Kölnbreinsperre mit Skywalk (Quelle: eigene Fotografie)

Die Infrastruktur eines Besucherinformationszentrums spiegelt in besonderem Maße die Markenwerte des Energieerzeugers wider, daher legen die untersuchten Attraktionspunkte auch großen Wert auf erlebnisorientierte Inszenierung dieser Einrichtungen. Auch hier dient die zum vorgenannten Komplex Malta/Kölnbreinsperre gehörende *Energiewelt Malta* als Beispiel. Die im Berghotel Malta verortete Ausstellung *Energiewelt Malta* wird hohen Ansprüchen des *Edutainments*, wie sie an späterer Stelle noch dargestellt werden, gerecht und trägt somit zum Empfinden des Attraktionspunktes *aus einem Guss* bei.

2.2 Prozessabhängige Aktivitäten

2.2.1 Information/Buchung

Die permanente Kommunikation mit den lokalen und regionalen Destinationsmanagement-Organisationen muss etabliert werden, um eine aktuelle Information für potenzielle Besucher und Multiplikatoren zu gewährleisten. Aufgabe des touristischen Standortmanagement ist es, die touristischen Vertriebs- und Kommunikationskanäle mit Informationen und Werbung für den Standort zu versorgen. Hierzu zählt zum einen die ansprechende Darstellung im Internet und in eigenen Printmaterialien, aber auch die Bereitstellung von buchbaren Pauschalprogrammen im Direktvertrieb und für die touristischen Kooperationspartner.

Entsprechend werden Pauschalarrangements wie das Angebot *Grimsel-Wander-Welt* der Grimselwelt im eigenen Imageprospekt, dem eigenen Internetauftritt und über den Internetauftritt der Schweiz-Tourismus weltweit vermarktet.

2.2.2 An-/Abreise/Transport/Empfang

Der Zugang zu den Anlagen muss einfach zu gewährleisten sein, gerade bei Speicherseen und Kraftwerken bietet sich an, Beförderungsanlagen einer touristischen Zweitnutzung zuzuführen, da diese Beförderungsanlagen und der Transport innerhalb des Komplexes selbst bereits Attraktionen darstellen können. Besonders eindrucksvoll setzt dies die Grimselwelt mit der Betriebsbahn Gelmerbahn um, die mit einer Steigung von bis zu 106 % die steilste Standseilbahn Europas ist.

Abb. 7: Standseilbahn Gelmerbahn, Grimselwelt (Quelle: KWO AG 2011)

Eine Anbindung der Attraktionspunkte an ÖPNV ist ebenso wünschenswert wie die großzügige Ausweisung von (Bus-) Parkplätzen, wobei im Modal-Split (Aufteilung des Verkehrsaufkommens auf die unterschiedlichen Verkehrsmittel) der Freizeitanlagen der PKW mit rund 90 % dominiert (vgl. STEINECKE 2009, S. 75). Entsprechend der zu kommunizierenden Markenwerte der sauberen Stromerzeugung nehmen die untersuchten Energieerzeuger die Möglichkeit wahr, alternative umweltverträgliche Transportsysteme an ihren Tourismusstandorten darzustellen und zu fördern. So gehört die Kraftwerke Oberhasli AG zu den Projektträgern der Initiative *Alpmobil*, bei der Elektroautos für Gäste und Einheimische zur Ausleihe zur Verfügung gestellt werden. Ausleih- und Ladestationen finden sich am Grimselhospitz und am Hotel Handeck (vgl. energieregionGOMS 2011).

Ein ähnliches Projekt verfolgen das Bundesland Vorarlberg und die Illwerke mit dem Elektromobilitätsprojekt *VLOTTE*. Besitzern der über das Projekt subventionierten Elektroautos bietet der Energieerzeuger die kostenlose Strombetankung und weitere Dienstleistungen an (vgl. VORARLBERGER ELEKTROAUTOMOBIL PLANUNGS- UND BERATUNGS GMBH 2011).

2.2.3 Beherbergung

Die Gestaltung der Beherbergung muss unter den Markterfordernissen einer deutlichen Zielgruppenabgrenzung erfolgen. Hierbei sind demographische und neigungstouristische Zielgruppen gemeint. Zwar können mehrere Zielgruppen in einem Haus bedient werden, es ist aber auf die optimale Bedürfnisbefriedigung und Vermeidung von Konflikten zu achten. Bei der Auswahl des Preissegmentes und der physischen und infrastrukturellen Gestaltung ist von einfachen, aber hochwertigen (*cheap and chic*) über rustikale bis zu hochwertigen Einrichtungen (4–5 Sterne) vieles möglich. Einige Beherbergungseinrichtungen der untersuchten Speicherseekomplexe wurden in den vergangenen Jahren neu erstellt oder aufwendig renoviert und dienen am Attraktionspunkt als Vorzeigeobjekt. Das Berghotel Malta (vgl. Abb. 5) und das Grimselhospitz (vgl. Abb. 4) inszenieren sich als hochwertige Berghäuser.

Abb. 8: Grimselhospitz der Kraftwerke Oberhasli AG (Quelle: eigene Fotografie)

Während das Grimselhospitz die Epoche der schweizerischen Grandhotels mit seiner Art-Deco-Innenarchitektur der 1920er Jahre aufnimmt, beherrschen die Themen *Kraft des Wassers* und alpines Gestein das zylinderförmige Berghotel Malta.

2.2.4 Edutainment

Industriekulturelle Besucherzentren müssen nach HÜTTINGER (2008, S. 122 ff) bei der Informationsvermittlung folgende Erfolgsfaktoren unbedingt beinhalten:

- *Keine Überinformationen und Wissenschaftssprache, dabei kurze Texte, denn es werden in der Regel maximal drei Sätze gelesen. Wichtig ist die Verbindung zwischen Gelesenem und Erfahrbarem.*

Diesen Aspekt setzt die Energiewelt Malta besonders gelungen um. Beispielsweise wird der Energieverbrauch eines Kletterers in der Ausstellungsabteilung *Human Power* mit wenigen Sätzen in Bezug zu dem einer Maschine gebracht. Ergänzend findet sich an der gegenüberliegenden Wand der Ausstellung ein *Kletterrad*, an dem wie an einem Boulderfelsen horizontal geklettert werden kann, um die Erfahrung des Energieverbrauchs zu erleben.

Abb. 9: Energieverbrauch dargestellt am Beispiel eines Kletterers in der Energiewelt Malta (Quelle: Verbund AG)

- *Vermittlung von emotionalen Erlebnissen mit dem eigenen Ich im Mittelpunkt*

Beim *Energiemix* der Energiewelt Malta erlebt der Gast auf spielerische Art und Weise die Funktionsweise von Wind- und Wasserkraft, Erdwärme und Solarenergie. Zahlreiche interaktive Stationen geben den Besuchern ein Gefühl dafür, was es bedeutet, Strom zu erzeugen und zu verbrauchen. Beim *Human Power Generator* sind die Besucher aufgefordert, Energie mittels Radfahren, Laufen und Steppen selbst zu produzieren. Nebenbei entsteht ein Gefühl dafür, welche Kraft hinter dem Betrieb gängiger Haushaltsgeräte steckt.

- *Erkennbare Storyline, Brainscripts und Mind-Maps als Anker und Guideline für den Besuch*

Ein Wasserfall begrüßt die Besucherinnen und Besucher am Beginn der Ausstellung. Eine blaue Wasserspur führt die Besucher anschließend von Geschoss zu Geschoss. Die Strukturen des Wassers und der Stein als wandelbares Element der Natur werden in einer Mineralien-Ausstellung behandelt. Anschließend führt die Wasserspur den Besucher zu einem interaktiven Relief der Maltaregion. Dieses verschafft einen Überblick über die Dimensionen und Arbeitsweise der Verbund-Kraftwerksanlagen im Malta- und Liesertal.

- *Leichte Orientierung und Bedienung der Informationsdisplays, intuitives Leitsystem, keine Warteschlangen*

Bei der Energiewelt Malta gibt es zahlreiche Möglichkeiten der Interaktion mit den Ausstellungselementen, sie reichen vom *Touchscreen* bis zum *Zeitrad*, an dem die Geschichte der Energieerzeugung nachvollzogen werden kann. Gemeinsam haben die Bedienungselemente die intuitive Bedienung, unbedingte Voraussetzung für *hands-on-Erfahrungen*.

2.2.5 Beschäftigung/Sport

Bei der Gestaltung der Attraktionen sind die Maßgaben der Erlebnisinszenierung zu beachten: Höhepunkt des Komplexes soll eine *Core Attraction* bilden, ein herausragendes Erlebnis, das emotional anspricht. In einigen Fällen ist die Hauptattraktion die Anlage selbst, also die Staumauer und das dazugehörende Kraftwerk. Eine gute Möglichkeit zur Öffentlichkeitsarbeit bieten Events im Kraftwerk. So finden beispielsweise im Kraftwerk *Grimsel I* der KWO AG an mehreren Terminen im Jahr Kulturveranstaltungen unter dem Motto *Kulturkraftwerk Grimsel* statt. In anderen Fällen werden diese Attraktionen gekonnt baulich erweitert, beispielsweise durch die Aussichtsplattform *Skywalk* an der Kölnbreinsperre oder durch spektakuläre Hängebrücken an der Grimselwelt.

Besucherzentren vor Ort (*location based experiences*) sollen mit *hands-on-Erfahrungen* und der Möglichkeit zur Interaktion ausgestattet werden. Körperliche Erlebnisse und die multisensuelle Ansprache (visuell, auditiv, motiv, haptisch, olfaktorisch) sind wichtige Elemente der Erlebnisvermittlung (vgl. HÜTTINGER 2008, S. 122 ff). Moderne Ausstellungen wie die *Energiewelt Malta* oder das Infozentrum der Illwerke *energie.raum* arbeiten mit dieser ganzheitlichen Vermittlung von Information und Erlebnissen, setzen dabei aber unterschiedliche Schwerpunkte.

Emotionale Aspekte wie der Wechsel von Spannung und Entspannung, Faszination und Spaß bis zum spannungslösenden Shop-Besuch tragen zum *Flow-Erlebnis* (dem als angenehm empfundenen Verlust des Zeitgefühls) bei. Die Anlage eines Shops kann für zusätzliche Deckungsbeiträge sorgen und kann innerhalb der Anlage ein Profit-Center darstellen, sofern sich der Shop, wie im Berghotel Malta, direkt an der Hauptattraktion befindet.

2.2.6 Verpflegung

Das Vorhandensein einer attraktiven Ausflugsgastronomie ist unabdingbar. Neben der Erfüllung der Standardqualität in Form von einfachen, guten und günstigen gastronomischen Angeboten sollte in der Angebotsgestaltung ein besonderes Augenmerk auf regionaltypische Speisen und Getränke gelegt werden. Die physische Infrastruktur der Gastronomiebetriebe soll in die Gesamtkonzeption architektonisch eingepasst werden bzw. regionalen Baustilen entsprechen. Hierbei drückt sich die Verbundenheit des Betreibers mit der Region aus, und nachhaltige intraregionale Wirtschaftskreisläufe werden angeregt. Die Betonung der Regionalität haben alle der hier untersuchten Projekte verinnerlicht, wie bereits am Beispiel des Engagements der Illwerke beim Verein *bewusstmontafon* beschrieben wurde.

2.2.7 Abrechnung/Verabschiedung

Ebenso wie ein klarer Eintritt in die Anlage notwendig ist, muss ein klarer Abschluss erfolgen. Die Auswahl der Konsum- und Erlebnismöglichkeiten sollte dem *Malling-Prinzip* entsprechen, also wie eine Shopping-Mall durch Ausweisung von Aktions- und Ruhebereichen, Sonderausstellungen, Veranstaltungen, Themenführungen, audiovisuellen Einrichtungen, Kleinkinderbereichen usw. erfolgen. Grundsätzlich ist die Entscheidung zu treffen, die Einrichtung als *Gated Attraction* zu führen, also mit einmaliger Bezahlung der Nutzung aller Attraktionen beim Eintritt in die Anlage oder als *Open Attraction* mit Einzelbezahlung der einzelnen Attraktionen. Die Weitläufigkeit der Stauseeprojekte macht allerdings die Führung als geschlossene Attraktion schwierig. Mischformen sind ebenfalls möglich und hängen von der Zielsetzung als Profitcenter oder als Marketinginstrument und dem Engagement des Betreibers ab (vgl. SCHERRIEB 2008, S. 92 ff). Die untersuchten Projekte bieten in der Regel den Besuch der Informationszentren bzw. Markenkommunikationsstätten kostenlos an. Attraktionen mit Personaleinsatz oder hohem technischen Aufwand werden bewirtschaftet. Weiterhin soll das *Pricing* im Rahmen eines *Yield-Managements* unterschiedlichen Auslastungszeiten und Kundengruppen angepasst werden und Leistungen in Form von *Packages* oder wie am Beispiel *Bewegungsberg Golm* dargestellt durch Kombitickets gebündelt werden.

Abb. 10: Bewegungsberg Golm: Angebot und Pricing (Quelle: ILLWERKE TOURISMUS GMBH 2011)

2.2.8 Kundenbindung

Effektivstes Mittel zur Kundenbindung ist die permanente und regelmäßige Anpassung des Angebots an Marktstandards. Die Erneuerung bzw. Erweiterung der Erlebnisangebote erzeugt Wiederbesuche des Ausflugsziels. Die Nutzung der Betriebsstätten für Events verschiedener Art wie die Nutzung der Kraftwerkshalle der GKWO AG im Rahmen der Veranstaltungsreihe *Kulturkraftwerk* gibt der Grimselwelt die Möglichkeit, als Bühne für kulturelle Inszenierungen immer wieder neu gestaltet zu werden und somit interessant zu bleiben. Weiterhin können in das Erlebnisangebot STEINECKEs DESIRE-Modell (1997, S. 16) entsprechend hierarchische Stufen des Zugangs eingebaut werden, die nur Stromkunden des Energieerzeugers zur Verfügung stehen. Dies kann in Form von speziellen Leistungen für Stromkunden geschehen Die Illwerke Tourismus GmbH stellt beispielsweise Teilnehmern am Vorarlberger Modellprojekt zur Elektromobilität Parkplätze und Aufladestationen direkt an den touristischen Anlagen zur Verfügung.

3 Fazit

Die Analyse verschiedener Mixed-Use-Center, die aus komplexen Anlagen zur Stromerzeugung aus Wasserkraft heraus entstanden sind, zeigt, dass sich mit Kreativität, der ökonomischen Kraft eines Stromerzeugers im Hintergrund und Kenntnis der aktuellen Marktgegebenheiten Angebote mit hoher überregionaler Anziehungskraft schaffen lassen. Diese können dazu genutzt werden, um Markenbotschaften der Energieerzeuger erlebnisorientiert zu vermitteln. Die öffentliche Wahrnehmung der Projekte wirkt sich direkt auf das Image des Stromerzeugers aus. Die Tourismusprojekte dienen somit nicht nur ihrem primären Ziel der Generierung von Tagesbesuchen und Übernachtungen, sondern lassen sich vielfältig mit unterschiedlichen öffentlichkeitswirksamen Projekten und Inszenierungen im Bereich der Kultur, der Regionalförderung oder der Unterstützung der Elektromobilität kombinieren und dienen in STEINECKEs Sinne (1997, S. 7 ff) als Spielstätten und Bühnen eines zukunftsweisenden Tourismus.

Literatur

ENERGIEREGION GOMS (2011): Alpmobil. www.alpmobil.ch

HÜTTINGER, K. (2008): „Location based experiences" – Auf dem Weg zu einer neuen Industriekultur? In: PECHLANER, H./HAMMANN, E.-M./FISCHER, E. (Hrsg.): Industrie und Tourismus. Innovatives Standortmanagement für Produkte und Dienstleistungen, Berlin, S. 121–127

ILLWERKE TOURISMUS GMBH (2011): Bewegungsberg Golm 2011, o. O.

KRAFTWERKE OBERHASLI (KWO) AG (2011): Grimselerlebnis, o. O.

MILESTONE.Tourismuspreis Schweiz (2012): Gewinner 2010 Kategorie „Herausragendes Projekt", http://www.htr-milestone.ch/de/milestones/gewinner.html?year=2010&search=

PECHLANER, H./HAMMANN, E.-M./FISCHER, E. (Hrsg.) (2008): Industrie und Tourismus. Innovatives Standortmanagement für Produkte und Dienstleistungen, Berlin

PORTER, M. (1989): Wettbewerbsstrategie, Methoden zur Analyse von Branchen und Konkurrenten, Frankfurt/M.

SCHERRIEB, H. R. (2008): Von der industriellen Kernkompetenz zum touristischen Attraktionspunkt. In: PECHLANER, H./HAMMANN, E.-M./FISCHER, E. (Hrsg.): Industrie und Tourismus. Innovatives Standortmanagement für Produkte und Dienstleistungen, Berlin, S. 93–109

STEINECKE, A./TREINEN, M. (Hrsg.) (1997): Inszenierung im Tourismus. Trends – Modelle – Prognosen (= ETI-Studien Band 3), Trier

STEINECKE, A. (1997): Inszenierung im Tourismus: Motor der künftigen touristischen Entwicklung. In: STEINECKE, A./TREINEN, M. (Hrsg.) (1997): Inszenierung im Tourismus. Trends – Modelle – Prognosen, Trier, S. 7–17

STEINECKE, A. (2000): Tourismus und neue Konsumkultur: Orientierungen – Schauplätze – Werthaltungen. In: STEINECKE, A. (Hrsg.): Erlebnis- und Konsumwelten, München/Wien, S. 11–27

STEINECKE, A. (Hrsg.) (2000): Erlebnis- und Konsumwelten, München/Wien

STEINECKE, A. (2009): Themenwelten im Tourismus. Marktstrukturen – Marketing-Management – Trends, München/Wien

VERBUND TOURISMUS GMBH (2011): Verbund Energiewelt Malta, http://www.berghotelmalta.at/de/angebot-vor-ort/verbund-energiewelt-malta-1508609.html

VEREIN „bewusstmontafon" (2011): Über Uns, http://www.bewusstmontafon.at/index.php?id=91

VORARLBERGER ELEKTROAUTOMOBIL PLANUNGS- UND BERATUNGS GMBH (2011): VLOTTE elektrisch mobil, http://www.vlotte.at/index.asp

Befragte Projektverantwortliche zur touristischen Nutzung von Hydroenergie-Projekten:

Herr Michael FROHNWIESER, Verbund Tourismus GmbH, Betriebs- und Standortleitung Reißeck Bergbahnen
Herr WALTER, Geschäftsführer Verbund AG Tourismus GmbH
Herr Werner KERN, Standortleitung Malta Hochalmstraße, Verbund Tourismus GmbH
Frau Monika VONIER, Marketingleiterin Illwerke Tourismus GmbH
Herr Thomas HUBER, Leiter Marketing und Verkauf, Kraftwerke Oberhasli AG Grimselwelt

Das Allgäu als Schauplatz imaginärer Verbrechen. Zur Konstruktion touristischer Räume am Beispiel der Kluftinger Krimis

Hans Hopfinger/Elisabeth Purreiter

1 Einführung

In den letzten Jahren hat sich innerhalb der Geographie und hier speziell in der Humangeographie ein Wandel vollzogen, der die epistemologischen und ontologischen Grundlagen des Faches erheblich verändert hat. Im Rahmen der sog. Neuen Kulturgeographie, des ‚cultural' und des ‚spatial turn' hat sich die Geographie in ihrer Ausprägung als sozial- bzw. kulturwissenschaftliche Teildisziplin von ihrem traditionellen Konzept und ihrer klassischen Definition von ‚Raum' verabschiedet.

Im herkömmlichen System der Geographie war ‚Raum' konzeptionalisiert als konkreter Ausschnitt aus der Erdoberfläche, als etwas materiell mit konkreten Objekten Angefülltes, mit festen Grenzen Versehenes, das ontologisch betrachtet jenseits des und unabhängig vom Menschen existierte. Es ist die Vorstellung von ‚Raum', für die der Begriff des ‚Containerraumes' steht. Von dieser Auffassung war es dann nicht weit, bis man – in Analogie zu Fukuyamas „Ende der Geschichte" (1992) – vom „Ende der Geographie" sprach (vgl. BOESCH 1996), denn unter dem Einfluss eines sich verstärkenden Globalisierungsprozesses, einer zunehmend vernetzten Gesellschaft (vgl. KOPSITSCH 2008, S. 18) und im Rahmen von Konzepten wie ‚time-space compression' (HARVEY 1990) oder ‚time-space distanciation' (GIDDENS 1981) musste eine solche festgefügte Vorstellung von Raum vor allem in der Humangeographie zwangsläufig an ihre Grenzen stoßen bzw. sich komplett auflösen.

Doch zum „Ende der Geographie" ist es nicht gekommen. Zumindest in denjenigen Bereichen der Kultur- rsp. Humangeographie, die sich dem ‚cultural' und ‚spatial turn' geöffnet haben, werden anstelle des traditionellen Containerraums andere Begrifflichkeiten und Vorstellungen von Raum verwendet, die wie oben bereits angedeutet die ontologischen und epistemologischen Grundlagen des Faches in hohem Maße tangieren. Mit FOUCAULT (1967) beispielsweise werden Konzepte wie „heterotope Räume" verwendet, oder es werden GREGORYS Überlegungen zur „Imaginären Geographie" und zum „narrative space" (1995) diskutiert. Raum ist vor diesem Hintergrund zu einem etwas sehr Fluiden, mannigfaltig Verflochtenen, Relationalen geworden, zu einem semiotisch aufgeladenen Gebilde, das zwar nach wie vor real existiert, aber was als real Existentes in den Hintergrund getreten ist, weil neue Begrifflichkeiten und Bedeutungszuweisungen von und für Raum zumindest in der Human-

rsp. Kulturgeographie in den Vordergrund getreten sind. In einem Wort: Raum wird als ein soziales Konstrukt gesehen, als etwas vom Menschen oder der Gesellschaft Geschaffenes, von Kontexten Geprägtes, nichts Statisches, sondern etwas sehr Dynamisches.

Vor diesem Hintergrund werden in der Geographie spannende Diskurse geführt, die auch in anderen Fächern rezipiert werden, denn seit der kulturgeographischen Wende ist ‚Raum' zu einer viel diskutierten Leitkategorie in den Kultur- und Sozialwissenschaften geworden. Dies gilt in besonderer Weise im Tourismus bzw. in den Tourismuswissenschaften, denn dort spielen imaginäre Vorstellungen und Bilder von Räumen, mit exotischen Inhalten aufgeladene Landschaften und fremde Länder etc. ohnehin eine große Rolle.

2 Die Konstruktion von Raum im Tourismus

Mit Tourismus assoziieren die meisten Menschen einen Ortswechsel, sei es mit dem Fahrrad, zu Fuß, mit dem Auto, per Flugzeug oder Schiff. Urlaubsreisen oder die Erholung in alltagsfremden Räumen sind ebenfalls häufige Assoziationen mit Tourismus. Zudem wird Reisen oft mit dem Entdecken und Erleben von fremden Ländern, unbekannten Orten oder Regionen und dazugehörigen Kulturen assoziiert. Raum ist beim Reisen offenbar allgegenwärtig, ebenso die entsprechende Differenzerfahrung. Ohne Raum gäbe es keinen Tourismus wie BÆRENHOLDT et al. (2004, S. 1) bemerkten: „Tourism needs to *take place* in order to work". Doch auch ohne räumliche Differenzierung würde es keinen Tourismus geben: „Were there no geographical differences between place and place, tourism would not exist" (ROBINSON 1976, S. 42).

Letztlich sind es aber die Handlungen, die von Menschen an bestimmten Orten durchgeführt werden, die dazu führen, dass Räume, die für andere Menschen gewöhnlich, alltäglich und unspektakulär sind, touristisch relevant werden. Auch bestimmte Denkweisen oder Bedeutungen, die Räumen zugewiesen werden, können ähnliche Effekte in Bezug auf die Konstruktion von Tourismusräumen haben (BÆRENHOLDT et al. 2004, S. 2). Daraus folgt, wie auch WÖHLER (2010, S. 11) bemerkt: „Tourismusräume existieren nicht per se". Räume und Regionen, die von der Tourismusindustrie als touristisch vermarktet werden, sind nicht schon immer und nicht für alle Menschen touristische Räume. Für Menschen, die in einem solchen Raum leben, kann dieser eine andere Bedeutung haben, zum Beispiel die Bedeutung Heimatraum. Die Charakterisierung als touristischer Raum wird einem derartigen Raum also zugeschrieben. Zwar kann sich ein Raum durch Individualität, geschichtlichen Hintergrund und weitere Aspekte in besonderer Weise auszeichnen, doch die touristische Praxis als solche ist dadurch noch nicht von vornherein präsent. Es sind erst die performativen Handlungen der Menschen, die Praktiken des Bereisens und Besichtigens, die zu einer Aneignung in touristischen Kontexten führen und einen Raum zu einer Destination machen. Die vorhandene Materialität der Räume bedingt diese Aneignung oder schafft die Voraussetzungen dafür (vgl. WÖHLER et al. 2010, S. 11 ff). Den Akteuren vor Ort und vor allem auf der Angebotsseite bleibt es überlassen, diese Voraussetzungen aufzugreifen und über die Entwicklung und Erstellung touristischer Produkte an der Konstruktion eines Tourismusraumes mitzuwirken. Dies geschieht in der Absicht, die touristische Aneignung möglichst effizient und profitabel zu gestalten (vgl. WÖHLER et al. 2010, S. 11 ff) und eine Destination möglichst dauerhaft ins Leben zu rufen.

Damit dürfte deutlich geworden sein, dass Konstruktionsprozess und Bedeutungszuschreibung nicht nur auf einer Ebene verlaufen. Vielmehr werden oft mehrere Schichten von Bedeutungen in Räumen des Tourismus übereinander gelegt. Deshalb können Tourismusräume einerseits zwar greifbare Objekte enthalten, andererseits sind es aber fragile, hybride und – wie vor allem im Film- und im Literaturtourismus klar zu erkennen ist – durch performative Praktiken hergestellte Räume (vgl. BÆRENHOLDT 2004, S. 4), die aus Bedeutungen und Themen, Vorstellungen und Präsenzen bestehen: „Such places are commonly very attractive settings which, even without the literary or artistic connection, might draw visitors; the duality of general and specific attraction has to be recognized" (HERBERT 1996, S. 78). Derart hergestellte Räume weisen Qualitäten auf, die weit über das Lokale ausgreifen. Bezogen auf das Lokale, einen konkreten Ort, bietet sich das Konzept des ‚place-making' an, die Schaffung „bedeutungsvoller Orte" als kollektiven Prozess räumlicher Gestaltung im Rahmen einer aktiven Auseinandersetzung mit dem Raum sowie mit dem Ziel, sich einen Raum sozio-emotional anzueignen und mit Werten zu versehen (vgl. SARETZKI/MAY 2012). Dies kann auch in Form des sog. ‚staging' geschehen: Objekte oder Situationen werden so inszeniert, dass sie die Phantasie der Touristen befeuern.

3 Die mediale Konstruktion von Destinationen

Romane, Gedichte, Erzählungen, Videos und Filme können als kraftvolle Instrumente im Hinblick auf die Konstruktion touristischer Räume fungieren. Andererseits können Orte, Sehenswürdigkeiten und Schauplätze, denen in diesen Medien Aufmerksamkeit zuteil wird, ihrerseits zu touristischen Destinationen werden und Ströme von Touristen anlocken.

Eine Form dieses Tourismus ist der filminduzierte Tourismus. Dieser hat vor allem seit den Filmen „The Beach" und „Herr der Ringe" beträchtlichen Aufschwung genommen. Touristen reisen zu den Schauplätzen bzw. Drehorten der Filme, um diese mit eigenen Augen zu sehen (vgl. BOLAN 2007; BUSBY/KLUG 2001; CROUCH 2007; HUDSON/BRENT RITCHIE 2006; KIM/RICHARDSON 2003 u. a.). Es ist ein wachsender Markt, auf den viele Destinationen mit speziellen touristischen Angeboten reagieren (vgl. BUSBY/KLUG 2001; TOOKE/BAKER 1996).

Eine weitere Form des medieninduzierten Tourismus ist der literarische Tourismus. Er ist im Unterschied zum Filmtourismus keine jüngere Erscheinung, denn diese Form des Reisens ist fast so alt wie die Literatur selbst. Einschlägige touristische Angebote in größerer Zahl sind vor allem in Großbritannien zu finden. Sie thematisieren beispielsweise Dramen von Shakespeare oder die Romane der Geschwister Brontë. Interessant im Hinblick auf den vorliegenden Beitrag ist, dass in diesem Kontext spezielle Karten, z. B. von Stratford oder Yorkshire, hergestellt wurden, in denen die Handlungsorte der literarischen Werke verzeichnet sind (vgl. JIA 2009, S. 69).

Wichtiger Unterschied zum Filmtourismus ist, dass die in diesen literarischen Werken beschriebenen Orte oder Dinge keineswegs genauso wie beschrieben in der Realität wiederzufinden sind. Im Unterschied zum Film werden in literarischen Werken in aller Regel keine Bilder übermittelt, die in der Realität gesehen werden können. Von den Lesern wird daher einiges an Vorstellungskraft verlangt, was wiederum Spielraum bei der Schaffung touristischer Angebote lässt. Welche Vorstellungen und Personen Einfluss auf die Konstruktion derartiger touristischer Räume und Angebote nehmen, wird im vorliegenden Beitrag gezeigt: Anhand der Krimis rund um den mittlerweile zur Kultfigur avancierten Kommissar Kluftinger soll exemplarisch dargelegt werden, wie touristische Angebote konstruiert und Räume nicht nur mit Bedeutungsgehalt aufgeladen werden, sondern wie diese gleichsam aus dem Nichts für touristische Zwecke völlig neu geschaffen werden können.[1]

4 Schauplatz Allgäu: Von der Urlaubsidylle über die Krimikulisse zur Destination

Kommissar A. I. Kluftinger ist eine Kunstfigur, die als Titelheld der Phantasie des Autorenduos Volker Klüpfel und Michael Kobr entstammt.[2] Die mittlerweile sechs Bände der Serie lassen sich unter das Genre Heimatkrimis subsumieren, denn Tatort der Kriminalfälle ist das ruhige und eher beschauliche voralpine Allgäu.

Das Autorenteam

Wie ihre Hauptfigur, Kommissar Kluftinger, stammt auch das Autorenteam aus dem Allgäu. Einer der beiden, Volker Klüpfel, wuchs in Altusried auf, ein außerhalb des Allgäus weitgehend unbekannter Ort, auf den später noch genauer eingegangen wird. Die beiden Autoren verdienten ihren Lebensunterhalt allerdings nicht schon immer mit dem Schreiben von Kriminalromanen. Beide übten vor ihrem Erfolg herkömmliche Berufe aus. Volker Klüpfel studierte Politikwissenschaft, Journalistik und Geschichte in Bamberg, arbeitete bei einer Zeitung in den USA und beim Bayerischen Rundfunk. Zudem war er als Redakteur bei der Augsburger Allgemeinen Zeitung tätig. Michael Kobr studierte Germanistik und Romanistik in Erlangen. Nachdem er das Staatsexamen absolviert hatte, arbeitete er als Lehrer an verschiedenen Realschulen in Bayern (vgl. AUTORENGEMEINSCHAFT KLÜPFEL/KOBR GBR o. J. d). Die beiden kannten sich seit ihrer gemeinsamen Schulzeit im Allgäu und bildeten ein Freundespaar. In den Jahren nach dem Schulabschluss in ihrer Allgäuer Heimat kam bei beiden immer wieder einmal die Idee auf, gemeinsam ein Buch zu schreiben.

Die Idee

Die konkrete Entstehung der Bücher jedoch war durch einen Zufall und durch Kontakte geprägt. Ein befreundeter Verleger kam auf Volker Klüpfel zu und fragte diesen, ob er jemanden kenne, der einen Krimi schreiben könnte, dessen Schauplatz im Allgäu liegen würde. Daraufhin boten sich die beiden Autoren selbst an, einen Krimi zu schreiben und begannen, auf Basis einer bereits bestehenden vagen Idee die Geschichten rund um Kommissar Kluf-

1 Grundlage für den vorliegenden Beitrag ist eine Bachelorarbeit, die von E. PURREITER am Lehrstuhl für Kulturgeographie an der Kath. Universität Eichstätt-Ingolstadt 2011 verfasst und von den beiden Autoren des hier vorliegenden Beitrags für die Festschrift zu Ehren von Albrecht STEINECKE aufbereitet wurde. In der Bachelorarbeit wurden nicht alle touristischen Angebote untersucht, die mittlerweile rund um die Krimis entstanden sind. Die Untersuchung konzentrierte sich vielmehr auf die Karten, die auf Basis der Krimis und der darin enthaltenen Schauplätze für das Allgäu und den Ort Altusried entstanden sind, sowie auf die Führung in Altusried. Im Kern des methodischen Vorgehens standen qualitative Interviews, deren Ergebnisse ihrerseits die Basis für den Inhalt des vorliegenden Beitrags liefern.

2 Um eine gewisse Anonymität zu gewährleisten, bleiben im vorliegenden Beitrag sämtliche Namen der beteiligten Personen unerwähnt. Eine Ausnahme bilden das Schriftstellerteam und der Vater von einem der beiden davon.

tinger und die Schauplätze im Allgäu zu entwickeln (vgl. AUTORENGEMEINSCHAFT KLÜPFEL/KOBR GBR o. J. d).

Das Allgäu, reale und fiktive Orte als Kulisse

Nun gehört das Allgäu mit Sicherheit nicht zu den Schauplätzen in Deutschland, die sich durch hohe Gewalt- und Kriminalitätsraten auszeichnen. So tauchen denn auch in der Polizeistatistik von Kempten nur wenige Morde bzw. Mordversuche auf. Entsprechend hierzu wird die Destination Allgäu auf der offiziellen Seite der Allgäu Marketing GmbH meist durch Bilder von unberührter Natur mit Kühen oder grünen Wiesen repräsentiert (vgl. ALLGÄU GMBH 2011) sowie vor allem mit Hilfe der Themen Wandern, Wellness und Wintersport vermarktet. Touristen genießen die Natur, betätigen sich sportlich oder tun etwas für ihre Gesundheit.

Im krassen Gegensatz zu dieser Urlaubsidylle stehen Kriminalfälle, die der Kommissar zu lösen hat – eine kognitive Dissonanz mit einem Spannungsverhältnis, das vom Autorenduo aufgebaut und geschickt genutzt wird und dem die Krimis einen Teil ihres Erfolges verdanken dürften. Ein weiterer Teil des Erfolgs ist in jedem Fall aber auch auf den Protagonisten selbst zurückzuführen: Bei den Lesern der Serie ist Kommissar Kluftinger mit seinen knorrig-sperrigen Charaktermerkmalen, die ihm von den beiden Autoren zugewiesen wurden, mittlerweile zu einer Kultfigur avanciert.

Ein zusätzlicher Erfolgsfaktor der ziemlich skurrilen Krimiserie dürfte sein, dass die beiden Autoren mit einem weiteren Spannungsverhältnis in den Krimis spielen, indem sie als Schauplätze sowohl reale als auch imaginäre Orte verwenden oder erstere mit fiktiven Inhalten aufladen. In die Handlung des jeweiligen Krimis werden reale Orte im Allgäu mit einbezogen, die bei den Ermittlungen des Kommissars oder im Privatleben der Hauptpersonen eine Rolle spielen und zum Teil auch den Lesern bekannt sind. Ebenso fließt die Geschichte des Allgäus in Form von Sagen oder historischen Begebenheiten mit ein. Das schafft eine Atmosphäre, die es den Lesern erleichtert, dem Allgäu ein Stück weit näher zu kommen. Weiterhin spielen bei den Schauplätzen der Gewaltverbrechen sowohl bekannte und touristisch stark frequentierte Orte eine Rolle als auch relativ unbekannte Orte – ein weiteres Spannungsfeld, das vom Autorenteam kreiert und geschickt genutzt wird: einerseits Neuschwanstein, das als weltberühmtes Schloss vom „Märchenkönig" Ludwig II auf eine imaginäre Dimension verweist, die durchaus global ausgreift und für höchste Attraktivität sorgt, andererseits Orte wie der Markt Altusried, dessen Bekanntheit mit Sicherheit kaum über die engeren Grenzen des Allgäus hinausreichen dürfte, dessen platte Normalität aber als Gegenwelt zum Märchenschloss genutzt wird, um sie für die Krimiserie zu inszenieren und in Wert zu setzen. Das beschauliche und eher kleinbürgerliche Altusried, Heimatort von einem der beiden Autoren und dessen Vater, fungiert in den Krimis auch als Heimatort des Kommissars.

Die Genese der Destinationen und touristischen Produkte

Auslöser für die touristische Vermarktung der Geschichten rund um Kommissar Kluftinger waren die Leser, bei denen die Krimis auf großes Interesse stießen. Im Rahmen von Lesungen, die das Autorenteam in Zusammenarbeit mit dem Verlag durchführte und die mittlerweile zu regelrechten Shows geworden sind, um die Bücher publik zu machen, wurden die Autoren immer wieder danach gefragt, wo sich denn die einzelnen Orte befänden, so dass sehr bald die Idee zu einer Karte mit den Schauplätzen der Verbrechen entstand. Beteiligt war neben Autorenduo und Verlag eine kleine Schar von Initiatoren, die mit hohem Engagement und teilweise gegen Widerstände, erstaunlicherweise selbst aus der Tourismusbranche, die Umsetzung der Idee in konkrete touristische Angebote verfolgten. Mittlerweile sind etliche Angebote auf Basis der Kriminalromane entstanden.

Eines der Produkte ist eine Karte, in der die Schauplätze der Krimis im ganzen Allgäu enthalten sind.[3] Es ist eine nach Süden ausgerichtete Panorama-Karte mit der Silhouette der Alpen, auf welcher Fotos mit Bezug zu den verschiedenen Krimis der Buchserie verortet sind. Überdies sind auf der Rückseite der Karte erklärende Texte zu den Handlungen in den Kriminalromanen und zu den Schauplätzen abgedruckt. Auch für Altusried gibt es eine spezielle Karte.[4] Diese ist in einem engen Zusammenhang mit einer Führung zu den verschiedenen Stationen in Altusried zu sehen, die im Krimi behandelt werden (vgl. Abb. 1). Auch diese Karte enthält erklärende Texte für die Leser bzw. Nutzer. Zusätzlich zur eben erwähnten Führung in Altusried bieten mittlerweile auch andere Städte Führungen zum Thema Kluftinger an, so Füssen und Kempten. Zudem ist es möglich, eine eintägige Spezialtour mit dem Bus bei einem Reiseveranstalter zu buchen. Inzwischen sind zwei der Krimis auch verfilmt worden.

Eine der ursprünglichen Initiatoren für die mittlerweile zahlreichen touristischen Produkte war die Leiterin der Presse- und Öffentlichkeitsabteilung bei einer der regionalen Destinationsmanagementorganisationen im Allgäu. Sie kannte die beiden Autoren schon vor ihrem Erfolg persönlich. Die beiden Autoren kamen, nachdem sie die Idee mit der Karte hatten, auf die Leiterin zu und fragten sie, ob es möglich wäre, eine Karte mit den Schauplätzen der Bücher im Allgäu herauszugeben. Die Leser der Krimis würden immer wieder nachfragen, wo sich denn die Schauplätze im Allgäu befänden.

Da die Leiterin der PR-Abteilung von der Idee sehr angetan war, übernahm sie die Gestaltung der Karte und kümmerte sich um die Herstellung. Zunächst einmal verteilten die beiden Autoren die Karte im Rahmen der Lesungen, die sie durchführten, bis der Verlag, in welchem die Bücher erscheinen, den Vertrieb der Karte über den Buchhandel übernahm. Zusätzlich war es möglich, die Karte über die Allgäu GmbH zu bekommen.

Die oben erwähnten Widerstände kamen von mehreren Seiten, so z. B. von der Bayern Tourismus Marketing GmbH, die den Titel der Karte „Mörderisch spannendes Allgäu“ für sehr gewagt hielt, denn das Allgäu wird, wie zuvor bereits erläutert, normalerweise nicht mit Morden in Verbindung gebracht. Weitere Kritik kam, als die Leiterin der PR-Abteilung versuchte, die Herstellung der Karte zu finanzieren. Mangels ausreichender Mittel war ihre Idee, die Karte über Anzeigen von Unternehmen aus der Region zu finanzieren, die auf der Karte aufgedruckt werden sollten. Zudem hatte sie die Idee, dass die Städte, in denen Schauplätze der Romane lagen, eine eigene Kluftinger-Ecke in ihren jeweiligen Tourismusbüros einrichten und die Karte auslegen sollten. Idee war auch, die genauen Schauplätze in den Städten auszuschildern bzw. den jeweiligen Standort zu kennzeichnen. So gut wie alle diese Ideen fielen auf keinen fruchtbaren Boden. Die betreffenden Städte, Memmingen und Kempten, vertraten die Meinung, dass das nur Werbung für die Autoren sei. Wenig Unterstützung bekam die Leiterin auch aus dem eigenen Haus. Dort wurde die Auffassung vertreten, die Kluf-

---

3 Die Karte, die von der Allgäu GmbH herausgegeben wird, kann unter http://www.kommissar-kluftinger.de/uploads/media/Kluftingerkarte_02.pdf eingesehen werden.

4 Siehe http://www.kommissar-kluftinger.de/uploads/media/Karte_Altusried_01.pdf, herausgegeben vom Kultur- und Verkehrsamt Altusried.

tinger-Touristen würden nur eine kleine Randgruppe bilden, so dass die Leiterin der PR-Abteilung die Herstellung der Karte aus dem eigenen Budget finanzieren musste.

Etwas anders gestaltete sich die Erstellung der touristischen Produkte in bzw. für Altusried. Auch hier stießen die Initiatoren auf gewisse Widerstände, aber da Altusried der Geburtsort von einem der beiden Autoren ist und zudem auch dessen Vater dort wohnt, war es leichter, den Widerständen zu begegnen. Ausgangspunkt für die Erstellung einer Karte mit den Schauplätzen für die Verbrechen in Altusried waren wiederum Leser, die auf den Spuren der Kriminalromane in den Ort kamen und nach den Schauplätzen fragten. Die Mitarbeiterin in der Tourist-Information konnte den Besuchern aber nicht weiterhelfen, denn viele Orte des Geschehens in den Kriminalromanen sind frei erfunden. Diejenigen Orte wiederum, wie die Freilichtbühne oder der Rathausplatz, die es in der Realität gab, die aber ohne Verknüpfung mit den Handlungen aus den Kriminalromanen existierten, waren eher unspektakulär. Die Mitarbeiterin der Tourist-Information, die von zunehmend mehr Gästen nach den Schauplätzen gefragt wurde, nahm sich schließlich die Bücher noch einmal vor, arbeitete alle Stellen mit Bezug zu Altusried heraus und fügte diese in einen Kartenentwurf ein. Als sie die Idee mit der Karte dem Leiter der Tourist-Information und dem Bürgermeister vortrug, reagierten diese eher wenig begeistert und zeigten nur geringes Interesse an der Umsetzung. Ähnliches galt für die Bürger von Altusried, die die Idee mit der Kluftinger-Führung für verrückt hielten. Den entscheidenden Schritt machte schließlich Volker Klüpfel, der von sich aus bei der Mitarbeiterin der Tourist-Information nachfragte, ob es möglich wäre, eine Karte herauszugeben. Sein Engagement führte letztendlich dann auch dazu, dass sich der Bürgermeister schließlich ebenso damit einverstanden erklärte. Volker Klüpfel musste in dem Kartenentwurf der Mitarbeiterin in der Tourist-Information kaum etwas ergänzen. Dies war auch deshalb nicht erforderlich, weil in die Konstruktion der Karte mit den fiktiven Orten auch die Vorstellungen der Touristen einflossen, die immer wieder Fragen nach den Schauplätzen stellten und auf diese Weise die Erstellung der Karte nicht unbeträchtlich mit beeinflussten.

Ganz erheblich war in jedem Fall der Einfluss, den die Touristen im Hinblick auf die Entwicklung einer Führung in Altusried ausübten, denn ihr zähes Nachfragen nach den Schauplätzen der Handlung führte maßgeblich dazu, dass Handlungsorte, die in den Romanen eine Rolle spielten, aber in Altusried nicht existierten, im wahrsten Sinne des Wortes aus dem Nichts erfunden wurden, um sie für touristische Zwecke zu nutzen.

Die Idee für die Führung zu den mit fiktivem Bedeutungsgehalt aufgeladenen, mit zwei Ausnahmen real existierenden Schauplätzen in Altusried war bereits vor der Veröffentlichung der Karte entstanden. Letztere wurde nämlich erst veröffentlicht, als die Führungen bereits liefen. Die Karte ermöglicht es Touristen, auch ohne Führung und auf eigene Faust durch Altusried auf Kommissar Kluftingers Spuren zu wandeln.

Nachdem Volker Klüpfel und die Mitarbeiterin der Tourist-Information die Idee mit der Führung hatten, stellte sich die Frage, wer diese durchführen könnte. Die Wahl fiel schließlich auf den Vater von Volker Klüpfel, Peter Klüpfel, so dass schließlich drei Personen daran beteiligt waren, die Schauplätze der Krimihandlung für die Führung in Altusried genauer herauszuarbeiten, sie auf der Karte mit den passenden Textstellen zu versehen und die Standorte in eine sinnvolle Reihenfolge für den Rundgang zu bringen.

Die Orte Milchwerk Stegmann, die ehemalige Polizeistation, der Rathausplatz, die Katholische Pfarrkirche, das Musikheim, der Friedhof und die Freilichtbühne sind Orte, die real in Altusried existieren. Diese mussten nicht extra konstruiert werden. Allerdings sind es sehr alltägliche Orte. Doch über die Textpassagen, die im Rahmen der Führung aus den Krimis vorgetragen werden, und die dabei erzählten Anekdoten werden sie mit den Geschichten aus den Krimis verknüpft und erhalten auf diese Weise eine neue Bedeutung.

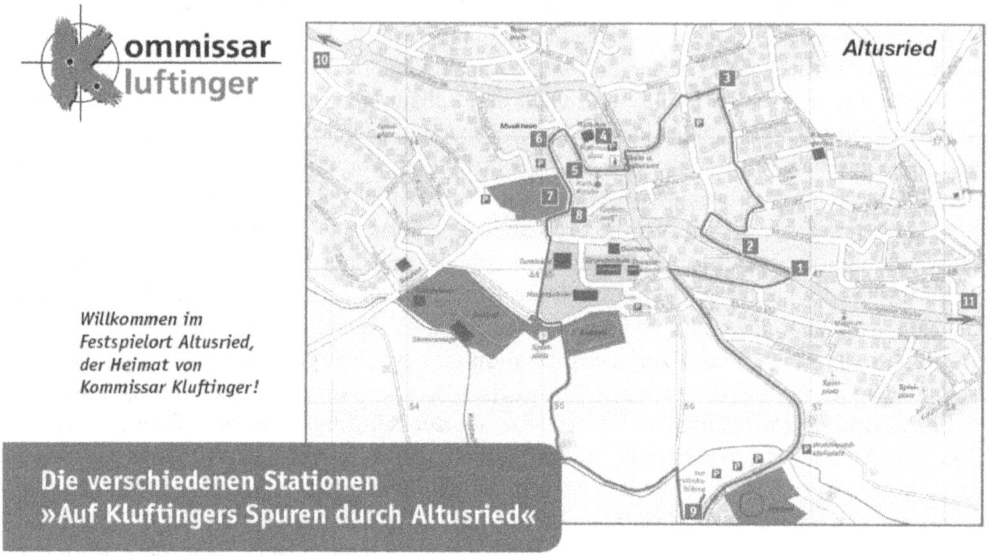

1	Milchwerk Stegmann	2	Ehemalige Polizeistation	3	Zugspitzstraße
4	Rathausplatz	5	Kath. Pfarrkirche	6	Musikheim
7	Friedhof	8	Wohnhaus Fam. Kluftinger	9	Freilichtbühne
10	EVG Kimratshofen	11	Rappenscheuchen		

Abb. 1: Krimi-Schauplätze und Stationen der Kluftinger-Führung durch Altusried (Quelle siehe Fußnote 4)

Völlig neu geschaffen und mit der entsprechenden Bedeutung aufgeladen wurden zwei Orte, für die es in der Realität keine Anknüpfungsmöglichkeit wie bei den oben erwähnten Schauplätzen gab: das Wohnhaus der Familie Kluftinger und das Wohnhaus von Dr. Langhammer. Beide Lokalitäten mussten extra für die Führung erschaffen werden. Im Fall vom Haus Dr. Langhammers war die Suche nicht einfach. Im Buch wird das Haus als Flachdachbungalow beschrieben, wovon es in Altusried aber nur einen Einzigen gibt. Das Haus liegt jedoch zu weit von den anderen Stationen der Führung entfernt, und so musste eine Alternative gefunden werden. Schließlich wurde ein Haus in der Neubausiedlung ausgewählt, da es auffällig in einem südländischen Stil gebaut ist. Das spiegelt die Figur des Dr. Langhammer gut wider, dem im Buch die Eigenschaften exzentrisch, neureich und modern zugeschrieben sind. Als Wohnhaus der fiktiven Familie Kluftinger verwendete man das real existierende Haus der Familie Klüpfel.

Die Kluftinger Führung in Altusried

Zu Beginn der Führung in Altusried stellt sich Peter Klüpfel vor und gibt sich als guter Freund von Kommissar Kluftinger aus. Eigentlich hätte der Kommissar selbst die Führung übernehmen sollen, sei aber aufgrund eines wichtigen Polizeieinsatzes leider verhindert. Peter Klüpfel erzählt, dass er Kommissar Kluftinger schon lange kenne. Beide seien zusammen in die Schule gegangen, hätten gemeinsam Kühe gehütet und viele Dinge erlebt. Diese Darstellung bildet den Rahmen, der während der Führung immer wieder aufgegriffen wird. Illusion und Wirklichkeit sind auf diese Weise stark ineinander verflochten, so dass es die Teilnehmer zunehmend schwer haben, beides klar voneinander zu trennen.

Im Verlaufe des Rundgangs werden die verschiedenen Stationen, die auch auf der Karte dargestellt sind, aufgesucht. An den einzelnen Stationen liest Peter Klüpfel passende Textpassagen aus den Büchern vor, um die jeweiligen Orte mit den Kriminalgeschichten in Verbindung zu bringen. Zusätzlich erzählt er Anekdoten aus seinem eigenen Leben in Altusried. Aber diese dichtet er auf Kommissar Kluftinger um und lässt somit Illusion und Wirklichkeit immer intensiver ineinander verschwimmen. Außerdem gibt er zur weiteren Information der Gäste auch Fakten über den Markt Altusried wieder, beispielsweise über die Freilichtbühne und das Freilichtspiel. Eine herkömmliche Stadtführung wird auf diese Weise mit dem fiktiven Thema Kluftinger intensiv verknüpft. Innerhalb der Führung sind auch hin und wieder schauspielerische Elemente integriert, in denen die Protagonisten der Kriminalromane eine Rolle spielen.

Um die Führung für die Gäste spannend zu gestalten, erzählt Peter Klüpfel als Gästeführer immer wieder Geschichten aus dem Ort, die er entweder selbst erlebt hat oder die dort als Anekdoten kursieren. Diese Geschichten werden von ihm aber so erzählt, als wären es Erlebnisse, die er gemeinsam mit Kommissar Kluftinger gehabt hätte. Ein Beispiel dafür ist eine Geschichte über das Schwarzfischen in der Koppach, ein Bach, der durch Altusried fließt. Kinder hätten dort früher Fische mit bloßer Hand aus dem Wasser geholt. Das wäre verboten gewesen und von der Polizei verfolgt worden. Peter Klüpfel dichtet diese Begebenheit auf den Kommissar Kluftinger um:

> „[…] Und da erzähle ich halt so, dass mein Großvater da unten schwarz gefischt hat und der Großvater vom Klufti war Polizist und der wollte natürlich den Schwarzfischer erwischen. Und irgendwann hat er ihn dann erwischt. Wo er halt grad so frisch einen Fisch raus hat. […] So an zwei Fingern hast du den dann auch. Und so hat er ihn dann raus und dann kommt der Kluftinger und sagt: So und jetzt hab ich dich! Endlich hab ich dich, du Schwarzfischer! Da sagt der: Wieso? Man wird's ja wohl noch anschauen dürfen? Und schmeißt ihn wieder hinein und dann konnte er ihm halt nichts machen." (Interview mit Peter Klüpfel 2011).

Zudem begleiten schauspielerische Einlagen die Führung. Wenn die Gästegruppe das Wohnhaus erreicht, das im Krimi Kluftinger gehört und in der Realität von Peter Klüpfels Familie bewohnt wird, kommt Peter Klüpfels Frau wie zufällig auf den Balkon und gießt dort Blumen. Sie spielt in dieser Einlage Kommissar Kluftingers Frau Erika, die in ihrem Haus beschäftigt ist. Die Szene wird folgendermaßen inszeniert:

> „Dann kommen wir da nach unten […] Und wenn ich dann da unten bin, dann sage ich: ‚Und da wohnt er'. Also von da unten zeige ich das und sage: ‚Das ist sein Haus'. Da hat er seinen kleinen Garten, den er von Hand mäht wie ich das ja auch mache, mit einem Schieberasenmäher … Und manchmal ist sogar die Erika am Balkon, des weiß

> sie, sie sieht uns ja da kommen und dann macht sie da oben was, gießt Blumen oder so und dann ruf ich sie: ‚Erika!‘ Also die Erika, also es ist meine Frau, aber ich rufe ‚Erika‘. Und dann sagt sie: ‚Was willst du denn jetzt da? Mein Mann sollte doch die Führung machen‘. Und dann sag ich: ‚Nein, der hat zu mir gesagt, er hat einen wichtigen Termin bei der Polizei und hat mich gefragt, ob ich es heute machen will.‘ Und dann sagt die Erika: ‚Des glaubst du, was der gesagt hat?‘, sagt sie. ‚Wahrscheinlich sitzt er jetzt irgendwo in der Wirtschaft und trinkt a Bierle. Und du glaubst das!‘ Und dann sag ich: ‚Na dann hau ich jetzt ab und geh wieder‘.“ (Interview mit Peter Klüpfel 2011).

Auch den Charakter der Romanfigur versucht der Gästeführer wiederzugeben, wie er in den Büchern beschrieben ist. Dort wird der Kommissar als leicht griesgrämig dargestellt, der kaum offen für neue Entwicklungen ist und seine Zeit am liebsten gemütlich mit seiner Frau im Allgäu verbringt. Aus diesem Grund ist er auch gegenüber dem unternehmungslustigen und neugierigen Dr. Langhammer eher negativ eingestellt. Das versucht Peter Klüpfel ebenso mit in die Führung zu integrieren:

> „Die finden das toll, wenn ich dann sage: So jetzt gehen wir zum Langhammer hin. Da gehen wir jetzt ganz schnell vorbei und zügig und nicht sprechen, sonst kommt der noch raus und fängt mit uns ein Gespräch an und das wollen wir jetzt gar nicht und ich will das gar nicht und dann laufen die ganz flott da mit mir vorbei“. (Interview mit Peter Klüpfel 2011).

Die beschriebenen Effekte funktionieren aber nicht nur für das Allgäu und die Kluftinger Krimis. In der Eifel ist jüngst ein Hotel eröffnet worden, dessen Zimmer nach verschiedenen internationalen aber auch regionalen Kriminalromanen gestaltet sind (vgl. HOTEL AUGUSTINER KLOSTER GMBH o. J.).

Im Allgäu ist jedoch die touristische Ausgestaltung mittlerweile so weit gediehen, dass eine weitere, höhere Ebene der touristischen Konstruktion mit einer extremen Form ihrer Ausprägung erreicht wurde, die auf heftige Widerstände stieß. Bei der Verfilmung eines der Krimis wurde von einem beauftragten Bestatter eine veritable letzte Ruhestätte für eine der Romanfiguren auf dem Friedhof von Altusried errichtet. Die Gemeinde hatte hierfür ihre Zustimmung gegeben. Als Touristen den Bestatter nach dem Ende der Filmarbeiten auf die Idee brachten, dem Grab als Treffpunkt für Fans des kauzigen Allgäuer Kriminalkommissars einen festen Platz zuzuweisen, denn die Kluftinger-Führungen machen auch auf dem Friedhof Station, kamen anfangs viele positive Rückmeldungen. Doch dann begannen Altusrieder Bürger angesichts der steigenden Zahl ortsfremder Besucher auf dem Friedhof Sturm zu laufen. Das Pseudo-Grab sei pietätlos und verstieße gegen die guten Sitten. Die Proteste waren so heftig, dass sich der Bestatter, auch um den Ruf des eigenen Unternehmens nicht zu gefährden, gezwungen sah, das Grab zu entfernen (vgl. ABENDZEITUNG MÜNCHEN 2012).

5 Fazit

Für ihre Kluftinger-Krimiserie haben die beiden Autoren inzwischen mehrfache Auszeichnungen erhalten: Nach dem Bayerischen Kunstförderpreis in der Sparte „Literatur“, dem Krimipreis des Deutschen Buchhandels und dem Memminger Kulturpreis wurde dem Autorenduo Volker Klüpfel und Michael Kobr im November 2008 eine weitere, besondere Ehrung zuteil. Ihr vierter Kluftinger-Roman „Laienspiel“ erhielt den internationalen Buchpreis „Corine“. Dieser Preis wird seit 2001 an Autoren für herausragende schriftstellerische Leistungen vergeben. Die Preisverleihung, die am gleichen Abend von 3Sat übertragen wurde, fand im November 2008 im Prinzregententheater in München statt.

Auch die Konstruktion eines touristischen Raumes in Form einer regelrechten Kluftinger-Destination, die wie beschrieben gleichsam aus dem Nichts entstanden ist, scheint trotz der im vorliegenden Beitrag angedeuteten anfänglichen Widerstände und Skepsis zu einer Erfolgsgeschichte geworden zu sein, die von den Beteiligten mit Sicherheit nicht so vorausgesehen wurde. In Altusried selbst erfreut sich die alle zwei Wochen durchgeführte Kluftinger-Führung einer bemerkenswerten Nachfrage. Auch die übrigen Führungen im Allgäu und die Bustour werden von Touristen, die gezielt nach Kluftinger fragen, aber auch zufällig darauf stoßen, gut angenommen.

Mittlerweile sind zwei der Kriminalromane verfilmt worden. Nach Angaben der Allgäu GmbH erreichte die Ausstrahlung des Films „Erntedank“, der von Rainer Kaufmann für das Bayerische Fernsehen mit Herbert Knaup in der Hauptrolle als Kommissar Kluftinger produziert wurde, eine Traumquote: 2,37 Mio. Zuschauer sahen den Film und sicherten ihm einen Marktanteil von 27 %. „Ob der Kommissar selbst davon allerdings so angetan wäre, ist äußerst fraglich ...“, so die Allgäu GmbH zum Erfolg des Films auf der Kluftinger-Karte – und natürlich in der Absicht, die Aufmerksamkeit des Publikums auf die wie aus dem Nichts entstandene Destination weiter zu erregen.

6 Schlussbetrachtung

Durch die Bedeutungsaufladung und Verknüpfung verschiedener Orte mit den Vorlagen aus den Kluftinger-Kriminalromanen sind quasi aus dem Nichts und als künstlich-künstlerische Konstruktionen regelrechte touristische Orte entstanden. Diese auf den Kluftinger-Karten bezeichneten Orte stellen für die meisten Menschen entweder Alltagsorte oder auch touristische Attraktionen dar, wie beispielsweise der Rathausplatz oder die Kirche von Altusried. Erst durch die touristische Praxis des Bereisens und die Verbindung mit den Kriminalromanen werden sie aber mit einer neuen Bedeutungsschicht aufgeladen und dadurch touristisch interessant, attraktiv im ursprünglichen Sinn des Wortes und wertvoll. Dadurch wird ein Raum als soziales Konstrukt geschaffen, das für eine bestimmte Personengruppe, die Fans der Kriminalromane rund um Kommissar Kluftinger, eine veritable touristische Attraktion darstellt. Durch die regelmäßig neu erscheinenden Fortsetzungen der Krimis bleibt dieses Konstrukt des touristischen Kluftinger-Raumes auch durchaus dynamisch, und es verändert sich stetig durch neue Geschichten. Diese Neugierde von Fans an realen oder fiktiven Alltagsorten kann von Akteuren vor Ort gut für eine touristische Inwertsetzung des Raumes genutzt werden, wenn es geschickt gemacht wird. Durch die Erscheinungsform als Buch ist für die Tourismusschaffenden auch ein gewisser Spielraum gegeben, da die Orte im Gegensatz zu Filmkulissen optisch nicht wahrgenommen werden können und dem Leser eine gewisse Fantasie abverlangen. Diese touristischen Räume oder Regionen existieren nur solange, wie die Objekte, Symbole und Texte allgemein bekannt sind und über sie gesprochen, an sie gedacht oder im Zusammenhang mit ihnen anderweitig kommuniziert wird. Sobald die Kluftinger-Krimis in Vergessenheit geraten und niemand mehr die Verbindung zwischen den Räumen in Altusried und dem Allgäu herstellen kann, hören auch die konstruierten touristischen Regionen und Räume auf, real zu existieren.

Literatur

BÆRENHOLDT, J. O./HALDRUP, M./LARSEN, J./URRY, J. (2004): Performing Tourist Places, Ashgate

BOESCH, M. (1996): Regionalismus oder das Ende der Geographie? Überlegungen zur Regionalismus-Debatte. In: RENNER, E. (Hrsg.) (1996): Regionalismus. Tagungsbericht zum ASG-Symposium 1995 (= FWR Publikation 30), St. Gallen, S. 1–10

BOLAN, P. (2007): Film and Television Induced Tourism in Ireland: A Comparative Impact Study of Ryan's Daughter and Ballykissangel. In: Proceedings of the 5th DeHaan Tourism Management Conference, Nottingham University Business School, S. 226–252

BOLLNOW, O. F. (2010): Mensch und Raum, Stuttgart

BUSBY, G./KLUG, J. (2001): Movie-induced tourism: The challenge of measurement and other issues. In: Journal of Vacation Marketing 7(4), S. 316–332

CROUCH, D. (2007): The Media and the Tourist Imagination. In: Proceedings of the 5th DeHaan Tourism Management Conference, Nottingham University Business School, S. 67–79

FOUCAULT, M. (1967): Andere Räume. In: BARCK, K. (Hrsg.): Aisthesis: Wahrnehmung heute oder Perspektiven einer anderen Ästhetik; Essais, 5., durchgesehene Auflage, Leipzig 1993

FUKUYAMA, F. (1992): Das Ende der Geschichte (The End of History and the last Man), München 1992

GIDDENS, A. (1981): „Time-Space Distanciation and the Generation of Power". A Contemporary Critique of Historical Materialism: Power, Property and the State, London

GREGORY, D. (1995): Imaginative geographies. In: Progress in Human Geography, Vol. 19, 4, S. 447–485

HARVEY, D. (1990): The Condition of Postmodernity. An Enquiry into the Origins of Cultural Change, Cambridge, MA

HERBERT, D. T. (1996): Artistic and literary places in France as tourist attractions. In: Tourism Management 17 (2), S. 77–85

HUDSON, S./BRENT RITCHIE, J. R. (2006): Promoting Destinations via Film Tourism: An Empirical Identification of Supporting Marketing Initiatives. In: Journal of Travel Research 44 (2), S. 387–396

JIA, H. (2009): The construction of literary tourism site. In: Tourism (Zagreb) 57(1), S. 69–83

KIM, H./RICHARDSON, S. L. (2003): Motion picture impacts on destination images. In: Annals of Tourism Research 30 (1), S. 216–237

KOPSITSCH, K. (2008): Konstruktion, Imagination und Inszenierung im touristischen Raum. Die Heurige in Wien aus sozial- und kulturanthropologischer Perspektive, Wien (Diplomarbeit Universität Wien)

PURREITER, E. (2011): Die Konstruktion touristischer Angebote auf der Basis einer Literaturvorlage. Die Allgäu-Krimis um Kommissar Kluftinger, Eichstätt (unveröff. Bachelorarbeit)

ROBINSON, H. (1976): A Geography of Tourism, Plymouth

SARETZKI A./MAY, C. (2012): Welterbetourismus – ein interkulturelles Medium? In: Zeitschrift für Tourismuswissenschaft, H. 2

TOOKE, N./BAKER, M. (1996): Seeing is believing: the effect of film on visitor numbers to screened locations. In: Tourism Management 17 (2), S. 87–94

WEICHHART, P. (2008): Entwicklungslinien der Sozialgeographie: Von Hans Bobek bis Benno Werlen, Stuttgart

WÖHLER, K. (2011): Touristifizierung von Räumen: Kulturwissenschaftliche und soziologische Studien zur Konstruktion von Räumen, Wiesbaden

WÖHLER, K./POTT, A./DENZER, V. (2010): Formen und Konstruktionsweisen von Tourismusräumen. In: WÖHLER, K./POTT, A./DENZER, V. (2010): Tourismusräume. Zur soziokulturellen Konstruktion eines globalen Phänomens, Bielefeld, S. 11–20

Internetquellen

ABENDZEITUNG MÜNCHEN (2012): Aufregung um Grab für Kluftinger-Romanfigur. Online unter: http://www.abendzeitung-muenchen.de/inhalt.literatur-aufregung-um-grab-fuer-kluftinger-romanfigur.a5e75278-0247-4ffc-9f93-19e82f03ad1b.html (09.10.2012)

AUTORENGEMEINSCHAFT KLÜPFEL/KOBR GBR (o. J. a): Kluftingers Allgäutipps. Unterwegs auf Kluftis Spuren: die Kluftinger-Allgäukarten. Online unter: http://www.kommissar-kluftinger.de/525.0.html (22. Januar 2012)

AUTORENGEMEINSCHAFT KLÜPFEL/KOBR GBR (o. J. b): Auf Kommissar Kluftingers Spuren durch Altusried. Online unter: http://www.kommissar-kluftinger.de/uploads/media/ Karte_Altusried_01.pdf (22. Januar 2012)

AUTORENGEMEINSCHAFT KLÜPFEL/KOBR GBR (o. J. c): Unsere Bücher. Online unter: http://www.kommissar-kluftinger.de/509.0.html (22. Januar 2012)

AUTORENGEMEINSCHAFT KLÜPFEL/KOBR GBR (o. J. d): Die Autoren. Online unter: http://www.kommissar-kluftinger.de/499.0.html (10. Juli 2012)

HOTEL AUGUSTINER KLOSTER GMBH (o. J.): Krimihotel. Online unter: http://www.krimihotel.de/ krimihotel -eifel.php (09.10.2012)

STATISTISCHE ÄMTER DES BUNDES UND DER LÄNDER (2011): Übernachtungszahlen. Online unter: https://www.regionalstatistik.de/genesis/online;jsessionid=E76DFA0004DF7AC5406C B3B1E76783C5 (22. Januar 2012)

Karte

ALLGÄU GMBH (o. J.): Mörderisch spannendes Allgäu. Kommissar Kluftinger. Panoramakarte, Kempten

Die Nutzung von Gärten im Spiegel der Zeit – eine Zeitreise durch die architektonische Gestaltung und touristische Nutzung von Gärten und Parkanlagen

Anja Brittner-Widmann

1 Gartentourismus als Bestandteil des Kulturtourismus

„Burgen, Schlösser, Museen und Gartenanlagen, Klöster und Kirchen sind Teile des kulturellen Erbes; in ihnen spiegeln sich künstlerische, gesellschaftliche, politische und wirtschaftliche Entwicklungen wider" (STEINECKE 2007, S. 64). Er unterstreicht mit dieser Aufzählung die Bedeutung der Gartenanlagen als Bestandteil kultureller Relikte, Einrichtungen und Schauplätze. Sie erfüllen einerseits die Aufgabe, historisches Erbe zu bewahren und fundierte Informationen zu vermitteln, andererseits aber auch das Ziel, den unterschiedlichen Interessen der Touristen und Besucher gerecht zu werden (vgl. ebd.).

Die Bezeichnung Gartenanlagen beinhaltet sowohl Gärten als auch Parkanlagen, häufig werden die Begriffe auch synonym genutzt (z. B. Schlossgarten oder Schlosspark, Volksgarten oder Volkspark). Genauer betrachtet meint der Begriff Garten (vermutl. aus got. gards, garda ‚Gerten') in seiner ursprünglichen Bedeutung

> „das durch Zäune aus Gerten vor der umgebenden Wildnis eingehegte und bestellte Land. (…) Ein Garten kann sowohl Nutz- als auch Zierpflanzen enthalten. Mehr oder weniger künstlerisch oder aufwendig gestaltet, ist der G. immer ein vom Menschen künstlich angelegtes und der Pflege bedürftiges Landstück, das durch die Gestaltung, ebenso wie durch die Einfassung, von der es umgebenden ‚natürlichen' Landschaft abgegrenzt wird" (UERSCHELN/KALUSOK 2009, S. 128 f).

Ein Park hingegen (von lat. parcere ‚Schonen') ist ein „mit Bäumen bestandenes, meist eingezäuntes Gebiet, das im Gegensatz zum Wald oder Forst nicht landwirtschaftlich genutzt wird, sondern ausschließlich dem Aufenthalt im Grünen, der Bewegung und der Freizeitgestaltung gilt" (UERSCHELN/KALUSOK 2009, S. 224). Eine strenge Unterscheidung der Begriffe gibt es nicht.

Aus Sicht der Nachfrager ist der Besuch von Garten- und Parkanlagen dem Segment des Kulturtourismus[1] zuzuordnen, wenngleich ein Besuch dieser Anlagen aus sehr unterschiedlichen Motiven erfolgen kann. So kamen empirische Erhebungen zum Kulturtourismus zu

[1] Zur ausführlichen Abgrenzung des Kulturtourismus siehe auch STEINECKE 2007, S. 2–14.

dem Ergebnis, dass nur für 10 % der kulturell interessierten Urlauber Kultur das zentrale Reisemotiv darstellt (= Kulturtourismus im engeren Sinne). Bei 90 % handelt es sich hingegen um Besichtigungsurlauber, die neben dem Besuch kultureller Einrichtungen und Schauplätze noch zahlreiche andere Aktivitäten ausüben (vgl. STEINECKE 2007, S. 4). Dieses Ergebnis belegt, dass kulturelle Einrichtungen – so auch Garten- und Parkanlagen – bestimmte Grundvoraussetzungen erfüllen müssen, um in der Fülle des Angebots wahrgenommen zu werden; hierzu zählen der Bekanntheitsgrad, die Bedeutung als Sehenswürdigkeit, die Art der Erreichbarkeit sowie die Erschließung des touristischen Umfelds mit entsprechender Infrastruktur (vgl. STEINECKE 2007, S. 65). Erfüllen kulturtouristische Einrichtungen diese Voraussetzungen in besonderem Maße, so weisen sie i. d. R. ein hohes Besucheraufkommen auf. Sie bedienen sich als primäre Einrichtungen insbesondere Limitierungsstrategien und Maßnahmen der Besucherlenkung. Sekundäre und tertiäre Einrichtungen verfolgen vorrangig Strategien der Marktdurchdringung und Markterschließung (vgl. ebd., S. 66). Dabei ist zu berücksichtigen, dass es sich bei Gartenanlagen um sehr sensible Einrichtungen handelt, die – stärker als bauliche Anlagen – einer ständigen Pflege bedürfen. Aufgrund ihrer schnell veränderbaren Bestandteile sind zahlreiche historische Anlagen Opfer kriegerischer Auseinandersetzungen oder von Vandalismus geworden oder wurden – dem Zeitgeist entsprechend – umgestaltet (vgl. ebd., S. 88).

Neben historischen Garten- und Parkanlagen wird das Angebot auch durch zeitgenössische Anlagen und Einrichtungen ergänzt bzw. abgerundet. So nutzen sowohl Unternehmen als auch touristische Destinationen das Thema „Garten“ für die Vermarktung ihres Standortes und stellen damit nicht nur für Touristen, sondern auch für Tagesausflügler attraktive Ziele dar.

Trotz des vielfältigen Potenzials für den Gartentourismus wird dem Thema im Gegensatz zu Frankreich und Großbritannien in Deutschland – auch in wissenschaftlichen Untersuchungen – nicht annähernd so viel Bedeutung beigemessen; auch die „Daten- und Informationslage zum Volumen und zur Struktur des Gartentourismus ist unbefriedigend“ (STEINECKE 2007, S. 92). Eine allgemeine Definition von HLAVAC grenzt den „Gartentourismus“ als Segment wie folgt ein: „Tourismus, dessen geographische bzw. thematische Ziele Gärten oder Parks sind, unabhängig von der Entstehungszeit der Garten- bzw. Parkanlage und unabhängig, ob die Anlage im öffentlichen oder privaten Besitz steht“ (HLAVAC 2006, S. 28, nach HLAVAC 2002). In Bezug auf diese Definition wird im folgenden Beitrag das Angebotspotenzial für den Gartentourismus dargestellt, wobei der Fokus im letzteren Teil auf Möglichkeiten der Nutzung von Anlagen für das Destinationsmarketing gelegt wird.

2 Garten- und Landschaftsparks – ein kurzer historischer Abriss

Mit der Sesshaftigkeit begann der Mensch, Land zu kultivieren und für seine Zwecke nutzbar zu machen. Somit reichen die Wurzeln des Gartenbaus bis in die Vor- und Frühgeschichte zurück (vgl. STEINECKE 2007, S. 86). Auf diese Entwürfe wird im Folgenden jedoch nicht eingegangen, da die Gärten nicht mehr vorhanden sind und sich aus diesem Grund keine touristische Nutzung ermöglicht. Viele Garten- und Parkanlagen haben ihren Ursprung in früheren Epochen, wurden aber z. T. dem Zeitgeist entsprechend umgestaltet. Dennoch können wir in Deutschland auf eine Fülle von attraktiven Garten- und Parkanlagen zurückgreifen, die für die jeweiligen touristischen Destinationen entweder als Hauptattraktionen oder als Zusatzangebote des touristischen Angebots dienen. Der folgende historische Abriss erleichtert die Einordnung in die jeweiligen kunsthistorischen Epochen und wird am Schluss des Kapitels in einer Abbildung übersichtlich dargestellt.

2.1 Von den Karolingern (730) bis zur Gotik (1520)

Im frühen Mittelalter sind Formen regelmäßiger Gartengestaltung vorwiegend aus den damaligen Klöstern bekannt. Auf der Insel Reichenau im Bodensee (Weltkulturerbe der UNESCO) findet sich ein frühes Beispiel aus der karolingischen Zeit im Garten des Benediktinerklosters. Da den Klöstern in der damaligen Zeit die Krankenpflege der Ordensmitglieder sowie der Bevölkerung und der Reisenden oblag, hatten sie neben der Kultivierung von Obst- und Gemüsepflanzen einen großen Bedarf an Heilkräutern. Der Garten auf der Reichenau wurde mit 16 beschrifteten Beeten nach dem St. Galler Plan angelegt und bepflanzt und hatte damit Modellcharakter für zahlreiche weitere Klostergärten (vgl. ANTZ 2001, S. 15 und FRITZSCH 2008, S. 13). Sowohl die Zeit der Ottonik (919–1040) und der Romanik (1020–1235) ist vorwiegend geprägt von Nutzgärten, in denen durch das Nebeneinander von Kräutern und Blumen die „Verwobenheit medizinisch-naturwissenschaftlicher, kultisch-magischer und ästhetischer Vorstellungen" (ANTZ 2001, S. 15 nach HENNEBO/HOFFMANN 1963) dokumentiert wird. Daneben existieren Rasen- und Baumgärten mit gestalterischen Elementen wie Bachläufen oder Brunnen, welche als Lust- und Wohngarten der höfisch-ritterlichen Gesellschaft dienten (vgl. ANTZ 2001, S. 16).

2.2 Renaissance (1520–1660)

Neue Impulse erfuhr die Gartenkunst durch die Entwicklungen der Renaissance in Italien. Die mittelalterliche Tradition der vorwiegenden Nutzung als Nutzgarten wurde durch botanische und künstlerische Interessen erweitert (vgl. ANTZ 2001, S. 17). Deutlich zeigen sich Zusammenhänge zwischen Gartenkultur, Kunst und Architektur: Gärten wurden bewusst als „architektonische Außenräume" (STEINECKE 2007, S. 86) gestaltet, indem sie mit Hilfe ihrer Lage, Blickbeziehungen und Wegesysteme mit Innenräumen verbunden wurden. Bevorzugt wurden Elemente aufgenommen wie Labyrinthe, Grotten, künstliche Berge und Inseln. Geprägt waren Renaissancegärten u. a. durch die Vorbilder der Französischen Gartenbaukunst, die sich – wie z. B. der Park von Versailles (Architekt André le Nôtre 1613–1700) anschaulich zeigt – durch eine konsequente Anwendung der Achsenstruktur auszeichnen. Die Mittelachse wird betont, die anderen Gartenteile und Nebenachse werden symmetrisch daran angeordnet (vgl. ANTZ 2001, S. 18).

2.3 Barock (1660–1780)

Erst nach dem 30-jährigen Krieg (1618–48) fand eine Periode des Übergangs statt, in welcher der Durchbruch barocker Vorstellungen zunächst zaghaft, später aber deutlich zu spüren war. Die barocke Gartenkunst kam etwa 1680 zur vollen Entfaltung und wird hauptsächlich von den Fürsten getragen. Um 1700 war Deutschland in mehrere Herrschaftsgebiete gespalten, so dass in vielen Herrschaftssitzen Gärten zu repräsentativen Zwecken errichtet wurden.

Erst in der Spätphase des Barock, dem sog. Rokoko, beginnen die Gärten ihre stark symmetrische Ausrichtung in spielerischer Form aufzulösen. Gerade Linien werden zu schwingenden und schlängelnden Elementen, strenge geometrische Figuren und Formen lösen sich nach und nach auf (vgl. ANTZ 2001, S. 18).

2.4 Klassizismus (1755–1830)

Mitte des 18. Jahrhunderts, im Übergang des Barock zum Klassizismus, erfolgt die Auflösung der strengen symmetrischen Gartenanlagen durch eine Änderung der politischen und gesellschaftlichen Grundgesinnung. Mit dem Zeitalter der Aufklärung und dem Ruf Jean Jacques Rousseaus „Zurück zur Natur“ nimmt die Gestaltung von Gärten einen ganz neuen Lauf. Humanistische Ideale und Kunstempfinden verkörpern sich in der Gestaltung von Gärten und Parkanlagen, die ab diesem Zeitpunkt nicht mehr als „geschlossene Räume höfischer Repräsentanz“ (ANTZ 2001, S. 21) fungierten, sondern fließend in die Landschaft übergingen (vgl. BRITTNER 2002, S. 72 f). „Die romantische Naturbegeisterung ging einher mit einer Flucht in die Exotik“ (STEINECKE 2007, S. 88), indem Elemente wie ägyptische Pyramiden, griechische Tempel und gotische Ruinen als Kulisse dienten. „Die Entstehung der landschaftlichen Gartenkunst ist das Ergebnis gesellschaftlicher Veränderungen in der Phase des Absolutismus“ (ANTZ 2001, S. 21). Das erstarkte Bürgertum sucht nach Abkehr der sinnbildlichen Ausdrucksformen des Absolutismus nach anderen Gestaltungsmöglichkeiten; gleichzeitig sollten Nutzung und Schönheit miteinander in Einklang stehen. Vor diesem Hintergrund entstanden auch die innerstädtischen Volks- und Bürgerparks im 19. Jahrhundert, welche vor allem vor dem Hintergrund der raschen Industrialisierung und Urbanisierung als Ruhe- und Erholungsräume für Bürger angelegt wurden (vgl. STEINECKE 2007, S. 87).

2.5 Historismus (1820–1940)

Das frühe 20. Jahrhundert ist um 1900 in einer Phase des Historismus angekommen, in der auf geometrische Gestaltungselemente zurückgegriffen wird. Neuanlagen sowie bestehende Anlagen des 19. Jahrhunderts wurden im Sinne des Historismus angelegt bzw. umgestaltet: die symmetrische Gartengestaltung dominierte. Als Gegenpart jedoch wurden viele Gärten im Sinne des Stilpluralismus angelegt (kunsthistorisch auch als eklektizistisch bezeichnet), was deutlich zeigt, dass in dieser Zeit verschiedene Wertvorstellungen in der Gesellschaft nebeneinander bestanden. Im 20. Jahrhundert kommen aber auch neue Formen der Garten- und Parkanlagen hinzu, die neben ihrer Ruhe- und Erholungsfunktion auch informieren wollen: 1869 fand in Hamburg die 1. Internationale Gartenschau (IGA) statt, woraufhin in den Folgejahren viele weitere Städte in Deutschland entsprechende Ausstellungen arrangierten (vgl. STEINECKE 2007, S. 90).

2.6 Moderne (ab ca. 1940)

Mit Beginn der sog. „Moderne“ um 1940 entstanden parallel weitere Gartenanlagen, die aufgrund ihres jüngeren Datums und ihrer Größenordnung nicht nur als primäre, sondern auch als sekundäre und tertiäre Ausflugsziele einzuordnen sind. Darüber hinaus werden einzelne Angebote dauerhaft in das touristische Angebot einer Destination aufgenommen, andere wiederum nur temporär als Veranstaltung konzipiert.

2.6.1 Gartenschauen

Die Geburtsstunde der ersten Bundesgartenschau war 1951 Hannover; seitdem findet sie im zweijährigen Turnus an unterschiedlichen Standorten statt. Von 1948 bis 1960 lag die Zielsetzung hauptsächlich in der Beseitigung von Kriegsschäden und der Wiederherstellung zerstörter Stadtparks. Von 1959 bis in die 1970er Jahre hinein wurden Überlegungen zu Grünkonzepten in dicht besiedelten Wohngebieten verfolgt, indem – ähnlich der Intention der Volks- und Bürgerparks – Frischluftschneisen, Erholungsräume und Erlebnisbereiche geschaffen wurden (vgl. KOBERNUß 2004, S. 92 f). Darüber hinaus finden in den einzelnen Bundesländern seit 1980 Landesgartenschauen (Ulm/Baden-Württemberg) statt, die vorwiegend dazu dienen, Infrastruktur in den Städten zu verbessern, die Leistungsfähigkeit der Gartenbauwirtschaft darzustellen und gleichzeitig den Absatz gärtnerischer Produkte zu beleben (vgl. BENESCH/DOBLHAMMER 2006, S. 64 und STEINECKE 2007, S. 9).

Mit den temporären Gartenschauen erhoffen sich Destinationen einen hohen Besucheransturm während der gesamten Veranstaltung, darüber hinaus soll die infrastrukturelle Verbesserung sich nachhaltig auf die Stadtgestaltung auswirken. So fand zum Beispiel im Jahr 2004 die Landesgartenschau unter dem Motto „Landesgartenschau Trier. Die Kulturgartenschau“ in Trier auf einem 44 ha großen ehemaligen Kasernengelände auf dem Trierer Petrisberg statt. Dabei stand für die Stadt Trier nicht primär die Gartenschau im Vordergrund, sondern „der Wohn- und Aufenthaltswert für die nachfolgenden Jahrzehnte“. Das Investitionsvolumen lag bei 15,3 Millionen Euro (vgl. LANDESGARTENSCHAU TRIER GMBH 2004, o. S.). Zur gleichen Zeit wurde die Entwicklungsgesellschaft Petrisberg gegründet, die während und nach der Landesgartenschau den Standort mit einem Gelände von rd. 70 ha weiter entwickelte und vermarktete. Das komplette Areal ist mittlerweile als neuer Stadtteil Bindeglied zwischen der Innenstadt und dem Universitätsgelände und weist neben Wohn- und Erholungsbereichen auch Gewerbeflächen aus (vgl. ENTWICKLUNGSGESELLSCHAFT PETRISBERG GMBH o. J.).

Fazit Gartenschauen: Als temporäre Veranstaltungen weisen Gartenschauen i. d. R. ein mittleres bis hohes Besucheraufkommen auf und bedienen sich als primäre Einrichtungen insbesondere Limitierungsstrategien und Maßnahmen der Besucherlenkung.

2.6.2 Gartenerlebniswelten

Die Insel Mainau ist mit rund 1,3 Millionen Besuchern das beliebteste Ausflugsziel in der Bodenseeregion (vgl. NESENSOHN 2000, S. 308 ff) und damit eine der größten Touristenattraktionen der Destination Bodensee (vgl. MÜLLER 2006, S. 47). Die Parkanlage vereint verschiedene Gartenelemente in sich, so z. B. einen historischen Schlosspark, ein Arboretum, eine Brunnenarena, eine italienische Wassertreppe, eine Citrus-Sammlung, eine Rosenanlage, einen Kräutergarten sowie einen Duft- und Schmetterlingsgarten mit umfangreichem Informationsmaterial. Darüber hinaus wird das Angebot um Gastronomie, Kindererlebnis- und -spielplätze sowie jährlich wiederkehrende Veranstaltungen ergänzt (vgl. ebd., S. 47 f). Themenjahre runden das Angebot ab, so z. B. „La vie en rose“, „Zauber des Orients“, „Kitsch & Kunst“ sowie „Sehnsucht nach Sonne – Inseln des Südens“ (vgl. STEINECKE 2007, S. 99 und MAINAU GMBH 2012).

Fazit Gartenerlebniswelten: Als Haupt-Besucherattraktion weisen sie ein hohes Besucheraufkommen auf und bedienen sich als primäre Einrichtungen insbesondere Limitierungsstrategien und Maßnahmen der Besucherlenkung.

2.6.3 Kurparks

Seit der Antike ist der Aufenthalt an Heilquellen ein wichtiger Aspekt für die Gesundheit, bieten doch Heilbäder und Kurorte mit ihrer Infrastruktur ein wichtiges Angebotssegment in Deutschland. „Der Kurort kann als Produkt des ausgehenden absolutistischen Zeitalters angesehen werden“ (MODROW 2008, S. 20), da ab Ende des 18. Jahrhunderts zahlreiche Kurorte gegründet wurden, die bis weit in das 20. Jahrhundert hinein elitäre Einrichtungen für privilegiertes Publikum blieben, was heute noch an der üppigen Bäderarchitektur zu sehen ist. Um klare Ordnungsgrundlagen und zugleich Klassifizierungsmerkmale zu schaffen, veröffentlichte der Deutsche Bäderverband e. V. 1951 erstmals Richtlinien und Begriffsbestimmungen für die Anerkennung von Heilbädern und Kurorten. Sie enthalten u. a. Mindestanforderungen an Infrastruktur, Grenzwerte für Luftbelastung sowie Bedingungen für die Verabreichung der ortsgebundenen Heilmittel und ihrer Qualität (vgl. BRITTNER 2000, S. 32 f). Als Mindestanforderung ist auch die Ausweisung einer Erholungsfläche in Form eines Kurparks vorgesehen. In ihrer Entstehungsphase wurden Kurorte als Gesamtanlage in reizvoller Landschaft angelegt, wobei der Fokus der Geländemodellierung vor allem auf dem Thema Wasser lag – in Form von Bächen, Teichen, Seen und Quellen –, ähnlich der Intention des „Englischen Landschaftsgartens“. Der Gartentheoretiker Christian C. L. Hirschfeld hat in seiner „Theorie der Gartenkunst“ 1779–85 (vgl. MODROW 2008, S. 20) die theoretischen Grundsätze für einen Kurpark beschrieben; noch heute dienen sie als Grundlage für gartendenkmalpflegerische Restaurierungsarbeiten in den Anlagen.

Im Sinne der Qualitätssicherung hat der Deutsche Heilbäderverband e. V. das Gütesiegel „Park im Kurort“ initiiert, das ausschließlich Grünanlagen auszeichnet, die im besonderen Maße Rückzugsmöglichkeiten bieten und als besonders gepflegte Anlagen folgende Qualitätskriterien erfüllen:

- „Kurparks unterstützen die Wirkung der natürlichen Heilmittel wie Wasser, Luft und Erde und machen sie intensiv erlebbar.
- Kurparks zeichnen sich durch gärtnerische Vielfalt im Wandel der Jahreszeiten aus und bieten einen reichhaltigen Baumbestand, üppige Blumenrabatten, Themengärten und landschaftsarchitektonische Vielfalt.
- Kurparks sind im Hinblick auf Barrierefreiheit angelegt und für alle Menschen erlebbar.
- Kurparks sind in die Infrastruktur des Kurortes optimal eingebunden.
- Kurparks sind mit Informationssystemen ausgestattet.

- Kurparks werden liebevoll gehegt und gepflegt, garantieren Qualität in Ausstattung und Pflege.
- Kurparks sind Bühne und Kulisse für Kunst und Kultur".
  (DEUTSCHER HEILBÄDERVERBAND E. V. o. J., o. S.)

Fazit Kurpark: Als sekundäre bzw. tertiäre Einrichtungen bedienen sich Kurparks in Kurorten vorrangig Strategien der Marktdurchdringung und Markterschließung, indem sie verschiedene Funktionen erfüllen: Sie bilden Rückzugsräume und dienen gleichzeitig als Kulisse für Kunst und Kultur.

2.6.4 Gärten als ergänzende Angebote in Destinationen

Mit temporär begrenzten Angeboten erweitern Destinationen ihr Angebot, um den Besuchern ein abwechslungsreiches Zusatzangebot zu offerieren. Als Veranstaltung lassen sich z. B. „Tage der offenen Gartenpforte" in das Angebotsspektrum einer Destination integrieren. Hier öffnen Privatpersonen ihre Gärten für Besucher und gewähren damit nicht nur einen Einblick in den heimischen Garten, sondern schaffen auch Anreize und Ideen für die Gestaltung des eigenen Gartens.

Abb. 1: Besucher bei der Besichtigung eines privaten Gartens anlässlich der Kressbronner Gartentour am 17.06.2012 (Quelle: eigene Fotografie)

Ebenfalls ist zu beobachten, dass Destinationen zunehmend das Thema Garten in das stationäre Angebot integrieren. So hat die Gemeinde Überlingen am Bodensee gemeinsam mit der Deutschen Gartenbau-Gesellschaft 1822 e. V. den mehrere Kilometer langen „Gartenkulturpfad Überlingen" als Projekt im Rahmen der lokalen Agenda 21 initiiert. Der Weg vereint verschiedene thematische Gärten und Parkanlagen zu einer Gesamtroute. Diese umfasst neben dem Kurpark weitere öffentliche Gärten wie das Arboretum am See, den Lärchenhain, den Waldpark und den Stadtgarten, einen Kräutergarten, einen Schulgarten mit Informationen für Kinder, einen Landschaftspark, eine Kleingartenanlage, einen Schlosspark sowie einen Friedhof. Darüber hinaus sind in den Pfad auch ein privater Hotelgarten sowie der Garten eines Seniorenheims eingebunden. Der Vielfalt der Gärten im Ort wird auch in der Broschüre Ausdruck verliehen: „Mit jedem Besuch der wunderbaren Ferien- und Gartenstadt Überlingen am Bodensee wächst die Begeisterung für die Pracht der Gartenkultur, die diese Stadt prägt und sie so liebenswert und lebenswert macht." (STADT ÜBERLINGEN und KUR UND TOURISMUS GMBH 2010, S. 1)

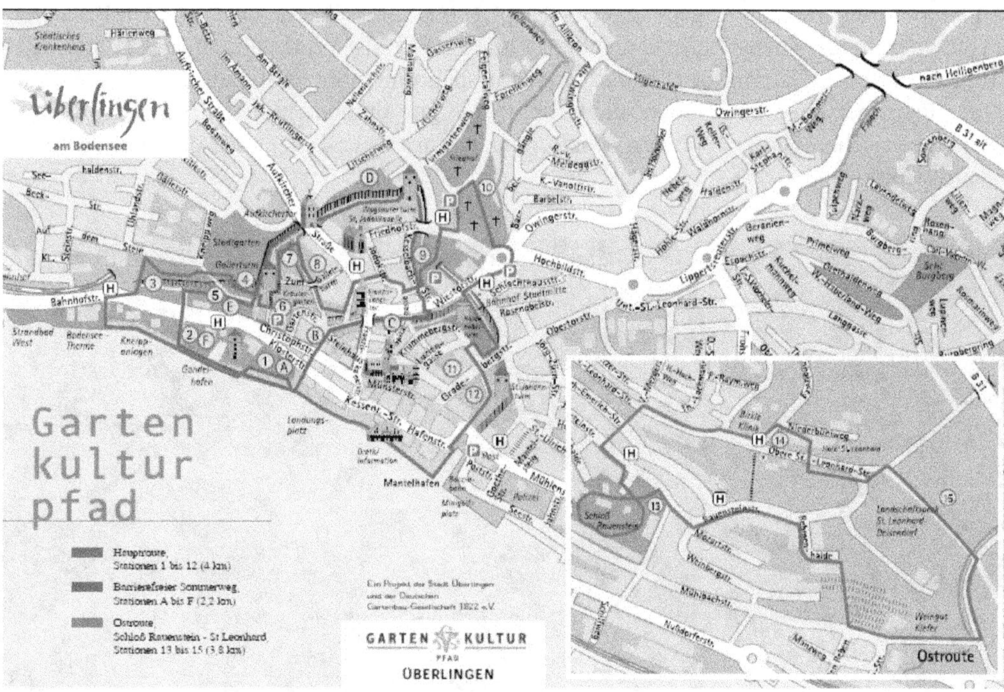

Abb. 2: Routen des Gartenkulturpfads in Überlingen (Quelle: STADT ÜBERLINGEN und KUR UND TOURISTIK ÜBERLINGEN GMBH 2010)

Fazit Gärten als ergänzende Angebote in Destinationen: Als sekundäre bzw. tertiäre Einrichtungen dienen gartenorientierte Themenrouten und Veranstaltungen als Strategien der Marktdurchdringung und Markterschließung für Destinationen. Sie bilden keine Hauptattraktion, sondern bieten eine Erweiterung des Angebots für Besucher.

Nachfolgende Abbildung 3 gibt einen Überblick über die zeitliche Einordnung der Garten- und Parkanlagen sowie deren gestalterische Elemente und vorwiegende Nutzung.

3 Zusammenfassung und Fazit

Wenngleich sich der Gartentourismus und dessen wissenschaftliche Beschäftigung gegenwärtig in einer „Take-Off-Phase" (STEINECKE 2007, S. 102) befindet, so zeigt die Analyse des derzeitigen Angebots eine breite Palette an Angeboten, die im Rahmen des Destinationsmarketings genutzt werden. Obwohl der kulturtouristische Fokus oft auf die historischen Garten- und Parkanlagen gerichtet ist, bieten lokale Veranstaltungen, Einrichtungen und Themenrouten ein ergänzendes Angebot in touristischen Destinationen. Gerade im Rahmen der aktuellen touristischen Themen wie Entschleunigung, Entspannung, Wellness und Wohlbefinden spielt die Einbindung von Ruhezonen eine entscheidende Rolle. Gärten und Parkanlagen können in Destinationen mit entsprechender Ausrichtung einen wichtigen Beitrag zur Angebotsgestaltung leisten und das lokale bzw. regionaltypische Potenzial in Wert setzen.

> „Ihr Garten beschäftigt mich eigentlich unausgesetzt. Ich gehe darin spazieren und stelle mir vor, wie dies und das wirken würde, baue und reiße ein, als ob es mein eigener Garten wäre, und freue mich, daß ich solch eine Zuflucht habe in belastenden Stunden." (Alfred Lichtwark im Brief an Max Liebermann vom 16. Dezember 1911, in: THIELKING 2008, S. 6)

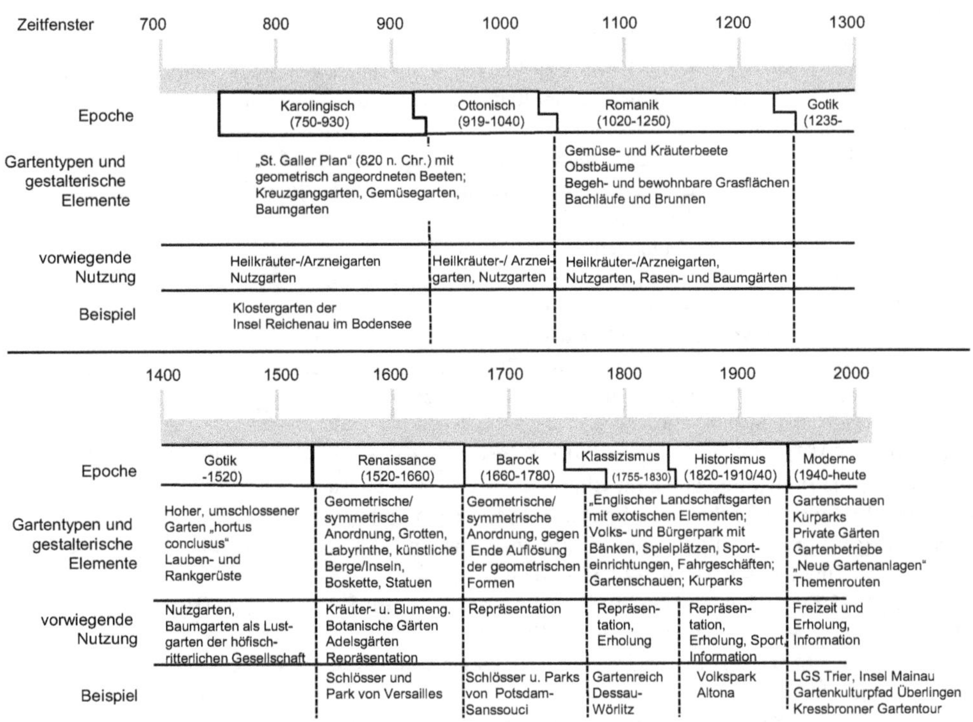

Abb. 3: Zeitfenster von Garten- und Parkanlagen (Quelle: eigene Darstellung und Ergänzungen in Anlehnung an KOCH 1994, Innenseite Einband)

Literatur

ANTZ, Chr. (2001): Gartenträume. Historische Parks in Sachsen-Anhalt. Denkmalpflegerisches und touristisches Gesamtkonzept sowie infrastrukturelle Rahmenplanung (Tourismus-Studien Sachsen-Anhalt, Band 2), Magdeburg

ANTZ, Chr./HLAVAC, Chr. (Hrsg.) (2006): Vorwärts in's Paradies. Gartentourismus in Europa (Schriftenreihe Integrativer Tourismus und Entwicklung, Band 7), Wien

BENESCH, A. R./DOBLHAMMER, R. (2007): Erfolgsgeschichte Gartenschauen? Ein kritischer Blick auf ein Segment des Gartentourismus. In: ANTZ, Chr./HLAVAC, Chr. (Hrsg.): Vorwärts in's Paradies. Gartentourismus in Europa (Schriftenreihe Integrativer Tourismus und Entwicklung, Band 7, S. 57–89), Wien

BRITTNER, A. (2000): Kurverkehr. In: Nationalatlas Bundesrepublik Deutschland, Band 10: Freizeit und Tourismus. Hrsg. Institut für Länderkunde Leipzig, Mit-Hrsg. Becker, Chr./Job. H., S. 32 f. Leipzig

BRITTNER, A. (2002): Zur Natürlichkeit künstlicher Ferienwelten. Eine Untersuchung zur Bedeutung, Wahrnehmung und Bewertung von ausgewählten Ferienparks in Deutschland (Materialien zur Fremdenverkehrsgeographie, 57), Trier

DEUTSCHE GESELLSCHAFT FÜR GARTENKUNST UND LANDSCHAFTSKULTUR E. V. (DGGL) (Hrsg.) (2008): Garten und Gesundheit. Zur Bedeutung des Grüns für das Wohlbefinden (DGGL-Jahrbuch 2008), München

DEUTSCHER HEILBÄDERVERBAND E. V. (o. J.): http://www.park-im-kurort.de/das-guetesiegel.html (26.05.2012)

ENTWICKLUNGSGESELLSCHAFT TRIER GMBH: EGP (o. J.): www.egp-trier.de (20.05.2012)

FRITZSCH, K. (2008): Flower Power – Kraft der Pflanzen. Heilkräuterwissen und -anbau im Wandel der Zeit. In: DGGL (Hrsg.): Garten und Gesundheit. Zur Bedeutung des Grüns für das Wohlbefinden (DGGL-Jahrbuch 2008, S. 12–14), München

HLAVAC, Chr. (2006): Gartentourismus. Ein kurzer historischer Abriss. In: ANTZ, Chr./HLAVAC, Chr. (Hrsg.): Vorwärts in's Paradies. Gartentourismus in Europa (Schriftenreihe Integrativer Tourismus und Entwicklung, Band 7, S. 11–33), Wien

KOCH, W. (1994): Baustilkunde, München

KOBERNUß, J.-F. (2005): Bundes- und Landesgartenschauen. In: LANDGREBE, S./SCHNELL, P. (Hrsg.): Städtetourismus, München/Wien, S. 91–112

LANDESGARTENSCHAU TRIER GMBH (2004): www.landesgartenschau-trier.de (20.05.2012)

MODROW, B. (2008): In guter Gesellschaft kuren. Zur Geschichte der Bäder und Kuranlagen in Deutschland. In: DGGL (Hrsg.): Garten und Gesundheit. Zur Bedeutung des Grüns für das Wohlbefinden (DGGL-Jahrbuch 2008, S. 20–24), München

MAINAU GMBH (2012): Mainau Inselpost 2012. Sehnsucht nach Sonne – Inseln des Südens, Hrsg. Gräfin Bettina Bernadotte und Graf Björn Bernadotte, Insel Mainau

MÜLLER, D. (2006): Back to the roots. Erlebniswelten im Gartentourismus. In: ANTZ, Ch./HLAVAC, Chr. (Hrsg.): Vorwärts in's Paradies. Gartentourismus in Europa (Schriftenreihe Integrativer Tourismus und Entwicklung, Band 7, S. 35–56), Wien

NESENSOHN, W. (2000): Mainau – die Insel der 5 Jahreszeiten. In: STEINECKE, A. (Hrsg.): Erlebnis- und Konsumwelten, München/Wien, S. 308–320

STADT ÜBERLINGEN UND KUR UND TOURISTIK ÜBERLINGEN GMBH (2010): Gartenkulturpfad Überlingen, 3. Aufl., Überlingen

STEINECKE, A. (2007): Kulturtourismus – Marktstrukturen, Fallstudien, Perspektiven, München

THIELKING, S. (2008): Sanitas statt Vanitas. Vom Wohlbefinden in Gärten und Flur. In: DGGL (Hrsg.): Garten und Gesundheit. Zur Bedeutung des Grüns für das Wohlbefinden (DGGL-Jahrbuch 2008, S. 6–11), München

UERSCHELN, G. (2006): Meisterwerke der Gartenkunst, Stuttgart

UERSCHELN, G./KALUSOK, M. (2009): Wörterbuch der Europäischen Gartenkunst, 3. Auflage, Stuttgart

Musicals als tourismuswissenschaftlicher Forschungsgegenstand: Grundsätzliche Überlegungen und Marktsituation in Deutschland im Jahr 2012

Jürgen Schmude/Philipp Namberger

1 Zum Forschungsgegenstand und wesentliche Forschungsfragen

Als Form des abgeleiteten touristischen Angebots sind Musicals zunächst einmal bedeutende Attraktionspunkte eines Standorts bzw. einer Standortregion. Weiter sind Musicals als ganz konkrete Angebotsform eines Teilsegments des touristischen Marktes (Kulturtourismus), als Bestandteil eines räumlich abgegrenzten touristischen Teilmarktes (Städtetourismus) bzw. als Bestandteil einer Strategie (Events) einzelner Standorte bzw. Regionen zu verstehen. Dabei sind Musicals in Form der sit-down- bzw. ensuite-Produktion punktuell an einer Spielstätte verortet (als Tournee-Theater organisierte Musicals bleiben in diesem Beitrag weitgehend unberücksichtigt) und können dauerhaft (z. B. bis zu mehreren Jahren) oder periodisch (z. B. nur zur Sommersaison) angeboten werden. Bei der Wahl des Standortes von Musical-Spielstätten – sowohl auf der Mikro- als auch auf der Makroebene – müssen insbesondere Aspekte wie die Erreichbarkeit und die Rekrutierung der Besucher aus dem engeren und weiteren Umfeld berücksichtigt werden. Darüber hinaus gibt es eine Reihe weiterer Erfolgsfaktoren, zu denen als zentraler Aspekt die künstlerische Qualität des Musicals selbst gehört (vgl. SCHMUDE 2003, S. 39).

Deutschland ist der drittgrößte Musical-Markt weltweit, weist aber im Gegensatz zu den beiden wichtigsten Märkten USA (v. a. Broadway in New York) und Großbritannien (v. a. West End in London) mit dem Phänomen des Musical-Tourismus eine Besonderheit auf (SCHMITTNER 2006). Auffällig ist zudem, dass es zwar auch in Deutschland eine „Musical-Hauptstadt" gibt (Hamburg), es jedoch zur Etablierung weiterer Standorte (Stuttgart, Berlin) bzw. Standort-Cluster (Bochum, Oberhausen, Düsseldorf) gekommen ist (vgl. auch Karte 1), an denen allabendlich mehrere Tausend Sitzplätze in den Spielstätten angeboten werden, während es in anderen Ländern wie beispielsweise England oder Frankreich eine viel stärkere räumliche Konzentration auf einige wenige Standorte gibt.

Da insbesondere in Deutschland – verstärkt durch die Reiseaktivitäten der Besucher – von Musicals vielfältige, vor allem (regional-)ökonomische Wirkungen ausgehen, sind sie seit ihrer Einführung im Jahr 1986 (*Cats* in Hamburg) im deutschsprachigen Raum seit Ende der 1990er Jahre immer wieder Forschungsgegenstand vor allem wirtschafts- und regionalwissenschaftlicher Untersuchungen. Diese betrachten Musicals insbesondere aus tourismuswissenschaftlicher Perspektive, wobei die Mehrzahl der Arbeiten aus der Tourismusgeographie stammt. Die über die Musicals bzw. den Musical-Tourismus entstandenen Arbeiten konzentrieren sich dabei primär auf drei Schwerpunkte der wissenschaftlichen Auseinandersetzung:

- Mikrostandortanalysen: In diesen Untersuchungen geht es insbesondere um einzelne Musicals und ihre Standorte (z. B. Füssen; vgl. KLUGE 2001), um Musical-Metropolen mit mehreren Spielstätten (z. B. Wien; vgl. JUCHELKA 2001) oder um Musical-Regionen (z. B. Ruhrgebiet; vgl. JUCHELKA 1998). Dabei werden etwa die Einzugsgebiete für einzelne Musicals und ihre Standorte analysiert (z. B. in SCHMUDE 2000, S. 244) oder eine Typisierung der einzelnen Spielstätten vorgenommen (z. B. in JUCHELKA 2000, S. 38 f oder ROTHAERMEL 2011, S. 241).
- Gesamtmarktanalysen: Bei den Gesamtmarktanalysen werden Musicals primär als Elemente des Städtetourismus verstanden (z. B. in RIECHEL 1998). Dabei wird die Entwicklung des gesamten deutschen Musical-Marktes u. a. mit dem Modell des Produktlebenszyklus analysiert (z. B. in JUCHELKA 2000, S. 35 oder SCHMUDE 2003, S. 33). Weitere Arbeiten untersuchen u. a. das Standortnetz für den gesamten deutschen Musical-Markt hinsichtlich der Konkurrenzsituation (vgl. SCHMUDE 2000, S. 238 ff) oder analysieren beispielsweise die nach einzelnen Standorten unterschiedlichen ökonomischen Effekte. Hierbei geht es etwa um die Frage, welche Umsätze die Musical-Produktionen beispielsweise durch die An- bzw. Abreise der Besucher, durch die Beherbergung, die Gastronomie und im Musical-Theater selbst (Tickets und Merchandising) generieren (z. B. in SCHMUDE 2006, S. 123). Aufgrund ihrer ökonomischen Bedeutung werden die Musicals schon kurz nach ihrer Etablierung in Deutschland selbst als „Wirtschaftsfaktor" bezeichnet (JUCHELKA 2000, S. 38).
- Marketingstrategien: Diese Analysen thematisieren insbesondere die unterschiedlichen Marktstrategien, mit denen die Anbieterseite auf die Besonderheiten des Musical-Marktes reagiert. Darüber hinaus gehen sie der Frage nach, welche Instrumente beim Musical-Marketing zum Einsatz kommen (z. B. in ROTHAERMEL 2011, S. 237 ff). Ebenso werden die Strategien analysiert, die den Turnus bestimmen, nach dem die Musicals den Standort wechseln.

Die überwiegende Zahl der Untersuchungen zum deutschen Musical-Markt ist Ende der 1990er Jahre bis etwa zum Jahr 2006 erschienen. Als etabliertes Phänomen auf dem Tourismusmarkt sind Musicals seitdem von (tourismus-)wissenschaftlicher Seite nur noch selten thematisiert worden. Der vorliegende Beitrag widmet sich nachfolgend der Situation auf dem deutschen Musical-Markt im Jahr 2012 und ist insofern weniger als eine Bilanz, als vielmehr als ein update zu verstehen.

2 Der Musical-Markt in Deutschland im Jahr 2012

Im Jahr 2012 gibt es in Deutschland insgesamt elf Spielstätten (vgl. Tabelle 1), in denen sit-down-Produktionen angeboten werden. Fünf dieser Spielstätten liegen in den beiden Bundesländern Baden-Württemberg (BW) und Nordrhein-Westfalen (NRW), welche flächenmäßig den dritten bzw. vierten und in Bezug auf die Einwohnerzahl den dritten bzw. ersten Rang unter allen Bundesländern einnehmen. Die verbleibenden sechs Spielstätten liegen in den beiden Stadtstaaten Berlin (BE) und Hamburg (HH), die bezüglich der Bevölkerungsdichte deutschlandweit die ersten beiden Plätze belegen. Da sich an einzelnen Standorten mehrere Spielstätten befinden (vgl. auch Tabelle 1), konzentrieren sich die elf Spielstätten auf nur sechs Städte, von denen Oberhausen als kleinste Stadt ca. 215.000 Einwohner aufweist. Bei der räumlichen Verteilung der Spielorte in Deutschland fällt auf, dass mittlerweile alle kleinen, eher peripher gelegenen Spielstätten (z. B. Niedernhausen oder Füssen) von der Landkarte der sit-down-Produktionen verschwunden sind (vgl. Karte 1). Ebenso fehlen im Vergleich zu früheren Jahren im Jahr 2012 einige Spielstätten, an denen zunächst sit-down-Produktionen zur Aufführung kamen, die aber mittlerweile „nur“ noch von Tournee-Theatern bespielt werden (z. B. Köln, Essen oder Bremen). Hier werden u. a. einige ehemalige sit-down-Produktionen aufgeführt, die zu Tournee-Stücken umgeschrieben wurden (z. B. *Cats*, *Tabaluga* oder Disneys *Die Schöne und das Biest*). Weitere Standorte sind vollständig aus dem Musical-Markt ausgeschieden (z. B. Duisburg, Offenbach, Mönchengladbach) (vgl. HOPPE et al. 2010, S. 14).

Tab. 1: Spielstätten von sit-down-Musicals in Deutschland am 1. Juli 2012

Spielstätte	Stadt (Bundesland)	Einwohnerzahl Stadt (Bundesland) (Stand: 2010)	Musical am 1. Juli 2012	Sitzplatzkapazität	Veranstalter
Operettenhaus	Hamburg (HH)	ca. 1,8 Mio.	*Sister Act*	1.395	Stage Entertainment
Neue Flora	Hamburg (HH)	ca. 1,8 Mio.	*Tarzan*	1.998	Stage Entertainment
Theater im Hafen	Hamburg (HH)	ca. 1,8 Mio.	Disneys *Der König der Löwen*	2.000	Stage Entertainment
Theater des Westens	Berlin (BE)	ca. 3,5 Mio.	*Tanz der Vampire*	1.600	Stage Entertainment
Theater am Potsdamer Platz	Berlin (BE)	ca. 3,5 Mio.	*Hinterm Horizont*	1.800	Stage Entertainment
Bluemax Theater	Berlin (BE)	ca. 3,5 Mio.	*Blue Man Group*	620	Stage Entertainment
Apollo Theater	Stuttgart (BW)	ca. 605.000 (ca. 10,8 Mio.)	*Ich war noch niemals in New York*	1.800	Stage Entertainment
Palladium Theater	Stuttgart (BW)	ca. 605.000 (ca. 10,8 Mio.)	*Rebecca*	1.800	Stage Entertainment
Starlight Express Theater	Bochum (NRW)	ca. 375.000 (ca. 17,8 Mio.)	*Starlight Express*	1.750	Mehr!Entertainment
Metronom Theater	Oberhausen (NRW)	ca. 215.000 (ca.17,8 Mio.)	*Dirty Dancing*	1.830	Stage Entertainment
Capitol Theater	Düsseldorf (NRW)	ca. 590.000 (17,8 Mio.)	*Kein Pardon*	1.250	Mehr!Entertainment

Quelle: eigene Recherchen (vgl. u. a. www.stage-entertainment.de, www.mehr-entertainment.de)

Betrachtet man die räumliche Verortung der Spielorte in Deutschland unabhängig von administrativen Einheiten, zeigen sich die Schwerpunkte der sit-down-Produktionen gleichermaßen im Norden (mit Hamburg), im Nordosten (mit Berlin), im Westen (mit den drei Spielorten Bochum, Oberhausen und Düsseldorf) und im Südwesten (mit Stuttgart). Dagegen sind die Mitte Deutschlands mittlerweile und der Südosten Deutschlands seit jeher „weiße Flecken" auf der Musical-Landkarte. Um einen groben Eindruck von „versorgten" und „unversorgten" Gebieten in Deutschland zu gewinnen, differenziert Karte 1 nach Gebieten, in denen die Bevölkerung maximal 200 km von einem Spielort einer sit-down-Produktion entfernt lebt, und solchen, in denen der nächstgelegene Spielort mehr als 200 km entfernt liegt. Die Entfernung von 200 km ist aus angebotsseitiger Sicht für die regionale Rekrutierung der Besucher von Bedeutung, da das Publikum zu Beginn einer Produktion vornehmlich aus der näheren Umgebung bzw. aus der in einem Einzugsbereich von 200 km lebenden Wohnbevölkerung rekrutiert wird (vgl. SCHMUDE 2000, S. 243). Vor diesem Hintergrund zeigt sich, dass 85 % der Fläche Deutschlands „versorgt" sind. Bei den „weißen Flecken" (v. a. Thüringen und das östliche Bayern) handelt es sich auch nicht ausschließlich um peripher gelegene, ländliche Gebiete. So liegen mit Regensburg, Erfurt, Jena und Gera vier Oberzentren mit 100.000 und mehr Einwohnern in den „unversorgten" Gebieten, aber auch und gerade der Ballungsraum München wird nur zum Teil von Stuttgart „mitversorgt". Insgesamt kann festgestellt werden, dass die „kulturelle Versorgung" der deutschen Bevölkerung mit sit-down-Produktionen durchaus gewährleistet ist – trotz einiger „weißer Flecken" auf der Landkarte. Zwar strebt das Postulat der Gleichwertigkeit der Lebensverhältnisse in Deutschland (§ 1 ROG) gleichwertige, aber eben nicht identische Lebensverhältnisse an (vgl. BUNDESINSTITUT FÜR BAU-, STADT- UND RAUMFORSCHUNG 2007). Die Versorgung mit Musicals in Form der sit-down-Produktionen gehört in diesem Zusammenhang sicherlich auch nicht zwingend zur Grunddaseinsfunktion „sich Erholen", zumal die Versorgung auch durch als Tournee-Theater organisierte Musicals gewährleistet werden kann.

Karte 1: Spielstätten von sit-down-Musicals in Deutschland am 1. Juli 2012 und ihr 200 km-Einzugsgebiet

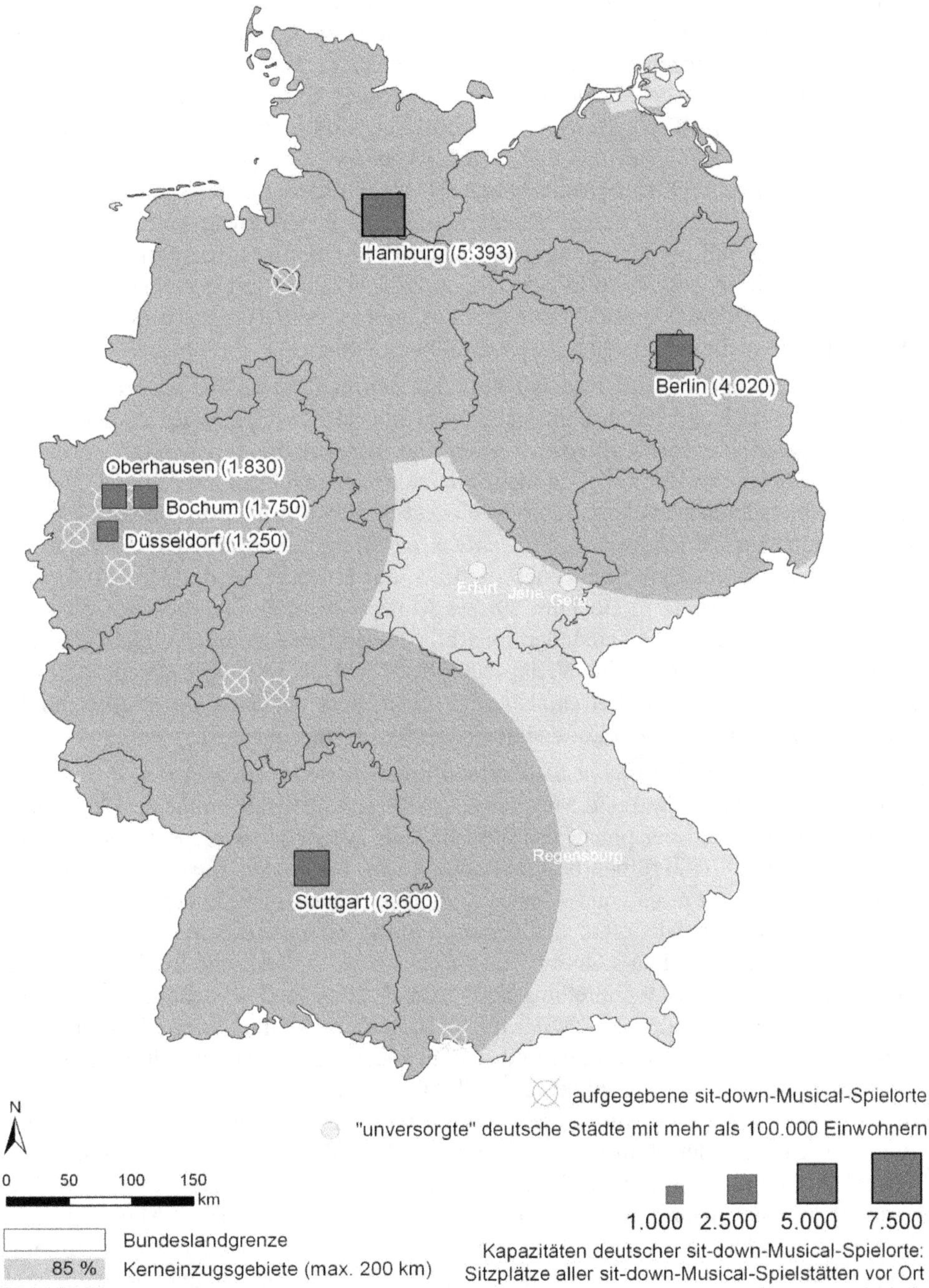

Quelle: eigene Recherchen (vgl. u. a. www.stage-entertainment.de, www.mehr-entertainment.de) und Darstellung

Auf der Angebotsseite zeigt sich in Deutschland folgendes Bild: Marktführer unter den Anbietern von Musicals in Deutschland ist seit Übernahme des Musical-Portfolios der im Jahr 1999 insolvent gewordenen Stella AG die Stage Entertainment GmbH. Sie hat aus dem alten Standortnetz einerseits einzelne Spielstätten aufgegeben (z. B. Essen), andererseits neue hinzugefügt (z. B. Oberhausen). Insgesamt bringt die Stage Entertainment im Jahr 2012 an neun Spielstätten sit-down-Produktionen zur Aufführung und bietet zusätzlich einige Musicals und Shows „on Tour" an (im Jahr 2012: *Holiday on Ice*, *Ice Age Live! Ein Mammutiges Abenteuer* oder *Voca people*). Der zweite Anbieter – Mehr!Entertainment – verfügt über zwei Spielstätten für sit-down-Produktionen (Bochum und Düsseldorf) sowie weitere Spielstätten (in Berlin, Bremen, Köln), in denen Tournee-Theater-Produktionen aufgeführt werden. Independent-Anbieter, die insbesondere in den Jahren 1993 bis 2000 mit einzelnen Spielstätten und Produktionen auf dem Musical-Markt agierten, gibt es mittlerweile im Bereich der sit-down-Produktionen nicht mehr (vgl. SCHMUDE 2000, S. 240 f).

Betrachtet man die Angebote der sit-down-Produktionen in Deutschland nach der Laufzeit, so zeigt sich, dass sich die durchschnittliche Verweildauer im Gegensatz zu den „frühen Jahren" deutlich verkürzt hat. Außerdem werden die Musicals bis auf wenige Ausnahmen (z. B. *König der Löwen* in Hamburg) in mehr oder weniger regelmäßigem Turnus zwischen den einzelnen Spielstätten ausgetauscht. So wechselt beispielsweise das im Jahr 2012 noch in Stuttgart laufende Musical *Ich war noch niemals in New York* zum März 2013 ins Metronom Theater nach Oberhausen. Eine Sonderstellung bzgl. der Laufzeit hat das Musical *Starlight Express* und seine Spielstätte in Bochum. Dieses Musical benötigt eine besondere Ausstattung der Spielstätte, da sich die Darsteller auf Rollschuhen bewegen und folglich eine Rollschuhbahn benötigen. Somit ist eine Verlagerung des Musicals in andere Spielstätten praktisch nicht möglich. So verwundert es also auch nicht, dass der *Starlight Express* im Jahr 2012 das Musical mit der längsten Laufzeit (seit 1988) in Deutschland ist.

Analysiert man das Musical-Angebot nach seinen Inhalten, so lassen sich v. a. drei Schwerpunkte erkennen: Bücher, Filme und Musiker (ZEIT REISEN 2012). Prominente Beispiele für Bücher als Grundlage sind beispielsweise die Musicals *Les Misérables*, *Rebecca* oder *War Horse*, auf Filmen bzw. Trickfilmen basieren etwa *Rocky, Sister Act, Tanz der Vampire* bzw. Disneys *Der König der Löwen*, und Musicals, die das Leben bzw. Lebenswerk einzelner Künstler bzw. Musiker thematisieren, sind *Gaudi*, *Ich war noch niemals in New York* oder *We Will Rock You* (letztere beziehen sich auf Udo Jürgens bzw. die britische Rockband Queen). Allerdings kommt es bei dieser Einteilung der Musicals auch immer wieder zu Überschneidungen. Beispielsweise existiert *Les Misérables* als Buch und Film, *Tarzan* basiert auf der Geschichte von Edgar Rice Burroughs und der gleichnamigen Disneyverfilmung, darüber hinaus komponierte der international bekannte Phil Collins die Musik und verfasste die Liedtexte für das Musical. Neben den inhaltlichen Schwerpunkten bzw. Grundlagen existiert eine Reihe von Musicals, bei denen aufwendige Tanz- und Bühnenshows im Vordergrund stehen. Als Beispiel hierfür kann das Musical *Starlight Express* genannt werden (vgl. www.stage-entertainment.de, www.mehr-entertainment.de). Für den deutschen Musical-Markt zeigt sich des Weiteren, dass sich die persönlichkeitsorientierten Musicals im Gegensatz zur Anfangszeit der sit-down-Produktionen verstärkt deutschen bzw. deutschsprachigen und v. a. aktuellen Stars widmen (z. B. *Hinterm Horizont*/Udo Lindenberg, *Ich war noch niemals in New York*/Udo Jürgens oder *Kein Pardon*/Hape Kerkeling), während die „frühen" Musicals, die historische Persönlichkeiten thematisieren (z. B. *Elisabeth*, *Mozart*, *Ludwig II. – Sehnsucht nach dem Paradies* bzw. *Ludwig²*), gegenwärtig nicht bzw. nicht mehr angeboten werden.

Dies ist unmittelbar in Zusammenhang mit der Tatsache zu sehen, dass seit einigen Jahren verstärkt auch deutsche Produktionen entwickelt werden, während in der Anfangszeit fast ausschließlich auf amerikanische und britische Produktionen zurückgegriffen wurde, deren Texte lediglich für den deutschen Musical-Markt übersetzt wurden.

Für eine grobe Abschätzung der direkten ökonomischen Effekte wird die Sitzplatzkapazität der Musical-Theater herangezogen, die sich in Deutschland im Jahr 2012 auf rund 17.850 Plätze beläuft. Dabei variiert der durchschnittliche Kartenpreis (zwischen rund 74 € im Capital Theater in Düsseldorf und ca. 113 € je Karte im Hamburger Theater im Hafen) und in der Folge auch der Umsatz je Aufführung zwischen den verschiedenen Spielstätten ganz erheblich. Berücksichtigt man die Preisstruktur der Karten in den einzelnen Spielstätten (nach Kartenpreis und Anteil der verschiedenen Preiskategorien) sowie die Zahl der wöchentlichen Aufführungen und setzt als Auslastungsquote der Spielstätten 70 % (untere Abschätzung) bzw. 80 % (obere Abschätzung) an, so ergibt sich ein allabendlicher Umsatz der deutschen Musical-Theater von ca. 1,177 Mio. € bis 1,346 Mio. € (vgl. Tabelle 2). Aufs Jahr gerechnet beläuft sich der Umsatz der deutschen Musical-Theater allein durch den Kartenverkauf auf ca. 453,613 Mio. € bis 518,415 Mio. €, was mehr als dem Eineinhalbfachen dessen entspricht, was „König Fußball" in Deutschland pro Saison durch den Ticketverkauf generiert (der durchschnittliche Bruttopreis pro Kaufkarte für ein Bundesligaspiel in der Saison 2010/2011 beträgt 22,75 €, was bei einer Gesamtzuschauerzahl von 12.882.904 einen Gesamtticketerlös von etwa 293,086 Mio. € ergibt) (vgl. BUNDESLIGA REPORT 2012, S. 55).

Zu diesen Summen sind zusätzlich die indirekten Effekte zu berücksichtigen, die sich etwa durch die An- und Abfahrt, die Übernachtungen oder die Verpflegung ergeben (vgl. auch SCHMUDE 2006, S. 123). Diese Zahlen machen deutlich, dass es sich beim deutschen Musical-Markt um ein aus ökonomischer Sicht sehr attraktives Marktsegment des Tourismus handelt, dessen regionale bzw. lokale Bedeutung natürlich zwischen den verschiedenen Standorten bzw. Standortregionen variiert.

Die regionalökonomische Bedeutung des Musical-Tourismus wird gerade für den Standort Bochum besonders deutlich, denn in Bochum hat sich die Auslastung der Hotelbettenkapazität vom Vorjahr der Eröffnung des Musicals *Starlight Express* im Jahr 1988 von 29 % innerhalb von zehn Jahren aufgrund der stark gestiegenen Übernachtungszahlen auf 42 % gesteigert, obwohl die Bettenkapazität einen erheblichen Ausbau erfahren hat (vgl. SCHMUDE 2000, S. 248). In den Folgejahren ist dann zwar wieder ein Rückgang auf rund 37 % bis zum Jahr 2007 zu beobachten (vgl. PRESSEMITTEILUNGEN-ONLINE.DE 2010), was aber u. a. auf einen weiteren Ausbau der Bettenkapazität auf rund 3.600 Betten (1997: 2.850) (vgl. HOTELIER.DE 2012) zurückzuführen ist, während die Zahl der Übernachtungen – mit Ausnahme des Jahres 2010, als Bochum wie das gesamte Ruhrgebiet von der europäischen Kulturhauptstadt Essen profitiert hat – nur noch leicht angestiegen ist.

Tab. 2: Abschätzung der direkten ökonomischen Effekte an den Musical-Spielstätten in Deutschland am 1. Juli 2012

Spielstätte	Sitzplatz-kapazität	Durch-schnittl. Kartenpreis *	Aufführung/ Woche	Umsatz bei 70 % Auslastung	Umsatz bei 80 % Auslastung
Operettenhaus	1.395	97,04 €	8	94.759,56 €	108.296,64 €
Neue Flora	1.998	100,67 €	8	140.794,61 €	160.908,13 €
Theater im Hafen	2.000	113,07 €	8	158.291,35 €	180.904,40 €
Theater des Westens	1.600	79,79 €	7	89.364,80 €	102.131,20 €
Theater am Potsdamer Platz	1.800	79,13 €	8	99.702,23 €	113.945,40 €
Bluemax Theater	620	77,49 €	9	33.630,66 €	38.435,04 €
Apollo Theater	1.800	108,21 €	7	136.347,44 €	155.825,64 €
Palladium Theater	1.800	105,91 €	7	133.442,19 €	152.505,36 €
Starlight Express Theater	1.750	85,02 €	8	104,153,18 €	119.032,20 €
Metronom Theater	1.830	95,98 €	6	122.945,58 €	140.509,23 €
Capitol Theater	1.250	73,77 €	6	64.548,75 €	73.770,00 €
gesamt	17.843	92,37 €	–	1.117.980,34 €	1.346.263,24 €
* eigene Berechnung auf Basis der verschiedenen Preiskategorien und ihrer Anteile an der gesamten Sitzplatzkapazität					

Quelle: eigene Recherchen (vgl. www.stage-entertainment.de, www.mehr-entertainment.de) und Berechnungen

3 Zur Zukunft des Musical-Marktes in Deutschland

Die stationären Musical-Spielstätten sind innerhalb von 15 Jahren in Deutschland zu einem festen Bestandteil des kultur-, städte- und eventtouristischen Angebots geworden. OPASCHOWSKI (2000, S. 33 ff) zählt sie bereits im Jahr 2000 – zusammen mit einer Vielzahl weiterer Erlebniswelten – zu den „Kathedralen des 21. Jahrhunderts". Im ersten Jahrzehnt des 21. Jahrhunderts hat sich der bundesdeutsche Musical-Markt konsolidiert. Dies betrifft sowohl die Standorte der Spielstätten für sit-down-Produktionen als auch für die Anbieter der Produktionen (vgl. 2). Konzepte, die auf saisonale Spielproduktionen gesetzt haben (z. B. *Salzsaga* am Königssee), konnten sich am Markt nicht dauerhaft etablieren. Ihre Rolle übernehmen die traditionellen Tournee-Theater.

Für die Zukunft kann erwartet werden, dass sich das Standortnetz der Spielstätten – wenn überhaupt – allenfalls marginal ändern wird. Dies entspricht der Einschätzung von JUCHELKA (2000, S. 40), der bereits in der Anfangszeit der deutschen sit-down-Produktionen davon ausging, dass die ökonomische Tragfähigkeit des deutschen Musical-Marktes dauerhaft auf zehn Spielstätten beschränkt sein wird. Aktuell verstärkt der Marktführer Stage Entertainment den wichtigsten Standort Hamburg durch den Bau eines vierten Musical-Theaters, dessen Eröffnung für das Jahr 2014 geplant ist. Außerdem ist dieser Veranstalter nach wie vor auf der Suche nach einem Standort für eine dauerhafte Spielstätte in München (KÖPKE 2012, S. 47). Während also in Süddeutschland demnach noch ein neuer Standort möglich ist, sind – mit Ausnahme von Berlin – die neuen Bundesländer auch weiterhin ein „weißer Fleck" auf der Musical-Landkarte, denn alle Versuche und Pläne für einen ostdeutschen Standort – wie zuletzt im Jahr 2010 in Dresden – sind bisher nicht realisiert worden. Dies führt in der Konsequenz dazu, dass das Bundesland Thüringen sowie das südliche Sachsen in keinem der Kerneinzugsgebiete der bestehenden Spielorte liegen (vgl. auch Karte 1).

Die Tatsache, dass allabendlich in Deutschland rund 18.000 Karten in den Spielstätten der sit-down-Produktionen für Musicals angeboten und zum größten Teil auch erfolgreich verkauft werden, sowie die Tatsache, dass die ökonomischen Effekte höher als von „König Fußball" ausfallen, unterstreicht eindrucksvoll die Bedeutung des Musical-Marktes in Deutschland.

Literatur

BUNDESINSTITUT FÜR BAU-, STADT- UND RAUMFORSCHUNG (2007): Gleichwertige Lebensverhältnisse. URL: http://www.bbsr.bund.de/nn_601066/BBSR/DE/Raumentwicklung/Raumentwicklung Deutschland/InfrastrukturDaseinsvorsorge/Projekte/Gleichwertig/Gleichwertig.html (27.06.2012)

BUNDESLIGA REPORT (2012): Bundesliga Report 2012. Die wirtschaftliche Situation im Lizenzfußball. Frankfurt am Main. URL: http://static.bundesliga.de/media/native/autosync/dfl_bl_ wirtschaftssituation_2012_01-12_dt_72dpi.pdf (04.07.2012)

HOPPE, W./KEIL, A./MAKOWKA, K./SCHNEIDER, W./SCHULTE-DERNE, F./WETTERAU, B. (2010): Boomende Tourismusdestination Ruhrgebiet? In: Diercke – Das Weltatlas Magazin 2/2010, S. 14–19

HOTELIER.DE (2012): Bochum Tourismus. URL: http://www.hotelier.de/lexikon/bochum-tourismus (03.07.2012)

JUCHELKA, R. (2000): Der Musical-Markt in Deutschland. Standortkonzepte und Entwicklungsperspektiven. In: Geographische Rundschau, 2/2000, S. 34–40

JUCHELKA, R. (1998): Broadway an der Ruhr. Das Ruhrgebiet als Musical-Standort. In: Geographie heute, 165, S. 26–29

JUCHELKA, R. (2001): Wien als Musical-Stadt. Erklärungsansätze zur Genese und Bedeutung eines Standorts. In: Wirtschaftsgeographische Studien, H. 26, S. 31–44

KLUGE, S. (2001): Musicals als touristische Akteure – das Beispiel des Musicals Ludwig II. – Sehnsucht nach dem Paradies. Diplomarbeit an der Universität Regensburg. Institut für Geographie, Regensburg

KÖPKE, I. M. (2012): Hier spielt die Zukunftsmusik. In: fvw vom 27.4.2012, S. 46–47

OPASCHOWSKI, H. W. (2000): Kathedralen des 21. Jahrhunderts. Erlebniswelten im Zeitalter der Eventkultur, Hamburg

PRESSEMITTEILUNGEN-ONLINE.DE (2010): Prozentuale Auslastung von Hotels im Vergleich aller deutschen Großstädte. URL: http://www.pressemitteilungen-online.de/index.php/prozentuale-auslastung-von-hotels-im-vergleich-aller-deutschen-grosstaedte/ (10.06.2012)

RIECHEL, A. (1999): Musicals als Angebotselement im Städtetourismus. Diplomarbeit an der Universität München. Institut für Wirtschaftsgeographie, München

ROTHAERMEL, B. (2011): Musicalmarketing. In: KLEIN, A. (Hrsg.): Kompendium Kulturmarketing. Handbuch für Studium und Praxis, München, S. 235–260

SCHMITTNER, A. (2006): Musical-Tourismus im deutschsprachigen Raum, Saarbrücken

SCHMUDE, J. (2000): Erlebniswelt Musical: Bilanz eines Booms unter besonderer Berücksichtigung des geplanten Musicals „König Ludwig II. Sehnsucht nach dem Paradies". In: STEINECKE, A. (Hrsg.): Erlebnis- und Konsumwelten, München/Wien, S. 238–250

SCHMUDE, J. (2003): Musicals in Deutschland: Eine Marktanalyse anhand des Modells des Produktlebenszyklus. In: Tourismus Journal, 1/2003, S. 29–42

SCHMUDE, J. (2006): Der Musicalmarkt in Deutschland. In: HOPFINGER et al. (Hrsg.): Tourismusforschung in Bayern, S. 120–125

ZEIT REISEN (2012): Zeit Reisen. England. Allgemein. URL: http://zeitreisen.zeit.de/ratgeber/england/allgemein/musicals-in-england-angebot-und-vielfalt-in-london (28.06.2012)

Auswirkungen der Förderung von Kulturtourismus am Beispiel RUHR.2010 Kulturhauptstadt Europas

Axel Biermann

1 Einleitung

Ist es realistisch zu glauben, dass in Frankfurt, München oder Berlin ein Ehepaar ins Reisebüro geht und sich für eine Städtereise in die Metropole Ruhr interessiert? Ist es realistisch zu glauben, dass eine Reisebüromitarbeiterin in Hamburg oder Berlin gegenüber unentschlossenen Kunden eine Reise in die Metropole Ruhr empfiehlt? Ist es realistisch zu glauben, dass Menschen in Deutschland und im angrenzenden Ausland die Idee haben, eine Reise ins Ruhrgebiet zu unternehmen? Ja, es ist realistisch – mittlerweile –, und zwar besonders seit dem Jahr 2010. Bereits vorher gab es Städtetourismus im Ruhrgebiet, nicht nur Geschäftsreiseverkehr, auch Freizeittourismus, Letzteren aber meistens in doch sehr überschaubarem Rahmen. Dennoch ist auch die Entwicklung vor 2010 eine positive, wie die Zahlen der amtlichen Übernachtungsstatistik belegen. Wie kam es zu dieser Entwicklung? Einen ganz entscheidenden Anteil hatte die Idee und dann auch die erfolgte Umsetzung des Projektes Internationale Bauausstellung Emscherpark in den Jahren 1989 bis 1999. Denn das, was heute die Touristen hauptsächlich in die Metropole Ruhr lockt, ist genau das, was man damals beschloss, nicht abzureißen. Die architektonischen Relikte der industriellen Architektur der Schwerindustrie sind heute veritable Landmarken mit hoher Anziehungskraft. Ihre Bespielung mit Kunst, Kultur, Ausstellungen und Freizeitaktivitäten verstärkt diese Wirkung. Dieses Alleinstellungsmerkmal war die Basis für die langsam, aber kontinuierlich zunehmende Nachfrage im Städtetourismus. Aus heutiger Sicht muss man feststellen, dass die Bekenntnis des Ruhrgebiets zur Industriekultur der richtige Schritt war. STEINECKE behandelt dieses Thema in seinem im Jahre 2007 erschienen Buch Kulturtourismus. Er fasst zusammen, dass die industrietouristische Nachfrage weniger als 1 % des deutschen Gesamtmarktes beträgt. Einzelne Einrichtungen verzeichnen hohe Besucherzahlen (über 200.000 Besucher pro Jahr). Diese Feststellung und der Hinweis auf hohe Besucherzahlen in einzelnen Einrichtungen wird interessant, wenn man sich die Entwicklung der Besucherzahlen auf dem Welterbe Zollverein anschaut. Hier konnten im Jahr 2011 ca. 1,5 Mio. Besucher gezählt und alle Erwartungen übertroffen werden. Richtig einzuordnen ist diese Zahl, wenn man die Zahl im Jahr vor der Kulturhauptstadt, nämlich 900.000 Besucher, sowie im Kulturhauptstadtjahr (ca. 2,3 Mio. Besucher) bei der Betrachtung berücksichtigt. Folgerichtig erwächst daraus die Erkenntnis, dass aus Sicht der touristischen Entwicklung der Metropole Ruhr solch hohe

Besucherzahlen nur mit einer sinnvollen „Aufladung“ des Themas Industriekulturtourismus mit Motiven aus dem Städte- und Kulturtourismus möglich sind.

Parallel dazu aufgebaute event-orientierte neue Angebote trugen ebenfalls zu einem kontinuierlich steigenden Besucheraufkommen zu dieser Entwicklung bei. Das dritte Standbein war das ohnehin in seiner Dichte einzigartig bereits vorhandene Kultur- und Freizeitangebot, welches sukzessive auch in den Fokus von Touristen geriet. Darüber hinaus wurden auch die ländlich geprägten Randbereiche der Metropole Ruhr touristisch immer attraktiver. Als Beispiel ist hier der erfolgreiche RuhrtalRadweg zu nennen. Damit all dies auch wirklich den potenziellen Touristen und Besucher in Deutschland und dem Ausland erreicht, bedarf es einer ungeheuren Anstrengung im Bereich von Kommunikation und Werbung, denn das Imageproblem der Region ist nach wie vor gravierend.

Genau dies ist im Jahr 2010 mit dem Dekadenprojekt „RUHR.2010 – Kulturhauptstadt Europas“ gelungen. Der Fokus richtete sich auf die Metropole Ruhr, die Zahl der Besucher stieg exorbitant. Der Anstieg von 13,4 % mehr Übernachtungen auf insgesamt über 6,5 Mio. im Ruhrgebiet belegt den touristischen Erfolg von RUHR.2010. Besonders erfreulich ist, dass das Wachstum bei den Gästen aus dem Ausland mit 18,5 % besonders hoch war (Quelle: IT.NRW 2011).

Die Ruhr Tourismus GmbH (RTG) hat als Tochtergesellschaft des Regionalverbandes Ruhr den Stellenwert dieses Ereignisses frühzeitig erkannt und gemeinsam mit der Ruhr.2010 GmbH und den Tourismusmarketingorganisationen der Städte und Kreise mit vom Land Nordrhein-Westfalen und der Europäischen Union zur Verfügung gestellten Mitteln das Reiseziel Metropole Ruhr massiv beworben.

2 Bewerbung einer Region als Kulturhauptstadt Europas

Der Titelgewinn Kulturhauptstadt Europas RUHR.2010 durch die erfolgreiche Bewerbung des RVR und die Erfolge dieses Eventjahres können ruhigen Gewissens als Glücksfall bezeichnet werden. Betont werden muss allerdings, dass der damit verbundene Erfolg zum großen Teil darauf beruht, dass von Anfang an die Betonung der Wichtigkeit der Handlungsfelder Marketing und Vertrieb eine grundlegende Strategie war. Ergänzend zu der Bewerbung für die Kulturhauptstadt Europas der Stadt Essen stellvertretend für die gesamte Region und den Regionalverband Ruhr wurde ein touristisches Begleitkonzept im Auftrag der RTG formuliert. Dieses sah im Kern die touristische Entwicklung der Marke RUHR.2010 vor. Darauf aufbauend wurde eine umfangreiche Struktur des touristischen Leistungsangebotes der Region konzeptioniert, um abschließend eine touristische Gesamtvermarktungsstrategie zu entwickeln. Die konzeptionelle Entwicklung bildete die Basis für die Umsetzung der weiteren Maßnahmen und deren Finanzierung. Über von EU und Land zur Verfügung gestellte Mittel zur Finanzierung von Kulturhauptstadtprojekten konnten ca. 15 Mio. Euro Gesamtmittel für den Tourismus bereitgestellt werden. Weitere ca. 3,1 Mio. Euro stammen aus anderen Fördertöpfen. Von diesen Mitteln wurden ca. 11 Mio. Euro für die Umsetzung eines neuen Systems an touristischen Informationsstellen verwendet. Die wichtigsten weiteren touristischen Projekte, die hierdurch finanziert wurden, waren u. a. die ExtraSchicht – die Nacht der Industriekultur als Sommerfest der Kulturhauptstadt und Mittel für die touristische Vermarktung von RUHR.2010. Dabei war die Ruhr Tourismus GmbH als touristische Leitagentur vor allem für das sogenannte „General Interest Marketing“ in nationalen und internationalen Quellmärkten verantwortlich. So ergänzte die RTG in enger Aufgabenteilung das Binnen- und „Special Interest Marketing“ von RUHR.2010.

Abb 1: Eröffnung des Kulturhauptstadtjahres (Quelle: Ruhr Tourismus/Jochen Schlutius)

3 Die touristische Vermarktung der Metropole Ruhr als Kulturhauptstadt Europas

3.1 Produktstruktur und Informationsinfrastruktur

Das Ruhrgebiet besteht aus 53 Städten, die mit unterschiedlichen Schwerpunkten ein fast unüberschaubares Angebot an touristischen Sehenswürdigkeiten bieten. Umso wichtiger ist es, diese vielfältige Region für die Gäste überschaubar und strukturiert zu präsentieren. Aus diesem Grund hat die Ruhr Tourismus GmbH zusammen mit den lokalen Partnern die Metropole Ruhr in fünf Erlebnisareale aufgeteilt, die aufbauend auf eine stringente Markenstory thematische Schwerpunkte setzen. Rund um Duisburg betont der „Kulturhafen RUHR“ das Thema Wasser, Oberhausen agiert als „RUHR spektakulär & populär“, Essen wirbt mit „Kunst & Kreativität RUHR“, rund um Bochum lockt der „Festspielplatz RUHR“, und Dortmund ist „RUHR kreativ“.

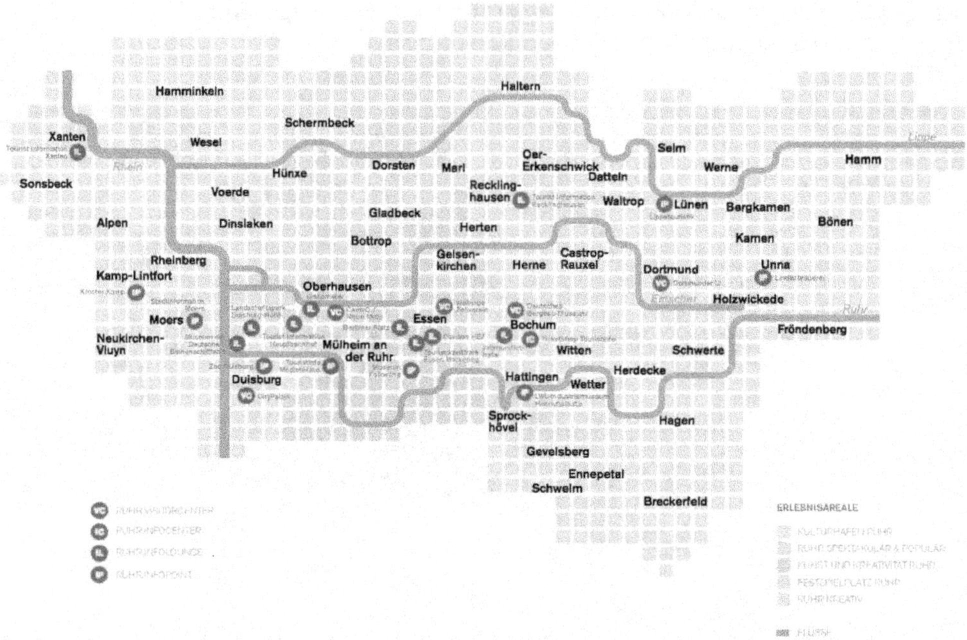

Abb. 2: Übersichtskarte Metropole Ruhr: neu geschaffene Infostellen (Quelle: Ruhr Tourismus)

Im Rahmen der Kulturhauptstadt RUHR.2010 wurde in der Metropole Ruhr darüber hinaus ein abgestimmtes System von Infostellen für Touristen installiert, das es in vergleichbarer Form aufgrund seines Umfangs in Deutschland und Europa bisher kein zweites Mal gibt. Das System besteht aus vier in Größe und Funktionalität unterschiedlichen Einrichtungen – dem RUHR.VISITORCENTER, dem RUHR.INFOCENTER, der RUHR.INFOLOUNGE und dem RUHR.INFOPOINT.

Je ein RUHR.VISITORCENTER befindet sich pro Erlebnisareal an einer zentralen Sehenswürdigkeit – im CityPalais Duisburg, im CentrO Oberhausen, auf Zollverein in Essen, im Deutschen Bergbau-Museum Bochum und am Dortmunder U. Sie bilden die Brückenköpfe des Informationssystems und können schon selbst als touristische Attraktion bezeichnet werden. Große interaktive Informationstische, interaktive Fernrohre, originalgetreue Modelle und große Touchscreens machen das lokale Umfeld, das Areal, die Metropole Ruhr und natürlich auch RUHR.2010 erfahrbar. Durch ein angenehmes Ambiente, freundliche Bedienung und einen Souvenir-Shop bieten die RUHR.VISITORCENTER touristischen Full-Service und werden somit ideale Ausgangspunkte für Touren in die Metropole Ruhr.

Auch das kleinere RUHR.INFOCENTER in Bochum bietet das gesamte touristische Beratungsangebot in freundlicher Atmosphäre. Neben einer sachkundigen Beratung helfen auch Touchscreens den Besuchern, sich über das Umfeld schnell und einfach zu informieren. In den RUHR.INFOLOUNGEs haben Besucher die Gelegenheit, sich in stilvollem und gemütlichem Ambiente anhand von Übersichtskarten und Touchscreens über die touristischen Attraktionen zu informieren. Gelegenheit zur schnellen Selbstinformation bieten die RUHR.INFOPOINTs. Als kleinste und am häufigsten verbreitete Einheit dieses Informationssystems helfen sie Besuchern sich, zu orientieren und alle Highlights problemlos zu finden.

Insgesamt wurden 23 Standorte in elf Städten mit neuen Infostellen versehen. Alle Städte binden sich dabei an ein einheitliches Erscheinungsbild mit gleichen Materialien, Farben, Informationsmedien und zentral gesteuerten, aber auf den Standort zugeschnittenen Inhalten. Städteübergreifend wurden einheitliche Standards wie Öffnungszeiten und Produktauslage vereinbart. Zum ersten Mal werden damit die Einheit der Region und die Metropole Ruhr als ein kompaktes Reiseziel offensichtlich.

Finanziert wurde das Projekt mit Unterstützung des Landes Nordrhein-Westfalen und der Europäischen Union. Das Gesamtvolumen betrug ca. 11 Mio. Euro. Die Ruhr Tourismus GmbH koordinierte das einheitliche Design und Erscheinungsbild sowie den Inhalt der interaktiven Medien in enger Zusammenarbeit mit der RUHR 2010 GmbH sowie einer Vielzahl von Partnern an Betreibern und Standorten. Die Umsetzung erfolgte über die einzelnen Projektträger vor Ort.

Abb. 3: Messestand ITB 2009 (Quelle: Ruhr Tourismus/Jochen Schlutius)

Alle Beteiligten sehen diese städteübergreifende Zusammenarbeit über das Kulturhauptstadtjahr hinaus als gute Chance und Grundlage, das Reiseziel Ruhrgebiet noch stärker am Markt zu etablieren und mehr Gäste für die Metropole Ruhr zu begeistern. Hierbei ist hervorzuheben, dass der Betrieb, trotz finanziell sehr schwieriger Verhältnisse, in Trägerschaft der Kommunen erfolgt. Der Informationsinhalt der multimedialen Endgeräte wird zentral von der RTG geliefert und unterliegt einer regelmäßigen Aktualisierung.

3.2 Tourismusmarketing RUHR.2010[1]

Einen Schwerpunkt bildete der Aufbau von Marketingkooperationen mit den beteiligten Partnern aus der Tourismuswirtschaft des Ruhrgebiets, also Hotels, Museen, Theatern, baulichen Sehenswürdigkeiten usw. Zum einen ging es dabei darum, die Kräfte für gemeinsame Werbemaßnahmen zu bündeln, zum anderen war es wichtig, die touristischen Partner auf eine neue Art der Nachfrageklientel, nämlich die Kultur- und Städtetouristen, einzuschwören. Bisher befand sich ausschließlich die Klientel der Geschäftsreisenden im Fokus der Aufmerksamkeit.

Bis auf wenige Ausnahmen galt insbesondere in der Hotellerie der Metropole Ruhr das Wochenend(touristen)geschäft als bis dato kaum existent. Durch touristische Netzwerkforen schuf die RTG das Angebot, alle ca. 1300 Partner der Tourismuswirtschaft der Region über die neuen Herausforderungen einerseits und die Möglichkeiten zur Beteiligung an Marketingkooperationen andererseits direkt zu informieren. Ein willkommener Nebeneffekt dieser Netzwerkforen war der Aufbau einer Kommunikationsplattform, die es ermöglichte, gemeinsam über die sich bildenden Netzwerke mehr touristisches Geschäft in der Metropole Ruhr zu generieren. Dieses System der touristischen Netzwerkforen hat auch über 2010 hinaus Bestand und wird von der RTG organisiert. Mit gebündelten Kräften konnten dann nachfolgend erläuterte Marketingmaßnahmen erfolgreich umgesetzt werden:

Auf internationaler Ebene war die Zusammenarbeit mit der Deutschen Zentrale für Tourismus (DZT) sehr erfolgreich. Insbesondere aus den europäischen Auslandsmärkten Benelux, Österreich, Schweiz, Skandinavien und Großbritannien war das Interesse sehr groß. Insgesamt wurden 50 Pressereisen und Einzelbetreuungen durchgeführt. Neben diesen Aktivitäten wurde in einer Kooperation mit der RUHR.2010 und der DZT eine Welcome Tour von der RTG durchgeführt. Im Rahmen von Gala-Abendveranstaltungen in Amsterdam, Stockholm, Paris, Pecs und Istanbul wurden Touristiker und Medienvertreter der jeweiligen Länder über das Reiseziel Metropole Ruhr und die Kulturhauptstadt RUHR.2010 informiert.

Wichtig war es, Präsenz in den Katalogen der großen Reiseveranstalter zu erreichen. Bisher waren wenige einzelne Städte des Ruhrgebiets dort gelistet. Durch die Bündelung der Städte unter dem gemeinsamen Erlebnisraumkonzept und dem gemeinsamen Thema Kulturhauptstadt konnte eine breite Präsenz als gesamte Region in den Katalogen der wichtigsten Reiseveranstalter erreicht werden, darunter zum Beispiel Neckermann und DERTOUR, die das Ruhrgebiet auf den Titelseiten ihrer Sommerkataloge präsentierten. Sie stellten die Metropole Ruhr als Ganzes dar, die Aufteilung nach Städten erfolgte erst dann, wenn vor Ort nach der jeweiligen Sehenswürdigkeit, dem Museum oder dem Theater gesucht wurde. Damit stand nicht mehr die einzelne Stadt im Ruhrgebiet im Fokus, sondern die neue Metropole als Ganzes. Die Gesamtauflage aller Kataloge betrug über 12 Millionen Exemplare. Darüber hinaus wurden viele gemeinsame Aktionen wie Reisebüromitarbeiterschulungen oder Schaufensterdekorationen in Reisebüros durchgeführt. Eine Vielzahl neuer Reiseführer und Sondermagazine, beispielsweise von GEO und ADAC zum Ruhrgebiet bzw. der Metropole Ruhr, komplettierten das Bild.

Ein Auftakt mit großer öffentlicher Resonanz war die Präsentation der Metropole Ruhr auf der weltgrößten Tourismusmesse, der Internationalen Tourismusbörse (ITB) 2009 in Berlin. Das Ruhrgebiet war „Partnerland“. Diese Auszeichnung wird normalerweise nur ausgewie-

---

1 vgl. BIERMANN/FROHNE/LOTTRITZ 2011

senen Reiseländern wie der Türkei, Spanien oder Australien zuteil. Mit einer mitreißenden Show – organisiert durch die RUHR.2010 GmbH – sowie mit einem repräsentativen zweistöckigen Messestand – verantwortet durch die RTG – konnte die Region sofort eine sehr gute Resonanz in der nationalen und internationalen Reiseindustrie hervorrufen. Das Ziel, eine möglichst hohe Awareness der Metropole Ruhr als neue touristische Destination zu erreichen, glückte, auch dank der akribischen Vorarbeit: Neben Show und neuem Messestand brachte die RUHR.2010, in interner Rückkopplung mit der RTG, speziell zur ITB eine eigene Publikation heraus, „RUHR.2010 zum Mitnehmen“, die die 34 aus unserer Sicht touristisch interessantesten Projekte des Kulturhauptstadtjahres enthielt. Die besondere Herausforderung für das Marketing war es dabei, eine Broschüre zu gestalten, die sowohl den Endverbraucher in der Metropole Ruhr und in Deutschland ansprach als auch den interessierten Fachbesucher der ITB und potenziellen Multiplikator. Die RTG veröffentlichte darüber hinaus in enger Abstimmung mit der RUHR.2010 GmbH den jährlichen Sales Guide, der die touristische Fachöffentlichkeit über mögliche Pakete und Angebote im Kulturhauptstadtjahr in der Metropole Ruhr informierte. Die ITB fand ein überwältigendes Echo, rund 1400 Berichte erschienen deutschlandweit mit ganz überwiegend positiver Tonalität (zum Vergleich: über die Dominikanische Republik, Partnerregion 2008, erschienen rund 800 Berichte). Der entscheidende Grundstein für eine intensive Vertriebs- und Marketingkooperation mit den größten Reiseveranstaltern bzw. der gesamten Reiseindustrie war damit gelegt.

Auch auf vielen weiteren Tourismusmessen im In- und Ausland sorgte die Metropole Ruhr mit ihrem Angebot für Aufsehen, sei es auf der Vakantiebeurs in Utrecht, der CMT in Stuttgart, der größten europäischen Verbrauchermesse für Reise und Touristik, bei der RUHR.2010 und die RTG im Januar 2010 Kulturpartner waren, oder dem RDA in Köln und dem GTM in Rostock. Dabei konnten direkt messbare Effekte festgestellt werden: Auf der CMT konnten sich potentiell rund 200.000 Besucher aus dem süddeutschen Raum über das Kulturhauptstadtjahr informieren. Insgesamt erzielte die Reisedestination Ruhr dort ein signifikant höheres Interesse als in den Vorjahren. So setzte die RTG das Neunfache an Materialien im Vergleich zu den Vorjahren ab. (vgl. BIERMANN/FROHNE/LOTTRITZ 2011)

4 Verstetigung der positiven Auswirkungen von RUHR.2010 – Drei Beispiele aus der Praxis

Spannend ist die Fragestellung, was von diesem Kraftakt für die Zukunft bleibt. Hierzu ist es zunächst wichtig, auf die innere Struktur der Destination und der Akteure einzugehen. Das etablierte Netzwerkmanagement wird zukünftig fortgesetzt. Überaus erfreulich ist, dass die Bereitschaft aller touristischen Akteure der Region, gemeinsam für das Marketing nach außen an einem Strang zu ziehen, weiterhin ungebrochen ist. Eine neugeschaffene touristische Informationsinfrastruktur informiert an verschiedenen Stellen über die gesamte Region, und das Service Personal ist interkommunal vernetzt. Die Kooperationen mit den Reiseveranstaltern haben spürbar Vertrauen der Reisewirtschaft in die junge Destination Metropole Ruhr geschaffen. Qualitative Befragungen von Übernachtungsgästen belegen eine hohe Wiederbesuchsabsicht.

Betrachtet man das Jahr 2010 im Sinne eines Produktlebenszyklus, so befindet sich die Marke Metropole Ruhr als Reiseziel in der Produkteinführung. Es ist also ein langjähriger Marketing Management-Prozess notwendig, um die Region vollständig auf den touristischen Märkten zu etablieren. Dies wurde von der Region und vom Land NRW erkannt.

Im Rahmen der regionalen Nachhaltigkeits-Strategie zu RUHR.2010 in Zusammenarbeit des Regionalverbands Ruhr, der Kultur Ruhr GmbH, der Ruhr Tourismus GmbH und des European Center for Creative Economy übernimmt die Ruhr Tourismus GmbH die Organisation und Durchführung identitätsstiftender Großveranstaltungen und die kulturtouristische Vermarktung der Region. Zur Durchführung dieser Aktivitäten wurde die RTG mit entsprechenden Finanzmitteln in Höhe von 1,1 Mio. EUR jährlich ausgestattet.

Vor dem Hintergrund der aktuellen öffentlichen Finanzsituation verdeutlicht diese Strategie den gewachsenen Stellenwert des Tourismus in der Metropole Ruhr.

Weiterhin werden durch die erfolgreiche Teilnahme am Wettbewerb Erlebnis.NRW II vier Projektvorhaben der RTG mit einem Gesamtvolumen von ca. 6,6 Mio. Euro durch die Förderung von Landes- und EU-Mitteln umgesetzt. Diese Mittel werden bis 2014 vor allem zur Verstetigung der positiven Effekte des Kulturhauptstadtjahres verwendet werden.

Bereits jetzt zeigt die Statistik das Potenzial der Maßnahmen im Kulturhauptstadtjahr. Denn auch im Jahr 2011 konnte ein Plus von 3,9 % auf über insgesamt ca. 6,8 Mio. Übernachtungen in der Metropole Ruhr nachgewiesen werden (Quelle: IT.NRW). Damit ist die Metropole Ruhr eine der ganz wenigen Kulturhauptstädte Europas, die im Nachfolgejahr bei den Übernachtungen nochmals zulegen konnten. Sogar in den ersten fünf Monaten des Jahres 2012 konnten weiter Zuwächse bei den Übernachtungen in Höhe von 6,8 % registriert werden.

4.1 Marketingplan Tourismus Metropole Ruhr 2012–2016

Alle Beteiligten haben den Erfolg des Kulturhauptstadtjahres genossen, allen Beteiligten war aber auch klar, dass jetzt nachgelegt werden muss, aber nicht aktionistisch, sondern strategisch-konzeptionell. Diese Erkenntnis hat die Ruhr Tourismus GmbH zum Anlass genommen, einen Marketingplan vorzulegen, der anhand von Strategien und abgeleiteten Maßnahmen die Richtung für die kommenden fünf Jahre im Tourismusmarketing vorgibt. Bei der Erstellung des Marketingplans wurde eines der Erfolgsgeheimnisse von RUHR.2010 zur Maxime allen Handelns: gemeinsames, koordiniertes Arbeiten über die Stadtgrenzen hinaus.

Deshalb wurde der Marketingplan im Beirat der Ruhr Tourismus GmbH erarbeitet und beschlossen. Die Tourismusverantwortlichen der elf kreisfreien Großstädte und vier Kreise der Metropole Ruhr haben sich eingebracht und mitgearbeitet. Der Plan ist Konsens in der Metropole Ruhr. Inhaltlich geht es bei diesem Marketingplan vereinfacht um Folgendes: Wo steht die Metropole Ruhr als Reiseziel, und mit welchen Themen können welche Zielgruppen in welchen Märkten erreicht werden?

Als Basis zur Beantwortung dieser Fragen dienten umfangreiche empirische Analysen, die in den Jahren 2009 bis 2011 durchgeführt wurden, darunter eine bundesweite Markenanalyse der Reisedestination Metropole Ruhr, eine bundesweite Themeneignungsanalyse der Metropole Ruhr als Reiseziel sowie über 2.000 geführte Interviews mit Übernachtungsgästen vor Ort. Die daraus abgeleiteten Erkenntnisse wurden interpretiert und durch Expertenwissen der Tourismusfachleute der Region ergänzt. Somit konnten solide die oben gestellten Fragen nach Themen, Zielgruppen und Quellmärkten beantwortet werden.

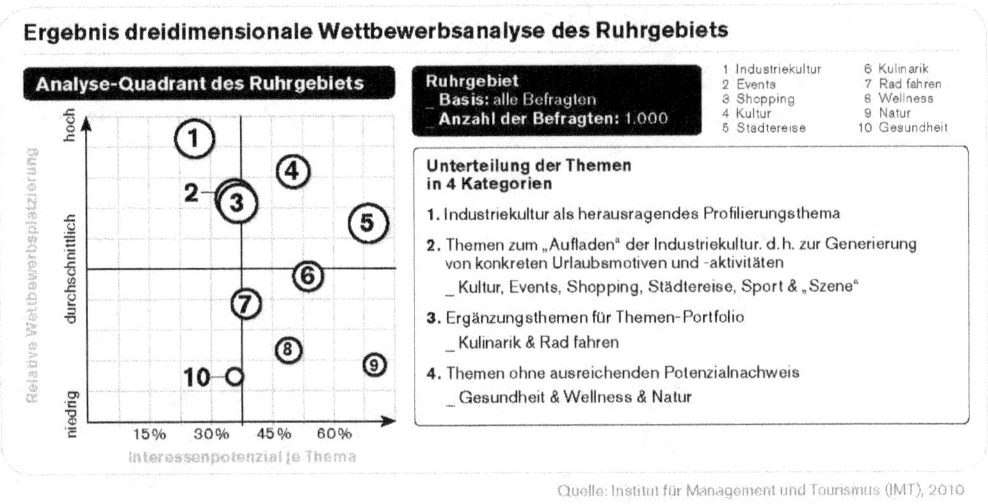

Abb. 4: Themeneignung Ruhrgebiet
(Quelle: Destination Brand 10/Themenkompetenz deutscher Urlaubsziele)

Darüber hinaus beantwortet das vorliegende Konzept auch die Fragen nach der strukturellen Zusammenarbeit aller beteiligten Akteure in der Region sowie nach der einheitlichen Darstellung des Reiseziels Ruhr nach innen anhand der vorhandenen Informationsinfrastruktur, beispielsweise der Ruhr.Visitor Center. Dabei wird deutlich, dass es sich um einen freiwillig kooperativen Ansatz handelt, wie er auch in jüngsten Studien zur Weiterentwicklung der Metropole Ruhr empfohlen wird. In einem weiteren Abschnitt geht der Marketingplan auf die operativen Handlungsfelder ein, in denen die RTG gemeinsam mit ihren strategischen Partnern innerhalb und außerhalb der Region anhand der strategischen Vorgaben kraftvoll und koordiniert agieren will, damit die abschließend formulierten Ziele qualitativer und quantitativer Art erreicht werden.

Welches sind nun die wichtigsten Motivstränge, die uns dazu führen, die Metropole Ruhr als neues Reiseziel am Markt zu positionieren?

Dazu vier Ansätze:

1. Direkte wirtschaftliche Effekte: In Essen beträgt der Umsatz durch Tourismus inkl. erster und zweiter Umsatzstufe ca. 1,7 Milliarden Euro. In Oberhausen werden bereits ca. 8 % der Wirtschaftsleistung durch Tourismus erzielt. Insgesamt werden deutlich über 5 Milliarden Euro durch Tourismus in der Region umgesetzt. Hinzu kommt, dass sich die daraus resultierenden Arbeitsplätze nicht exportieren lassen und dem gesamten Qualifikationsspektrum des Arbeitsmarktes zur Verfügung stehen.
2. Durch den Ausbau des touristischen Angebotes erhöht sich auch der Freizeitwert vor Ort. Dieses Plus an Lebensqualität ist wichtig im Wettbewerb der Regionen um die besten Fachkräfte. Denn dort, wo man als Tourist hinfährt, kann man sich eher vorstellen, auch leben und arbeiten zu wollen.
3. Die in der Metropole Ruhr lebenden Menschen werden zunehmend für das Angebot der gesamten Region sensibilisiert. Das damit verbundene praktische Erleben des Ruhrgebiets führt zu einem gesteigerten Regionalbewusstsein. Vitale Städte und Gemeinden er-

leben sich als Metropole besonderer Art, nämlich als die vielfältigste Städtelandschaft Europas.

4. Die positive mediale Berichterstattung sowie die eigenen Erlebnisberichte der Besucher unterstützen und verstärken den Imagewandel, der für die Region nach wie vor sehr wichtig ist.

4.2 Stärkung des Eventmarketing

4.2.1 ExtraSchicht

Abb. 5: ExtraSchicht (Quelle: Ruhr Tourismus/Jochen Schlutius)

Die ExtraSchicht ist die Visitenkarte der Metropole Ruhr. In nur einer Nacht bekommt der Besucher einen Eindruck von der Vielfalt und den Qualitäten der Region. Es werden die touristischen Highlight-Standorte ebenso präsentiert wie die kleinen Juwelen oder Geheimtipps. Neben Standorten werden auch Kulturfestivals und -initiativen eingebunden, so dass die ExtraSchicht Städte, Standorte und unterschiedlichste Kultursparten zu einem großen regionalen Kulturfest vereint. Die ExtraSchicht dient damit auch der nachhaltigen Fortführung der Kulturhauptstadt-Idee. Die gesamte Region wird zeitgleich und ohne Grenzen inszeniert. Die ExtraSchicht fungiert dabei als Plattform, die von ca. 200 Projektpartnern zur eigenen Präsentation genutzt wird, so dass die ExtraSchicht eine Art Schaufenster der Region ist. Durch die Organisation von Eigennutz und Kooperation gilt sie daher als Vorbild für erfolgreiche Zusammenarbeit im Ruhrgebiet. Die Nacht der Industriekultur schafft es, unterschiedlichste Zielgruppen für die Industriekultur und die gesamte Region zu begeistern.

Besucher, Reiseveranstalter und Multiplikatoren gehen auf Entdeckungsreise durch die Metropole Ruhr und bekommen einen eindrucksvollen Einblick in die Region.

Leitlinien/Ziele

Ziele sind die Präsentation der Industriekultur, die nachhaltige Fortsetzung von RUHR.2010 und die Weiterentwicklung von interkommunalen Netzwerken. Hierdurch werden der Wandel der Region, ihre touristischen Highlight-Standorte und herausragende Kulturprojekte vorgestellt. Es ist eine Leistungsschau der Region, in der die Qualitäten und Potenziale gebündelt präsentiert werden. Als Visitenkarte der Metropole Ruhr ist die ExtraSchicht ein wichtiges Instrument des Standortmarketings für die Region. Insgesamt werden mit der ExtraSchicht folgende Ziele verfolgt:

1. Vermarktung der Industriekultur,
2. Förderung der regionalen und interdisziplinären Zusammenarbeit,
3. Nachhaltige Fortsetzung der Kulturhauptstadt-Idee,
4. Präsentation der neu geschaffenen Erlebnisareale,
5. Reiseanlass in die Metropole Ruhr/innerhalb der Metropole Ruhr,
6. Stärkung der regionalen Identität,
7. Standortmarketing.

Nach der Premiere im Jahr 2001 hat sich das Format in einer Produktentwicklungsphase von 2002 bis 2004 weiter etabliert. In diesem Zeitraum wurde die heute noch bestehende Projektgemeinschaft zwischen Regionalverband Ruhr, Verkehrsverbund Rhein-Ruhr und Ruhr Tourismus gegründet.

In den Jahren 2005 bis 2006 wurde das etablierte Veranstaltungskonzept weiterentwickelt und als Kulturbeitrag zur WM 2006 profiliert. Der Zeitraum zwischen 2007 und 2010 stand klar unter der Ausrichtung auf das Ziel, als Sommerfest der Kulturhauptstadt Europas RUHR.2010 einen wesentlichen dramaturgischen Programmpunkt im Eventjahr 2010 zu markieren.

2010 hat sich die ExtraSchicht als das imageprägende Veranstaltungshighlight in der Metropole Ruhr herausgehoben. Dies haben ca. 200.000 Besucher an insgesamt 47 Spielorten bestätigt. Strategisches Ziel ist es, die ExtraSchicht ab 2014 ohne Fördermittel von Land und Europäischer Union umzusetzen. Die ExtraSchicht hat den Grundgedanken der Kulturhauptstadt „Wandel durch Kultur – Kultur durch Wandel“ bereits vor dem Jahr 2010 geprägt und galt als „Kulturhauptstadt im Kleinen“. Seit 2011 fungiert die ExtraSchicht als jährlicher Scheinwerfer, der die begonnenen Projekte und Prozesse von RUHR.2010 beleuchtet und ihre weitere Entwicklung präsentiert. Die Kulturhauptstadt wird so nachhaltig in dem Bewusstsein der Region verankert.

4.2.2 Neue regionale Veranstaltungsformate

Die Verbandsversammlung des Regionalverbandes Ruhr hat am 10.10.2011 die Verabredung zur nachhaltigen Fortsetzung der Kulturhauptstadt „Kulturmetropole Ruhr – Perspektiven nach dem Kulturhauptstadtjahr“ beschlossen. Im Rahmen dieser Verabredung wird die Ruhr Tourismus GmbH als künftige Veranstaltungsagentur neben der ExtraSchicht weitere identitätsstiftende regionale Veranstaltungen mit breiter Bürgerbeteiligung und touristischer Relevanz durchführen. Im Jahr 2012 wurde zunächst !SING – DAY OF SONG umgesetzt.

!SING – DAY OF SONG wurde mit großem Erfolg während des Kulturhauptstadtjahres veranstaltet und wurde als Gesangsfestival RUHR in der gesamten Metropole Ruhr, also unter Beteiligung aller 53 Städte, im Jahr 2012 fortgeführt. Weitere Großveranstaltungen für 2013 ff sind bereits in Planung. Neben den oben aufgeführten Kriterien müssen künftige Veranstaltungen in das Eventmarketing der Ruhr Tourismus GmbH eingebettet sein.

Mit Hilfe von Veranstaltungen sollen Qualitäten und Besonderheiten der Region einem großem Publikum auf emotionale Art und Weise präsentiert werden. Im Rahmen des Standortmarketings der Ruhr Tourismus GmbH sind Veranstaltungen somit als Instrumente des Eventmarketings für die Metropole Ruhr zu verstehen.

Abb. 6: Sing Day of Song Ruhr (Quelle: Ruhr Tourismus/Jochen Schlutius)

4.2.3 Vermarktung der RuhrKunstMuseen als Kunstregion Ruhr

Die 20 RuhrKunstMuseen der Metropole Ruhr bilden weltweit die dichteste Landschaft von Museen moderner Kunst. Die national und international arbeitenden Kunstmuseen aus 15 Städten der Metropole Ruhr haben sich in einem kulturellen Netzwerk (RKM) als Initiative zur Kulturhauptstadt Europas RUHR.2010 zusammengeschlossen. Die 20 Kunstmuseen bilden eine dichte Museumslandschaft und verfügen zusammengenommen über eine bedeutende Kunstsammlung, sind jedoch, bis auf das Folkwang Museum in Essen, als Reiseziel weitestgehend unbekannt. Im Kulturhauptstadtjahr wurden bereits innovative Projekte umgesetzt und durch Maßnahmen im Museumsmarketing begleitet. Exemplarisch kann hier das Vermittlungsprojekt Collection Tours (z. B. „Zweimal Kunst und zurück“, ein Vermittlungsprojekt für Schüler) genannt werden. Die durch Maßnahmen des Museumsmarketings erreichte Bekanntheit der Marke RKM dient als Grundlage für das neu zu etablierende kulturtouristische Marketing der RKM. Das einzigartige Netzwerk von Museen mit Sammlungen des 20. und 21. Jahrhunderts gilt es nun integrativ touristisch in Wert zu setzen. Dabei stehen die kulturtouristische Schärfung der Marke, eine differenzierte Produktentwicklung und Vermarktung sowie ein kulturtouristisches Kommunikationskonzept im Vordergrund.

Die Destination Metropole Ruhr ist durch die Initiative zu RUHR.2010 auf dem kulturtouristischen Markt angekommen. Diese Kompetenz soll nun durch das weiterzuentwickelnde Produkt des kulturellen Netzwerkes der 20 RuhrKunstMuseen verstärkt werden. Die Umsetzung des Projektes erfolgt auf folgender strategischer Grundlage:

- Die RuhrKunstMuseen nehmen die Rolle als „Leitprodukt“ in dem wichtigen Aufladungsthemenfeld „Kultur“ ein.
- Die grundlegenden Themen-, Zielgruppen- und Quellmarkt-Definitionen werden die Eckpfeiler für die anstehenden Schritte „Schärfung der Marke RuhrKunstMuseen“ und „touristische Vermarktung der RuhrKunstMuseen“ darstellen, um eine effiziente touristische Vermarktung zu gewährleisten.
- Der Marketing-Prozess bedarf einer engen Abstimmung und Aufgabenteilung zwischen RuhrKunstMuseen und RTG auf strategischer und operativer Ebene.

5 Fazit

Vergleicht man das Niveau der Übernachtungszahlen im Ruhrgebiet im Verhältnis zur Einwohnerzahl vergleichbarer Destinationen in Deutschland, fällt auf, dass das Ruhrgebiet nur rund ein Viertel der Übernachtungszahlen vergleichbarer Städte aufweisen kann. Die Metropole Ruhr als Reiseziel steht nach wie vor am Beginn der Entwicklung. Das Event Kulturhauptstadtjahr ist zwar vorbei, hat aber eine enorme Dynamik in die Entwicklung gebracht. Wichtigste Erkenntnis dabei war, dass sich die angewandte Strategie der Bündelung der Kräfte der Region im Tourismus etabliert hat und im regionalen Konsens weiter fortgesetzt wird. Durch eine relativ auskömmliche Anschlussfinanzierung haben die politisch handelnden Akteure Weitsicht bewiesen und tragen damit ganz entscheidend mit dazu bei, die in das Projekt Kulturhauptstadt 2010 investierten Mittel mit Nachhaltigkeit aufzuladen.

Literatur

IT.NRW 2011 = Landesbetrieb Information und Technik Nordrhein-Westfalen (IT.NRW) Beherbergungsstatistik 2011

BIERMANN/FROHNE/LOTTRITZ (2011): „Komm Zur Ruhr! Die touristische Entwicklung der Metropole Ruhr“. In: Frohne/Langsch/Pleitgen/Scheytt: „RUHR. Vom Mythos zur Marke“, Essen, S. 82–90

Welterbe und Tourismus: ausgewählte Forschungsergebnisse

Heinz-Dieter Quack/Helmut Wachowiak[1]

1 Einleitung

Denkmaltourismus ist eine weit verbreitete Form des Tourismus. Zahlreiche Autoren betrachten Denkmaltourismus zudem als einen bedeutenden Wachstumssektor des Tourismus (z. B. CHANDLER/COSTELLO 2000; GARROD/FYALL 2002; TIMOTHY/BOYD 2006). Um von diesem Wachstum zu profitieren, vermarkten Zielgebiete ihre kulturellen Besonderheiten oder Denkmäler. Mit dem Denkmaltourismus wächst auch das Interesse von Touristen und Kulturmanagern an UNESCO-Welterbestätten, im Folgenden Welterbestätten genannt. Die meisten Manager von Welterbestätten betrachten Tourismusmanagement als einen Schwerpunkt ihrer Arbeit (PEDERSEN 2002). Die Auswirkungen des Welterbestatus auf die Nachfrage im Tourismus sind nicht nur für das Management des Denkmals, sondern auch für die regionale Entwicklung von Bedeutung. Der Welterbestatus ist ein diskutiertes Thema, weil er von manchen Akteuren befürwortet und von anderen abgelehnt wird. Dementsprechend sind in der Literatur auch keine eindeutigen Erkenntnisse zu den Auswirkungen auf den Tourismus, die eine Ernennung zum Welterbe hat, zu erkennen. Die steigende Anzahl von Nominierungen für Welterbestätten auf der ganzen Welt wirft die Frage auf, welche Erwartungen die Akteure allgemein und das Management der Stätte im Besonderen im Voraus an den Welterbestatus knüpfen.

2 Kultur- und Denkmaltourismus

2.1 Zum Begriff Kultur- und Denkmaltourismus

Bis heute gibt es keine allgemein akzeptierte Definition für Kultur- oder Denkmaltourismus, sondern eine breite Vielfalt (MCKERCHER/DU CROS 2002). DREYER (2000) definiert Kulturtourismus als alle Reisen, „denen als Reisemotiv schwerpunktmäßig kulturelle Aktivitäten zugrunde liegen“ (S. 26). STEINECKE (2007) nennt vier grundsätzliche Merkmale von Kulturtourismus: das kulturelle Interesse des Touristen, die Besichtigung kultureller Einrichtungen, die Teilnahme an Kulturveranstaltungen und eine fachlich fundierte Informationsvermittlung.

---

[1] Die Autoren danken Frau Müller (IUBH) und Herrn Wetzel (OSTFALIA) für ihre Unterstützung.

Demnach setzt sich das kulturelle Angebot aus historischen und zeitgenössischen Sehenswürdigkeiten, historischen Schauplätzen wie z. B. Stadtensembles oder Schlachtfelder, Kulturveranstaltungen und Reisearten wie Studien- oder Bildungsreisen zusammen (STEINECKE 2007). Nach MCKERCHER und DU CROS (2002) hat sich Kulturtourismus zu einem Überbegriff für eine Reihe verwandter Tourismusformen, wie z. B. Geschichts-, Kunst- oder Museumstourismus, entwickelt.

Die englischsprachige Literatur bietet eine Reihe von Definitionen für den Begriff ‚Heritage Tourism', der hier mit Denkmaltourismus übersetzt wird. Denkmaltourismus kann aus der Sicht der Nachfrage oder des Angebots betrachtet werden. Definitionen aus der Angebotssicht beziehen sich auf die Pull-Faktoren, d. h. die wesentlichen Merkmale eines Denkmals wie Attraktionen, Artefakte etc. (BUDRUK et al. 2008). RICHARDS (1996 in HUGHES 2002) z. B. charakterisiert Denkmaltourismus schlicht als den Konsum des Kulturproduktes. YALE (1991 in GARROD/FYALL 2000) definiert Denkmaltourismus als Tourismus, der sich um unser Erbe gestaltet und sich von historischen Gebäuden über Kunst bis zu schönen Landschaften auf Vieles beziehen kann.

Definitionen aus der Perspektive der Nachfrage berufen sich dagegen eher auf das Erlebnis des Besuchers oder mit anderen Worten die Push-Faktoren wie Wahrnehmung, Motivation oder Erwartungen in Bezug auf das Denkmal (BUDRUK et al. 2008). MOSCARDO (2001 in BUDRUK et al. 2008) z. B. definiert Denkmaltourismus als das Erlebnis der Interaktion zwischen dem Besucher und dem Denkmal. PORIA, BUTLER und AIREY (2001) klassifizieren Denkmaltourismus als eine Form des Tourismus, bei der das Hauptbesuchsmotiv auf den Merkmalen des Ortes in Bezug auf die Wahrnehmung des eigenen Erbes basiert. Sie argumentieren, dass Denkmaltourismus nicht von den Eigenschaften eines Denkmals initiiert werde, sondern von der Motivation des Touristen in Bezug auf die Eigenschaften des Denkmals sowie von der Wahrnehmung des eigenen Erbes abhängt. Nach PORIA et al. (2001) eignet sich diese Definition besser für das Verständnis und Management von Erbestätten. Kultur- und Erbestätten sind für die Massen interessant, obwohl wahrscheinlich nur Wenige persönlich mit der Stätte verbunden sind. Besonders ausländische Touristen empfinden die persönliche Bindung nicht, die die lokalen Bewohner möglicherweise haben (TIMOTHY 1997).

APOSTOLAKIS (2003) kritisiert, dass diese Definitionen Begriffsbestimmungen, Reisemotive und Authentizität nicht verknüpfen und die Ansätze aus Sicht des Angebots und der Nachfrage nicht verbinden. Demnach beruht Denkmaltourismus laut APOSTOLAKIS (2003) auf den Stärken der Push- sowie Pull-Faktoren in der Region und spricht Touristen auf diese Weise an.

Die Vielzahl der Definitionen zeigt, dass die Begriffsbestimmung von Denkmaltourismus vom Kontext und vom Blickwinkel abhängt.

2.2 Der Denkmaltourist

Verschiedene Studien zeichnen ein sehr homogenes Bild der soziodemographischen Merkmale des Denkmaltouristen. LIGHT et al. (1994 in CHENG/MORRISON 2007) beschreiben den typischen Denkmaltouristen als gebildet, mittleren Alters, der Mittelschicht angehörig, kinderlos und mit einem ausgeprägten Geschichtswissen. Darüber hinaus stellten KERSTETTER et al. (2001) genauso wie TAYLOR, FLECHER und CLABAUGH (1993) und SILBERBERG (1995) fest, dass Denkmaltouristen zu einem längeren Aufenthalt neigen, über ein höheres Jahresdurchschnittseinkommen verfügen und mehr pro Reise ausgeben als andere Reisende. Wie LIGHT et al. (1994 in CHENG/MORRISON 2007) beobachteten CHANDLER und COSTELLO (2002) am Beispiel von Kulturerbe-Destinationen in East Tennessee in den USA ein homogenes, demographisches Bild der Besucher. Demnach war der typische Besucher mittleren Alters (zwischen 35 und 63 Jahren alt), vollzeit beschäftigt, verheiratet mit älteren Kindern und verfügte über einen Hochschulabschluss. MCKERCHER und DU CROS (2002) sehen eine direkte Korrelation zwischen dem Bildungsniveau und dem Interesse an Kultur und als Konsequenz auch an Denkmaltourismus.

Im Gegensatz zu den sehr homogenen soziodemographischen Merkmalen nennen verschiedene Autoren sehr heterogene Reisemotive. PRENTICE (1993 in PORIA/BUTLER/AIREY 2004) führt sechs Reisemotive für Denkmaltouristen auf: Besichtigungen aus Vergnügen, Bildung, Informationen, Erholung, Unterhaltung und Training. MOSCARDO (1996 in PORIA et al. 2004) hebt Bildung und Unterhaltung als die beiden Hauptgründe hervor, und ZHOU, KING und TUNER (1998 in PORIA et al. 2004) fügen Ansehen gegenüber Anderen hinzu.

Zusammenfassend zeigen Denkmaltouristen ein bestimmtes soziodemographisches Profil mit einem vergleichbar hohen Alter und Bildungsniveau. Die Reisemotive reichen von Freizeit und Erholung über die Merkmale des Denkmals bis hin zu einer persönlichen Verbindung mit dem Denkmal.

2.3 Zum Konflikt zwischen Denkmalschutz und Tourismus

EVANS (2004) nennt Erbe und Tourismus „twin but unequal elements“ (S. 315) und Denkmaltourismus ein zweischneidiges Schwert. Die Beziehung zwischen Erbe und Tourismus an Weltkulturerbestätten ist oft problematisch und fragil. Nach SHACKLEY (1998 in EVANS 2004) unterstreicht besonders der Welterbestatus den wirtschaftlichen sowie den symbolischen Wert einer Denkmalstätte. Einen Ausgleich zwischen Tourismus und Denkmalschutz zu schaffen ist eine schwierige Aufgabe (TUCKER/EMGE 2010). Besonders durch wachsende Besucherzahlen können leicht Konflikte zwischen der touristischen Nutzung des Denkmals und den Belangen des Denkmalschutzes oder dem Alltagsleben benachbarter Gemeinden entstehen.

Stakeholdern, die den Schutz des Denkmals und nicht den öffentlichen Zugang als ihr oberstes Ziel definieren, stehen solche Personen gegenüber, die an der Entwicklung der Denkmalstätte als Tourismusattraktion interessiert sind (LYON 2007). KERR (1994 in MCKERCHER/HO/DU CROS 2004) fasst den Zusammenhang mit der Aussage zusammen, dass das, was dem Schutz nütze, nicht immer gut für den Tourismus sei und das, was dem Tourismus nütze, selten gut für den Denkmalschutz sei.

HALL und MCARTHUR (1998 in LLOYD/MORGAN 2008) sehen die Ursache für den Konflikt zwischen Erbe und Tourismus in der Interaktion der involvierten Akteure und nicht in der Ressource an sich. Die Unterrepräsentation der örtlichen Bevölkerung im Management von Welterbestätten ist z. B. ein häufiger Auslöser für Uneinigkeiten. Laut LLOYD und MORGAN (1998) entstehen Spannungen zwischen den unterschiedlichen Zielen der verschiedenen Management- oder Beratungsinstitutionen: Die Regierung und Tourismusorganisationen wollen das Denkmal für ihr Marketing und Image nutzen; die lokale Ebene erwartet Arbeitsplätze und Einkommen durch Tourismus. Allgemein entstehen Konflikte mit größerer Wahrscheinlichkeit, wenn es keine Balance zwischen den Akteuren gibt.

Anstelle der Konflikt-Theorie beschreiben MCKERCHER et al. (2004) die Beziehung zwischen Tourismus und Kulturmanagement anhand eines Kontinuums mit verschiedenen Phasen bezüglich des Reifezustandes, Wissen und guten Willen der beiden Parteien. Laut MCKERCHER et al. (2004) setzt erfolgreicher Denkmaltourismus voraus, dass sich beide Parteien des touristischen Wertes und des Schutzbedarfs bewusst sind und verstehen, dass beide Seiten ein legitimes Interesse an dem Denkmal haben.

Obwohl hohe Besucherzahlen einem Denkmal schaden können, ist das Einkommen, das durch Besucher generiert wird, oft eine wichtige Quelle für die Finanzierung von Erhaltungsmaßnahmen (HAZEN 2009). Nach CHENG und MORRISON (2007) ist Tourismusentwicklung für viele Welterbestätten die einzige Möglichkeit, einer schwachen wirtschaftlichen Lage zu entkommen. Laut ASHWORTH (2009) brauchen Denkmäler die direkte Finanzierung durch Touristen. Selbst wenn ein Denkmal stark von öffentlichen Geldern abhängig ist, sind Besucherzahlen ein wirksames Argument für weitere Fördergelder.

3 Nominierung von Welterbestätten: Erwartungen der Akteure vor Ort

Die Nominierung eines Denkmals wird von gewissen Erwartungen getrieben. Der Welterbestatus ist mit hohen Erwartungen, vor allem an wirtschaftlichen Nutzen durch Tourismusentwicklung und internationale Unterstützung im Denkmalschutz verbunden. Für ihre Abschlussarbeiten führten FALK (2006) und WETZEL (2012) Interviews mit Experten in Marketing, Öffentlichkeitsarbeit und Kulturmanagement von insgesamt vier deutschen Welterbestätten durch. Trotz der verschiedenen Zeitpunkte der Ernennung zeigen die Fälle ähnliche Ergebnisse (siehe Tabelle 1).

Tab. 1: Beispiele der Erwartungen gegenüber der Ernennung zum Weltkulturerbe (eigene Darstellung basierend auf FALK 2006 und WETZEL 2012)

<table>
<tr><th></th><th>Kloster Lorsch</th><th>Industriekomplex Zeche Zollverein in Essen</th><th>Obergermanisch-raetischer Limes</th><th>Bremen</th></tr>
<tr><td>Jahr der Ernennung</td><td>1991</td><td>2001</td><td>2005</td><td>2004</td></tr>
<tr><td rowspan="5">Erwartungen angegeben von Experten in Marketing, PR und Management</td><td colspan="4">Publicity</td></tr>
<tr><td colspan="4">Prestige</td></tr>
<tr><td colspan="4">Größere Sensibilität sowie finanzielle und personelle Ressourcen für den Denkmalschutz</td></tr>
<tr><td>Schaffung von Arbeitsplätzen durch Tourismus in einer wirtschaftlich schwachen Region</td><td>Strukturwandel von verarbeitenden Gewerbe zum Servicesektor</td><td></td><td>Symbol der Unabhängigkeit</td></tr>
<tr><td></td><td colspan="2">Identifikation der lokalen Bevölkerung mit der Region</td><td>Erhöhung der Besucherzahlen</td></tr>
</table>

Eine Studie von SCHERER et al. (2005) geht einen Schritt weiter und wertet die Erwartungen der lokalen Anbieter und Teilhaber gegenüber einer potentiellen Ernennung zum Welterbe in der Region Bodensee (siehe Abbildung 1). Die Erwartungen lokaler Anbieter sind hauptsächlich positiv und besonders in Bezug auf das Image und die Tourismusentwicklung stark ausgeprägt.

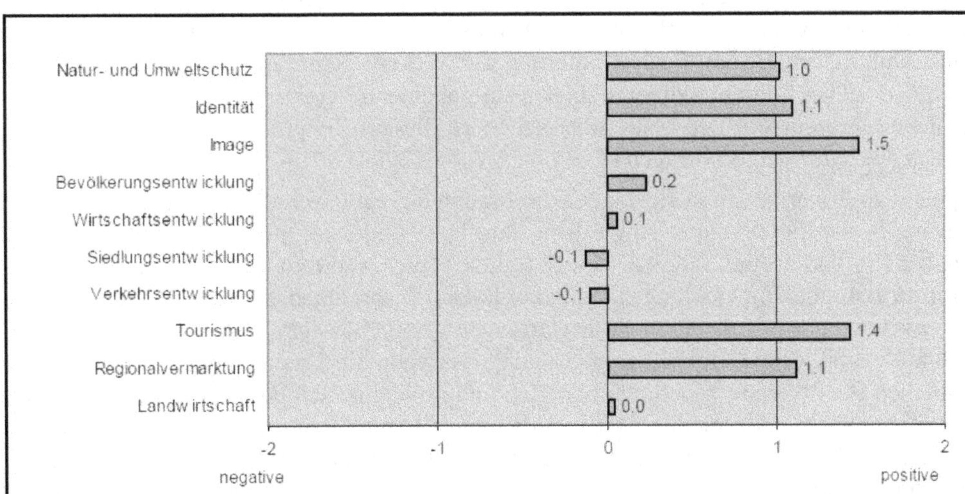

Abb. 1: Erwartete Wirkungsbereiche einer UNESCO-Weltkulturlandschaft Bodensee aus Sicht der regionalen Akteure (Quelle: SCHERER et al. 2005, S. 14)

Ein Vergleich der Erwartungen zwischen lokalen und regionalen Anbietern in der Region Bodensee zeigt eine hohe Diskrepanz (siehe Abbildung 2). Der Effekt des Welterbestatus auf den Tourismus, der von den Anbietern als eine der Haupterwartungen gegenüber dem Welterbestatus genannt wurde (siehe Abbildung 1), wird in der Region deutlich überbewertet (SCHERER et al. 2005).

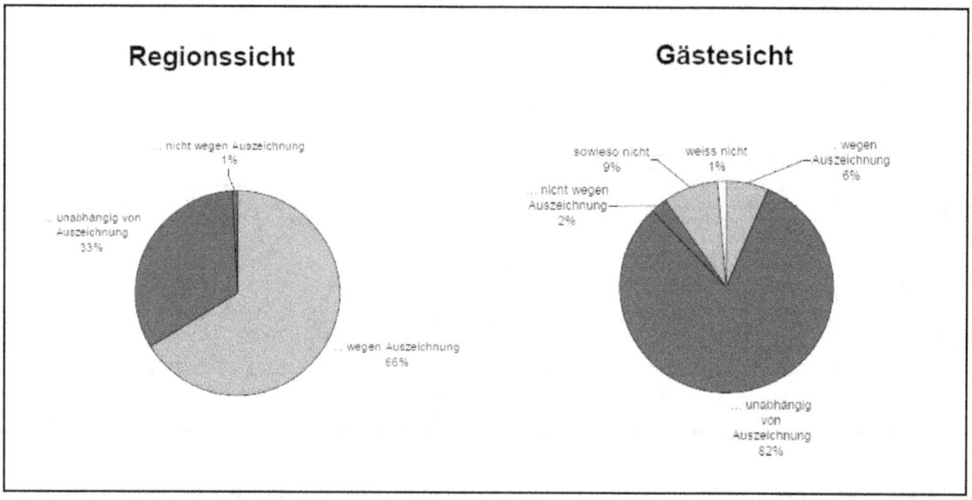

Abb. 2: Einfluss des Labels auf das Reiseverhalten aus Regionssicht (Quelle: SCHERER et al. 2005, S. 18)

Im Gegensatz zu den positiven Erwartungen, die von SCHERER et al. (2005) genannt wurden, ist die Aussicht auf steigende Tourismuszahlen laut VAN DER AA, GROOTE und HULGEN (2004) nicht attraktiv, weil Besucherzahlen für gewöhnlich schon zum Zeitpunkt der Nominierung ein hohes Niveau erreicht haben. Laut VAN DER AA et al. (2004) lehnen manche Denkmäler die Nominierung ab, weil sie bereits maximale Tourismuskapazitäten erreicht haben. Cambridge z. B. hat die Nominierung zur Welterbestätte aufgrund der Befürchtung abgelehnt, der Titel führe nur zu zusätzlichen Aufgaben und Verantwortungen, aber zu keinen zusätzlichen Ressourcen. Die Stadt hatte schon zu diesem Zeitpunkt Probleme, den Druck durch den Tourismus zu bewältigen (VAN DER AA et al. 2004).

Den positiven Erwartungen in Bezug auf die Ernennung zum Welterbe stehen oft mangelnde Akzeptanz in der Bevölkerung sowie Konflikte bzw. Bedenken über zukünftige Konflikte gegenüber (SCHERER et al. 2005). Nach SCHERER et al. (2005) können sich diese Konflikte auf infrastrukturelle Entwicklungen, Bauaktivitäten, Spannungen zwischen Denkmalschutz und Tourismus oder unterschiedliche Erwartungen gegenüber dem Welterbestatus beziehen. VAN DER AA et al. (2004) nennen drei Gründe, aus denen die Ernennung zum Welterbe von der örtlichen Bevölkerung zunehmend kritisch und problematisch betrachtet wird: Die Übergabe des nationalen oder lokalen Erbes an die ganze Menschheit und der damit verbundene Besitzverlust; die Wahrnehmung, dass Kosten und zusätzliche Verantwortlichkeiten den Nutzen für die örtliche Bevölkerung übersteigen, und maximale Tourismuskapazitäten, die schon zum Zeitpunkt der Ernennung erreicht wurden.

4 Auswirkungen der Ernennung zum UNESCO-Weltkulturerbe

4.1 Allgemeine Auswirkungen auf das Denkmal (und dessen Management)

Praktisch alle bekannten Studien beziehen sich konkret auf eines oder eine begrenzte Zahl von Denkmälern. Die allgemeinen Auswirkungen, die im Folgenden aufgeführt werden, können daher nicht generell auf alle Weltkulturerbestätten angewandt werden.

Im Sinne der Welterbekonvention ist der verbesserte Schutz der Kulturstätte als die Hauptauswirkung einer Ernennung zur Welterbestätte zu sehen (HALL 2006). Nach der Deutschen UNSECO-Kommission (DUK) (2009) soll das gesteigerte Ansehen des Denkmals, das mit dem Welterbestatus verbunden ist, ein Anreiz für nationale Schutz- und Erhaltungsmaßnahmen sein. Laut WILLIAMS (2004) gewinnen Kulturmanager durch die Ernennung zum Welterbe mehr Einfluss auf den Schutz und das Management der Ressourcen. Der Welterbestatus erhöht den Denkmalschutz in dem Sinne, dass das öffentliche Monitoring der UNESCO den Denkmalschutz demokratisiert, indem die Öffentlichkeit Bedenken direkt an das Welterbekomitee richten kann. Nach HALL (2006) ist der für die Nominierung erforderliche Managementplan der größte Nutzen für das Denkmal, da er eine klare Planung und Managementstruktur schafft. Zusammen mit der regelmäßigen Berichterstattung an die UNESCO führt dies zu verbessertem Management und Schutz (HALL 2006). Laut JIMURA (2011) erhöht die Ernennung zum Welterbe den Grad des Denkmalschutzes dadurch, dass der Managementplan, auch wenn er bereits vorliegt, für die Nominierung revidiert und verbessert wird sowie auch nach der Ernennung unter ständiger Prüfung steht. ROBINSON et al. (2000 in RAKIC 2007) sehen den Grund für den verbesserten Schutz von Welterbestätten im gesteigerten Tourismus durch den Welterbestatus.

Im Gegensatz argumentieren VAN DER AA et al. (2004), dass der Welterbestatus den Denkmalschutz nicht verbessert, weil der Schutz zum Zeitpunkt der Ernennung schon auf einem sehr hohen Grad ist. Nationale Standards und angemessene Schutzmaßnahmen müssen sichergestellt werden, bevor eine Nominierung zum Welterbe überhaupt möglich ist. Weil die UNESCO ein nationales Abkommen zum Denkmalschutz vor der Ernennung fordert, nennen VAN DER AA et al. (2004) die Erwartungen an verbesserten Denkmalschutz ein leeres Versprechen ohne praktischen Wert.

Der Welterbestatus hat aufgrund des Ansehens, zu einer Gruppe außergewöhnlicher Denkmäler zu gehören, einen repräsentativen Wert (SMITH 2002). Er kann das lokale Interesse für Erbe erhöhen und eine Quelle für Nationalismus, Identifikation und Stolz sein (HALL 2006; JIMURA 2011; SCHERER et al. 2005). Welterbestätten können ein Fundament für nationale Identität sein, weil sie für langfristige Stabilität stehen (EVANS 2004). HALL und PIGGIN (2003 in OKECH 2010) beobachten, dass besonders viele Entwicklungsländer das Potential des Welterbestatus unter anderem als eine Basis für Nationalstolz entdecken. Laut VAN DER AA et al. (2004) sinkt dagegen der Stolz mit der steigenden Zahl von gelisteten Denkmälern. Der Welterbestatus kann auch als politisches oder ethnisches Statement genutzt werden und zur Anerkennung ethnischer oder politischer Gruppen, z. B. in ehemaligen Kolonien, beitragen (EVANS 2004; HALL 2006).

Der Welterbestatus erhöht nicht nur das lokale, sondern auch das globale Interesse an dem Denkmal. Als Folge des gesteigerten Ansehens verbessert der Welterbestatus das Image einer Kulturstätte und führt zu erhöhtem öffentlichen Interesse (JIMURA 2011; UNESCO, WORLD HERITAGE CENTER 2008a; SU/WALL 2011) sowie zu einer größeren Wahrnehmung auf nationalem und internationalem Level (SCHERER et al. 2005). FALK (2006) beobachtete diese signifikante Steigerung des öffentlichen Interesses an folgenden Beispielen:

- Ein Manager des Industriekomplexes Zeche Zollverein gab an, dass ohne den Welterbetitel sehr viel mehr finanzielle und personelle Unterstützung nötig gewesen wäre, um denselben Bekanntheitsgrad zu erreichen.
- Als Folge des Welterbestatus und dem damit verbundenen Prestige entwickelte sich das Altenmünster Lorsch zu einem regionalen Zentrum für die Ausbildung von Fremdenführern, Museumspädagogik und Qualitätssicherung.
- Im Fall des Obergermanisch-reatischen Limes führte das gesteigerte Interesse an dem Denkmal zu vermehrter wissenschaftlicher Forschung (FALK 2006).

Ein hohes öffentliches Interesse ist darüber hinaus besonders wichtig und hilfreich, wenn Welterbestätten z. B. durch internationale Konflikte oder Naturkatastrophen gefährdet und internationale Hilfskampagnen nötig sind (DUK 2009).

Der Welterbestatus impliziert die Mitgliedschaft in einer internationalen Gemeinschaft. Das internationale Netzwerk der Welterbestätten ermöglicht den Austausch von Expertise (DUK 2009) und die Gründung neuer Partnerschaften (HALL 2006). Beispiele für Partnerschaften, die durch den Welterbestatus angestoßen wurden, sind die erfolgreiche gemeinsame Nominierung des Wattenmeeres von Dänemark, Deutschland und den Niederlanden (VAN DER AA et al. 2004), die OWHC (Organization of World Heritage Cities), die sich für einen besseren Schutz historischer Stadtkerne einsetzt (DUK 2009) oder die Kooperation zwischen dem Obergermanisch-reatischen Limes und dem Hadrians Wall in Großbritannien, die zusammen als „Grenzen des Römischen Reiches" gelistet sind und mit anderen Teilen des römischen Grenzwalls in anderen europäischen Ländern kooperieren (FALK 2006). Des Weiteren kann die Ernennung zum Welterbe die Kooperation zwischen den verschiedenen Teilhabern innerhalb der Destination stärken (DUK 2009). ASHWORTH und TUNBRIDGE (1996) kritisieren jedoch, dass der Status öfter für kommerzielle Ziele und den Aufbau eines nationalen Images genutzt werde, als dass der Gedanke des globalen Welterbes im Vordergrund stehe (in REDDY 2009).

Ein Hauptproblem des Kulturmanagements und Denkmalschutzes ist der Mangel an finanziellen Ressourcen. Der Welterbestatus kann dazu beitragen, finanzielle Mittel von privaten Geldgebern und einer weitreichenden Öffentlichkeit zu gewinnen (HAZEN 2009; HEDE 2007). Die verantwortlichen Behörden nutzten z. B. den Welterbestatus der Freiheitsstatue in New York, um private Gelder für die Restaurierung zu sammeln (WILLIAMS 2004). Der Welterbestatus kann nicht nur den Erhalt von privaten, sondern auch von öffentlichen Geldern erleichtern. Im Beispiel des Klosters Maulbronn führte das größere öffentliche Interesse durch den Welterbestatus bei lokalen Politikern zu einem höheren Bewusstsein für Denkmalschutz und damit zu erhöhter finanzieller Unterstützung (HENGER 2006).

4.2 Touristische Implikationen

4.2.1 Welterbe als touristisches Label

Neben diesen allgemeinen Auswirkungen hat der Welterbestatus Einfluss auf den Tourismus. Weltkulturerbestätten wurden nicht nur aufgrund des Denkmalschutzes, sondern auch aufgrund des Tourismus populär. Nach RAKIC and CHAMBERS (2007) hat das Welterbekonzept bereits seinen Fokus im Bereich Denkmalschutz verloren. Stattdessen habe sich der Welterbestatus aus Gründen der Tourismusindustrie und der Stärkung der Nation zu einem Schema für die Akkreditierung von Erbestätten entwickelt. In einer Studie von RAKIC (2007) gaben mehr als 90 % von 26 befragten Experten aus verschiedenen Feldern des Kulturerbes an, dass der Welterbestatus für die Tourismusindustrie wichtiger geworden sei als für den Denkmalschutz.

Der Welterbestatus war zu keinem Zeitpunkt als Marketinginstrument für den Tourismus beabsichtigt. Er wirkt jedoch sehr häufig so. Aufgrund der Auswahlkriterien sehen viele Akteure in den Welterbestätten ein wertvolles Potential für Tourismus (OKECH 2010). Der Welterbestatus erhöht zweifelsohne den Wert einer Tourismusattraktion und kann im Wettbewerb mit anderen Attraktionen oder Destinationen als Alleinstellungsmerkmal verwendet werden (DEARBORN/STALLMEYER 2009; RAKIC 2007). Per Definition steht der Welterbestatus für Qualität und Authentizität, genau das, was Kulturtouristen suchen (RYAN/SILVANTO 2009).

Nach RYAN und SILVANTO (2009) wird der Welterbestatus für ein Denkmal umso attraktiver, je geringer der Bekanntheitsgrad der Stätte ist. Eine unbekannte Kulturstätte kann in größerem Maße davon profitieren, mit weltberühmten Erbestätten auf einer Ebene zu stehen. Wenn die Destination touristisch noch nicht entwickelt ist, kann eine Welterbestätte eine vorteilhafte Resource für die Entwicklung und Vermarktung des kulturellen Tourismusprodukts sein (CARTER/JOLLIFE/BAUM 2001). Für Bremen weist WETZEL (2012) darauf hin, dass der Welterbestatus zwar in das touristische Marketing der Stadt eingebettet ist, dies jedoch lediglich in einer der vier Themensäulen (historisch – innovativ – maritim – lebendig) mitgetragen wird.

Für eine Kulturstätte, die bereits über eine starke Marke verfügt, wie z. B. der Kölner Dom, ist der Markeneffekt relativ klein. Für eine Kulturstätte mit einer schwachen Marke kann der Markeneffekt durch den Welterbestatus im Gegensatz sehr hoch sein (SCHERER et al. 2005). Entsprechend ist die Wahrscheinlichkeit eines rapiden Anstiegs der Tourismuszahlen nach ASAKURA (2008 in JIMURA 2011) für weniger bekannte japanische Welterbestätten größer als für Denkmäler, die bereits vor der Ernennung populär waren.

Während viele Autoren die Bedeutung des Welterbestatus im Marketing hervorheben, sind andere der Meinung, dass der Effekt des Welterbestatus im Marketing nicht signifikant sei, weil die Idee und das Konzept des Welterbes nicht genug kommuniziert würden und viele Besucher nichts von und über den Status wüssten (WILLIAMS 2004). Nach KING und PRIDEAUX (2010) wird der Welterbetitel nicht konsequent auf den verschiedenen Kommunikationskanälen und an den verschiedenen Denkmälern kommuniziert. Dies erschwert die Entwicklung einer Beziehung zwischen dem Touristen und der Marke.

4.2.2 Einfluss des Welterbestatus auf die touristische Nachfrage

Die Mehrheit der Weltkulturerbestätten sind gleichzeitig bekannte Tourismusattraktionen (OKECH 2010). Die Frage, ob die Ernennung zum Welterbe zu einem Anstieg von Besucherzahlen führt, ist in der Literatur über Weltkulturerbe ein häufig diskutiertes Thema. Für die meisten Welterbestätten erschwert ein Mangel an historischen Daten über Besucherzahlen und Reisemotive belastbare Aussagen. Zusätzlich ist es allgemein schwierig, den Effekt des Welterbestaus auf Besucherzahlen von anderen Faktoren zu trennen, die Einfluss auf die Reise- oder Besuchsentscheidung haben (BUCKLEY 2004). Nach RAKIC (2007) kann nicht mit Sicherheit festgestellt werden, ob der Anstieg des Tourismus ein allgemeiner, direkter Effekt der Ernennung zum Welterbe ist oder nur in manchen Fällen auftritt.

Dennoch unterstützen einige Autoren die These, dass der Welterbestatus mit einem Anstieg der Tourismuszahlen verbunden ist (siehe auch TUCKER/EMGE 2010). Auch das Welterbezentrum nennt steigende Tourismuszahlen als eine mögliche Auswirkung der Ernennung zum Welterbe (UNESCO, WORLD HERITAGE CENTER 2008a). SHACKLEY (1998 in OKECH 2010) betrachtet Welterbestätten als Besuchermagnete und den Welterbestatus als eine Garantie für hohe Besucherzahlen. DEARBORN und STALLMEYER (2009) sehen den Grund für die positive Entwicklung des Tourismus im Alleinstellungsmerkmal des Welterbestatus, REDDY (2009) in der Berühmtheit und SCHERER et al. (2005) in Verbesserungen der Qualität des Tourismusangebots. Laut HALL (2006) hängt der Umfang des Anstiegs vom Niveau der bestehenden Tourismusaktivitäten, der Lage und dem Marketing ab. Nach RAKIC (2007) betrachten auch Kulturmanager Tourismus als eine Auswirkung der Ernennung zum Welterbe. Eine Befragung von 26 Experten (unter ihnen sechs Welterbestättenmanager) zeigte, dass 63 % der Befragten das Management der gestiegenen Besucherzahlen und das Erreichen einer Balance zwischen Denkmalschutz und Kommerzialisierung als die beiden größten Herausforderungen nach der Ernennung zum Welterbe betrachten.

Der Effekt des Welterbetitels zeigte sich am Beispiel der US Naturwelterbeparks. Zwischen 1990 und 1995 stiegen die Besucherzahlen der Welterbeparks um 9,4 %, verglichen mit einem Anstieg von 4,2 % für alle Parks (GALVIN 1997 in BUCKLEY 2004). Auch in China kann Tourismusentwicklung als direkte Auswirkung des Welterbestatus beobachtet werden (SU/WALL 2011): Zum Beispiel vergrößerte sich der öffentliche Nahverkehr in der Altstadt von Pingyao von 0 auf 13 Linien innerhalb von zwei Jahren nach der Ernennung zum Welterbe. Die Einnahmen der Bus- und Bahntickets stiegen innerhalb eines Jahres um das 28-fache (WU et al. 2002 in SU/WALL 2011).

SCHULZE (2000) befragte das Management der damals 20 deutschen Welterbestätten. Sieben Stätten gaben an, keine Aussage zu Tourismusveränderungen im Zusammenhang mit dem Welterbestatus machen zu können. Im Fall von drei Stätten war keine Veränderung erkennbar, und die Mehrheit von zwölf Stätten hat einen Anstieg des Tourismus seit der Ernennung zum Welterbe beobachtet. Ob dieser Anstieg mit dem Welterbestatus oder allgemeinen Tourismustrends zusammenhängt, konnte nicht festgestellt werden (SCHULZE 2000). Auch im Fall des Industriekomplexes Zeche Zollverein können Experten nicht beurteilen, ob die steigenden Besucherzahlen seit der Ernennung zum Welterbe auf den Welterbestatus zurückgehen (FALK 2006). Auch an der Saalburg als Teil des Obergermanisch-raetischen Limes wurde ein rapider Anstieg der Tourismuszahlen seit dem Tag der Ernennung beobachtet. Nach ein paar Monaten pendelten sich die Besucherzahlen jedoch wieder auf dem vorherigen Niveau ein (FALK 2006). Gleichwohl stieg die Anzahl der Teilnehmer an Führungen durch das Kloster Maulbronn im Jahr der Ernennung zum Welterbe um 80 %, ging danach aber innerhalb von zwei Jahren wieder auf das vorherige Niveau zurück (HENGER 2006). FALK (2006) erklärt diese Entwicklung mit der hohen Medienpräsenz zum Zeitpunkt der Ernennung, welche ein Akzent für Personen sei, die das Denkmal schon länger besuchen wollten.

Im Gegensatz zu den bisher angeführten Studien sehen andere Autoren keinen direkten Zusammenhang zwischen dem Welterbestatus und steigenden Tourismuszahlen (beispielsweise BUCKLEY 2004; RODWELL 2002 in JIMURA 2011). SCHERER et al. (2005) haben Welterbestätten und andere geschützte Regionen in Deutschland, Österreich und der Schweiz untersucht und konnten in keinem Fall eine signifikante Beziehung zwischen dem Welterbestatus und der Entwicklung der regionalen Übernachtungszahlen feststellen. In ihrer Diplomarbeit analysiert RASP (2009) die Entwicklung der Tourismuszahlen in Salzburg, Verona und Macao in Hinblick auf den Welterbestatus der historischen Altstädte. In keinem Fall zeigte sich ein signifikanter Anstieg der Tourismuszahlen in Verbindung mit der Ernennung. Eine Erklärung für diese Entwicklung ist laut RASP (2009) fehlendes oder limitiertes Marketing des Welterbestatus. Um den Effekt des Welterbestatus zu identifizieren, vergleicht BUCKLEY (2004) Besucherzahlen, -verhalten und -ausgaben australischer Weltnaturerbestätten mit vergleichbaren Kontrollstätten ohne den Welterbestatus. Aufgrund der mangelhaften Qualität und Quantität der Daten sind die Ergebnisse jedoch limitiert. Laut BUCKLEY (2004) steht ein Anstieg der Tourismuszahlen eher in Zusammenhang mit Umweltkontroversen als mit dem Welterbestatus. Die DWIF-CONSULTING GMBH (2007) vergleicht die Tourismusentwicklung in Görlitz und Quedlinburg, beides Städte, die ihr Stadtbild in den letzten 15 Jahren deutlich verbessert haben. Obwohl SCHULZE (2000) einen Anstieg der Nachfrage für Stadtführungen von 50 % im Jahr der Ernennung beobachtet, stellt die DWIF-CONSULTING GMBH (2007) in Görlitz ohne den Welterbestatus dieselbe positive Tourismusentwicklung wie in der Welterbestadt Quedlinburg fest.

4.2.3 Einfluss des Welterbestatus auf Besuchsmotive

Zunächst stellt sich die Frage, ob der Besucher überhaupt von dem Welterbestatus einer Stätte weiß. In Deutschland beobachtete die DWIF-CONSULTING GMBH (2007) ein hohes Markenbewusstsein. Eine Befragung von 1.010 Touristen in zehn ostdeutschen Städten mit historischen Altstädten zeigte, dass 87 % der Befragten den Begriff UNESCO-Weltkulturerbe schon einmal gehört haben (DWIF-CONSULTING GMBH 2007). Tabelle 2 gibt einen Überblick über verschiedene Besucherbefragungen und den Anteil der Besucher, die sich des Welterbestatus des Denkmals bewusst waren. Auf der Basis dieser Beispiele kann angenommen werden, dass im Durchschnitt zwei Drittel der Besucher die Auszeichnung des Denkmals kennen.

Tab. 2: Bewusstsein des Welterbestatus der Besucher von Weltkulturerbestätten (eigene Darstellung)

Welterbe	**Besucher, die den Welterbestatus der Stätte kannten**	**Quelle**
Vier Weltnaturerbestätten in den USA	44 %	HAZEN 2009
Trier und Speyer	56 %	MÜLLER 2008
Kulturlandschaft Lappland	58 %	REINIUS/FREDMAN 2007
Bremen	58 %	WETZEL 2012
Fünf Australische Weltnaturerbestätten	60 %	KING/PRIDEAUX 2010
Industriekomplex Zeche Zollverein	74 %	FALK 2006
Altenmünster Lorsch	75 %	FALK 2006
Obergermanisch-raetischer Limes	77 %	FALK 2006

Weiterhin stellt sich die Frage, was die Besucher mit dem Welterbestatus assoziieren. Tabelle 3 fasst die Ergebnisse einiger Studien zu diesem Thema zusammen. Die Hauptassoziationen sind Schutz, Erhaltung, Besonderheit und Einzigartigkeit. Nach einer Studie von REINIUS und FREDMAN an einer schwedischen Weltnaturerbestätte (2007) stimmen 52 % der Besucher der Aussage zu, dass der Welterbestatus den Wert für den Touristen steigere. 30 % denken, dass der Status die Nutzung der Gegend durch den Menschen einschränkt. Die hohe Bekanntheit und das Image erhöhen die Erwartungen von Touristen gegenüber einer Region oder einem Denkmal mit dem Welterbestatus (REINIUS/FREDMAN 2007; SCHERER et al. 2005). Sie erwarten mehr Informationen, ein qualitativ hochwertiges Tourismusangebot und ein größeres Portfolio (SCHERER et al. 2005). Nach SCHERER et al. (2005) erfordert der Welterbestatus nicht nur die objektiven Voraussetzungen der UNESCO, sondern auch subjektive Voraussetzungen, die von Besuchern erwartet werden, wie z. B. ein gewisses Produktangebot in der Region. CHENG und MORRISON (2007) zeigen in einer Studie an drei Welterbestätten, dass Besucher, die nicht von dem Welterbestatus wussten, zufriedener waren als Besucher, die den Status der Stätte kannten. Sie vermuten, dass der Grund für die verminderte Zufriedenheit hohe Erwartungen sind, die an den Weltkulturerbestatus geknüpft sind. Laut REINIUS und FREDMAN (2007) funktioniert ein Label wie Welterbe wie ein Marker, der so die Wahrnehmung des Denkmals verändert und auf diese Weise am Ende Besuche generiert.

Tab. 3: Assoziationen mit dem Begriff Weltkulturerbe (eigene Darstellung)

<table>
<tr><th>DWIF-CONSULTING GMBH (2007)</th><th>FALK (2006)</th><th>MÜLLER (2008)</th><th>WETZEL (2012)</th></tr>
<tr><td colspan="3">Schutz</td><td></td></tr>
<tr><td colspan="3">Erhaltung</td><td></td></tr>
<tr><td>Restaurierung</td><td></td><td></td><td>Erhaltenswert</td></tr>
<tr><td>Historische Gebäude und Stätten</td><td></td><td></td><td>Baukunst</td></tr>
<tr><td>Unterstützung</td><td colspan="2">Finanzielle Unterstützung</td><td>Geschichte</td></tr>
<tr><td>erhaltenswerte (Alt-)Städte</td><td></td><td>erhaltenswert</td><td>Stolz</td></tr>
<tr><td>Konkrete Kultur- und Naturerbestätten</td><td></td><td></td><td>Vergangenheit</td></tr>
<tr><td></td><td colspan="2">Besonderheit</td><td></td></tr>
<tr><td></td><td colspan="2">Einzigartigkeit</td><td></td></tr>
<tr><td></td><td colspan="2">Das Konzept des globalen Erbes</td><td></td></tr>
<tr><td></td><td colspan="2">Der historische oder kulturelle Wert der Stätte</td><td></td></tr>
</table>

Tourismusmanager interessiert vor allem die Auswirkung des Welterbestatus auf die Reiseentscheidung. Welterbe ist wahrscheinlich die bekannteste, aber nur eine von vielen Marken für geschützte Orte, wie z. B. Nationalpark oder Denkmal. Solche Marken können die Wahl der Destination, Motive für den Besuch und das Reiseverhalten beeinflussen. Nach RYAN und SIVANTO (2009) hat ein Label wie der Welterbestatus eine große Auswirkung auf die Konsumentscheidung des Verbrauchers, weil Touristen normalerweise nicht mit dem tiefen, kulturellen Hintergrund der Stätte vertraut sind.

Tabelle 4 fasst einige Studien über den Einfluss des Welterbestatus auf den Tourismus zusammen.

Tab. 4: Einfluss des Welterbestatus auf die Reiseentscheidung (eigene Darstellung)

Welterbestätte	Welterbestatus als Hauptgrund des Besuchs	Welterbestatus hatte einen Einfluss auf die Reiseentscheidung	Quelle
Kulturlandschaft Lappland	-	5%	REINIUS/FREDMAN 2007
Trier und Speyer	-	7%	MÜLLER 2008
Limes	2%	9%	FALK 2006
Ostdeutsche Welterbestädte	3%	44%	DWIF-CONSULTING GMBH 2007
Kloster Maulbronn	5%	37%	HENGER 2006
Potentielle Besucher einer möglichen Welterbestätte Bodensee	6%		SCHERER et al. 2005
Altenmünster Lorsch	9%	30%	FALK 2006
Industriekomplex Zeche Zollverein	11%	31%	FALK 2006
Bremen	-	58%	WETZEL 2012

5 Fazit

Auf Basis der angeführten Beispiele kann man zu dem Schluss kommen, dass der Welterbestatus als Primärmotiv nur eine geringe Rolle spielt und insoweit nur einer von zahlreichen Attraktoren des jeweiligen Zielgebietes ist.

Zuletzt wird oft behauptet, dass der Welterbestatus vor allem die internationale Bekanntheit steigert und somit auch den Anteil internationaler Touristen (DWIF-CONSULTING GMBH 2007; HENGER 2006). Zum Beispiel reagieren internationale Besucher des Grand Canyon National Park eher auf den Begriff Welterbestätte als auf Nationalpark (GALVIN 1997 in BUCKLEY 2004). Eine Studie an fünf australischen Welterbestätten zeigte, dass die Wahrscheinlichkeit des Besuchs einer Welterbestätte bei internationalen Besuchern um den Faktor 1,4 größer ist als bei nationalen Besuchern (KING/PRIDEAUX 2010). CHENG und MORRISON (2007) belegen an drei chinesischen Weltkulturerbestätten, dass die Bekanntheit des Welterbestatus die Reiseentscheidung internationaler Besucher leicht beeinflusste. Entsprechend beabsichtigten Besucher, die von dem Titel des Denkmals wussten, das Denkmal eher wieder zu besuchen. Trotzdem kommen CHENG und MORRISON (2007) genauso wie HALL und PIGGIN (2001) zu dem Schluss, dass die einzigartigen Merkmale und das Erlebnis einer Stätte internationale Besucher sehr viel stärker beeinflussen als der Welterbestatus. Neben der Reiseentscheidung beeinflusst der Welterbestatus auch die Aktivitäten. Nach CHEN und MORRISON (2007) nehmen Besucher, die den Welterbestatus der Stätte kennen, eher an kulturellen Aktivitäten teil (CHENG/MORRISON 2007).

Trotz der relativ hohen Bekanntheit und der gesteigerten Erwartungen durch den Welterbestatus ist der Einfluss auf die Reiseentscheidung gering. Auf der Basis der angeführten Beispiele ist der Effekt des Welterbestatus auf das Reiseverhalten der Touristen oftmals geringer als erwartet.

Literatur

APOSTOLAKIS, A. (2003): The convergence process in heritage tourism. In: Annals of Tourism Research, 30 (4), S. 795–812, doi:10.1016/S0160–7383(03)00057–4

ASHWORTH, G. J. (2009): Do Tourists Destroy the Heritage They Have Come to Experience? In: Tourism Recreation Research, 34 (1), S. 79–83, Retrieved from EBSCOhost

BUCKLEY, R. (2004): The Effects of World Heritage Listing on Tourism to Australian National Parks. In: Journal of Sustainable Tourism, 12 (1), S. 70–84, Retrieved from EBSCOhost

BUDRUK, M./WHITE, D./WODRICH, J./VAN RIPER, C. (2008): Connecting visitors to people and place: Visitors' perceptions of authenticity at Canyon de Chelly National Monument, Arizona. In: Journal of Heritage Tourism, 3 (3), S. 185–202, doi:10.2167/jht045.0

CARTER, J./JOLLIFE, L./BAUM, T. (2001): Heritage tourism and World Heritage Sites: the case of Newfoundland. In: Tourism Recreation Research, 26 (1), S. 113–116

CHANDLER, J./COSTELLO, C. (2002): A profile of visitors at heritage tourism destinations in East Tennessee according to Plog's lifestyle and activity level preferences model. In: Journal of Travel Research, 41 (2), S. 161–166, doi:10.1177/004728702237416

CHENG, Y./MORRISON, A. M. (2007): The Influence of Visitors' Awareness of World Heritage Listings: A Case Study of Huangshan, Xidi and Hongcun in Southern Anhui, China. In: Journal of Heritage Tourism, 2 (3), S. 184–195, doi:10.2167/jht059.0

DEARBORN, L./STALLMEYER, J. (2009): Re-visiting Luang Prabang: transformations under the influence of world heritage designation. In: Journal of Tourism & Cultural Change, 7 (4), S. 247–269, doi:10.1080/14766820903281570

DEUTSCHE UNESCO KOMMISSION E. V. (DUK) (2007): Förderung und Finanzierung der UNESCO-Welterbestätten in Deutschland, Retrieved on July 6, 2011, from http://www.cultureconcepts.de/files/DUK_Studie_28_Februar_2006.pdf

DEUTSCHE UNESCO KOMMISSION E. V. (DUK) (2009): Welterbe Manual, Deutsche UNESCO-Kommission e. V., Bonn

DU CROS, H. (2007): Too Much of a Good Thing? Visitor Congestion Management Issues for Popular World Heritage Tourist Attractions. In: Journal of Heritage Tourism, 2 (3), S. 225–238, doi:10.2167/jht062.0

DU CROS, H./MCKERCHER, B. (2001): A new model to assist in planning for sustainable cultural heritage tourism. In: International Journal of Tourism Research, 3 (2), S. 165–170, doi:10.1002/jtr.297

DREYER, A. (2000): Kulturtourismus (2nd ed.), München et al.

DWIF-CONSULTING GMBH (2007): Städtebaulicher Denkmalschutz und Tourismusentwicklung unter besonderer Berücksichtigung der UNESCO-Welterbestädte, Retrieved August 7, 2011, from http://www.eukn.org/dsresource? objectid=218283

EVANS, G. (2004): Mundo Maya: From Cancún to City of Culture. World Heritage in Post-colonial Mesoamerica. In: Current Issues in Tourism, 7 (4/5), S. 315–329, doi:1368-3500/04/04 0315-15 $20/0

FALK, S. (2006): Weltkulturerbe-Status in Deutschland – Erwartungen und Erfahrungen von Institutionen und Besucher(inne)n (Master Thesis), Universität Lüneburg

GARROD, B./FYALL, A. (2000): Managing heritage tourism, Annals of Tourism Research, 27 (3), S. 682–708, doi:S0160-7383(99)00094-8

HALL, C. M. (2006): Implementing the world heritage convention: what happens after listing. In: FYALL A./LEASK, A. (Hrsg.): Managing World Heritage Sites (S. 21–33), Oxford

HALL, C./PIGGIN, R. (2002): Tourism business knowledge of World Heritage sites: a New Zealand case study. In: International Journal of Tourism Research, 4 (5), S. 401–411, doi:10.1002/jtr.391

HARRISON, D. (2004): Contested Narratives in the Domain of World Heritage. In: Current Issues in Tourism, 7 (4/5), S. 281–290, doi:1368-3500/04/04 0281-10 $20/0

HAZEN, H. (2009): Valuing natural heritage: park visitors' values related to World Heritage sites in the USA. In: Current Issues in Tourism, 12 (2), S. 165–181, doi:10.1080/13683500802538260

HEDE, A. (2007): World Heritage Listing and the Evolving Issues Related to Tourism and Heritage: Cases from Australia and New Zealand. In: Journal of Heritage Tourism, 2 (3), S. 133–144, doi:10.2167/jht055.0

HENGER, E. (2006): UNESCO-Weltkulturerbe und die Auswirkungen auf die regionale Entwicklung – das Beispiel Kloster Maulbronn (Master Thesis). In: TROEGER-WEIß, G. (Hrsg.) Materialien zur Regionalentwicklung und Raumordnung (Vol. 17), Kaiserslautern

HUGHES, H. (2002): Culture and tourism: A framework for further analysis. In: Managing Leisure, 7 (3), S. 164–175, doi:10.1080/.13606710220000013701

HUH, J./UYSAL, M./MCCLEARY, K. (2006): Cultural/Heritage Destinations: Tourist Satisfaction and Market Segmentation. In: Journal of Hospitality & Leisure Marketing, 14 (3), S. 81–99, doi:10.1300/J150v14n03•07

ICOMOS (2009): 33rd ordinary session of the World Heritage Convention - Evaluations of cultural properties. Retrieved on July 5, 2011, from World Heritage Convention Web page: http://whc.unesco.org/archive/2009/whc09-33com-inf8B1ADDe.pdf

JIMURA, T. (2011): The impact of world heritage site designation on local communities – A case study of Ogimachi, Shirakawa-mura, Japan. In: Tourism Management, 32 (2), S. 288–296, doi:10.1016/j.tourman.2010.02.005

JONES, C./MUNDAY, M. (2001): Blaenavon and United Nations World Heritage Site Status: Is Conservation of Industrial Heritage a Road to Local Economic Development? In: Regional Studies, 35 (6), S. 585–590, doi:10.1080/00343400120065741

KERSTETTER, D. L./CONFER, J. J./GRAEFE, A. R. (2001): An Exploration of the Specialization Concept within the Context of Heritage Tourism. In: Journal of Travel Research, 39 (3), S. 267–274, doi:10.1177/004728750103900304

KING, L. M./PRIDEAUX, B. (2010): Special interest tourists collecting places and destinations: A case study of Australian World Heritage sites. In: Journal of Vacation Marketing, 16 (3), S. 235–247, doi: 10.1177/1356766710372241

LI, Y. (2003): Heritage tourism: The contradictions between conservation and change. In: Tourism and Hospitality Research, 4 (3), S. 247–261, Retrieved from EBSCOhost

LLOYD, K./MORGAN, C. (2008): Murky Waters: Tourism, Heritage and the Development of the Eco-museum in Ha Long Bay, Vietnam. In: Journal of Heritage Tourism, 3 (1), S. 1–17

LYON, S. (2007): Balancing Values of Outstanding Universality with Conservation and Management at Three United Kingdom Cultural World Heritage Sites. In: Journal of Heritage Tourism, 2 (1), S. 53–63, doi:10.2167/jht028.0

MCKERCHER, B./DU CROS, H. (2002): Cultural Tourism: The partnership between tourism and cultural heritage, New York

MCKERCHER, B./HO, P. S. Y./DU CROS, H. (2004) : Relationship between tourism and cultural heritage management; evidence from Hong Kong. In: Tourism Management, 26 (2005), S. 539–548, doi: 10.1016/j.tourman.2004.02.018

MÜLLER, B. (2008): Die Bedeutung der UNESCO-Welterbestätten für den Tourismus dargestellt am Beispiel Rheinland-Pfalz (Diplomarbeit), Universität Trier

MÜLLER, C. (2011): The Relationship between Tourism and UNESCO Cultural World Heritage regarding the Impacts of World Heritage Status on Tourism from the Perspective of the Site Management and Visitors at the Example of the Aachen Cathedral, Bachelor Thesis at the IUBH Bad Honnef, Bonn/Bad Honnef

NYAUPANE, G. P./WHITE, D. D./BUDRUK, M. (2006): Motive-Based Tourist Market Segmentation: An Application to Native American Cultural Heritage Sites in Arizona, USA. In: Journal of Heritage Tourism, 1 (2), S. 81–99, doi:10.2167/jht010.0

OKECH, R. N. (2007): Local communities and management of heritage sites: Case study of Lamu Old Town. In: Anatolia – An International Journal of Tourism and Hospitality Research, 18 (2), S. 189–202

OKECH, R. N. (2010): Socio-cultural Impacts of Tourism on World Heritage Sites: Communities' Perspective of Lamu (Kenya) and Zanzibar Islands'. In: Asia Pacific Journal of Tourism Research, 15 (3), S. 339–351, doi: 10.1080/10941665.2010.503624

PEDERSEN, A. (2002): Managing Tourism at World Heritage Sites – a practical Manual for World Heritage Site Managers, Paris

PORIA, Y./BUTLER, R./AIREY, D. (2001): Clarifying heritage tourism [Rejoinder: Managing heritage tourism]. In: Annals of Tourism Research, 28 (4), S. 1047–1049, Retrieved from EBSCOhost

PORIA, Y./BUTLER, R./AIREY, D. (2004): Links between Tourists, Heritage, and Reasons for Visiting Heritage Sites. In: Journal of Travel Research, 43 (1), S. 19–28, doi:10.1177/0047287504265508

RAKIC, T. (2007): World Heritage: Issues and debates. In: Tourism, 55 (2), S. 209–219, Retrieved from EBSCOhost

RAKIC, T./CHAMBERS, D. (2007): World Heritage: Exploring the Tension between the National and the ‚Universal'. In: Journal of Heritage Tourism, 2 (3), S. 145–155, doi:10.2167/jht056.0

RASP, C. (2009): Die tourismus-ökonomische Bedeutung des Weltkulturerbe-Titels (Diploma Thesis), Technische Universität Dresden

REDDY, M. (2009): World Heritage Site selection in sensitive areas: Andaman and Nicobar Islands. In: Journal of Heritage Tourism, 4 (4), S. 267–285, doi:10.1080/17438730902972296

REINIUS, S. W./FREDMAN, P. (2007): Protected areas as attractions. In: Annals of Tourism Research, 34 (4), S. 839–854, doi:10.1016/j.annals.2007.03.011

RICHARDS, G. (1996): Production and consumption of European cultural tourism. In: Annals of Tourism Research, 23 (2), S. 261–283, doi:0160-7383(95)00063-1

RÖSSLER, M. (2006): World Heritage cultural landscapes: A UNESCO flagship programme 1992–2006. In: Landscape Research, 31 (4), S. 333–353, doi:10.1080/01426390601004210

RYAN, J./SILVANTO, S. (2009): The World Heritage List: The making and management of a brand. In: Place Branding & Public Diplomacy, 5 (4), S. 290–300, doi:10.1057/pb.2009.21

SCHERER, R./JOHNSEN, J./STRAUF, S. (2005): Die wirtschaftlichen Effekte einer UNESCO Weltkulturlandschaft Bodensee – Expertise im Auftrag der Internationalen Bodenseekonferenz, Retrieved August 7, 2011, from http://www.alexandria.unisg.ch/Publikationen/einfache-Suche/21021

SCHULZE, I. (2006): Das UNESCO-Welterbe im Spannungsfeld zwischen Tourismus und Denkmalpflege, dargestellt an den Beispielen von Brühl und Quedlinburg (Master Thesis), Geographisches Institut der RWTH Aachen

SHEN, S./SCHÜTTEMEYER, A./BRAUN, B. (2009): Visitors' intention to visit world cultural heritage sites: An empirical study of Szzhou, China. In: Journal of Travel & Tourism Marketing, 26 (7), S. 722–734, doi: 10.1080/10548400903284610

SILBERBERG, T. (1995): Cultural tourism and business opportunities for museums and heritage sites. In: Tourism Management, 16 (5), S. 361–365, doi:0261-5177(95)00039-9

SMITH, M. (2002): A critical evaluation of the global accolade: the significance of world heritage site status for maritime Greenwich. In: International Journal of Heritage Studies, 8 (2), S. 137–151

STEINECKE, A. (2007): Kulturtourismus Marktstrukturen ; Fallstudien ; Perspektiven, München

SU, M. M./WALL, G. (2011): Chinese Research on World Heritage Tourism. In: Asia Pacific Journal of Tourism Research, 16 (1), S. 75–88, doi:10.1080/10941665.2011.539392

TAYLOR, D. T./FLETCHER, R. R./CLABAUGH, T. (1993): A comparison of characteristics, regional expenditures, and economic impact of visitors to historical sites with other recreational visitors. In: Journal of Travel Research, 32 (1), S. 30–35, doi:10.1177/004728759303200105

TIMOTHY, D. (1997): Research notes: Tourism and the personal heritage experience. In: Annals of Tourism Research, 24 (3), S. 751–754, Retrieved from EBSCOhost

TIMOTHY, D. J./BOYD, S. W. (2006): Heritage Tourism in the 21st Century: Valued Traditions and New Perspectives. In: Journal of Heritage Tourism, 1 (1), S. 1–16, Retrieved from EBSCOhost

TUCKER, H./EMGE, A. (2010): Managing a World Heritage Site: The Case of Cappadocia, Anatolia. In: An International Journal of Tourism & Hospitality Research, 21 (1), S. 41–54, Retrieved from EBSCOhost.

UNESCO (1972): Convention Concerning the Protection of the World Cultural and Natural Heritage, Retrieved on June 10, 2011, from World Heritage Centre Web page: http://whc.unesco.org/archive/convention-en.pdf

UNESCO, WORLD HERITAGE CENTRE (2008a): World Heritage Information Kit, Retrieved on June 10, 2011, from World Heritage Centre Web page: http://whc.unesco.org/uploads/ activities/documents/activity-567-1.pdf

UNESCO, WORLD HERITAGE CENTRE (2008b): Operational Guidelines for the Implementation of the World Heritage Convention, Retrieved on June 10, 2011, from World Heritage Centre Web page: http://whc.unesco.org/archive/opguide08-en.pdf

UNESCO, WORLD HERITAGE CENTRE (o. J.): A Proposed Framework for the Development of Joint Cooperation On Nature Conservation and Sustainable Tourism At World Heritage Natural sites, Retrieved on May 19, 2011, from World Heritage Convention Web page: http://whc.unesco.org/uploads/activities/documents/activity-113-1.pdf

UNESCO ZENTRUM FÜR DAS ERBE DER WELT (2008): Richtlinien für die Durchführung des Übereinkommens zum Schutz des Kultur- und Naturerbes der Welt, Retrieved December 28, 2011 from http://www.unesco.de/fileadmin/medien/ Dokumente/ Bibliothek/Welterbe-Manual_DUK_2009/Welterbe-Manual_2_Aufl_191-282.pdf

VAN DER AA, B. M./GROOTE, P. D./HULGEN, P. P. (2004): World Heritage as NIMBY? The Case of the Dutch part of the Wadden Sea. In: Current Issues in Tourism, 7 (4/5), S. 291–302, doi: 1368-3500/04/04 0291-12 $20/0

WETZEL, K. (2012): Die Bedeutung des UNESCO-Welterbestatus für die Motivation zum Besuch einer touristischen Destination am Beispiel Bremen, Bachelorarbeit im Studiengang Tourismusmanagement (B.A.) an der Ostfalia Hochschule für angewandte Wissenschaften, Salzgitter

WILLIAMS, K. (2004): The Meanings and Effectiveness of World Heritage Designation in the USA. In: Current Issues in Tourism, 7 (4/5), S. 412–416, doi:1368-3500/04/04 0412-05 $20/0

YANG, C.-H./LIN, H.-L./HAN, C.-C. (2009): Analysis of international tourist arrivals in China: The role of World Heritage Sites. In: Tourism Management, 31 (2010), S. 827–837, doi:10.1016/j.tourman.2009.08.008

Verzeichnis der Autorinnen und Autoren

Dipl.-Psych. Eberhard Biehl
Institutsleitung, T.I.P. Biehl & PARTNER
Eberhard.biehl@tip-web.de

Dipl.-Geogr. Axel Biermann
Geschäftsführer
RuhrTourismus GmbH
CentrOallee 261
46047 Oberhausen

Prof. Dr. Anja Brittner-Widmann
Duale Hochschule Baden-Württemberg
Studiengangsleiterin BWL – Tourismus, Hotellerie und Gastronomie III: Destinations- und Kurortemanagement
Rudolfstr. 19
88124 Ravensburg
Tel: +49.751.18999-2145, -2771 (Sekretariat)
Fax: +49.751.18999-2705
brittnerwidmann@dhbw-ravensburg.de
http://www.dhbw-ravensburg.de/destinations-und-kurortemanagement.html

Prof. Armin Brysch
Hochschule Kempten
Auslandsbeauftragter
Armin.brysch@fh-kempten.de

Dr. Charlotte Freitag
Weckenstr. 1
30451 Hannover

Prof. Dr. Wolfgang Fuchs
Duale Hochschule Baden-Württemberg
Studiengang BWL – Tourismus, Hotellerie und Gastronomie
Studiengangsleiter Hotel- und Gastronomiemanagement
fuchs@dhbw-ravensburg.de

Prof. em. Dr. Günther Haedrich
Warmbrunner Str. 39
14193 Berlin

Dr. Bert Hallerbach
Institutsleitung, T.I.P. Biehl & PARTNER
Telefon: 0651-94800-16
bert.hallerbach@tip-web.de

Dipl.-Geogr. Marcus Herntrei, MBA
Universität Paderborn
Mitarbeiter am Lehrstuhl für Wirtschafts- und Fremdenverkehrsgeographie
herntrei@gmail.com

Dipl.-Geogr. Peter Herrmann

Prof. Dr. Hans Hopfinger
Lehrstuhl Kulturgeographie
Kath. Universität Eichstätt-Ingolstadt
Ostenstraße 18
85072 Eichstätt
Tel. 08421-931378
Hans.Hopfinger@ku.de

Prof. Dr. Andreas Kagermeier
Lehrstuhl Freizeit- und Tourismusgeographie
Universität Trier
Andreas.Kagermeier@uni-trier.de

Dr. Kristiane Klemm
Akad. Oberrätin a. D.
kristiane.klemm@fu-berlin.de

Prof. Dr. Edgar Kreilkamp
Lehrstuhl Tourismusmanagement an der Leuphana Universität Lüneburg
Mitglied der wissenschaftlichen Leitung der PROJECT M GmbH und beim Europäischen Tourismusinstitut GmbH
edgar.kreilkamp@uni.leuphana.de

Prof. Dr. Susanne Leder
Inhaberin der Professur für Tourismusmanagement und Marketing
Fachhochschule Südwestfalen, FB Ingenieur- und Wirtschaftswissenschaften
Lindenstr. 53
59872 Meschede
Tel.: 0291-9910-770
leder.susanne@fh-swf.de

Dipl. Betriebswirtin (FH) Renate Linkenbach
Personaltraining – Marketingberatung
Roonstraße 15
33615 Bielefeld
training@linkenbach.de
www.linkenbach.de

Prof. Dr. phil. Dipl.-Psych. Martin Lohmann
Leuphana Universität Lüneburg
Institut für experimentelle Wirtschaftspsychologie LüneLab
und NIT Institut für Tourismus- und Bäderforschung in Nordeuropa GmbH, Kiel
m.lohmann@leuphana.de

Prof. Dr. Jörn W. Mundt
Louvecienner Weg 10 a
88709 Meersburg
mundt@joern-mundt.de

Dr. Philipp Namberger
Akademischer Rat
Department für Geographie der Ludwig Maximilians-Universität München
philipp.namberger@lmu.de

Dr. Viachaslau Nikitsin
Projektkoordinator am Lehrstuhl für Marketing
Fakultät für Wirtschaftswissenschaften
Universität Paderborn
vnikitin@mail.upb.de

Prof. Dr. Horst W. Opaschowski
Zukunftswissenschaftler und Berater für Wirtschaft und Politik, Hamburg
www.opaschowski.de

Prof. Dr. Harald Pechlaner
Lehrstuhl Tourismus und Leiter Zentrum für Entrepreneurship
Kath. Universität Eichstätt-Ingolstadt
Pater-Philipp-Jeningen-Platz 2
85072 Eichstätt
Harald.Pechlaner@ku-eichstaett.de

Prof. Dr. Hans-Werner Prahl
emeritierter Soziologe, Universität Kiel
prahl@paedagogik.uni-kiel.de

Elisabeth Purreiter, B.Sc.
Studentin, Master Stadtplanung (HafenCity Universität Hamburg)
e_purreiter@gmx.de

Prof. Dr. Heinz-Dieter Quack
Ostfalia Hochschule für angewandte Wissenschaften
Mitglied der wissenschaftlichen Leitung der PROJECT M GmbH und beim Europäischen Tourismusinstitut GmbH
h-d.quack@ostfalia.de

Prof. Dr. Felizitas Romeiß-Stracke
bis 2013 Geschäftsführerin der Plattform für Tourismus und Architektur
Felizitas-rs@web.de

Dr. Paul Rudolphi
Senior Manager Product Development Long Haul
TUI Deutschland GmbH
Karl-Wiechert-Allee 23, 30625 Hannover
Tel. 0511 567 6860
paul.rudolphi@tui.de

Prof. Dr. Jürgen Schmude
Lehrstuhl für Wirtschaftsgeographie und Tourismusforschung
Department für Geographie der Ludwig Maximilians-Universität München
j.schmude@lmu.de

Dipl.-Geogr. Michael Tretter
wiss. Mitarbeiter
Kath. Universität Eichstätt-Ingolstadt
Pater-Philipp-Jeningen-Platz 2, 85072 Eichstätt
michael.tretter@ku-eichstaett.de

Prof. Dr. Helmut Wachowiak
Fachbereichsleiter Tourismusmanagement
Internationale Hochschule Bad Honnef Bonn (IUBH)
h.wachowiak@iubh.de
www.iubh.de

Prof. Dr. Torsten Widmann
Duale Hochschule Baden-Württemberg
Studiengangsleiter BWL – Tourismus, Hotellerie und Gastronomiemanagement: Freizeitwirtschaft
Rudolfstraße 19, 88214 Ravensburg
Tel.: +49.751.18999.2125
Fax: +49.751.18999.2705
widmann@dhbw-ravensburg.de

Prof. Dr. Antje Wolf
Professorin für Tourismus- und Eventmanagement
EBC Hochschule Hamburg
wolf.antje@ebc-hochschule.de

Wissenschaftlicher und beruflicher Werdegang von Albrecht Steinecke

1969–1974

Studium der Geographie, Soziologie und Literaturwissenschaft an der Christian-Albrechts-Universität Kiel und am Trinity College Dublin

1974–1977

Promotionsstipendium

1977–1984

Wissenschaftlicher Assistent am Institut für Geographie der TU Berlin

1985–1990

Wissenschaftlicher Mitarbeiter an der Fakultät für Pädagogik (Freizeitpädagogik und Kulturarbeit) der Universität Bielefeld

1991

Arbeitsbereichsleiter am Institut für Entwicklungsplanung und Strukturforschung an der Universität Hannover GmbH (IES)

1992–1997

Geschäftsführer des Europäischen Tourismus Instituts (ETI) an der Universität Trier GmbH

seit WS 1997/98

Inhaber des Lehrstuhls für Wirtschafts- und Fremdenverkehrsgeographie an der Universität Paderborn

Publikationen von Albrecht Steinecke 1976–2013

a) Monographien

Management und Marketing im Kulturtourismus. Basiswissen – Praxisbeispiele – Checklisten, Wiesbaden 2013

Tourismus. Eine geographische Einführung, 2., überarbeitete und verbesserte Auflage, Braunschweig 2011 (Das Geographische Seminar; o. Bd.)

Populäre Irrtümer über Reisen und Tourismus, München 2010

Themenwelten im Tourismus. Marktstrukturen – Marketing-Management – Trends, München/Wien 2009

Kulturtourismus. Marktstrukturen – Fallstudien – Perspektiven, München/Wien 2007

Tourismus. Eine geographische Einführung, Braunschweig 2006 (Das Geographische Seminar; o. B.)

Erforderliche Qualitätsstandards und Maßnahmen zur Verbesserung der Lage der Tourismusbranche in den ostdeutschen Ländern, Bonn 2004 (www.bbr.bund.de/aufbau-ost/pdf-files/Tourismus_Endbericht.pdf) (mit H.-D. Quack u. P. Herrmann)

Berufe im Tourismus, 4., überarbeitete Auflage, Bielefeld 1998 (Blätter zur Berufskunde; 0–7500) (mit K. Klemm)

Tourismusvolumen und Reiseverhalten der Wohnbevölkerung Luxemburgs 1995, Luxemburg 1997 (Service Central de la Statistique et des Études Économiques – Cahiers Économiques; 87) (mit A. Brysch u. B. Hallerbach)

KulturTourismus: Strukturen und Entwicklungsperspektiven, Hagen 1997 (Weiterbildendes Studium „KulturTourismus Management“) (mit Chr. Becker u. S. Höcklin)

Gästebefragung Rheinland-Pfalz, Trier 1997 (mit B. Hallerbach)

Auswirkungen des Tourismus: Umwelt und Gesellschaft, Stuttgart 1996 (Allgemeine Tourismuslehre, Lektion 10) (mit H. Ziegler-Braun)

Berufe im Tourismus, 3., überarbeitete Auflage, Bielefeld 1994 (Blätter zur Berufskunde; 0–7500) (mit K. Klemm)

Berufe im Tourismus, 2., überarbeitete Auflage, Bielefeld 1993 (Blätter zur Berufskunde; 0–7500) (mit K. Klemm)

Geographie des Freizeit- und Fremdenverkehrs, Bad Harzburg 1993 (mit B. Benthien)

Berufe im Tourismus, Bielefeld 1991 (Blätter zur Berufskunde; 0–7500) (mit K. Klemm)

Der Millionen-Urlaub. Von der Bildungsreise zur totalen Freizeit, Bielefeld 1989 (IFKA-Faksimile; 2)

Der bundesdeutsche Reiseführer-Markt: Leseranalyse – Angebotsstruktur – Wachstumsperspektiven, Starnberg 1988

Freizeit in räumlicher Isolation: Prognosen und Analysen zum Freizeit- und Fremdenverkehr der Bevölkerung in Berlin (West), Berlin 1987 (Berliner Geographische Studien; 21)

Allein im Urlaub: Soziodemographische Struktur, touristische Verhaltensweisen und Wahrnehmungen von Alleinreisenden, Starnberg 1985 (mit K. Klemm)

Die deutschen Urlauber in Südtirol: Ergebnisse der Reiseanalyse 1984, Bozen 1985 (mit M. Lohmann)

Geographie des Freizeit- und Fremdenverkehrs, Darmstadt 1984 (Erträge der Forschung; 212) (mit K. Kulinat)

Mobilität im großstädtischen Raum: Erscheinungsformen, Ursachen, Wirkungen, Steuerungsmöglichkeiten, Frankfurt a. M. 1983 (Kollegmaterial Geographie) (mit W. F. Killisch u. K. Niedzwetzki)

Fremdenverkehr und Naherholung, Stuttgart 1982 (S II Arbeitsmaterialien Geographie im gesellschaftswissenschaftlichen Umfeld) (mit W. F. Killisch)

Der Millionen-Urlaub: Von der Bildungsreise zur totalen Freizeit. Frankfurt a. M./Wien 1981 (Ullstein-Buch Nr. 34051) (mit H.-W. Prahl)

Der Millionen-Urlaub: Von der Bildungsreise zur totalen Freizeit, Darmstadt/Neuwied 1979 (mit H.-W. Prahl)

Tourismus in Irland: Die touristische Nachfrage als Faktor wirtschaftlicher Entwicklung und sozialen Wandels, Starnberg 1977 (Schriftenreihe für Tourismusforschung; o. Bd.)

Der Tourismus als Faktor wirtschaftlicher Entwicklung und sozialen Wandels – untersucht am Beispiel der Republik Irland, Kiel 1976 (Universität Kiel, Fachbereich Philosophie, Dissertation)

b) Artikel in Fachzeitschriften und Sammelbänden

Tourismus – Glücksfall oder Störfall für die traditionelle Kultur in Ländern der Dritten Welt? In: Museumsstiftung Post und Telekommunikation (Hrsg.; 2012): Glücksfälle – Störfälle. Facetten interkultureller Kommunikation, Berlin u. a., S. 118–129

Kultur hat Konjunktur im Tourismus. In: Frankfurter Allgemeine Sonntagszeitung – Verlagsbeilage Kunstmetropole Ruhr, 10. Juni 2012, S. B3

Kultur und Tourismus: Spätere Heirat nicht ausgeschlossen? Wege zu einer erfolgreichen Partnerschaft. In: Klein, A. (Hrsg.): Taten.Drang.Kultur – Kulturmanagement in Deutschland 1990–2030, Wiesbaden 2011, S. 85–100

„Was besichtigen wir morgen?“ – Trends und Herausforderungen im Kulturtourismus. In: Hausmann, A./Murzik, L. (Hrsg.): Neue Impulse im Kulturtourismus, Wiesbaden 2011, S. 11–34

Kulturtourismus: Marktstruktur – Wettbewerbsfaktoren – Erfolgsstrategien. In: Gúčik, M. (Hrsg.): Folia Turistica 1, Banská Bystrica 2010, S. 208–222

Kultúrny cestovny ruch v Nemecku. In: Ekonomická revue vestovného ruchu, 43 (2010) 3, S. 131–143

Kulturtourismus: Wachstum ohne Ende? Wettbewerbssituation – Kundenwünsche – Erfolgsfaktoren. In: Das Orchester. Magazin für Musiker und Management, (2010) 5, S. 10–13

Kulturtourismus: Marktstrukturen – Wettbewerbssituation – Erfolgsfaktoren. In: Lauterbach, B. (Hrsg.): Auf den Spuren der Touristen. Perspektiven auf ein bedeutsames Handlungsfeld, Würzburg 2010, S. 87–107 (Kulturtransfer; 6)

Culture – a Tourist Attraction: Importance – expectations – potential. In: Conrady, R./Buck, M. (Hrsg.): Trends and issues in global tourism 2010, Berlin/Heidelberg, S. 185–196

Was sollten Museen über Tourismus wissen? Strukturen, Einflussfaktoren und Trends des bundesdeutschen Tourismusmarktes. In: John, H./Schild, H.-H./Hieke, K. (Hrsg.): Museen und Tourismus. Wie man Tourismusmarketing wirkungsvoll in die Museumsarbeit integriert. Ein Handbuch, Bielefeld 2010, S. 53–73

Disneyfiziert! Kommerzialisierte Erlebniswelten: Freizeiteinrichtungen und Stadtteile. In: Economag.de. Wissenschaftsmagazin für die Betriebs- und Volkswirtschaftslehre, (2010) 2 (http://www.economag.de/magazin/2010/2/292+Disneyfiziert%21)

Das Geschäft mit dem Spaß. Freizeit- und Themenparks – Angebot, Nachfrage und Wettbewerbssituation. In: Economag.de. Wissenschaftsmagazin für die Betriebs- und Volkswirtschaftslehre, (2009) 2 (http://www.economag.de/magazin/2009/2/186+Das+Gesch%E4ft+mit+dem+Spa%DF)

Die zukünftige Rolle des Rheins als Freizeit- und Tourismusraum. In: Montag Stiftung Urbane Räume/Regionale 2010 Agentur (Hrsg.): Stromlagen. Urbane Flusslandschaften gestalten, Basel/Boston/Berlin 2008, S. 90–95

Geographie der Freizeit und des Tourismus. In: Fuchs, W./Mundt, J. W./Zollondz, H.-D. (Hrsg.): Lexikon Tourismus, München 2008, S. 310–316

Märchenschlösser und Autotürme – Architektur als Instrument der Inszenierung von Themenwelten. In: Romeiß-Stracke, F. (Hrsg.): TourismusArchitektur. Baukultur als Erfolgsfaktor, Berlin 2008, S. 158–170

Kathedralen, Patrizierhäuser, Wolkenkratzer – architektonische Denkmäler als städtetouristische Attraktionen. In: Romeiß-Stracke, F. (Hrsg.): TourismusArchitektur. Baukultur als Erfolgsfaktor, Berlin 2008, S. 190–198

Museen und Tourismus: Merkmale, Entwicklungen und Trends im Kulturtourismus. In: Tiflis State University of Economic Relations (Hrsg.): Anniversary Proceedings of Tbilisi State University of Economic Relations, Tiflis 2007, S. 376–401

Wohin geht die Reise? Einstellungen der Bundesbürger zu Urlaubsreisen. In: Forschungs-Forum Paderborn, (2005) 8, S. 6–9

Zur Phänomenologie von Marken-Erlebniswelten. In: Brittner-Widmann, A./Quack, H.-D./Wachowiak, H. (Hrsg.): Von Erholungsräumen zu Tourismusdestinationen. Facetten der Fremdenverkehrsgeographie, Trier 2004, S. 201–219 (Trierer Geographische Studien; 27)

Nur weg von hier – das ist mein Ziel? Einstellungen der Bundesbürger zu Urlaubsreisen und Reisezielen. In: Schroeter, K. R./Setzwein, M. (Hrsg.): Zwischenspiel. Festschrift für Hans-Werner Prahl zum sechzigsten Geburtstag, Kiel/Köln 2004, S. 125–135

Erlebniswelten – eine Strategie auch für den ländlichen Raum? In: Institut für Entwicklungsforschung im ländlichen Raum Ober- und Mittelfrankens (Hrsg.): Auf der Suche nach kreativen Formen eines ländlichen Tourismus, Bamberg 2003, S. 2–11

Kunstwelten in Freizeit und Konsum: Merkmale – Entwicklungen – Perspektiven. In: Becker, Chr./Hopfinger, H./Steinecke, A. (Hrsg.): Geographie der Freizeit und des Tourismus – Bilanz und Ausblick, München/Wien 2003, S. 125–137

Konzeption und Marketing kulturtouristischer Routen – dargestellt am Beispiel der „Route der Historischen Stadtkerne“. In: Schmude, J. (Hrsg.): Tegernseer Tourismus Tage 2002 – Proceedings, Regenburg 2003, S. 77–90 (Beiträge zur Wirtschaftsgeographie Regensburg; 6) (mit H.-D. Quack)

Kulturtourismus in der Erlebnisgesellschaft: Trends – Strategien – Erfolgsfaktoren. In: Geographie und Schule, 24 (2002) 135, S. 10–14

Kunstwelten in Freizeit und Konsum: Merkmale – Entwicklungen – Perspektiven. In: Geographie heute, 23 (2002) 198, S. 2–7

Industrieerlebniswelten zwischen Heritage und Markt: Konzepte – Modelle – Trends. In: Steinecke, Albrecht (Hrsg): Tourismusforschung in Nordrhein-Westfalen: Ergebnisse – Projekte – Perspektiven, Paderborn 2002, S. 143–159 (Paderborner Geographische Studien zu Tourismusforschung und Destinationsmanagement; 15)

Erlebniswelten und Inszenierungen im Tourismus: Die Thematisierung des touristischen Raumes. In: Kreilkamp, E./Pechlaner, H./Steinecke, A. (Hrsg.): Gemachter oder gelebter Tourismus? Destinationsmanagement und Tourismuspolitik, Wien 2001, S. 67–74 (Management und Unternehmenskultur; 3)

Wohin geht die Reise? Der Tourismusmarkt im Jahr 2020 In: Lindau-Bank, D./Mose, I./Schaal, P. (Hrsg.): Tourismus 2020 – Perspektiven für Weser-Ems. 4. Weser-Ems-Ferienakademie der OLB-Stiftung, Vechta 2001, S. 41–47

Markenbildung von Destinationen: Erfahrungen – Herausforderungen – Perspektiven. In: Bieger, Th./Pechlaner, H./Steinecke, A. (Hrsg.): Erfolgskonzepte im Tourismus: Marken – Kultur – Neue Geschäftsmodelle, Wien 2001, S. 9–27 (Schriftenreihe Management und Unternehmenskultur; 5)

Industrieerlebniswelten zwischen Heritage und Markt: Konzepte – Modelle – Trends. In: Hinterhuber, H. H./Pechlaner, H./Matzler, K. (Hrsg).: IndustrieErlebnisWelten – Vom Standort zur Destination, Berlin 2001, S. 85–101

Tourismus und neue Konsumkultur: Orientierungen – Schauplätze – Werthaltungen. In: Steinecke, A. (Hrsg.): Erlebnis- und Konsumwelten, München/Wien 2000, S. 11–27

Erlebniswelten und Inszenierungen im Tourismus. In: Geographische Rundschau, 52 (2000) 2, S. 42–45

Perspektiven der Tourismusentwicklung und Qualifikationsprofile der Zukunft. In: Gesellschaft für innovative Beschäftigungsförderung (Hrsg.): Qualifizierungsfelder der Zukunft. Dokumentation der Fachtagung „Tourismus- und Freizeitwirtschaft – Perspektiven für Beschäftigung und Qualifizierung“, Bochum 2000, S. 11–16

Tourismus im 21. Jahrhundert: Trends und Potentiale. In: Senatsverwaltung für Wirtschaft und Technologie/Investitionsbank Berlin (Hrsg.): Tourismus im 21. Jahrhundert – Chancen für Berlin-Brandenburg, Berlin 2000, S. 18–27 (11. Wirtschaftsforum Berlin)

Turystyka w miastach historycznych: szansa i ryzyko. Sporjrzenie niemieckie. In: Miedzynarodowe Centrum Kultury (Hrsg.): Dziedzictwo a turystyka. Materialy miedzynarodowej konferencji zorganizowanej w dniach 17–20 wrzesnia 1998, Krakow 2000, S. 47–63

Auf dem Weg zum Hyperkonsumenten: Orientierungen und Schauplätze. In: Isenberg, W./Sellmann, M. (Hrsg.): Konsum als Religion? Über die Wiederverzauberung der Welt, Mönchengladbach 2000, S. 85–94

Tourismus und neue Konsumkultur: Kundenbedürfnisse – Schauplätze – Werthaltungen. In: Schnell, P./Potthoff, K. E. (Hrsg.): Wirtschaftsfaktor Tourismus, Münster 2000, S. 81–91 (Münstersche Geographische Arbeiten; 42)

Erlebnis-Konsum in Kunstwelten. In: Touristik Report – Jubiläumsausgabe 2000, S. 48–53

Der Triumph des Hedonismus. In: KSA Informationsdienst, (2000) 4, S. 2–3

Mit Fürst von Pückler-Muskau nach Irland (Einführung und Textauswahl), Hamburg 1999 (HörReisen „Reisen damals")

Trends im Urlaubsverhalten der Deutschen. In: Brenner, J./Nehring, M./Steierwald, M. (Hrsg.): Tourismus – ein Beitrag zur wirtschaftlichen und strukturellen Entwicklung für Baden-Württemberg? Stuttgart 1999, S. 61–68 (Akademie für Technikfolgenabschätzung in Baden-Württemberg; Arbeitsbericht Nr. 1)

Perspektiven des Kulturtourismus: Wettbewerbsdruck – Profilierung – Inszenierung. In: Heinze, Th. (Hrsg.): Kulturtourismus – Grundlagen, Trends und Fallstudien, München/Wien 1999, S. 17–51

Thematisierung und Inszenierung: Aktuelle Trends im Tourismus. In: Amusement Technologie & Management, 116 (1999) 2, S. 44–47

Vorschläge zur Verbesserung des Dialogs zwischen Lehre, Praxis und Statistik. In: Tourismusverband Nordrhein-Westfalen (Hrsg.): Dialog als Erfolgsfaktor für den Tourismus, Köln 1999, S. 36–37

Die Inszenierung der Ferien: Neue Trends im Tourismus und ihre Konsequenzen für die Reiseliteratur. In: Franzmann, B. (Hrsg.): Reisezeit – Lesezeit. Dokumentation der Reiseliteratur-Fachtagungen der Stiftung Lesen in Apolda, Weimar und Leipzig (1996–1999), Mainz/München 1999, S. 40–46

The future of cultural tourism: Competition – strategies – staging. In: Korzay, M. u. a. (Hrsg.): Heritage, multicultural attractions and tourism. Conference proceedings, Vol. II, Istanbul 1999, S. 931–949

Freizeit – ein Risiko? Ausprägungen und Folgeabschätzungen im Tourismus. In: Thomas-Morus-Akademie (Hrsg.): Fernweh – Seelenheil – Erlebnislust. Von Reisemotiven und Freizeitfolgen, Bergisch Gladbach 1998, S. 151–168 (Bensberger Protokolle; 92)

Das Reise- und Urlaubsverhalten der Deutschen und der Trend zum Erlebnisurlaub in Freizeitwelten. In: Messe München/Projektleitung CBR (Hrsg.): Erlebnisurlaub ja oder nein? Freizeitwelten pro und contra! Dokumentation 1. CBR-Tourismus-Symposium Messe München 1998, München 1998, S. 10–15

Destinationsmanagement im ländlichen Raum. In: Zeitschrift für Fremdenverkehr, 53 (1998) 2, S. 9–16 (mit N. Haart u. P. Herrmann)

Globalisierung und Kirchturmdenken: Chancen und Herausforderungen deutscher Zielgebiete im internationalen Tourismus. In: Der Landkreis, 68 (1998) 8/9, S. 489–492 (mit H.-D. Quack)

Urlaub auf Bauern- und Winzerhöfen: Vom Hobby zum Wirtschaftsfaktor. In: Reise auf's Land. Zu Gast auf Bauern- und Winzerhöfen in Rheinland-Pfalz, Mainz 1997, S. 17–26 (mit N. Haart u. P. Herrmann)

Touristische Entwicklung in der Region Trier: Wo geht die Reise hin? In: Blickpunkt Wirtschaft, (1997) 5, S. 6–8 (mit N. Haart u. P. Herrmann)

Jugendliche: Trendsetter oder Trittbrettfahrer im Tourismus? In: Korbus, Th. u. a. (Hrsg.): Jugendreisen: Vom Staat zum Markt, Bielefeld 1997, S. 28–40 (Bielefelder Jugendreiseschriften; 1) (mit B. Porwol)

Tourismus in Deutschland: Wind von vorne? In: Landesverkehrsverband Westfalen (Hrsg.): Wettervorhersage. 31 Autoren zu einem Thema: Die Zukunft des Tourismus in Deutschland, Dortmund 1997, S. 65–67

Inszenierung im Tourismus: Motor der künftigen touristischen Entwicklung. In: Steinecke, A./Treinen, M. (Hrsg.): Inszenierung im Tourismus: Trends – Modelle – Prognosen, Trier 1997, S. 7–17 (ETI-Studien; 3)

Perspektiven des Kulturtourismus: Wettbewerbsdruck – Profilierung – Inszenierung. In: FernUniversität-Gesamthochschule Hagen (Hrsg.): Strukturen und theoretische Konzepte zum KulturTourismus, Hagen 1997, S. 11–44 (Weiterbildendes Studium „KulturTourismus Management")

Städte als touristische Ziele: Analyse des Nachfragepotentials im deutschen Städtetourismus. In: Steinecke, A. (Hrsg.): Stadt und Wirtschaftsraum, Berlin 1996, S. 67–80 (Berliner Geographische Studien; 44) (mit H. Wachowiak)

Tourismusstandort Deutschland – Hemmnisse, Chancen, Herausforderungen. In: Stadt und Gemeinde, 51 (1996) 7, S. 260–265 (mit A. Brysch u. a.)

Fahrradtourismus – ein Bericht zur Forschungslage und zu den Forschungsdefiziten. In: Biermann, A./Hofmann, F./Steinecke, A. (Hrsg.): Fahrradtourismus – Baustein eines marktgerechten und umweltverträglichen Tourismus, Trier 1996, S. 7–31 (ETI-Texte; 8) (mit B. Hallerbach)

Tourismusstandort Hessen: Hemmnisse, Chancen, Herausforderungen. In: Hessischer Fremdenverkehrsverband (Hrsg.): Poker um den Gast – der Weg in das nächste Jahrtausend, Wiesbaden 1996, S. 2–17

Urlaub in der Eifel. In: Burbacher Golfanlagen (Hrsg.): Festschrift 1996, Burbach 1996, S. 31

Zukunftssperpektiven 2010 im Tourismus. In: Landkreis Emsland (Hrsg.): Tourismus im Emsland – Wirtschaftsfaktor mit Zukunft? Meppen 1996, S. 21–37

Entwicklung durch Tourismus? Herausforderungen und Chancen für den ländlichen Raum. In: Der Landkreis, 66 (1996) 8/9, S. 380–383 (mit N. Haart)

Tourismusmusstandort Deutschland – Hemmnisse, Chancen, Herausforderungen. In: Steinecke, A. (Hrsg.): Der Tourismusmarkt von morgen – zwischen Preispolitik und Kultkonsum, Trier 1996, S. 90–102 (ETI-Texte; 10) (mit A. Brysch u. a.)

Wohin geht die Reise? Aktuelle Tendenzen im Tourismus. In: Haus der Geschichte der Bundesrepublik Deutschland (Hrsg.): Endlich Urlaub! Die Deutschen reisen. Begleitbuch zur Ausstellung, Bonn/Köln 1996, S. 112–117

Erfolgsfaktoren des umweltfreundlichen Tourismus im ländlichen Raum. In: Naart, N./ Steinecke, A./Treinen, M. (Hrsg.): Qualitätsmanagement im Landtourismus in Europa: Erfahrungen, Beispiele, Herausforderungen, Trier 1995, S. 7–15 (ETI-Texte; 6)

Stabiler Spätbucher-Trend: Reiseziel ist nebensächlich. In: Fremdenverkehrswirtschaft International, (10. Oktober 1995) 22, S. 60

Neues Selbstverständnis der touristischen Akteure. In: Allgäu-Schwäbisches Fremdenverkehrsblatt, (1995), S. 35

Kommunale Tourismusorganisation. In: Gemeinde und Stadt, (1995) 9, S. 230–237 (mit A. Brysch u. a.)

Der Große Tiergarten. In: Senatsverwaltung für Bau- und Wohnungswesen (Hrsg.): Topographischer Atlas Berlin – Neuausgabe, Berlin 1995, S. 192–193 (mit U. Freitag)

Strukturkrise in traditionellen Tourismusregionen: Merkmale, Steuerfaktoren, Perspektiven. In: Albrecht, W. (Hrsg.): Tourismus – Regionalentwicklung – Nachhaltigkeit, Greifswald 1995, S. 25–45 (Greifswalder Beiträge zur Rekreationsgeographie/Freizeit- und Tourismusforschung; 6) (mit P. Maier)

Ökonomische und ökologische Wirkungen des Tourismus in der Eifel. In: Die Eifel, 89 (1994) 2, S. 81–84 (mit P. Herrmann u. A. Schumann)

Der bundesdeutsche Reiseführer-Markt – ein Überblick unter besonderer Berücksichtigung der Mallorca-Reiseführer. In: Popp, H. (Hrsg.): Das Bild der Mittelmeer-Länder in der Reiseführer-Literatur, Passau 1994, S. 11–34 (Passauer Mittelmeerstudien; 5)

Kulturstraßen als innovative touristische Produkte. Das Beispiel der grenzübergreifenden Kulturstraße „Straße der Römer“ an der Mosel. In: Maier, J. (Hrsg.): Touristische Straßen – Beispiele und Bewertung, Bayreuth 1994, S. 5–33 (Arbeitsmaterialien zur Raumordnung und Raumplanung; 137) (mit H. Wachowiak)

Kultur und Tourismus: Aktuelle Forschungsergebnisse und künftige Forschungs- und Handlungsfelder. In: Zeitschrift für Fremdenverkehr, 49 (1994) 4, S. 20–24

Das deutsche Nachfragepotential für einen Urlaub in Luxemburg – Ergebnisse der ETI-Reisebiographien. In: Steinecke, A./Treinen, M. (Hrsg.): Europäische Reisemärkte im Wandel. Aktuelle Strukturen und Trends im Urlaubsreiseverhalten, Trier 1994, S. 57–68 (ETI-Texte; 4)

Tourismus in der Eifel: Ökonomische und ökologische Wirkungen. In: Geographie und Schule, 16 (1994) 90, S. 3–6 (mit P. Herrmann u. A. Schumann)

Der Reiseführer „Natur und Kultur – Auf neuen Wegen durch den Teutoburger Wald“: Vom Konzept zum Produkt. In: Berichte zur deutschen Landeskunde, 68 (1994) 1, S. 207–214 (mit A. Braun)

Destination choices of trendsetters: Analysis of travel intentions and travel experiences of trendsetters. In: Gasser, R. V./Weiermair, Klaus (Hrsg.): Spoilt for choice. Decision making processes and preference changes of tourists – intertemporal and intercountry perspectives, Thaur/Wien/München 1994, S. 275–290 (mit O. Braun u. H. Wachowiak)

Urlaubsziele der Zukunft: Reiseverhalten und Reiseabsichten der deutschen Trendsetter. In: Steinecke, A./Treinen, M. (Hrsg.): Europäische Reisemärkte im Wandel: Aktuelle Strukturen und Trends im Urlaubsreiseverhalten, Trier 1994, S. 42–56 (ETI-Texte; 4) (mit O. Braun u. H. Wachowiak)

Kulturtourismus – Chancen und Gefahren. In: Becker, Chr./Steinecke, A. (Hrsg.): Kulturtourismus in Europa: Wachstum ohne Grenzen? Trier 1993, S. 245–250 (ETI-Studien; 2)

Überlegungen für einen Modellversuch „Qualifizierung von Reiseleitern" im Rahmen der Berufsbildung. In: Schmidt, M./Nahrstedt, W.: Der Reiseleiter im Europa '93. Arbeitsfeld – Berufsbild – Ausbildung. Dokumentation des 3. Bielefelder Tourismustages, Bielefeld 1993, S. 81–97 (IFKA-Dokumentation; o. Bd.) (mit W. Müller)

Geographie des Freizeit- und Fremdenverkehrs. In: Hahn, H./Kagelmann, H. J. (Hrsg.): Tourismuspsychologie und Tourismussoziologie. Ein Handbuch zur Tourismuswissenschaft, München 1993, S. 51–55

Die Delphi-Umfrage. In: Hahn, H./Kagelmann, H. J. (Hrsg.): Tourismuspsychologie und Tourismussoziologie. Ein Handbuch der Tourismuswissenschaft in Schlüsselbegriffen, München 1993, S. 536–538

Chancen und Risiken der touristischen Vermarktung des kulturellen Erbes. Eine Einführung. In: Becker, Chr./Steinecke, A. (Hrsg.): Megatrend Kultur? Chancen und Risiken der Vermarktung des kulturellen Erbes, Trier 1993, S. 7–11 (ETI-Texte; 1)

Wissenschaftlicher und Kultur-Tourismus in Europa. In: Bundesministerium für Umwelt, Naturschutz und Reaktorsicherheit (Hrsg.): Deutsch-Russische Konferenz „Umweltverträgliche Tourismusentwicklung in Rußland – Grundlagen, Perspektiven, Ansatzpunkte, Maßnahmen", Bonn 1993, S. 59–65

The historical development of tourism. In: Pompl, W./Lavery, P. (Hrsg.): Tourism in Europe: Structures and developments, Wallingford, Oxon 1993, S. 3–12

Die Zukunft des Tourismus. In: Allgäu-Schwäbisches Fremdenverkehrsblatt, (1992) 1, S. 6–10

Methoden der Marktsegmentierung und Zielgruppenanalyse: Möglichkeiten – Probleme – Perspektiven. In: Becker, Chr. (Hrsg.): Erhebungsmethoden und ihre Umsetzung in Tourismus und Freizeit, Trier 1992, S. 180–193 (Materialien zur Fremdenverkehrsgeographie; 25)

Die konzeptionellen Grundlagen des Weiterbildenden Studiums „Tourismus/Reisepädagogik" an der Universität Bielefeld. In: Nahrstedt, W. (Hrsg.): Reiseleiter und Reisemanager: Weiterbildung für den Tourismus von morgen. Dokumentation des 2. Bielefelder Tourismustages, Bielefeld 1992, S. 13–20 (IFKA-Dokumentation; 10)

Perspektiven der touristischen Entwicklung. In: Thomas-Morus-Akademie (Hrsg.): Tourismus auf Mallorca – Bilanz, Gefahren, Rettungsversuche, Perspektiven. Zu den Grenzen touristischen Wachstums, Bergisch-Gladbach 1992, S. 113–123 (Bensberger Protokolle; 77)

Die Geschichte der ehemaligen Reichsstrasse Nr. 1. In: Senator für Stadtentwicklung und Umweltschutz (Hrsg.): Die Strasse von Berlin nach Potsdam, Berlin 1991, S. 8–19 (mit M. Ambrosi u. D. Zöbl)

Chancen und Grenzen der Verbindung von Bildung und Urlaubsreisen. Bericht über die Arbeitsergebnisse des Fachforums II. In: Stehr, I./Fromme, J./Nahrstedt, W. (Hrsg.): Freizeit bildet – bildet Freizeit? Theoretische Grundlagen für eine freizeitorientierte Weiterbildung. Dokumentation der 8. Bielefelder Winterakademie, Bielefeld 1991, S. 185–189 (IFKA-Dokumentation; o. Bd.)

Sanfter Tourismus als Herausforderung. In: Günter, W. (Hrsg.): Handbuch für Studienreiseleiter, Starnberg 1991, S. 99–113 (mit R. Steinecke)

Acht Verpflichtungen zur Verantwortung und zum Selbstverständnis von Studienreiseleitern/innen. In: Günter, W. (Hrsg.): Handbuch für Studienreiseleiter, Starnberg 1991, S. 551–553 (mit R. Steinecke)

Urlaubsparadiese und Armenhäuser: Tourismus in Ländern der Dritten Welt. In: Betreff – Magazin für junge Leute im öffentlichen Dienst, (1990) 2, S. 22–23

Training von Reiseleitern und Gästeführern. Praxisprojekt an der Universität Bielefeld. In: Animation, 11 (1990) 3, S. 84–86

Lernfeld Tourismus – Perspektiven der Pädagogik im Tourismus der 90er Jahre. In: Steinecke, A. (Hrsg.): Lernen. Auf Reisen? Bildungs- und Lernchancen im Tourismus der 90er Jahre. 2. Bielefelder Tourismus-Lektionen. Sommersemester 1989, Bielefeld 1990, S. 7–29 (IFKA-Schriftenreihe; 9)

Die Urlaubswelt im Buch. Eine Übersicht über den bundesdeutschen Reiseführer-Markt. In: Isenberg, W. (Hrsg.): Wegweiser in die Fremde? Reiseführer, Reiseratgeber, Reisezeitschriften, Bensberg 1990, S. 33–80 (Bensberger Protokolle; 57)

Wohin geht die Reise? Tourismus im Jahr 2000. In: Steinecke, A. (Hrsg.): Tourismus – Umwelt – Gesellschaft. Wege zu einem sozial- und umweltverträglichen Reisen, Bielefeld 1989, S. 7–28 (IFKA-Schriftenreihe; 8)

Reise in's Land der Vernunft. Gegen den „harten“ Tourismus. In: Abfahrt, 1 (1989) 1, S. 5

Methoden der Entdeckung von Land und Leuten. Bericht über ein Modellseminar für Jugendreisen und internationale Begegnungen. In: 4. und 5. Lernbörse Reisen. Dokumentation, Bensberg 1989, S. 116–124 (Bensberger Manuskripte; 36)

Reisepädagogik 2000: Perspektiven und Aufgaben der Pädagogik im Tourismus der 90er Jahre. In: Freizeitpädagogik, 11 (1989) 3–4, S. 150–152

Sanfter Tourismus und Reiseleitung. Sieben Verpflichtungen zur Verantwortung und zum Selbstverständnis von Studienreiseleitern und -reiseleiterinnen. In: Fremdenverkehrswirtschaft International, (3.1.1989) 1, S. 23–24

Reiseführer – Wegweiser in das Paradies oder Begleiter in das Land der Vernunft? In: Animation, 9 (1988) 2, S. 58–61

Urlaubserwartungen und Reisemotive. Möglichkeiten und Probleme der soziologischen und psychologischen Zielgruppenbestimmung. In: Storbeck, D. (Hrsg.): Der moderne Tourismus – Tendenzen und Aussichten, Trier 1988, S. 325–343 (Materialien zur Fremdenverkehrsgeographie; 17)

Stadtplanung als Stadtreparatur: Exkursion durch die Südliche Friedrichsstadt – Planungsgebiet der „Internationalen Bauausstellung Berlin 1984/1987“. In: Klasen, J./Nebel, J./ Pletsch, A. (Hrsg.): Der städtische Raum in Frankreich und in der Bundesrepublik Deutschland, Braunschweig 1987, S. 447–458 (Studien zur Internationalen Schulbuchforschung; 50)

Die Delphi-Umfrage als Methode freizeit- und fremdenverkehrsgeographischer Forschung. In: Hütteroth, W.-D./Becker, H. (Hrsg.): 45. Deutscher Geographentag Berlin. Tagungsbericht und wissenschaftliche Abhandlungen, Stuttgart 1987, S. 222–229

Die Urlaubsfahrt aus Bildungshunger (So reisten die Deutschen 1985). In: Der Fremdenverkehr, 39 (1987) 1, S. 36–40

Historische Bauwerke als touristische Attraktionen: Merkmale, Motive und Verhaltensweisen von Bildungs- und Besichtigungstouristen. In: Becker, Chr. (Hrsg.): Denkmalpflege und

Tourismus: Mißtrauische Distanz oder fruchtbare Partnerschaft, Trier 1987, S. 92–104 (Materialien zur Fremdenverkehrsgeographie; 15)

Reisen lernen – Lernen durch Reisen. In: Universitas, 42 (1987) 7, S. 698–704

Der große Tiergarten. In: Pape, Ch./Freitag, U. (Hrsg.): Topographischer Atlas Berlin, Berlin 1987, S. 158–159

Kleingärten in Charlottenburg. In: Pape, Ch./Freitag, U. (Hrsg.): Topographischer Atlas Berlin, Berlin 1987, S. 170–171

Alleinreisende – Profil einer touristischen Zielgruppe und Folgerungen für die Angebotsentwicklung. In: Allgäuer Fremdenverkehrsblatt, (1986) 2, S. 10–18 (mit K. Klemm)

Lernen durch Reisen – Sinn und Perspektiven pädagogisch konzipierter Reisen. In: Pöggeler, F. (Hrsg.): Jugendtourismus zwischen Erziehung und Kommerz, Detmold 1986, S. 74–91

Reisen lernen – Lernen durch Reisen. Anmerkung zu einer Pädagogik des Reisens. In: Freizeitpädagogik, 8 (1986) 3–4, S. 99–107

Die deutschen Mittelgebirgsurlauber 1985 – Einige Ergebnisse der Reiseanalyse 1985 des Studienkreises für Tourismus e. V. In: Der Fremdenverkehr, 38 (1986) 7, S. 9–11

Allein im Urlaub – Die einsamsten Tage des Jahres oder Selbstbestätigung in der Fremde. In: Animation, 6 (1985) 11/12, S. 284–289 (mit K. Klemm)

Freizeit in der räumlich isolierten Großstadt: Freiflächenausstattung, Freizeitinfrastruktur und Freizeitverhalten in Berlin (West). In: Hofmeister, B. u. a. (Hrsg.): Berlin – Beiträge zur Geographie eines Großstadtraumes. Festschrift zum 45. Deutschen Geographentag in Berlin, Berlin 1985, S. 391–412

Historische Stadtentwicklung und gegenwärtige Planungsprobleme der Südlichen Friedrichstadt (Planungsgebiet der „Internationalen Bauausstellung Berlin 1984/1987“). In: Hofmeister, B./Voss, F. (Hrsg.): Exkursionsführer zum 45. Deutschen Geographentag Berlin 1985, Berlin 1985, S. 107–126 (Berliner Geographische Studien; 17)

Zur Kritik der funktionalen Geographie des Freizeitverhaltens. In: Hofmeister, B./Steinecke, A. (Hrsg.): Geographie des Freizeit- und Fremdenverkehrs, Darmstadt 1984, S. 265–278 (Wege der Forschung; 592)

Tourismus, Freizeit, Urlaub. In: Kursbuch Deutschland 85/86, München 1984, S. 490–531 (mit G. Haedrich u. K. Klemm)

Gesellschaftliche Grundlagen der Fremdenverkehrsentwicklung. In: Haedrich, G. u. a. (Hrsg): Tourismus-Management, Tourismus-Marketing und Fremdenverkehrsplanung, Berlin/New York 1983, S. 37–55 (Marketing-Management; 8)

Intention, Instrumentarium und Wirkung der Fremdenverkehrsplanung in der Republik Irland. In: Haedrich, G. u. a. (Hrsg.): Tourismus-Management, Tourismus-Marketing und Fremdenverkehrsplanung, Berlin/New York 1983, S. 485–502 (Marketing-Management; 8)

Das Freizeitverhalten von Jugendlichen in einer norddeutschen Mittelstadt: Ergebnisse einer Pilotstudie. In: Wolf, K./Weber, P. (Hrsg.): Jugendliche und Freizeit. Raumrelevantes Freizeitverhalten Jugendlicher in der Bundesrepublik Deutschland, Düsseldorf 1983, S. 179–227 (Edition Freizeit; 53)

Individualitätsanspruch und Massenhaftigkeit: Marginalien zur sozialwissenschaftlichen Tourismusforschung. In: Der Architekt, (1982) 7/8, S. 335–337

Natur und Kultur. Den Teutoburger Wald neu entdecken, Bielefeld 1992 (mit A. Braun)

Perspektiven des Tourismus im Zentrum Europas, Trier 1992 (ETI-Studien; 1) (mit Chr. Becker u. W. Schertler)

Lernen. Auf Reisen? Bildungs- und Lernchancen im Tourismus der 90er Jahre, Bielefeld 1990 (IFKA-Schriftenreihe; 9)

Irland. Ein Reisehandbuch, Leer 1990 (Express Reisehandbücher; o. Bd.)

Tourismus – Umwelt – Gesellschaft: Wege zu einem sozial- und umweltverträglichen Reisen, Bielefeld 1989 (IFKA-Schriftenreihe; 8)

Portugal. Ein Reisehandbuch, Rieden, 2. Auflage 1989 (mit R. Steinecke) (Express Reisehandbücher; o. Bd.)

Sanfter Tourismus und Reisepädagogik, Baltmannsweiler 1988 (Freizeitpädagogik, 10 (1988) 3/4)

Portugal. Ein Reisehandbuch, Rieden 1987 (mit R. Steinecke) (Express Reisehandbücher; o. Bd.)

Pädagogik des Reisens, Baltmannsweiler 1986 (Freizeitpädagogik, 8 (1986) 3/4)

Geographie des Freizeit- und Fremdenverkehrs, Darmstadt 1984 (Wege der Forschung; 592) (mit B. Hofmeister)

Interdiziplinäre Bibliographie zur Fremdenverkehrs- und Naherholungsforschung. Beiträge zur allgemeinen und regionalen Fremdenverkehrs- und Naherholungsforschung. Fortsetzungsband. Berichtszeitraum 1979–1984, Berlin 1984 (Berliner Geographische Studien; 15)

Jugend und Freizeit: Arbeitstexte für den Unterricht, Stuttgart 1982 (mit H.-W. Prahl)

Tourismus: Arbeitstexte für den Unterricht, Stuttgart 1981 (mit H.-W. Prahl)

Interdiziplinäre Bibliographie zur Fremdenverkehrs- und Naherholungsforschung. Beiträge zur allgemeinen Fremdenverkehrs- und Naherholungsforschung, Berlin 1981 (Berliner Geographische Studien; 8)

Interdiziplinäre Bibliographie zur Fremdenverkehrs- und Naherholungsforschung. Beiträge zur regionalen Fremdenverkehrs- und Naherholungsforschung, Berlin 1981 (Berliner Geographische Studien; 9)

Beiträge zur Geomorphologie und Länderkunde. Prof. Dr. Hartmut Valentin zum Gedächtnis, Berlin 1980 (Berliner Geographische Studien; 7) (mit B. Hofmeister)

www.ingramcontent.com/pod-product-compliance
Lightning Source LLC
LaVergne TN
LVHW060627300926
849162LV00008B/1729

Der Touristiker – Handlungskompetenz und Ausbildungsinhalte aus soziologischer Sicht. In: Projektgruppe „Touristiker“ an der Universität Bielefeld (Hrsg.): Tourismus als Berufsfeld: Handlungskompetenzen für Freizeitberufe im touristischen Bereich, Frankfurt a. M. 1982, S. 63–74 (Freizeitwissenschaft und Kulturpolitik; 1)

Tourismus und Binnenwanderung: Erscheinungsformen und Ursachen interregionaler Migration von Hotelbesitzern und Hotelbeschäftigten in der Republik Irland. In: Hofmeister, B./ Steinecke, A. (Hrsg.): Beiträge zur Geomorphologie und Länderkunde. Prof. Dr. Hartmut Valentin zum Gedächnis, Berlin 1980, S. 263–275 (Berliner Geographische Studien; 7)

An analysis of differences between travel attitudes and demand patterns of diverse visitor groups and their reaction to political-military conflicts: The Republic of Ireland as a case study. In: Sinnhuber, K./Jülg, F. (Hrsg.): Studies in the geography of tourism and recreation. Teil II. Wien 1979, S. 115–131 (Wiener Geographische Schriften; 53/54)

Naherholung – Menschliches Grund(daseins)bedürfnis oder Produkt funktionalistischer Stadtplanung? Thesen zur Notwendigkeit einer problemorientierten geographischen Freizeitforschung. In: Schnell, P./Weber, P. (Hrsg.): Agglomeration und Freizeitraum: Vorträge eines Symposiums der Arbeitsgruppe „Geography of Tourism and Recreation“ der Internationalen Geographischen Union (IGU/UGI) in Münster 1979, Paderborn 1980, S. 21–28 (Münster'sche Geographische Arbeiten; 7)

Economic planning and tourism development in the Republic of Ireland. In: Tourism and borders: Proceedings of the meeting of the IGU Working Group „Geography of Tourism and Recreation“, Ljubljana/Triest, 15.–19.9.1978, Frankfurt a. M. 1979, S. 279–293 (Frankfurter Wirtschafts- und Sozialgeographische Schriften; 31)

Ökonomische und soziale Wirkungen des Tourismus in der Republik Irland. In: Tourismus – Entwicklung und Gefährdung? Wirtschaftliche und soziale Wirkungen des Tourismus, Starnberg 1978, S. 101–114

c) Sammelbände

Dark Tourism – Faszination des Schreckens, Paderborn 2012 (Paderborner Geographische Studien zu Tourismusforschung und Destinationsmanagement; Bd. 25) (mit H.-D. Quack)

Kultur als touristischer Standortfaktor. Potentiale – Nutzung – Management, Paderborn 2011 (Paderborner Geographische Studien zu Tourismusforschung und Destinationsmanagement; 23) (mit A. Kagermeier)

Geographie der Freizeit und des Tourismus – Bilanz und Ausblick, 3. Aufl. München/Wien 2007 (mit Chr. Becker u. H. Hopfinger)

Aktuelle Themen der Tourismusforschung. Märkte – Events – Methoden, Paderborn 2006 (Paderborner Geographische Studien zu Tourismusforschung und Destinationsmanagement; 19) (mit S. Leder)

Geographie der Freizeit und des Tourismus – Bilanz und Ausblick, 2. Aufl. München/Wien 2004 (mit Chr. Becker u. H. Hopfinger)

Freizeit- und Tourismusmärkte im Wandel: Fallstudien – Analysen – Prognosen, Paderborn 2003 (Paderborner Geographische Studien zu Tourismusforschung und Destinationsmanagement; 16) (mit A. Kagermeier)

Geographie der Freizeit und des Tourismus – Bilanz und Ausblick, München/Wien 2003 (mit Chr. Becker u. H. Hopfinger)

Tourismusforschung in Nordrhein-Westfalen: Ergebnisse – Projekte – Perspektiven, Paderborn 2002 (Paderborner Geographische Studien zu Tourismusforschung und Destinationsmanagement; 15)

Gemachter oder gelebter Tourismus? Destinationsmanagement und Tourismuspolitik, Wien 2001 (Management und Unternehmenskultur; 3) (mit E. Kreilkamp u. H. Pechlaner)

Konzeption, Organisation und Durchführung einer Studienreise – Beispiel Republik Irland, Paderborn 2001

Erfolgskonzepte im Tourismus: Marken – Kultur – Neue Geschäftsmodelle, Wien 2001 (Europäische Akademie Bozen – Schriftenreihe Management und Unternehmenskultur; 5) (mit Th. Bieger u. H. Pechlaner)

Erlebnis- und Konsumwelten, München/Wien 2000

Inszenierung im Tourismus: Trends – Modelle – Prognosen, Trier 1997 (ETI-Studien; 3) (mit M. Treinen)

Fahrradtourismus: Baustein eines marktgerechten und umweltverträglichen Tourismus, Trier 1996 (ETI-Texte; 8) (mit A. Biermann u. F. Hofmann)

Wachstumsmarkt Golftourismus – Chancen für die Nachbarn Luxemburg, Rheinland-Pfalz, Belgien und Lothringen, Trier 1996 (ETI-Texte; 9) (mit M. Treinen)

Der Tourismusmarkt von morgen – zwischen Preispolitik und Kultkonsum, Trier 1996 (ETI-Texte; 10)

Regionalwirtschaftliche Effekte der Motorsport-Großveranstaltungen „Formel-1-Grand-Prix 1996“ und „Truck-Grand-Prix 1996“ auf dem Nürburgring, Trier 1996 (ETI-Texte; 11) (mit N. Haart)

Stadt und Wirtschaftsraum, Berlin 1996 (Berliner Geographische Studien; 44)

Qualitätsmanagement im Landtourismus in Europa: Erfahrungen, Beispiele, Herausforderungen, Trier 1995 (ETI-Texte; 6) (mit N. Haart u. M. Treinen)

Tourismus und nachhaltige Entwicklung: Strategien und Lösungsansätze in Europa, Trier 1995 (ETI-Texte; 7)

Tourismuskonzept „Europäisches Tal der Mosel: Handlungsempfehlungen – Concept du tourisme Vallée Européenne de la Moselle: Plan d’action comportant les recommandations“, Trier 1994 (ETI-Texte; 2)

Europäische Reisemärkte im Wandel: Aktuelle Strukturen und Trends im Urlaubsreiseverhalten. 2. Tourismus-Forum Luxemburg, Trier 1994 (ETI-Texte; 4) (mit M. Treinen)

Umweltorientiertes Management im Tourismus: Konzept – Modelle – Erfahrungen. – Eco-Management in tourism: Concept – models – experiences, Trier 1994 (ETI-Texte; 5)

Kulturtourismus in Europa: Wachstum ohne Grenzen? Trier 1993 (ETI-Studien; 2) (mit Chr. Becker)

Irland. Eine Reisehandbuch, Leer, 2. Auflage 1993 (Express Reisehandbücher; o. Bd.)

Jugendreisen 2000. Visionen zu Tourismus, Jugend und Umwelt, Trier 1993 (mit W. Müller)

Megatrend Kultur? Chancen und Risiken der Vermarktung des kulturellen Erbes, Trier 1993 (ETI-Texte; 1) (mit Chr. Becker)